中国社会科学院财经战略研究院报告

National Academy of Economic Strategy Report Series

中国服务业发展报告2012

ANNUAL REPORT ON CHINA'S SERVICE INDUSTRY (2012)

——新兴服务业发展战略研究

史丹　夏杰长／主编

社会科学文献出版社
SOCIAL SCIENCES ACADEMIC PRESS (CHINA)

出版前言

中国社会科学院财经战略研究院始终提倡“研以致用”，坚持“将思想付诸实践”作为立院的根本。按照“国家级学术型智库”的定位，从党和国家的工作大局出发，致力于全局性、战略性、前瞻性、应急性、综合性和长期性经济问题的研究，提供科学、及时、系统和可持续的研究成果，当为中国社会科学院财经战略研究院科研工作的重中之重。

为了全面展示中国社会科学院财经战略研究院的学术影响力和决策影响力，着力推出经得起实践和历史检验的优秀成果，服务于党和国家的科学决策以及经济社会的发展，我们决定出版“中国社会科学院财经战略研究院报告”。

中国社会科学院财经战略研究院报告，由若干类专题研究报告组成。拟分别按年度出版发行，形成可持续的系列，力求达到中国财经战略研究的最高水平。

我们和经济学界以及广大的读者朋友一起瞩望着中国经济改革与发展的未来图景！

中国社会科学院财经战略研究院

学术委员会

2012 年 3 月

《中国服务业发展报告2012》编写组名单

主　　编　史　丹　夏杰长

成　　员（按章节顺序排列）

夏杰长　史　丹　尚铁力　王　娜　胡万进
李勇坚　张颖熙　王朝阳　田　侃　姚战琪
刘　奕　胡东兰　马聪玲　瞿　华　雷　雄
吕风勇　霍景东

摘要

新兴服务业是利用现代理念、网络技术、新型营销方式，以及服务创新发展起来的服务业。新兴服务业具有高成长性、高技术含量、高风险性、高人力资本含量和低消耗五个基本特征。新兴服务业的“新”主要体现在三个方面：随着社会分工深化而产生新的服务对象、随着科技发展而出现新的服务手段，随着管理创新而产生新的服务模式。

在技术进步、商业模式创新、城镇化、社会分工深化、产业政策等因素催生下，我国信息通信服务业、软件与信息服务外包业、检测认证业、电子银行业、电子认证业、人力资源服务业、文化创意产业、网络文化服务业、健康服务业、家庭服务业、房地产中介服务业、海洋服务业等新兴服务业近年来发展迅速，并有着极大的发展潜力。

推动我国新兴服务业大发展，必须坚持“市场引领、科技支撑、政策扶持、积极开放”四大战略。市场机制在推进新兴服务业发展上发挥着基础性作用，要从转变服务业准入和管理方式、制定服务业标准、理顺服务业定价机制等方面发挥市场机制对新兴服务业的引领作用。科技支撑是新兴服务业结构优化、质量提升、业态丰富的重要条件。鼓励新兴服务业关键领域重大科技创新，设立新兴服务业科技专项基金，对高端新兴服务业企业比照高新技术实施优惠政策，积极推进共性技术平台和公共信息服务平台建设，为中小型新兴服务业企业创造良好的发展环境。政策扶持是新兴服务业跨越发展的重要推手，要从财税、金融、投资、土地管理、社会信用服务体系、统计制度等方面支持新兴服务业发展。要在政策力度、政策针对性和可操作性、政策间的协调等方面不断改进和完善，以引导新兴服务业又好又快发展。积极开放是服务全球化和攀升全球价值链的必由之路。服务全球化是大势所趋，我国已经融入了服务全球化浪潮，我国利用外资正步入“服务经济时代”，在服务业领域积极利用外资的同时，也要积极对内开放，为非公有制经济进入新兴服务业领域创造公平的竞争环境。发展服务外包是我国新兴服务业对外开放的工作重点，坚持承接离岸服务外包和发展在岸外包并举的策略。

目录

总报告

专题报告

总 报 告

中国新兴服务业发展现状、问题与战略思路

课题组*

摘　要：新兴服务业是利用现代理念、网络技术、新型营销方式，以及服务创新发展起来的服务业，它具有高成长性、高技术含量、高风险性、高人力资本含量和低消耗五个基本特征。新兴服务业产生的经济附加值高，对资源的依赖程度较低，环境污染少，是促进我国经济发展方式转变和扩大劳动就业的重要途径。技术进步、分工深化、商业模式创新、城镇化、产业政策和消费结构升级等因素催生了我国新兴服务业的快速发展，是我国新兴服务业发展的最重要动力。信息通信服务业、软件与信息服务外包业、检测认证业、物流金融、节能服务业、电子银行业、电子认证业、人力资源服务业、文化创意产业、健康服务业、家庭服务业、房地产中介服务业、海洋服务业等新兴服务业在我国已有初步发展，并表现出良好的发展前途。推动我国新兴服务业大发展必须坚持市场引领、科技创新、政策扶持、积极开放的战略。市场机制是推进新兴服务业发展的基础性作用，科技创新是

---

* 中国社会科学院财经战略研究院“中国服务业发展报告”课题组。史丹研究员主持了课题设计、总报告框架与初稿讨论会，并对初稿、定稿提出了许多建设性意见。夏杰长研究员、李勇坚副研究员参与了讨论会。姚战琪副研究员、刘奕博士也对课题设计和总报告框架提出了许多补充意见。这些意见对完善总报告有重要的参考作用。执笔人：夏杰长、史丹。

新兴服务业现代化的重要条件，政策扶持是新兴服务业跨越发展的重要推手，积极开放是服务全球化和攀升全球价值链的必由之路。中国要通过市场和政府的双重努力，将新兴服务业和服务业新兴业态培育成为带动经济发展的新增长极。

关键词： 新兴服务业　市场引领　科技支撑　政策扶持

一　新兴服务业：概念与特征

（一）概念界定

关于“新兴服务业”，学术界目前还没有统一的说法，也没有明确的概念界定。我们理解的“新兴服务业”，是利用现代理念、网络技术、新型营销方式，以及服务创新发展起来的服务业。一般而言，新兴服务业是原来基本空白或者规模较小，而现在需求潜力大、发展较快的服务性行业或业态。新兴服务业是服务业中最具活力、潜力的组成部分，也是处于产业化初级阶段最需要扶持的薄弱环节。新兴服务业的“新”主要体现在三个方面：随着社会分工深化而产生新的服务对象，随着科技发展而出现新的服务手段，随着管理创新而产生新的服务模式。

新兴服务业和现代服务业是密切相关但又不尽相同的概念。我们理解的“现代服务业”，是依托技术进步尤其是信息技术或新兴经营方式和组织形式而发展起来的服务业，既包括新兴服务业，如以互联网为基础的网络服务、电子商务、信息通信服务、新兴物流、检测认证、文化创意、软件与信息服务外包等行业或业态，也包括对传统服务业的技术改造和升级，如电信、金融、中介服务等行业，其本质是实现传统服务业的现代化。比较新兴服务业和现代服务业的概念，不难发现，相对现代服务业，新兴服务业的范围要小一些，它只是现代服务业的一个“子集”。

与传统服务业相比，新兴服务业具有“四高一低”五个基本特征：一是高成长性，新兴服务业大多是通过技术创新和制度创新而诱导出新的需求，既是资本主要追逐的投资对象，也是消费者热捧的消费需求对象，即社会边际收入的主要支出对象。在资本和消费者双重追逐下，必然有着较大的价值增值空间，比如：通信增值服务、电子商务、数字内容产业、新媒体资讯、高端旅游、高端养生等新兴服务业莫不如此。二是高技术含量。大多数新兴服务业是由高新技术催生或者高技术制造业衍变出来的服务产业或者新业态，技术知识含量较高。三是高风险性。新兴服务业与传统服务业相比具有较多的不确定性，例如，技术与市场匹配的不确定性，服务需求对服务供应模式认知的不确定性，成本控制与投资收益的不确定性等。四是高人力资本含量。服务业内部结构升级基本规律就是从劳动密集型的传统服务业逐渐转向知识密集型，技术含量较高的现代服务业和新兴服务业。从事新兴服务业的劳动者大多接受过良好的教育或培训，要么是较高学历获得者，要么是接受过专门的培训，要么拥有某一方面的专业知识，人力资本的知识性和专用型特色较为显著。五是低消耗。从产业投入要素看，农业主要是受自然资源要素约束，制造业主要受物质资本要素约束，传统服务业主要受劳动力要素约束，而新兴服务业的发展主要以“知识、创意和人才”为中间投入，对物质和资源的需求相对较少，是典型的低消耗、无污染或少污染的部门，属于环境友好、资源节约型产业。

（二）范围与分类

根据新兴服务业的定义，新兴服务业所涵盖的范围是动态的。随着社会发展、产业细分、科技与管理的创新，新的服务业态会不断地产生。目前，我国新兴服务业在许多领域有了较快发展，并表现出较大的潜力。比如，信息通信服务业、软件与信息服务外包业、检测认证业、物流金融、节能服务业、电子银行业、电子认证业、人力资源服务业、文化创意产业、健康服务业、家庭服务业、房地产中介服务业、海洋服务业等。

新兴服务业的范围很广，按照其定义，我们可以把新兴服务业归纳为三大类：一是为新的市场需求服务的服务业，即新的服务行业。例如，节能服务业、海洋服务业、邮轮旅游业、信息通信服务业、文化创意业、家政服务业等。二是在传统服务业基础上由于运用新资源、新技术或新方法发展起来的新兴服务业。例如，电子银行业、电子认证、卫星科技服务等。三是由新的服务模式形成的产业。例如，远程教育、地理信息服务系统、远程医疗、网络购物、连锁经营、折扣店等。

二　中国新兴服务业发展：动因与意义

（一）新兴服务业发展的动因分析

1. 技术进步是新兴服务业发展的基础，是催生新兴服务业的最主要元素

技术进步特别是高新技术加强了信息的创造、传递及分析处理能力，对新兴服务业行业或业态发展有着决定性的影响，对新兴服务业发展与崛起有着多重影响。

（1）高技术与传统服务业的不断融合形成新兴服务业务。由于新技术尤其是信息技术与传统产业不断融合和渗透，形成了众多以新技术、新模式提供传统服务的新兴服务业。比如，依托互联网提供出版服务的网络出版、提供医疗服务的远程医疗、提供教育服务的远程教育、提供购物和交易平台服务的电子商务以及为这种交易服务的电子银行业等（北京市长城企业战略研究所，2006）。

（2）新技术的出现和应用催生新的服务业态和新兴服务产业。20 世纪 80 年代以来，由于以信息技术、生物技术为代表的高新技术飞速发展而产生了许多基于新技术应用的新型服务企业，如互联网技术的发展和应用催生了一大批从事门户网站、内容搜索、呼叫中心、博客等服务的企业，移动通信技术进一步带动了通过网络提供手机娱乐内容的移动增值服务业的发展。随着 3G 的日益广泛运用，移动增值服务业也迎来了新的发展高潮。第三次技术革命的最大影响，在于不同产业以计算机网络通信技术和数字虚拟技术为基础形成产业融合之势，而创意产业的概念正是这一产业融合趋势的突出表现（北京市长城企业战略研究所，2006）。传统的文化产业，如新闻出版、广播影视、音像制品等，无论在对象、用途上，还是在社会功能和服务方式上，都存在较大差异。以数字技术、互联网技术、信息通信技术为主要特征的科技进步，对传统文化产业的传播方式形成了强烈冲击。信息技术通过对传统文化产业的整合和提升，催生了新兴服务产业——创意产业。创意产业的出现，客观上反映了数字化背景下的产业融合趋势，体现了传统文化产业之间及其与信息产业之间的融合与互动，并在融合与互动中不断创新。

（3）其他服务行业通过高新技术产业提升能力、质量和效率而形成相对独立的服务业业态。这种服务业态是在原来的服务业基础上被赋予了新的发展内涵。如创业投资、科技企业孵化器、网上银行、现代物流、电子商务、远程医疗、远程教育等新兴服务业态。又如，在商业服务业领域，信息技术正引发全球商业的变革，如专卖店、无店铺销售等业态正在发展壮大。一些新技术在批发零售业的应用如无线射频、自助服务机、商业智能等正引领商贸服务业潮流（张祥，2011）。在未来的经济社会，传统服务业的内容仍将保留和延续，但以信息技术为代表的现代技术的普遍运用，将会大大推进传统服务形式向新兴服务业和新型服务业态转变。

2. 社会分工深化和消费升级促进新兴服务业的发展

（1）产业分工细化与深化。产业分工细化最为典型的是高技术制造业专业化分工和产业价值链分解。随着经济全球化的加深以及高技术产业的发展，价值链环节之间的分工逐步细化，制造企业特别是高技术制造业在追求核心价值理念的驱动下，剥离部分服务业务势在必行。原来在企业内部的研发、设计、测试等环节开始剥离和独立，形成了新的服务业态，催生了部分新兴服务业发展和崛起。比如：集成电路产业的价值链分解催生了一批提供集成电路设计、测试服务的企业；消费电子产业价值链的分解造就了一批消费电子独立设计企业；而生物医药产业价值链的分解和全球布局则推动了生物医药 CRO（Contract Research Organization，合同研究组织）的发展，出现了一大批为大型医药企业提供医药研发和临床服务的企业；IT 服务公司、消费电子设计公司、集成电路设计公司、生物医药研发外包等大量从传统产业价值链上分解出来的专业研发、设计公司，成为新兴服务产业发展的新亮点（北京市长城企业战略研究所，2006）。

（2）劳动社会化与劳动专业化。随着经济发展和收入水平的提高，劳动力的价值不断提高，劳动的社会化程度也越来越高，因此产生一些新兴服务业。例如，家政服务业、健康服务业等。劳动的专业化在于技术进步快速发展和信息的爆炸式的发展，使劳动的复杂性越来越高，不同劳动之间的替代性越来越小，替代成本越来越大，进而形成基于劳动专业化基础之上的新兴服务业。例如，杀毒软件服务业、地理信息服务业、房地产中介服务业等。

3. 商业模式创新催生了新兴服务业崛起

随着人类科技、经济和文化的进步，人们对物质产品和精神产品的需求不断发生变化。顺应并捕捉消费者个性化需求，创造出能够满足其需要的服务模式，挖掘服务业发展潜力，对于发现新领域、创造新业态意义重大。在这个过程中，技术创新和商业模式创新起到了决定性作用。“商业模式创新”是指“突破行业界限和传统思维，通过重组既有模式、改变关键环节等方式，创造收入、降低成本或控制风险；同时具有可持续和无法轻易复制的特征，不会被竞争者或者潜在进入者轻易模仿，能够实现赢家通吃或垄断某一环节的商业价值实现方式”（上海市经济和信息化委员会，2011）。

商业模式创新可能是一种企业组织方式变革，也可能是市场行为选择的改变，但最主要的还是技术进步背景下的主动变革，也是当代服务创新的重要表现形式，包括供应链、运营、销售渠道、服务方式、赢利模式等。成功的商业模式往往具有三大特点：新颖性、独立性和不易模仿性。大多数情况下，技术产业化是借助商业模式创新实现的。物流网、云计算中每一种商业模式都是信息技术突破和商业化服务创新推动而产生的。我国现在正处于技术创新和商业模式创新良性互动期，不少发达地区已经集聚了一大批高技术服务业创新企业，它们通过改变商业模式满足用户需求，扩大经营范围，提高经营效率，同时促进了业态的创新。早在2002年，国内移动通信产业快速崛起，“空中网”抓住手机娱乐这一新兴市场，创新商业模式，以增值服务商的角色加入由运营商、设备厂商、终端厂商组成的移动数据服务产业链，为手机用户提供彩信（MMS）、彩铃、游戏等2.5G、3G平台上的移动通信增值产品和服务，获得了极大成功，促进了移动增值服务业的发展。

4. 现行的产业政策为新兴服务业大发展营造了良好环境

长期以来，我国的产业政策重工业轻服务的现象比较明显。但近些年来，这一格局正在改变，一是服务业比重在不断提升，对国民经济的渗透与影响日益显著；二是无论领导决策层还是学术界，已经认识到了“制造业大而不强的原因在于现代服务业、新兴服务业发展太落后”。我国的产业在全球价值链分工中处于低端的位置，是典型的国际代工模式，附加值很低。究其原因，是缺乏生产性服务业特别是高技术含量的新兴服务业的有力支撑。要走新型工业化道路，攀升全球价值链的高端，就必须有高技术含量的新兴服务业作为坚强后盾（夏杰长等，2008）。思想理念是行动的指南。观念上的转变是极为重要的。现在，无论是中央政府，还是地方政府都很重视服务业的发展，正在改变传统的“重工业、轻服务”观念，出台了若干不同层次文件措施，编制各类服务业发展规划，为服务业发展争取了相对公平的待遇。

特别是2011年公布的《产业结构调整指导目录（2011年版）》，对现代服务业、新兴服务业“偏爱有加”。之前的产业结构调整指导目录中服务业部分的有些内容已经不适应我国经济社会发展的需要，缺少对近年来涌现出的服务业新型业态、新兴产品和新兴产业的鼓励引导。此次修订的产业结构调整目录对服务业发展非常重视和支持。鼓励类服务业条目由原来的33条增加到118条，并专门设立了新兴物流业、金融服务业等门类。修订后的产业结构调整目录，为促进服务业大发展预留了很大的空间；有利于促进生产性服务业与工业、农业的深度融合，催生新技术、新工艺、新产品和企业组织结构、生产经营模式和商业模式创新；有利于扩大劳动就业机会，丰富生活性服务业产品，提高人民群众生活质量，引导消费结构升级；有利于拓展服务业新领域，发展新业态，采用新方式，培育新热点，推进规模化、品牌化和网络化经营。

5. 消费结构快速升级是新兴服务业发展的市场需求动力

从本质上讲，新兴服务业是创新的产物。而根据熊彼特“创新理论”

的基本思想，需要或者需求始终是引领和推动技术创新的核心动力。由此可以引申出这样一个基本结论：市场需求，特别是消费需求是任何一个产业发展与创新的基本动力。有什么样的消费需求，就有什么样的产业发展。国际经验表明，居民消费结构升级的趋势主要按照“衣食—住行—康体娱乐”的路径进行，服务消费代表消费升级的最终趋势，而人均GDP 3000～6000 美元这个阶段是消费结构快速升级的时期（夏杰长，2012）。2011 年我国人均 GDP 已超过 4500 美元，国家“十二五”规划明确要求居民实际收入增长不低于同期 GDP 增长速度。从中国经济增长态势和居民收入增长速度分析，我们有望提前实现 2020 年人均 GDP 比 2000 年翻两番、全面建设小康社会的任务目标。居民消费结构快速升级几成定局，而服务业有望成为这一过程的最大受益者。在这一过程中，居民的消费将逐步从舒适型向文化娱乐、休闲旅游、健康养生、远程医疗、教育培训等享受型和发展型领域转变，新兴服务需求的收入弹性系数会有较大幅度的上升。在强劲需求引致下，我国新兴服务业有望迎来一个黄金发展期。

6. 城市化既提升了新兴服务业的消费能力，也带来了服务业产业模式的变革

我国“十二五”规划建议是把扩大内需作为十项任务之首，把推进城镇化作为扩大内需的重要战略。辜胜阻（2011）曾经测算过：城镇化率每提高一个百分点，它会使最终的消费提升 1.6 个百分点。按照我国“十二五”规划的构想，城镇化将提高 4 个百分点，由此推算，我国城镇化就会提升最终消费需求 6.4 个百分点。显然，城镇化是提高我国最终消费需求的强劲动力，也是我国服务消费需求增长的长效机制。城市化进程加快主要是通过改善消费结构和促进产业模式创新两个方面推动城乡居民消费持续增长和消费结构升级，并引致新兴服务业的迅速发展。

一是城市化影响了消费结构内容。城市化带来了消费内容的两种分化。一方面是城市“新移民”与农村人群的消费分化。城市“新移民”中的外来务工人员在进入城市生活后，收入增长的同时，在基本生活消费之外也增加了在服务消费领域的支出。另一方面是城市居民的消费分化。随着城市中“中产阶级”、“白领阶层”的壮大，除汽车、高档家电等商品消费外，将更加注重文化、旅游、休闲类的新兴服务消费。

二是城市化带来服务业产业模式的变革，进而影响居民消费。城市化带来消费心理与内容的不断更新，进而为服务业发展提供了无穷的商机，旨在改进居民物质和精神生活质量方面的服务产品层出不穷，客观上起到了“供给创造需求”的作用。而人群集中带来新的城市商业模式探索，如连锁经营、网络配送、电视购物、消费金融等，既最大限度上发掘了居民的潜在需求，使得消费更加便利，也不断衍生出新的服务模式、服务业态（张颖熙、夏杰长，2011）。

（二）着力培育新兴服务业意义重大

新兴服务业反映了战略新兴产业的趋势和方向，是社会运转的主要载体。其发达程度普遍被看做衡量一个国家或地区经济结构是否合理、城市新兴化程度高低和城市综合竞争力强弱的重要标志之一。着力培育新兴服务业，对我国有着极为重要的意义。

1. 经济发展方式转型、实现可持续增长的重要途径

美国著名经济学家西蒙·库兹涅茨曾经说过：“现代经济增长实际上就是经济结构的全面变化，它绝不仅仅是一场工业革命，它还是一场以交通通信技术变革为基础的服务革命。”这段话对于理解以服务业促进增长转型意义深远。随着经济规模的不断扩张，对资源消耗日益增加，我国资源环境承载力日益脆弱。实现经济发展方式转型，即由原来的资源高消耗向低消耗型、环境友好型经济转型迫在眉睫。主要依靠资源能源消耗支撑的经济增长是不可持续的。要实现经济发展从粗放型向集约型转变，实现可持续发展，就必须下大力气节能减排。节能减排指标在“十一五”期间没有完成，原因固然很多，但产业结构不合理、重化工业比重偏高、高技术制造业和新兴服务业比重偏低是重要因素。解决的办法之一，就是尽可能做到投入要素的“软化”，即更多地以新兴生产性服务业作为制造业的中间投入。在生活中，尽可能地消费清洁低能产品和服务，在消费支出中，逐步从物质产品消费为主转变为服务消费为主，以降低我们生活方式对能耗相对较高的物质产品的依赖。要通过市场和政府的双重努力，将新

兴服务业和服务业新兴业态培育成为带动经济发展的新增长极。

2. 扩大劳动就业、缓解就业压力的重要着力点

服务业的就业功能已经为越来越多的国家所重视。我国是世界上人口最多的发展中大国，强调服务业吸纳劳动就业的特殊作用尤为重要。服务业就业系数明显大于工业，大力发展服务业是解决“增长型失业”的有效途径（夏杰长，2004）。现在，无论是新增劳动力，还是吸收被制造业、农业剥离或转移出来的劳动存量，服务业都发挥着主力军的作用。2010 年服务业就业人数 26332 万人，比 2005 年增加了 2893 万人，年均增加 579 万人；占全社会劳动就业人数的比重为 34.8%，比 2005 年提高 3.4 个百分点。新兴服务业既有知识密集型服务业，如软件与信息服务业；也有劳动密集型服务业，如家庭服务业、房地产中介服务业；还有劳动—知识密集并重的服务业，如动漫游戏、咨询设计。显然，发展新兴服务业，既符合我国劳动力多层次、多元化的特点，也是扩大劳动就业、缓解就业压力的重要途径。

3. 我国从制造业大国走向制造业强国、攀升全球价值链的必然选择

我国是世界上最大的加工厂，也是最重要的制造业基地之一，但并不是最强的制造业大国。国际经验表明，先进制造业“起飞的翅膀”必须要靠新兴服务业“聪明的脑袋”来支撑。著名的“微笑曲线”告诉我们：价值链的两端，比如研发、设计、采购与营销是附加值较高的环节，而中间加工制造是附加值较低环节。我国产业之所以缺乏竞争力，制造业也是大而不强，一个重要的原因就是我国大多数制造企业在全球价值链分工体系中的角色定位只是“世界加工厂”，处在中间的“低端”，是一个“国际代工者”的角色。

我们要改变这样的格局，就要大力发展知识密集型的新兴服务业。全球价值链理论指出，通过价值链的横向跨越，产业中的强势企业进入更具增值潜力的行业，这也被称为价值链升级。全球价值链下我国的产业升级，不仅需要提高本地的关联度和创新能力，更要关注产业之间的关联度；为了实现价值链的升级，最可能也是最有效的路径是产业融合（刘奕、夏杰长，2009）。重视新兴服务业的产业融合力在促进我国产业升级中的作用有着特殊的重要意义，因为我国具有众多技术壁垒较低的劳动密集型制造业集群，一方面，应依托新兴生产性服务业的产业渗透力和融合力，为制造业在新产品设计、生产工艺改进、营销渠道开拓等方面提供支持；另一方面，更不应忽视新兴服务业在帮助制造业集群突破原有产业界限、向上下游和相关产业延伸、帮助企业获得新的价值增长点中的重要作用（刘珂，2006）。通过促进嵌入全球产业价值链的制造业与新兴生产性服务业形成互动的良性循环机制，帮助制造业实现链的升级。只有这样，才能改变我国“国际代工”的格局，实现从制造业大国向制造业强国转型，不断攀升全球价值链。

4. 企业提升综合竞争力的重要手段

当今领先的制造商都是在其传统制造业务上通过增加服务从而获取竞争优势的，如果世界上的生产方式相互模仿日益增加，那么服务就是产生差异性的主要手段。目前，制造企业也越来越多地依赖服务并将它作为重要的竞争手段，制造业也会逐步服务化，并通过服务取得主要收入和赢利。如 IBM 曾经是典型的制造企业，但现在 70% 多的收入来自于服务，特别是信息服务；海尔曾经是传统的家电企业，但如今也是在向制造服务化企业转型，并在同业竞争中以“服务”制胜。新兴服务业为企业采用先进的生产方式和销售方式等提供了支撑，是提高综合竞争力不可或缺的重要手段。如 IT 技术的应用和推广则可提高制造业生产环节智能化、数字化水平，减少浪费，提高生产和交易效率。供应链管理则使企业运用 IT 技术和新兴物流管理流程，以实现企业销售环节与社会流通行业的有效对接，降低流通过程中的物耗。

三　中国新兴服务业发展现状与问题[①]

（一）信息通信服务业

随着互联网的进一步普及，以信息技术为关键发展要素的信息通信服

① 该部分的主要内容是根据本书的各专题报告提炼归纳而成，当然也有执笔人的个人理解和观点。

务业对经济社会发展的影响逐步加深，成为世界各国竞相培育的战略性新兴产业。2010年，国务院审议通过《国务院关于加快培育和发展战略性新兴产业的决定》（以下称《决定》），提出重点加快培育和发展以重大技术突破、重大发展需求为基础的战略性新兴产业。《决定》明确了包括“节能环保、新一代信息技术、生物、高端装备制造、新能源、新材料和新能源汽车”等七个战略性新兴产业发展的重点方向，其中“以新一代信息技术”为核心内涵的信息通信服务业格外引人注目，不仅因为金融危机以来各国政府在信息经济领域的超常规举措，刺激本国信息通信技术研发创新，促进信息通信服务业更快发展，更是因为信息通信服务业已在我国展现出巨大的发展潜力，不仅自身具备巨大的市场空间，而且能够创造新的服务功能、新的消费行为和新的商业模式，促进上下游产业发展，成为经济增长的“倍增器”、发展方式转变的“转换器”和产业升级的“助推器”。

我国信息通信服务业已取得了长足的发展，对我国经济增长的贡献也日益凸显，但是一些基础性、结构性、素质性问题仍然困扰着行业的健康持续发展。对目前存在的问题，我们大致可以归结为如下几个方面：一是信息网络基础设施依然薄弱；二是信息通信服务业规模较小；三是信息通信服务业对于我国经济社会渗透的深度和广度与发达国家仍有较大差距。信息服务业结构亟待进一步优化。要选择物联网服务、“三网融合”云计算服务、移动互联网应用、面向中小企业的电子商务服务体系、信息技术咨询和信息安全服务等发展领域，统筹谋划，重点培育，以点带面，实现信息通信服务业跨越式突破，力争将其打造成为我国经济社会发展的基础性、战略性和先导性产业。

（二）软件与信息服务外包业

进入21世纪后，特别是近两年来，软件与信息服务业出现了明显的六大新特征新趋势，即向泛服务化、广融合化、云模式化、全价值链、信息服务外包、高产业集中度方向快速演进和发展。美国是全球软件与信息服务产业规模最大、技术水平最高、创新能力最强的国家，也是信息服务外包领域发包和接包最大最强的国家。而印度虽然经济总量远小于中国，但其在信息服务外包领域的接包额占世界离岸市场的一半，居第一位，成为新兴经济体的标杆。印度的发展模式、成功经验对发展中国家更具有参考借鉴意义。与印度相比，中国信息服务外包业除承接美欧外包外，同时还大量承接日韩外包，并拥有较为庞大的内需市场，有着极大的发展潜力，国家和相关部委对软件与信息服务外包工作十分重视，命名了21个服务外包基地城市，并采取了切实有效的政策激励措施，地方政府发展软件与信息服务外包的积极性也很高。

大力发展软件与信息服务外包产业已经成为转变经济发展方式、提升服务业国际竞争力、促进服务贸易大发展、解决大学生就业的重要途径。我国承接国际服务外包的领域和范围越来越广泛，已涵盖信息系统服务、软件编程和家庭办公、商业流程、远程医疗和教育、物流和零售批发商业、文化娱乐、金融保险、信息技术等各类服务业。这些领域当然都是我们要予以重点关注的，但从提高服务外包层次和参与国际竞争角度看，软件与信息服务外包业务依然是最主要的。大中专毕业生成为我国新就业者的主要部分，而发展服务外包能够提供更多的国际化“白领”岗位。2009年，我国服务外包行业新增71.1万名从业人员，其中大专以上毕业生49万人，占69%（江小涓，2011）。

我国软件与信息服务外包产业在发展中也存在一些不容忽视的问题：一是总体规模偏小，离岸外包市场占比较低；二是在国际价值链中处于中低端环节，产业集中度较低，竞争力不足；三是内需市场尚未有效释放，国际竞争力有待提升；四是促进手段单一，各地存在同质化无序竞争现象；五是国际话语权不足，市场中心地位有待加强。

现在不是要不要发展服务外包，而是如何发展的问题。促进我国软件与信息服务外包业发展需要全国一盘棋，科学制定产业规划布局，形成合理的产业梯级，避免目前无序和同构化的状况；建立国际服务外包交易市场，打响“中国服务”品牌；拓展国际市场，提高我国在服务外包领域的“国际话语权”；加强外包人才教育培训体系建设。

（三）检测认证服务业

检测认证服务业是一种提供具有公信力的信息服务行业，该行业的存在是为了解决大规模市场交易情况下，买卖双方的信息不对称所带来的逆向选择。检测认证服务是有着重要发展潜力的新兴服务业，其需求源自三个层次：一是源于各个国家的强制性规定；二是完善企业管理体系或企业进行相关检测的需要，如质量管理体系认证；三是源于社会公正安全的需要。我国检测认证服务业发展还处在初级阶段，检测认证服务机构平均规模较小，市场竞争力弱，市场开放度仍有待进一步提升；检测认证市场诚信机制尚未建立，检测认证的公信力尚待进一步提升。发展检测认证服务业要善于把握重点发展领域，比如：与可持续发展相关的检测认证需求（如低碳、新能源、环境污染），食品（农产品）、营养品、化妆品、药品安全质量需求以及生命科学相关的认证检测需求，电子商务认证服务，工程质量、化学品等相关领域的检测认证服务。

我国检测认证服务业发展还处在初级阶段，检测认证服务机构平均规模较小，市场竞争力弱，市场开放度仍有待进一步提升；检测认证市场诚信机制尚未建立，检测认证的公信力尚待进一步提升。在发展检测认证服务业过程中，特别要引导检验检测机构的市场化运营，实现强制性检测认证市场的稳步有序开放，拓展市场空间，培育第三方的质量和安全检验、检测、检疫、计量、认证技术服务。还要重视检验检测认证基础能力建设，加快检测认证技术进步，推进标准化，提升专业化服务水平，加强战略性新兴产业和农业等重点行业产品质量检验检测体系建设。

（四）节能服务业

节能服务是节能服务公司（Energy Service Company，国外简称ESCO；Energy Management Corporation，国内简称EMC）通过合同能源管理（Energy Performance Contracting，简称EPC），为用能企业提供节能项目开发、能源审计、可行性研究、项目设计、项目融资、设备和材料采购、工程施工、人员培训、节能量监测、改造系统的运行、维护与管理等一揽子提高能效、减少能耗的服务（陈剑、吕荣胜，2011）。简而言之，就是那些为企业和项目在节能减排等方面提供综合服务、多重支持以及各类解决方案的产业。

合同能源管理是节能服务产业发展的主导方，它具有商业性、整合性、多赢性、风险性等多重特征。合同能源管理的运作模式主要有节能效益分享模式、节能量保证模式和能源费用托管模式。大力推行合同能源管理，以做精、做专、做强为方向，扶持壮大一批专业化节能公司，引导技术研发、投融资等机构利用合同能源管理机制开展节能服务。

节能服务产业是节能产业的重要组成部分，也是其最有发展潜力的朝阳产业。我国节能服务产业正处于高速扩张阶段，但节能服务产业规模较小、发展水平较低，完整的产业链条尚未形成，节能服务公司目前主要以中小型的民营企业为主。促进我国节能服务业发展需要从完善政府激励机制、拓展融资渠道、健全准入与退出机制、规范运营主体、政府主导建立信息平台和示范项目、鼓励经营模式创新、培育节能服务龙头企业等几个方面着手。

（五）电子银行业

中国银监会制定的《电子银行业务管理办法》（〔2006〕第5号）文件对电子银行业务进行了界定，即指商业银行等银行业金融机构利用面向社会公众开放的通信通道或开放型公众网络，以及银行为特定自助服务设施或客户建立的专用网络，向客户提供的银行服务。电子银行业大致可以区分为网上银行、电话银行、手机银行和自助银行四类业务。

随着我国银行业对电子银行业务的推进，电子银行市场规模快速扩张，其中以网上银行的发展速度和发展规模最为迅速。我国电子银行发展处在初级阶段，还存在着不少亟待解决的问题。比如：电子银行产品开发理念和信用体系相对滞后，技术与服务同质化比较严重；电子银行产品营销难以“以客户为中心”，互动性有待进一步提高；业务风险和技术风险比较突出；信用体系、网络与法治建设相对滞后，电子银行外部环境亟须改善。

加快我国电子银行业发展，必须从以下几个方面着手：明晰电子银行发展模式，制定切实可行的发展战略和实施路径；加强电子银行产品创新力度，不断丰富服务内容和服务提供方式；发展网络营销、电话营销、体验营销、定向营销、联合营销等多种营销模式，加强对电子银行的宣传与推广；加强内部控制，建立快速响应机制，切实防范和化解各类风险；加强信用、网络和法治建设，营造良好的电子银行发展环境，比如大力推进信息化和网络化建设、建立健全电子银行业的网络安全系统、尽快完善计算机和通信网络的安全体系、制定形成《电子银行法》。《电子银行法》是电子银行市场发展的核心法律规范。

（六）电子认证服务业

电子认证服务是指向社会公众签发数字证书并提供验证，证明实体身份、电子签名真实性和可靠性、数据电文完整性的过程。电子认证是目前解决网络中安全、信任问题的最重要的手段，也是信用环境建设和新兴服务业健康有序发展不可或缺的基础性条件（田侃、夏杰长等，2008）。

我国的电子认证和电子认证服务业以国外先进经验技术为基础，开始得以发展，共经历了起步——无序竞争——规范发展三个阶段。我国电子认证服务发展存在着应用范围和程度不足、产品缺乏差异性、通用性较差、国际认可度低、服务支撑能力不足、相关核心技术匮乏、缺乏行业整体规划等诸多问题。为促进电子认证服务业的健康、持续发展，应重点做好以下几个方面的工作：统筹战略规划、建立和完善相关法律法规、完善电子认证标准体系；建立健全电子认证服务行业自律机制；实现电子认证服务互联互通；发展社会化和专业化的第三方认证服务中介机构；加快建立全国性的电子认证服务协会，在服务标准、价格、风险防范等方面加强内部合作，推动建立产业联盟；加强人才队伍建设；开展国际互认合作。

（七）人力资源服务业

改革开放后，我国人力资源服务业发展迅速，历经了20世纪80年代的初始阶段、从20世纪90年代初至21世纪初的市场化转变期和始于21

世纪初的快速发展期。我国人才服务业在增加就业、降低企业运营成本、优化产业结构等方面发挥了重要的作用。但是，也要看到我国各地人力资源服务体系尚不完善、市场化服务和公共服务界限不清、人力资源服务业发展层次较低等问题。

目前，伴随全球经济的复苏，曾陷入迅速衰退的发达国家人力资源服务业开始恢复增长。在我国，人才服务业已进入快速发展期。我国人力资源服务业应该在既有成绩的基础上更上一层楼，努力建立起专业化、信息化、产业化、国际化的人力资源服务体系，实现公共服务充分发展、市场经营性服务逐步壮大，人力资源开发和配置能力明显提升，在实施人才强国战略和就业优先战略中发挥其重要作用。人力资源服务业发展要解决两个关键问题：一是建立健全人力资源服务标准体系，规范服务流程，完善人力资源服务质量评价机制；二是要有完善和健全的法律环境作为保障。人力资源服务业具有服务业的无形性、生产和消费的同步性、不可储存性和知识性等特征，因而对微观企业制度和宏观交易环境的要求比工业制造品的交易高得多，加强人力资源服务业的法律体系建设，健全相关规章制度。

（八）文化创意服务业

文化创意产业改变了以往只有资本以及劳动力等实体才能生产的观念，把抽象的、无形的创意作为产业链的源头。文化创意产业已经被许多国家视作重振经济增长、激励创新与增强社会凝聚力的支柱产业或战略产业。从发达国家的经验看，真正具有发展前景的文化创意部门并不是传统的电影、电视、广播等行业，而是软件和数码媒体。低碳环保作为创作主题，正在推动生态时尚等新兴创意行业迅速发展。信息技术与文化创意产业深度融合，带动文化创意领域的全面创新。当前，我国文化创意产业已有较好的基础，但是也存在着政策制定缺乏可持续性、产业布局的区域特色不明晰、知识产权保护意识不强、创意人才十分缺乏等亟待解决的问题。

促进我国文化创意产业健康快速发展，要构筑起有效的政策体系：一是要顺应文化创意产业与信息技术深度融合的发展趋势，健全宽带等信息基础设施；二是着力发展时尚设计、移动多媒体、数字出版、动漫游戏等新兴文化创意业态；三是要针对文化创意产业的就业特点，构建扶持“大文化产业”发展的政策体系，特别要完善文化市场准入制度，在国家许可范围内，鼓励非公有制资本进入文化创意领域，支持文化产业公共服务平台建设；四是要实施有针对性的金融政策创新，消减文化创意产业融资中的逆向选择效应；五是关注政策的适用性和可移植性，不能简单照搬国际经验；六是积极开拓国际文化市场，创新文化“走出去”模式，增强中华文化国际竞争力和影响力。

（九）网络文化服务业

随着信息网络技术的迅猛发展，网络文化服务业保持了高速增长态势。而从经济学视角把网络文化服务业作为一种产业形态来研究，则是近几十年来才出现的。目前国内外学者对网络文化服务业的内涵尚未给出一个明确的界定，但对网络文化服务业的理解主要有两种不同的看法。一种是将网络文化服务业与传统文化产业区分开来，将其归入文化产业范畴；另一种是将网络文化服务业看做是信息产业与文化产业的对接，但有别于传统意义上的信息产业和文化产业，是一种数字化的产业革命，将其看做一种新型服务业。笔者认为网络文化服务业虽是信息产业与文化产业跨越融合的产物，但其本质上仍属于文化产业范畴。

我国网络起步于 20 世纪 90 年代，随着信息网络技术与文化产业的融合，网络的发展带动了文化产业大发展。一方面，传统文化产品和服务借助网络进行传播和拓展，传统文化产品和服务呈现网络化和数字化特征；另一方面，出现了新型的网络文化产品和服务，如网络动漫、网络游戏、商务门户网站等，其内容及形式都与传统的文化产品和服务有很大区别。由于这些新型网络文化业态的出现，使得中国文化产业总体实力大大增强。网络文化服务业是信息产业和文化产业跨越融合的产物，它的出现既推动了传统文化产业加速发展，又以其新的网络文化产品和服务丰富了文化产业的内容，越来越受到国家重视。随着网络文化服务业的发展，它在提供就业岗位、扩大消费需求、服务社会经济生活等方面对社会经济发展作出了巨大贡献。

我国网络文化服务业发展还存在不少问题。比如，网络文化服务业的财政支持体系不完善，网络文化服务业行业税负相对较重；投融资渠道单一，投融资规模小、成本高；网络基础设施建设仍然相对落后；网络信息安全系数低、知识产权和消费者权益保护不力；创意性专业人才和高级管理人才缺乏；等等。

（十）邮轮旅游业

邮轮旅游业作为一个新兴的综合性产业，具有产业链长、经济影响广泛的特点，在空间布局上，是围绕重点区域和重点港口进行全球布局的网络节点经济。邮轮旅游业往往是少数几个大型邮轮公司垄断市场。网络化节点经济、产业集中度高、国际产业布局是邮轮旅游业的典型特征。

根据国际邮轮经济发展规律，当一个国家或地区人均 GDP 达到 6000 美元至 8000 美元时，邮轮经济便具备了发展条件。目前，上海、北京、天津三个直辖市的人均 GDP 都已超过 10000 美元，浙江、江苏、广东等省的人均 GDP 达到 7000 美元左右，部分沿海经济发达城市，如大连、宁波、厦门等已接近和超过 10000 美元。中国部分沿海地区和城市已具备了发展邮轮产业的基本条件。但总体看，我国与邮轮旅游业相关产业的发展基础还相对薄弱、缺乏国家层面的整体产业发展规划，也缺乏航运、旅游、边防、检疫等多个相关部门的统一部署和政策支持。邮轮旅游涉及交通、海洋、旅游三个领域，需要政府部门间充分协调，综合谋划，才能健康有序发展。

（十一）健康服务业

健康服务产业是以生命技术和生物技术为先导，以健康至上理念为指导，涵盖健康检查、疾病预防、医疗卫生、营养健康、身体养护、健身娱乐、康复治疗与休养、身心与精神疗治等多个领域的多产业集合。随着物质生活的日益丰裕，人均收入快速增长，人们对生活质量、生活环境和生命质量提出了更高的要求，这突出表现在对健康、养生服务需求的层次和广度的变化上。未来随着城市人口的急剧扩张，城市社会将呈现老龄化、高密度、高流动、快节奏的特点，随之而来的是人们对健康服务需求的空前高涨，健康服务业很可能是21世纪引导我国经济发展、社会进步和全民素质提高的重要产业，也是前景光明的朝阳产业。但是，我国的健康服务业还只是处于起步阶段，中高端健康服务市场份额小、知名品牌少，产业带动作用还不大，健康服务业资源分布不平衡，供求矛盾仍然突出，健康服务业产业体系不完整，产业链偏短。我国健康服务业发展要把握药膳餐饮业、养生旅游、亚健康调理与维护服务业、健康文化与教育服务业、健康会员服务与增值服务、运动健康服务业等重点领域。

要从战略高度重视发展健康服务业，建立健全多层次、多元化、国际化的健康服务业产业体系，加强健康服务业与其他相关产业的融合，促进健康服务机构集聚发展，重视信息及通信技术在健康服务业中广泛运用，实施城乡康体卫生公共设施建设工程，加强健康管理教育培训，建立健康服务行业协会，引导社会资本进入健康服务业领域。通过这些政策措施，挖掘健康服务业的市场潜力，积极促进医疗护理、健康检测、卫生保健、康复护理等健康服务业大发展，努力将其培育成为我国新兴支柱服务产业。

（十二）家庭服务业

家庭服务产业是我国最具发展潜力的新兴服务业。其发展对于促进就业、扩大内需、改善民生、缩小收入差距、提升妇女地位及缓解社会矛盾等方面有着重要的作用。近年来，随着居民收入的不断提高、生活方式的转变、观念的进步，以及家庭结构小型化、人口结构老龄化进程的推进，我国家庭服务业呈现快速发展的态势，对家庭服务产业的需求主要来自于“婚育家庭”和“空巢老龄家庭”。“月嫂”难请已众所周知。随着城镇化进程加快，生活和工作节奏也日益加快，对家庭服务业的需求快速增加。但合格家庭服务从业者却明显不足。另外，“老龄家庭”特别是“空巢老人”对家庭服务业的需求也在急剧增加。根据第六次全国人口普查数据和民政部的数据，中国老年人口规模是世界上最大的，2010 年全国 60 岁以上老年人口达 1.78 亿人，是全球唯一一个老年人口超过 1 亿人的国家，占全球老年人口的 23.6%。预计到“十二五”期末全国老年人口将达到 2.21 亿人，占全国总人口的 26%。2021 ~ 2035 年，中国将出现第二个老年人口增长高峰，年均将增加 1100 多万人。2010 年，全国 65 岁以上“空巢老人”有 4150 万人，到“十二五”期末将超过 5100 万人，占老年人口的近 1/4。目前我国城乡空巢家庭超过 50%，部分大中城市达到 70%；农村留守老人约 4000 万人，占农村老年人口的 37%。随着子女出国留学和异地就业增加，“空巢家庭”将是 21 世纪我国城市，甚至是许多农村地区老年人家庭的主要模式。这对于中国传统的家庭养老模式形成了强烈冲击，公众对于社会化养老服务的需求不断增强。

加快我国家庭服务业发展，首先要花大力气解决目前的薄弱环节，其次需构筑起强有力的政策支持体系。解决其薄弱环节，关键是要建设“两大工程”：一是家庭服务业公益性信息服务平台建设工程，即设立区域性家庭服务电话号码，整合资源、增加投入，实施公益性服务平台建设。依托该平台，健全供需对接，信息咨询、服务监管等功能，形成便利、规范的家庭服务体系，为家庭、社区、家庭服务机构提供公益性服务。二是家庭服务业从业人员培训工程，即以家政服务员、养老护理员和病患陪护员服务从业人员为重点，开展订单培训、定向培训和在职培训。家庭服务业既有私人性质，也有部分公益性质，所以需要采取政府主导和市场机制相结合的策略推进发展。比如：引导多种所有制形式市场主体进入家庭服务业，加强行业标准化建设，完善税费优惠体系，改革培训体系、注重培训效果。充分发挥行业协会作用，搭建公共信息服务平台，规范家庭服务市场秩序。

（十三）房地产中介服务业

房地产中介服务的范围较广，包括房地产咨询、房地产评估、房地产经纪、房地产投融资服务、房地产经营管理服务等五种重要的形式。房地产中介是房地产开发或交易价值链中不可或缺的角色，对于促进房地产市场发展和降低房地产交易成本等都发挥着日益重要的作用。

我国的房地产中介服务业虽然发展较为迅速，但由于发展时间相对较短，还存在着体制不顺、管理混乱、资质门槛不高、规模较小、经营秩序混乱等诸多的问题。随着市场的发展和中介服务行业竞争的加剧，我国房地产中介服务业也逐渐呈现品牌化经营、专业化竞争、综合化发展等新的特点。促进我国房地产中介服务业发展需要从完善法律法规体系、推动行业组织建设、培养行业职业道德、建立信用保障机制、严格市场准入制度、鼓励品牌连锁经营、倡导公平竞争等多方面着手。还要引导房地产估价机构和房地产经纪机构规模化、专业化发展；加强和完善房地产估价师职业资格制度，大力推行房地产经纪人执业资格制度，加强房地产估价和经纪行业自律管理；进一步明确物业管理行业的责任边界，规范物业管理行业市场秩序，推行物业管理师制度建设，提升服务规范化、专业化水平。

（十四）海洋服务业

海洋战略涉及海洋经济、海洋政治、海洋外交、海洋军事、海洋权益、海洋技术等方面，而海洋服务业是贯穿于整个海洋战略的核心产业，是海洋竞争力的主要体现。海洋服务业是包括直接在海域上提供的各项生产、生活服务以及服务于各海洋领域经济部门、各类涉海企事业的所有服务集合。我国海洋经济和海洋服务业发展态势良好，2010 年我国海洋生产总值占国内生产总值的9.7%。海洋服务业增加值占海洋生产总值比重高达47.5%，占国内生产总值比重也超过了4.6%。但总体看，我国海洋服务业发展比较落后、规模相对偏小、竞争力不强、区域布局不合理、创新能力不足。航运物流业、海洋科技服务业、海洋专业服务业、海洋旅游业等是我国海洋服务业未来发展的重点领域，有着广阔的发展前景。在有条件的港口发展集娱乐、休闲、餐饮、购物于一体的邮轮经济。此外，还要重视发展海洋信息技术、建立海洋空间基础地理信息系统，积极开展海洋生物资源及矿产资源勘探定位、海洋工程维护、海洋综合调查与测绘、海洋教育、海洋科普与文化传播等新兴服务业。

要从维护国家海洋安全战略高度重视海洋服务业发展，坚持以陆地与海洋融合发展、军用和民用融合发展、三次产业融合发展的战略思路推进我国海洋服务业跨越发展，不断提升我国海洋服务业水平，扩宽我国服务业发展范围。

四　着力培育中国新兴服务业的战略思路

（一）充分发挥市场机制对发展新兴服务业的促进作用

制度经济学原理告诉我们：制度是经济增长与效率的重要因素。在社会主义市场经济体制大背景下，发展服务业最基本最重要的制度就是健全的市场机制与规范的市场秩序。除了餐饮、商贸等传统服务业外，许多新兴服务业领域的体制机制，比如准入机制问题、定价机制问题，还有着较浓厚的计划经济色彩，市场机制的作用发挥得很不够。这样的结果，必然使得本应该具有广阔市场和极具潜力的新兴服务业缺乏足够的发展动力和活力。发挥市场机制对新兴服务业的促进作用要从以下几方面入手。

1. 放宽服务业准入和转变管理方式

我国服务业领域计划经济色彩依然较浓，主要表现为政府审批和行政直接管理两个方面。改变政府干预过多的做法，可从两个方面着手：一是要参照国际通行的做法，制定公开透明的准入条件和标准，除对少数垄断行业及关系到国家安全的重点服务业，制定“否定”或“限制”行业目录外，其他的一概实施“非禁即入”的准入制度，最大限度地减少行政审批。二是减少行政直接管理，发展市场机制配置服务业资源的基础性作用。理顺服务业行政管理体制，梳理和减少制约现代服务业发展的行政审批。即便行政部门实施管理，也应该以宏观调控和产业引导为主，而不是直接投资服务业项目。此外，要注重发挥行业协会和中介组织的“服务、沟通、公证、监督”作用，通过服务行业协会等中介组织，建立起政府与服务企业的“桥梁”作用，避免政府对服务企业过多的直接管理和市场的无序与过度竞争。

2. 制定服务业标准

政府的责任不是直接做运动员，而是做裁判员，即制定“游戏规则”，其中包括基本的服务标准。大多新兴服务业是“新生事物”，个性化、差异化都比较大，服务业也强调提供个性化与差异化服务。但这并不意味着新兴服务业不需要一些基本准则。为了规范服务行为，提高服务质量和提升服务水平，有必要加快重点新兴服务行业和领域标准制定，推进服务业标准贯彻实施，扩大服务业标准化覆盖范围，并逐步提升我国服务业国际标准化的“话语权”。

3. 健全服务业定价机制

价格机制是市场机制的核心。发挥市场机制作用，绕不开价格改革问题。由于长期以来我们倚重发展工业，还没有形成适应服务业发展特点的价格形成机制、定价机制。要善于运用价格机制支持和促进服务业关键领域、薄弱环节、新兴产业和新型业态的发展。当前，最紧迫的是要尽快改变现行对服务业在用水、用电、用气、用地等方面的价格歧视政策，实行与工业用水、用电、用气、用地等方面平等的价格政策，为新兴服务业发展争取一个平等的发展环境。还要加强对服务价格的管理，加快管理制度改革，建立符合市场化改革要求的服务业价格分类管理制度。

4. 优化和完善法规制度等软环境

市场经济本质上是法治经济。完善的法规制度等软环境是服务业快速有序发展和竞争力不断提升的重要基石。美国哈佛大学教授迈克·波特在阐述国家竞争优势理论时指出，一国在某一产业的国际竞争力，表现为一国能否创造一个良好的商业环境，是该国企业获得竞争优势的能力。除了现代通信设施、便捷的交通网络、优美和谐的人居环境等硬件环境，还要重视以法律法规、政策措施、机制体制为重点的软环境。根据王静波（2006）提供的资料，我国香港特别行政区历来奉行“大市场，小政府”的理念，多年来致力于人才、教育、市场制度和监管等商业环境的优化，降低政府公共服务、社会诚信等带来的社会交易成本，努力营造公开的商业环境和开明的经济政策，进行适度的监管，提供公正的法律制度，并从中介、码头、金融等领域退出，为民间资本提供发展空间。新加坡港则通过诱人的税收政策以及缜密的法律体系赢得了不少航运客户的青睐。这些国家和地区的许多做法为我们在建立完善的服务业法律体系和政策措施以及优化市场环境等方面提供了不少可以借鉴的经验。

5. 以市场机制催生新兴服务业攀升全球价值链

全球价值链是与价值链治理对等的关系。我国拥有适合新兴服务业发展的广阔的市场，在国内市场治理模式下，新兴服务业能够实现一定程度的升级。在国内市场上建立良好的信誉、品牌和渠道，不仅有助于我国的新兴服务业以更好的条件加入全球价值链，更能够使价值链治理者发现本地化参与者的价值，从而使得我国的新兴服务业在价值链博弈中争取到更有利的地位和更好的升级前景。对于我国的新兴服务业来说，通过在国内发展市场、拓展能力、积累实力，实现技术创新和营销渠道强化，是实现全球价值链治理模式从准科层制到网络型再到市场型转变的现实路径。

（二）以科技进步不断推动新兴服务业的发展

新兴服务业的发展大都是以技术创新及其有效运用为后盾的。经过多年的努力，通过不断加大对服务业的科技投入，我国新兴服务业的科技进步和创新环境不断改善，服务业的信息化水平有了很大提高。但总的来看，新兴服务业总体技术含量仍然不高，信息技术产品在服务业中应用的领域仍然较少，从而导致技术含量高的高端服务业发展不足。在这种背景下，强调技术进步在新兴服务业领域运用，以新技术引导新兴服务业发展具有重要的意义。

1. 促进新技术在新兴服务业领域的应用

根据国务院办公厅2011年12月颁布的《关于加快发展高技术服务业的指导意见》（国办发〔2011〕58号）和科技部2011年7月颁布的《国家“十二五”科学和技术发展规划》有关内容，加强新技术在如下新兴服务业的应用示范：①数字文化。加强科技与文化融合，开展文化资源数字化加工和数据库建设，数字内容、数字版权交易、演艺文化传播、数字博物馆、文化旅游、艺术品交易应用示范等。②数字医疗健康。开展新农村与城市跨域协同医疗服务、老年人医疗健康服务、基于健康档案的居民健康管理公共服务、面向医疗健康的政府监管综合服务等技术研发与平台建设。③数字生活。开展数字化生活服务共性支撑与应用和服务、智慧城市应用服务、移动生活服务云聚合、数字式或信息准确搜索聚合服务、社区生活圈互动服务、家庭智慧生活主动服务等平台建设与应用示范。④电子商务。开展电子商务云服务、可信交易、支撑服务技术与平台研究开发、重点生产资料、生活资料、旅游、专业市场、国际贸易等领域电子商务技术研究开发及示范应用。⑤现代物流。开展集装箱公铁多式联运、海港物流综合服务、网购物流服务、物流公共信息平台资源整合集成、供应链全程第三方物流服务、物联网环境下智慧物流等领域技术研发及示范应用。⑥科技服务业。开展区域产业共性技术创新平台、重点行业通用设计数据库、试验平台、技术转移广告服务平台、面向产业集群的科技服务集成平台、科技金融服务平台建设与应用。⑦生物技术服务体系，加快培育和发展新业态。重点发展创新药物及产品的临床前研究和评价服务，形成具有特色的研发外包服务体系。积极发展胚胎工程、细胞工程、分子育种等现代生物农业技术服务，加快生物技术成果在农业领域的应用。加快发展生物环保技术服务。

2. 设立新兴服务业科技促进专项基金，并引导社会资金投向新兴服务业

（1）设立新兴服务业科技促进专项基金，用好政府采购政策。设立新兴服务业科技促进专项基金，采取计划资助、补贴和税收优惠等财税政策促进新兴服务业发展。推出服务业科技创新发展资助计划，以开展有助于提高服务行业整体或部分行业竞争力的项目，或是对提升有关服务水平有益的项目。我国政府采购政策在提高财政资金的使用效果方面发挥了重要的作用，但在支持高新技术产业和新兴服务业发展方面的功能还没有充分发挥出来。国际经验表明，政府采购政策不仅是公共财政的组成部分，也是政府支持企业自主创新和扶持新兴产业的最合法、最有效的手段之一。为了促进基于高新技术的新兴服务业快速高质发展，可以考虑建立财政性资金优先采购自主创新产品和服务的制度，建立激励自主创新的政府首购和订购制度。

（2）搭建科技型企业的融资平台，解决科技型企业的融资瓶颈。新兴服务业领域有不少企业具有科技型企业属性，如何为之搭建融资平台非常重要。政府要积极与具有一定信誉的投资机构和担保机构合作，建立科技型中小企业融资担保机制，引导企业成为技术创新的投入主体，支持企业向金融机构或社会广泛融资。引导支持企业申报国家及地方各类科技计划，从而形成多渠道、多层次、多元化的技术创新投资、融资体系。探索风险投资机制，解决科技型企业的融资瓶颈问题。

3. 推进共性技术平台和公共信息服务平台建设

搭建共性技术平台、实现科技资源共享是提高技术应用水平，提升新兴服务业整体竞争力的重要途径，也是促进中小型新兴服务业企业发展的必由之路。应充分集成科技资源，构建新兴服务业领域的公共技术服务平台，为新兴服务业发展提供便捷、廉价的公共技术和资源服务。同时，要加快公共信息平台建设，增强信息资源的公益性开发，要加快建设统一的电子政务网络平台和信息安全基础设施，加快建设公共信息资源目录体系和交换体系，支持信息共享和业务协同，从而为降低新兴服务业的社会成本、生产成本和交易成本创造条件（赵弘等，2007）。

4. 以科技进步为切入点着力培育服务业新业态

目前，我国经济已进入转型发展的关键时期，整个产业发展也面临着一些新的瓶颈，通过大力发展高技术服务业，促进其与传统产业融合而培育新业态将是服务业服务于实体经济的一个重要路径。一般来说，基于高技术服务业发展起来的新业态一般都具有高端、高效、高辐射力特性，其中高端性通过高知识、高技术含量而在全球产业链中占据高端环节，获取更多的利润分配；高效性通过提升各行业的生产效率，将拓展增值空间；高辐射性通过对其他产业的渗透和支撑作用的发挥，将提升创新对各行业领域的促进作用（李文秀、夏杰长，2012）。因此，要以科技进步为切入点，通过服务业与实体经济的融合、渗透而培育新的业态，既有利于凸显我国的比较优势和产业基础，又有利于提升我国的自主创新能力，还可以为下一轮经济发展培育新的增长点，增强我国经济增长的内生动力，促进经济结构向高附加值环节转移和升级，带动经济发展方式转变。

5. 激活科技中介服务业活力，加快科技进步与服务业融合

科技中介服务业是科技生产力与新兴服务业融合的重要“媒介”。目前，科技中介服务业大都是计划经济体制的产物，运行机制比较僵化。民营科技中介是在社会经济发展到一定程度，因市场需求应运而生的，适应市场能力较强，体制机制灵活，具有很强的生命力。民营科技中介的进入有利于促进“官方”或者“半官方”科技中介部门的改革，因此，要鼓励社会力量兴办各类科技中介机构，鼓励和支持有条件的科研单位、高等院校充分利用科研设备和人才优势，兴办各类科技中介机构。特别要鼓励民营企业独立创办或与其他社会力量联合兴办科技创业服务中心和生产力促进中心等科技中介机构。

（三）政府要对新兴服务业给予大力扶持

新兴服务产业，在我国未来国民经济中具有主导战略地位，是对未来经济社会发展与国家安全具有深远意义的新兴产业。新兴服务业由于复杂性与基础性而导致成本、风险和收益之间的不匹配，需要政府政策支持。

1. 实施有利于新兴服务业发展的财税体制机制

（1）完善公共财政体系，增加对新兴服务业的投入。发展新兴服务业，主要依靠市场机制配置资源，同时也要注意发挥政府的引导和带动作用。完善服务业引导资金政策，增加对新兴服务业的公共投入，充分发挥财政资金“四两拨千斤”的作用。扩大政府采购范围，改变以前货物类采购畸重、服务类采购畸轻的状况，把服务业领域如公务消费、会展、会议、物业管理、培训、国际机票、公务旅行、公务员体检、企业代理记账等纳入其中，引进竞争机制，面向全社会服务行业公开招标、投标，以刺激这些行业改善服务态度、优化服务方式、丰富服务内容、创新服务项目，引导服务业的发展方向。

（2）针对新兴服务业不同阶段采取各有侧重的财税政策。在高技术研发环节，可建立货物和劳务税退税制度，房产税与城镇土地使用税优惠制度，创新型人才的个人所得税优惠制度；在运营和使用环节，可以丰富优惠手段，如补充加速折旧建立、再投资退税或抵免制度，以及有力的政府采购制度、财政补贴、财政贴息等财税政策。

（3）对民间资本投资高技术含量的新兴服务产业实施税收优惠政策。放宽民间资本投资的税收抵免政策和纳税扣除适用范围，可规定：如果民间资本投资具有高技术含量的新兴服务产业，对其来源于这些产业的投资收益设置一定免税期。另外，在一定时期内可就其投资额一定比例抵免应纳税所得额，并在收入认定、成本扣除等方面享受一定税收优惠。

（4）新兴服务业企业中的中小企业、微型企业负担比较重，赢利空间有限，因此需要采取比较灵活的税收政策和措施促进其发展，对其缴纳企业所得税给予特殊课税规定，赋予小型公司选择不同的纳税方式，特别要鼓励这些中小型新兴服务业企业的创新行为，比如其研发投入享受企业所得税扣除等优惠政策。

（5）在上海市部分现代服务业领域推行营业税改征增值税试点工作的基础上，总结经验，研究相关配套措施，积极稳妥地在更多地区和更广泛的服务业领域实施这一“税收新政”。

2. 构建支持新兴服务业发展的金融政策

以高技术为基础的那些新兴服务业风险性较强，其技术创新的高风险性及需要资金量大，资金投入往往成为重要“瓶颈”制约，这就需要创新金融政策，建立多层次、多元化、多样性的投融资机制来解决。

（1）建立完善多层次、多元化金融服务体系。大力鼓励发展天使投资、创业投资，支持融资性担保机构发展。通过多层次资本市场体系建设，满足不同新兴服务业的融资需求。一是建立完善的、多层次的资本市场体系，大力鼓励发展天使投资、创业投资，支持融资性担保机构发展。通过多层次资本市场体系建设，满足不同新兴服务业的融资需求。需要强调的是，新兴服务业在发展初期普遍是小型甚至是微型企业，建议借鉴韩国的经验，设立“服务业特别基金”，为符合国家产业政策的小型微型新兴服务企业发展提供资金支持，破解融资瓶颈。还要针对服务业特别是小微型服务企业抵押物较少、经营规模不大的特点，逐步建立起有利于服务业和小型微型企业发展的“草根金融”体系，比如探索发展服务业小型、微型企业的联保贷款业务等。

（2）充分发挥政府投资对社会投资的引领带动作用，吸引社会资本进入，实现“以政府投资为主”向“以社会投资为主”的有序转换。政府对服务业的投资除了表明政府对服务业发展的态度和立场外，充其量也只能起到引导和带动作用。所以，服务业要真正发展起来，主要还是依靠市场力量解决资金投入问题（李冠霖，2007）。要通过改善投资环境，创造公平准入条件，吸引社会资本投资服务业，这是解决服务业发展资金问题的根本途径。

（3）积极稳妥地推进金融创新。金融是服务业的重要组成部分，既支持服务生产，也可以通过金融创新，比如消费金融业务让人们提前消费，扩大服务消费需求。许多服务业的核心资本是人力资本，没有多少可以抵押的实物资产，迫切需要金融提供适合的融资方式助其起步和发展。江小涓（2011）曾经设想通过开展各种形式的“倒按揭”业务推动养老服务业发展，就是一个很好的启发。当然，这只是一个例子。在发展新兴服务业过程中，金融创新有许多方式和途径。比如，拓宽机构对新兴服务业企业贷款抵押、质押及担保的种类和范围，加大金融创新对新兴服务业的支持力度，破解服务业融资难的“瓶颈”；积极发展包括高收益债券、中小企业集合债券、短期融资券、中期票据等各类债务融资工具，为新兴服务业企业提供灵活的融资方式。

3. 优化服务业投资结构，调整服务业投资政策

扩大内需是我国的基本战略政策取向。但投资重点应该转向战略新兴产业、现代服务业、新兴服务业等。在努力增加服务业投资规模的同时，更要重视优化服务业投资结构问题。主要的选择就是适度减少交通运输、餐饮住宿等传统服务业投资，增加高技术服务业、软件与信息服务业、人力资源服务业、文化创意产业、节能环保服务产业等新兴服务业领域的投资。这些新兴服务业是基础薄弱、市场潜力大的领域，发展前景较为广阔。增加这些领域的投资力度，既能为新兴服务业夯实基础，也有利于改善投资效率。

4. 改善消费环境，提高消费新兴服务业的意愿，增加对新兴服务业的消费需求

2010 年，我国城镇消费品零售额为 133689 亿元，其占社会消费品零售总额的比重已达 86.5%，是拉动消费需求的主体市场。一直以来，我国城镇居民消费中商品消费比重偏大、服务消费所占份额偏小。但随着我国经济快速增长，居民消费结构也将转型升级。目前，城市居民对吃、穿、用等商品性需求渐趋刚性，商品消费发展空间较为有限。相比之下，服务性消费有较大的发展空间，有望成为未来我国居民消费的支出重点。随着经济发展和收入水平提高，居民的消费观念已发生较大变化，花钱买享受、买时尚、买轻松、买健康等正成为城镇居民消费的新趋势（张颖熙、夏杰长，2011）。

我国政府对扩大新兴服务消费需求也非常重视，“十二五”规划中已将文化、旅游产业定位于国民经济支柱性产业。2012 年 12 月中旬结束的中央工作会议也提出要“拓宽和开发消费领域，促进居民文化、旅游、健身、养老、家政等服务消费”。在具体实施过程中，政府应加快城市公共交通业发展，创造良好的基础设施环境；推广开发网络信息服务，拓宽居民的信息来源渠道；落实既有的鼓励服务消费措施，比如文化消费、旅游消费和家庭消费等；大力建设文化娱乐休闲场所，满足居民的服务消费需求；规范餐饮行业发展，保障食品安全，提高经营管理水平，解决消费者后顾之忧；规范消费市场秩序，打击假冒伪劣产品（服务）的力度越来越大，尽快出台各类服务标准，增强服务品牌意识，稳步提升服务质量。

为了扩大新兴服务业消费需求，有必要研究新型消费政策与消费方式。比如推进信用消费，鼓励零售企业与商业银行、信用担保公司合作开展信用销售，支持大型零售企业与银行合作设立消费金融公司。发展移动电子商务消费、手机购物、移动电子消费凭证等新型消费方式。完善刷卡消费服务、扩大银行卡使用范围，保护其消费权益。

5. 实施有利于新兴服务业发展的土地管理政策

土地管理政策是新兴服务业促进政策中的一项重要内容。在 2007 年

《国务院关于加快发展服务业的若干意见》和2008年《国务院办公厅关于加快服务业若干政策措施》中都提出了“调整城市用地结构、合理确定服务业用地比例，对列入国家鼓励类的服务业在供地安排上给予倾斜”等意见。这些意见很好地引导了服务业快速发展，作用是显著的。但毕竟这只是一些原则性的意见，还需要研究更有针对性和操作性的政策意见。

新兴服务业主要在大中城市发展，而大中城市又是土地最为紧张的地区，随着经济建设规模越来越大和城市化进程越来越快，发展新兴服务业与土地紧缺的矛盾也日益凸显。这就需要创新一些新的土地管理政策：一是积极支持以划拨方式取得土地的单位利用工厂厂房、仓储用房、传统商业街存量房产、土地资源兴办信息服务、研发设计、文化创意等新兴服务业，土地用途和使用权人可暂不变更。二是充分利用“三旧”改造、“退二”或企业转移腾出的发展用地，优先用于发展新兴服务业，鼓励企业利用原使用的国有划拨土地使用权引进资金发展新兴服务业。三是在符合城市规划、土地利用总体规划前提下，充分利用集体建设用地流转政策，鼓励新兴服务业项目利用集体建设用地进行开发建设。四是建立灵活的土地出让机制，发挥土地收储的调控性作用，对园区或集聚区内的重点项目及列入鼓励类的新兴服务业重大项目，在供地安排上，具有优先选择权，实现对服务业发展用地有效供给。

6. 加快社会信用体系建设，培育良好的信用环境

服务业具有无形性、多样性和信息不对称特点，道德风险和逆向选择的可能性更大，因此，与工业经济相比，服务经济要求更加完善的信用制度（周振华，2011）。可以说，良好的信用环境是服务业发展的重要基础支撑，只有建立了健康的社会信用体系，加强对服务业的信用管理，才能降低服务产品和服务行为的交易成本、提高交易效率，才能真正推动新兴服务业大发展（田侃、夏杰长，2008）。

为了优化新兴服务业发展环境，必须加快社会信用体系建设，打造诚信经济。一是加快信用立法进程。包括制定信息公开等基础法律，以及对信用交易和规范信用秩序方面立法、对信用中介行业管理方面的相关立法等。二是建立信用信息共享制度，完善以组织机构代码和身份证号码等为基础的实名制信息共享平台体系、全国重点服务企业平台体系。三是完善企业和个人征信系统、中小服务企业的征信服务等基础工作，扩大征信系统服务范围，提高服务水平。四是推进服务业企业信用档案系统和信用评级工作，实行服务企业信用报告制度，加强新兴服务业企业内部信用管理，提高企业服务信用度和自我约束力。五是建立、健全失信惩戒制度，加强外部监管，打击违信行为，增大企业的违约成本，引导服务企业增强信用意识。

7. 健全新兴服务业人才的培养、激励和评价机制

人才是新兴服务业发展之关键，高端的新兴服务业最主要的“投入”就是人力资本。培养、引进和激励高素质的服务业人才，弥补新兴服务业人才严重短缺是政府义不容辞的责任。

（1）培养机制要改革，发挥学校、企业和研发机构三方共同的力量，实施产学研一体化的培养机制。改革传统的人才培养方法，重点发展特色职业教育，支持各类高等教育、职业教育和培训机构开展新兴服务业技能型人才的学习与培训。特别是要重点培养熟悉国际规则的开放型、技能型和复合型人才。

（2）全面推进职业资格证书制度，建立新兴服务业职业资格标准体系，加快推进服务咨询师、项目管理师、质量认证师、技术经纪人等职业培训和资格认定工作，提高从业人员的整体素质。

（3）对从事高端技术型新兴服务业人才实施有效的激励机制，以优厚的政策和灵活的机制招揽海外高端生产性服务行业领军人物。按照“不求所有，但求所用”的原则，积极推进技术入股、管理人员持股、股票期权激励等新型分配方式，建立人才柔性流动机制，鼓励更多的高端生产性服务业人才向我国聚集。

（4）明确高端的新兴服务企业引进高级人才而产生的有关住房货币补贴、安家费、科研启动经费等费用依法列入成本核算政策的可行性。

（5）加强对农村人力资源的开发，建立“政府主导、多元投入”的培训投入机制，让更多的农村劳动力具备从事新兴服务业的基本素质和能力，扩大他们的就业机会。

8. 健全新兴服务业统计体系，加强服务业统计基础工作

我国服务业统计基础工作本来就非常薄弱，服务业的功能和内涵也在不断变化，再加上新兴服务业的不断出现和快速发展，原有的产业分类和统计制度已经很难适应新的形势。比如，工业设计是发展势头很猛的新兴服务业，对产业升级作用有目共睹，但它在国民经济统计中没有明确具体分类。加强和改革服务业特别是新兴服务业统计工作已刻不容缓（金剑、张帆，2007）。

完善和改革新兴服务业统计工作，需要解决如下问题：一是在国民经济核算体系中适时增加新兴服务业的内容，增加反映新兴服务业发展规模、结构、质量、速度、效益、开放的统计指标，界定其统计范围，并动态调整统计内容。二是要根据目前我国新兴服务行业统计现状，借鉴国际上新兴服务业统计的经验，建立和完善新兴服务业调查和核算制度，实施周期性经济普查制度。切实加强相关企业的信息系统和数据库的建设工作，建立健全新兴服务业企业和个体经营户的常规性调查核算制度，提升新兴服务业统计调查能力。三是编制新兴服务业季报和年报，建立新兴服务业主要门类月度统计快报，实行新兴服务业统计信息发布、重大信息披露制度，实行统计信息资源共享，确保统计数据的准确性和及时性，加强对统计数据的分析，为促进我国新兴服务业发展提供科学依据。

（四）积极利用国际资源加快新兴服务业发展

1. 服务全球化是大势所趋，我国已经融入了服务全球化浪潮

近些年来，服务全球化后来居上，成为经济全球化的主导力量、显著特征和重要趋势。与上一轮制造业领域的国际产业转移不同，新一轮全球化的产业转移重点是服务业（张祥，2011）。江小涓等（2008）提出了从宏观和微观两个层面看待服务全球化问题。宏观方面经常使用国际贸易和跨国投资两项指标，而微观方面可以用企业跨国经营指标或跨国公司海外业务等指标来衡量。我们认为，服务全球化主要表现在服务贸易的快速发展和服务业国际投资的迅猛增长，以及各国服务业互相渗透、融合和依

存，国际化的服务供给和消费不断增加等诸多方面。根据商务部2011年12月15日发布的外商直接投资（FDI）数据，2011年1～11月，服务业实际使用外资金额487.68亿美元，同比增长18.54%。制造业实际使用外资金额473.15亿美元，同比增长7.56%。我国服务业利用外资金额占整体比重首次超过制造业。这个简单的数据实际上释放了两个重要的信号：一是外商投资正在向我国未来最重要的产业——服务业转移，我国已经融入了服务全球化浪潮；二是我国利用外资正步入“服务经济时代”，外资进入我国的结构变迁时代已经来临（李勇坚、夏杰长，2012）。

我国对外开放已经历经30多年了，但融入服务全球化浪潮是从“入世”开始的。加入WTO后，我国服务业对外开放的领域不断扩大，到目前为止，已涵盖了《服务贸易总协定》12个服务大类中的10个，涉及总共160个小类中的100个。其中，银行、保险、证券、电信、分销等新兴服务部门均已向外资开放。在积极引进外资的同时，也要注意我国服务业市场对外开放的渐进性，做到原则性和灵活性相结合（李冠霖，2007）。在我国，服务业对外开放应该是一个有重点、有步骤、分阶段、循序渐进的过程，实施积极有序和梯度开放的策略。当然，国内的不同地区由于服务业发达程度、经济外向度不尽相同，所采取的开放力度与范围也会有所区别。

我国越来越多的包括新兴服务业在内的服务业企业也开始大踏步走向国际市场，参与国际市场竞争。但服务业“走出去”仍是我国服务业发展和开放的“短板”。要做好这项工作，既需要企业提高自身竞争力和对国际市场的适应能力，也需要政府通过签订税收协议、实行税收饶让、推进出口融资与保险服务、帮助法律维权等手段力推服务企业“走出去”，参与国际竞争，提高服务业竞争力。还要建立起支持国内企业“走出去”的服务平台，做好海外投资环境评估、信息咨询、知识产权保护、海外市场调查等工作。这种“引进来”、“走出去”的双向互动是加快我国新兴服务业发展和提升其国际竞争力的必由之路。

2. 积极应对利用外资进入“服务经济”时代

2011年，我国服务业成为吸收外资的第一大产业，意味着我国利用外资将进入“服务经济时代”。这一根本性的转变，使我国原来以吸引制造业外资为主导的开放思路需要重新检视，并积极进行调整以应对这种变化（李勇坚、夏杰长，2012）。

（1）直面吸引外资的国际竞争。在服务业利用外资方面，我国的优势并不如制造业那么明显。例如，我国在人力资源方面，较印度等国存在明显差距。2010 年第六次全国人口普查表明，我国 60 岁及以上人口占 13.26%，其中 65 岁及以上人口占 8.87%，远远高于印度，更高于越南等国家。而且，各国为了吸引外资，在开放上的步伐也正在加大。例如，为了吸引更多的外资投资于服务业，印度于 2011 年通过了一项争议多时的法案，采取了包括放宽零售业海外投资相关法规，准许沃尔玛及其他国际超市和百货商场连锁运营商持有印度合资公司 51% 的股权等重要举措。巴西财政部 12 月 1 日宣布，将外国人投资基础设施领域债券的金融交易税由 6% 降至零。面对激烈的国际竞争，我国需要重新审视在经济、政治等各方面的优势，直面吸引外资的国际竞争。

（2）积极发挥我国的服务需求市场优势，积极引进国外先进服务企业，为我国产业升级作贡献。随着先进技术和管理理念在生产中的广泛应用，成熟的规模化生产不再是资源配置的主要方向，而是为生产提供服务的领域成为效益产出的主要领域。随着生产性服务业在生产过程中重要性的不断提高，其规模也随之不断增加，目前生产性服务业已是世界经济中增长最快的行业，发达国家通信、金融、专业服务业、物流等生产性服务业占总服务业的 50% 以上，而且是外商直接投资的重点领域。我国应充分发挥制造业高速发展所带来的对外生产性服务的需求，积极引进国外的先进服务企业，利用其为我国制造业升级转型提供支持。

（3）完善我国的法治水平、知识产权保护等软环境。研究表明，服务业比制造业更加依赖于良好的法治水平、高效透明的政府管理、高水平的公共服务。因此，我们应积极清理各种不利于服务业发展的法律法规，不断提升公共服务水平与政府管治水平，大幅提升司法公正与效率，积极采取各种知识产权保护措施，为吸引高水平的服务业投资创造良好的环境。

（4）更加积极灵活的开放政策。首先，要完善全面开放的格局。一方面深化沿海地区的开放，另一方面扩大内陆开放、加快沿边开放。其次，要积极重视各种无形产品的开放，如文化产品市场的灵活开放、金融领域的稳步开放。再次，要积极进行各种试点。如推进数据自由交换的“数据自由港”试点等。

（5）积极引入高端服务业和新兴服务业。这是因为，一则我国服务业比较优势是劳动密集型服务业，我国最缺乏的就是高端服务业和新兴服务业；二则我国目前既有的高端服务业和新兴服务业大都集中在国有事业单位，这些单位的服务业体制机制都比较僵化，效率普遍较低。如果着力引进金融、文化创意、工业设计、专业服务等高端的新兴服务业，既可以弥补我国这些领域的短板，也可以通过竞争和示范效应，促进国内国有服务业企业改善服务质量、提高服务效率。

（6）在扩大开放的同时，要更加注重国家经济安全。从整体上看，服务业对国家经济安全的影响比制造业更为深刻。而且，服务业对国家经济安全的影响与其本身的规模或占 GDP 的比重可能不相称。例如，信用服务业本身是一个很小的行业，但是，这个行业所涉及的信用评级等，直接与国家宏观经济稳定相关。又如，审计等专业服务，其本身规模也不大，但是，在国外相关企业全面控制了我国高端审计市场的背景下，将有可能导致我国国家经济数据不安全。因此，积极吸引服务业外商投资的同时，应对国家经济安全政策有更积极与灵活的政策。既不能单纯以外商投资的规模或外资市场占有率作为管制的标准，也不能以行业规模作为管制或国家安全的标准，而应该建立一套综合性的、全面的管制体系。

3. 积极承接离岸外包和大力发展在岸外包

服务外包是企业内部分工不断深化的结果，是企业追求比较优势和核心竞争力的必然选择。服务外包已经成为全球经济的最重要现象之一，是有着广阔前景的新兴服务业，而且是典型的劳动—知识密集产业，具有知识密集和劳动密集的双重特性。我国是人力资源丰富、劳动就业压力大的发展中国家，积极承接服务业外包是很现实的战略选择。这不仅因为大量的服务外包是“劳动—知识密集型”，较适宜吸纳新毕业的大学生就业，有助于缓解我国大学生就业难的问题；也是促进我国产业升级，寻找新的经济增长点，攀升全球价值链高端，更加紧密地把国内外服务业市场联系起来的最直接途径之一。因此，承接服务外包业务将成为我国服务业开放战略的重点。

我国政府非常重视服务外包产业的发展，目前已经建立起了21个服务外包基地城市，对承接离岸外包的企业或业务也采取了许多优惠措施，这些措施正在发挥极为重要的作用。服务外包在我国的发展正呈方兴未艾的势头，业务范围十分广泛，涉及IT服务、人力资源管理、金融、保险、会计、客户服务、研发、产品等众多领域（李冠霖，2007）。但从这几年我国主要基地城市发展服务外包的情况看，“重优惠政策的运用、轻基础设施投资”现象比较严重。事实上，印度之所以在服务外包领域领先我们，除了他们天生的语言优势外，主要就是服务外包园区的基础设施建设做得非常成熟。

霍景东、夏杰长（2010）曾经提出过如何加强和改进服务外包基地城市服务外包园区的基础设施建设问题：一是服务外包园区的建设，即载体建设。园区内应集中提供服务外包研发平台、成果孵化平台、软件交易与发布平台、人才培训机构、便利的交通与生活设施、良好的休闲娱乐场所等，充分发挥外包园区的集群优势和规模效应。重点是公共服务和技术平台，如先进的软件开发平台、公共数据资源库、高速宽带通信基础设施，形成良好的服务配套体系等。二是软性的基础设施。如针对我国信用体系不健全，导致服务外包吸引力不强的问题，可以加大征信平台建设力度；再比如建立业务流程外包赖以生存的数据库等。三是注重环境保护基础设施的建设，为服务外包的发展提供良好的支持。如污染的治理、绿化等。四是建立高速数据传输通道。如印度为了克服数据传输慢的难题，园区通过专用的通信卫星来传输数据。我们可以考虑建立一个数据通信出口港，借鉴发展制造业外包建立保税区的概念，只要数据来自国外，在加工处理后不在国内传播，则可以免于监管；为了提高数据传输速度，建议通过陆缆、卫星等方式连接通信港。

相对而言，我国的在岸外包工作较为落后，特别是制造企业的服务内部化现象很严重。也正是制造企业服务内部化现象导致了本应该统计在服务业的附加值和就业很可能被统计到制造业。这也是我国服务业比重不高或者被低估的重要因素。分工是技术进步和劳动生产率提高的重要条件。姚战琪（2011）曾经就服务外包对我国工业生产率的影响做过实证研究，他的研究结论表明：由于体制机制原因，我国工业行业作为重要因素投入的服务投入的效率非常低下。我国许多提供生产性服务的第三产业部门参与社会分工的深度不够，交易成本较高，大量本应由市场提供的生产性服务业（物流，涉及售后、资金运作等中间服务）转为由企业内部提供，造成市场化的服务业发展不足。

我国服务外包产业虽然经过近几年的快速发展，已初具规模，但我国服务外包产业的实力并不强，仍然处于全球价值链的低端。为了真正摆脱“低端道路”的束缚，我国服务外包产业必须努力寻求一条适合中国国情的新的服务业外包发展道路。即：通过培养适合服务外包企业发展需要的实用技能型人才，培育在全球价值链中处于中高端环节的大企业，以及发挥上海、北京等服务外包示范城市的辐射作用，借力助推我国服务外包产业加快进入全球价值链的高端。

严格意义上的服务外包还包括在岸外包。只有将承接国际服务外包与推动本国服务在岸外包及打造本土高端服务运营商结合起来，才能实现本国服务业的可持续跨越发展。为了促进工业生产率提高和创造更多的新兴服务业发展机会，就必须深化企业内部分工，鼓励制造企业剥离服务业，大力在岸外包发展，改变当前发展服务外包“重离岸、轻在岸”的倾向。“大而全、小而全”的企业组织在我国由来已久，积弊难返，一步到位剥离制造企业的服务业务有较大难度。建议优先支持大型工业企业内部的软件和信息技术服务部门剥离或将相关业务以购买服务的方式交由专业的软件和信息技术服务企业承担。

4. 对内对外同步开放，不能“厚外薄内”

完整意义上的开放，还包括对内开放的问题。两者必须兼顾，不能

“厚外薄内”。从我国服务业发展、改革和开放的历程看，服务业对内开放是比较薄弱的环节。对内开放程度低的一个重要原因就是重要的服务业基本被国有经济垄断经营。所有制垄断的症结在于对民营资本的歧视政策，许多高利润服务企业不允许民营资本进入。服务业要素地区之间流动也受到一定的限制，地区垄断现象也不能忽略。地区垄断主要因为既有财政体制引发的地方保护主义，不让非本地服务要素或资源进入。

对内开放的核心就是要打破“垄断”，切实贯彻“非禁即入”的政策，推进垄断行业改革，取消对非国有资本或者非本地要素的不平等做法：一是放宽市场准入，凡国家法律法规未明令禁入的服务业领域，全部向外资、社会资本开放，并实行内外资、内外地企业同等待遇，各类投资者均可以独资、合资、合作等方式进入。各类服务业企业在登记注册时，除国家法律法规规定外，各部门一律不得设置或变相设置前置性审批事项。二是尽可能取消所有制限制。在非基本公共服务领域，除了引入外资外，也要为民营企业等多种市场主体创造公平竞争的环境，提供平等竞争的机会，形成政府投资、民间投资、利用外资等多元化投融资机制，并逐渐提高非公有制经济在服务业中的比重。三是逐步放开非基本公共服务领域，充分发挥市场配置资源作用。加快社会领域和事业单位改革。营造公平市场环境。研究适合新型服务业态和新兴服务产业发展的市场管理办法。四是打破地域限制，鼓励地区间服务要素自由流动，在更广阔的区域优化服务业要素资源的配置，提高服务要素效率，增强地区间竞争程度，鼓励各地区在服务业要素流动中寻找自己的比较优势，形成各自的特色服务业。

参考文献

《中华人民共和国第十二个五年国民经济和社会发展规划纲要》，人民出版社，2011。

国务院：《关于印发进一步鼓励软件产业和集成电路产业发展若干政策的通知》（国发〔2011〕4号），2011年1月。

国务院办公厅：《关于加快发展高技术服务业的指导意见》（国办发〔2011〕58 号），2011 年 12 月。

科技部：《国家“十二五”科学和技术发展规划》，2011 年 7 月。

上海市经济和信息化委员会：《2010 世界服务业重点行业发展动态》，上海科学技术文献出版社，2011。

北京市长城企业战略研究所：《北京高技术服务业发展战略研究》，研究报告，2006 年 11 月。

〔美〕西蒙·库兹涅茨：《各国的经济增长》，商务印书馆，中译本，1985。

〔美〕迈克尔·波特：《国家竞争优势》，中译本，华夏出版社，1997。

江小涓：《服务业增长：真实含义、多重影响和发展趋势》，《经济研究》2011 年第 4 期。

江小涓等：《服务全球化与服务外包：现状、趋势及理论分析》，人民出版社，2008。

张祥：《转型与崛起：全球视野下的中国服务经济》，社会科学文献出版社，2011。

辜胜阻：《城镇化是投资需求和消费需求最好的结合点》，人民网，2011 年 1 月 24 日。

王国刚：《城镇化：中国经济发展方式转变的重心所在》，《经济研究》2011 年第 12 期。

周振华主编《服务经济发展与制度环境（理论篇）》，格致出版社/上海人民出版社，2011。

赵弘等主编《中关村创新型服务业发展报告》，社会科学文献出版社，2007。

李冠霖：《如何开展服务业工作》，暨南大学出版社，2007。

夏杰长等：《高新技术与现代服务业融合发展研究》，经济管理出版社，2008。

夏杰长等：《迎接服务经济时代来临：中国服务业发展趋势、动力与路径研究》，经济管理出版社，2010。

夏杰长、刘奕、李勇坚：《“十二五”时期我国服务业发展总体思路研究》，《经济学动态》2010 年第 12 期。

夏杰长：《以扩大消费需求为着力点调整总需求结构》，《经济学动态》2012 年第 2 期。

田侃、夏杰长等：《信用环境构建与新兴服务业发展》，经济管理出版社，2010。

李勇坚、夏杰长：《制度变革与服务业成长》，中国经济出版社，2008。

李勇坚、夏杰长：《我国利用外资正步入“服务经济时代”》，2012 年 2 月 8 日《中国经济时报》。

张颖熙、夏杰长：《服务消费结构升级的国际经验与启示》，《重庆社会科学》2011 年第 11 期。

刘奕、夏杰长：《全球价值链下服务业集聚区的嵌入与升级》，《中国工业经济》2009 年第 12 期。

霍景东、夏杰长：《动态比较优势与服务外包发展战略》，《经济与管理》2010 年第 11 期。

李文秀、夏杰长：《发展我国高端服务业与提升全球控制力》，研究报告，2012。

姚战琪：《工业和服务外包对中国工业生产率的影响》，《经济研究》2010 年第 7 期。

姚战琪等：《中国服务外包产业攀升全球价值链的路径分析》，《黑龙江社会科学》2010 年第 1 期。

陈剑、吕荣胜：《节能服务的经济学分析》，《南京社会科学》2011 年第 6 期。

刘珂：《产业集群升级的机理及路径研究》，天津大学博士学位论文，2006。

金剑、张帆：《关于新兴服务业调查核算工作的思考》，《商场现代化》2007 年第 4 期。

王薇、刘涛：《“十二五”时期我国服务业发展的战略思路与政策选择》，载国务院发展研究中心《调查报告择要》第 120 期，2010 年 12 月 27 日。

王静波：《若干世界大城市服务业发展态势研究综述》，www. istis. sh. cn，2006 年 7 月 27 日。

专题报告

中国信息通信服务业发展趋势、重点领域与政策建议

尚铁力　王　娜*

摘　要： 随着互联网的进一步普及，以信息技术为关键发展要素的信息通信服务业对经济社会发展的影响逐步加深，成为世界各国竞相培育的战略性新兴产业。目前，信息通信服务业已在我国显示出新的发展趋势，不断创造出新的服务功能、新的消费行为和新的商业模式，形成未来信息通信服务业发展的重点领域，推动我国经济结构不断优化。我国应立足发展实际，在尊重信息技术发展规律和把握产业发展驱动因素的基础上，针对目前存在的主要问题，选择物联网服务、“三网融合”云计算服务、移动互联网应用等发展领域重点培育，突破发展瓶颈，实现信息通信服务业整体性突破，力争将其打造成为我国经济社会发展的基础性、战略性和先导性产业。

关键词： 信息通信服务业　战略性新兴产业　电信服务　互联网

---

* 尚铁力，男，经济学博士，工业和信息化部电信研究院高级工程师，主要研究方向为信息通信服务业与互联网监管政策。王娜，女，经济学博士，北京联合大学管理学院讲师，主要研究方向为现代服务业与宏观经济政策。

一 引言

2010年，国务院审议通过《国务院关于加快培育和发展战略性新兴产业的决定》（以下称《决定》），提出重点加快培育和发展以重大技术突破、重大发展需求为基础的战略性新兴产业。战略性新兴产业的提出，表明我国政府一方面希望通过培育新的经济增长点，积极应对当前全球经济增长放缓对我国经济发展带来的负面冲击，继续保持经济平稳较快增长；另一方面也体现出我国决策层决心通过培育以重大技术突破、重大发展需求为基础的高技术产业推动产业结构优化，实现促进经济社会可持续发展，转变经济增长方式的战略意图。

《决定》明确了包括“节能环保、新一代信息技术、生物、高端装备制造、新能源、新材料和新能源汽车”等七个战略性新兴产业发展的重点方向，其中“以新一代信息技术”为核心内涵的信息通信服务业格外引人注目，不单纯因为金融危机以来各国政府在信息经济领域的超常规举措，刺激了本国信息通信技术研发创新，促进了信息通信服务业更快发展，更因为信息通信服务业已在我国展现出巨大的发展潜力，其不仅自身具备巨大的市场空间，而且能够造新的服务功能、新的消费行为和新的商业模式，促进上下游产业发展，成为经济增长的“倍增器”、发展方式转变的“转换器”和产业升级的“助推器”。

在当前世界经济格局进入新一轮调整的战略机遇期，如何准确把握信息通信技术和信息通信服务业的发展趋势，充分发挥相关政策的引导和支持作用，对于加快我国信息通信服务业发展，全面提升我国经济社会发展水平，在全球新一轮产业结构调整中占据信息经济领域发展制高点具有至关重要的意义。

与各国政府高度重视信息通信服务业发展态度相同，国内外众多学者和研究机构也十分重视相关领域的研究。从1987年索洛（Solow，1987）提出著名的“索洛悖论”开始，一批关于信息通信技术对企业组织模式、产业结构调整、经济增长和社会发展转型影响的文献涌现出来，从理论模

型和经验研究两个方面分析了信息通信技术对于经济社会发展的推动作用

与国外研究相比，尽管我国相关研究起步较晚，但伴随以互联网为代表的信息网络技术和新型商业形态对我国经济社会影响和渗透的加深，信息通信技术产业与国民经济社会的关系正逐步成为理论界关注的焦点，越来越多的经济学家和业内人士都注意到了信息通信技术对提升我国经济发展素质的重要意义，并不断跟踪信息通信技术发展的最新趋势，探讨技术发展产业创新的基本情况（林毅夫等，2003；秦海等，2006；工业和信息化部电信研究院，2010）。以信息通信技术为核心发展要素的服务业形态多种多样，根据业内的分析口径，通常认为信息通信技术服务业包含信息网络服务业、信息技术服务业和信息内容服务业三个部分。其中，信息传输服务业主要指基础电信企业等提供的话音、文字、图像以及视频等电信服务，即传统的电信服务内容；信息技术服务业主要由软件服务组成；数字内容服务业业态众多，包括各种基于互联网的新闻媒体、信息搜索、营销广告、游戏娱乐、电子商务等信息服务业等。

近年来，随着宽带信息网络的逐步普及、IP 技术广泛使用，传统电信服务和新兴互联网服务依托信息网络交织发展，已经成为信息通信服务领域创新最为活跃、最为激动人心的领域。软件产品已成为为传统电信运营商和互联网运营商提供服务、开拓市场的基本工具，与另外两类服务内容耦合度日益加深，对信息网络服务业和数字内容服务业的分析，本身就会涉及软件服务和软件产品的内容。因此，电信服务和以互联网为关键构成要素的信息内容服务是我们关注的重点。本文首先对国内相关研究做了一个简短回顾，然后分析了我国信息通信服务业的现状、存在的问题、产业发展的驱动因素、下一步发展趋势，最后是相关政策建议。

二 中国信息通信服务业发展现状

（一）基本情况

信息通信服务业一直是我国经济生活中创新最为活跃、市场最为繁荣、用户规模增长最快的领域。特别是在信息通信技术的不断推动下，电信服务在稳步扩展传统市场的同时也不断呈现新的发展势头；新兴的互联网服务更是活力无限，创新日益不断，市场规模不断扩大，推动我国经济社会信息化水平不断提升。

1. 信息网络基础

信息基础网络是信息通信服务业发展的基石，信息网络发展水平直接决定了其上承载的信息服务的水平。特别是随着多媒体信息流量的迅猛增加，对网络承载能力提出了更高的要求。近年来，我国信息网络建设力度不断加大，信息网络基础进一步夯实，网络传输交换能力大幅提升。目前我国已经形成世界最大网络，建成全球最大 IP 软交换网，骨干传输网已建设成为高速可靠网络；建成全球最大 IPv6 示范网络，形成研发产业化体系。截止到2010 年底，我国局用交换机容量 4.6 亿门，移动交换机容量 15 亿户，光缆线路长度 995 万公里，基础电信企业互联网宽带接入端口达到 1.87 亿个，互联网国际出口带宽达到每秒 1098 吉比特；行政村通电话比例达到 100%，20 户以上自然村通电话比重达到 94%，全国 100%乡镇通互联网，其中 98% 乡镇通宽带。[①] 从上述数据可以看出，我国信息通信网络基础资源不断丰富，信息通信网络数据传输能力不断得到提升，为网上承载更为丰富、更为快捷、更加实时的新业务、新应用提供了坚实的物质保障。可以预见，信息网络的不断完善必将带动业务应用的不断活跃繁荣，相关商业模式创新也层出不穷，网络用户需求得到不断满足，整个市场充满活力，促进信息通信服务产业链不断完善，从而推动我国经济信息化水平和国家竞争力水平不断提升。

2. 电信服务业

电信服务业是我国信息通信服务业的基础和重要组成部分。“十一五”期间，基础电信企业累计投资近 1.5 万亿元，有力带动了经济增长，据测算，“十一五”期间电信业对 GDP 直接贡献率平均达到 1.8%。[②] 尽

① 2010 年全国电信业统计公报。

② 中国信息产业网，http：//www. cnii. com. cn。

管受到全球经济增长放缓的影响，我国电信业2010年依然实现电信主营业务收入8988亿元，同比增长6.4%。随着我国电信服务能力的提升，市场规模稳步扩大，业务结构呈现进一步优化。截至2010年底，我国有固定电话用户2.9亿户，移动电话用户8.59亿户，其中，3G用户净增3473万户，累计达到4705万户。[①] 与国际电信业发展趋势相同，传统语音服务市场趋于饱和，移动业务替代固定业务趋势进一步加强。面对传统业务进一步增长的瓶颈，无论是固网电信运营商还是移动运营商都在积极探索转型发展的途径，充分发掘自身竞争的比较优势，寻找非话音类的业务增长点。特别是随着我国工业化和信息化融合进一步加深，无线宽带、云计算、IPTV、移动互联网业务等都能成为基础电信运营企业实现发展转型的重要途径。目前，电信行业增长方式日趋集约，初步实现向综合信息服务商的转型，2010年非话音业务收入占比达到42.3%，比重较2009年进一步提升。[②]

3. 互联网信息服务业

围绕互联网提供信息服务的信息内容服务业，已经成为目前信息通信服务领域最为活跃的行业，市场主体不断增多，技术创新日新月异，商业模式层出不穷，特别是随着移动通信技术与互联网技术日趋融合，更带动全球万亿规模新兴产业的不断兴起。

我国作为全球互联网大国，近年来互联网信息服务发展势头也十分迅猛。从互联网用户和基础资源看，截至2011年6月底，我国网民总数达到4.85亿，互联网普及率为36.2%，较2010年底提高1.9个百分点；我国IPv4地址数量为3.32亿，较2010年底增长19.4%，居全球第二位；域名总数为786万个，其中CN域名总数350万，占比为44.6%，网站总数为183万个。[③] 从提供信息服务的市场主体看，目前据不完全统计，我国经营互联网信息服务的企业超过一万家，从事包括网络动漫、网络游戏、网络音乐、网络电视、网络文学等众多信息内容服务。庞大的互联网

① 2010年全国电信业统计公报。

② 中国信息产业网，http：//www. cnii. com. cn。

③ 《第28次中国互联网络发展状况统计报告》，http：//www. cnnic. cn。

用户规模为我国互联网信息服务发展提供了潜力无限的市场空间。从业务创新看，特别是随着网络水平的提升、智能终端普及、相关商业技术标准的进一步统一，网上信息传播渠道更加丰富、更加便捷、相关服务更加完善，推动了一批互联网热点业务规模的快速扩大。例如，2011 年上半年我国微博用户数量从 6311 万迅速增长到 1.95 亿，半年新增微博用户就达 1.32 亿人，增长率高达 208.9%，在网民中的使用率从 13.8% 提升到了 40.2%。手机微博的应用也成为亮点，手机网民使用微博的比例也从 2010 年底的 15.5% 上升至 34.0%。商务类应用依然保持上升，网络购物使用率提升至 35.6%，半年新增用户 1215 万，用户半年增长率为 7.6%；团购应用发展势头迅猛，用户已达到 4220 万人，使用率从 4.1% 提升到 8.7%，用户半年增长率达到 125.0%。[①] 中小企业在销售和采购环节都开始利用互联网手段，根据 CNNIC 最新调查数据显示，33.2% 的受访中小企业过去一年曾有过在线销售。[②]

（二）存在的不足

我国信息通信服务业已取得了长足的发展，对我国经济增长的贡献也日益凸显，但是一些基础性、结构性、素质性问题仍然困扰着行业的健康持续发展。对目前存在的问题，我们大致可以归结为如下几个方面。

1. 信息网络基础设施依然薄弱

我国虽然为全球宽带第一大国，却在普及率、速率、单位带宽资费等方面刚刚达到或低于全球平均水平，与发达国家相比差距很大。在普及率方面，尽管我国宽带人口普及率在 2009 年底超过全球平均水平，2010 年第四季度达到 9.2%，但是仍低于亚太地区 10.3% 的平均水平。我国宽带的家庭普及率仅为 31%，而世界发达国家普遍在 50% 以上，排名第一的韩国高达 95%。[③] 从网络带宽水平看，根据 Akamai 发布的报告，我国平均网速为 1.8M，处于中等或偏下的水平，列全球第 71 位，居前两位的韩

① 《第 28 次中国互联网络发展状况统计报告》，http：//www.cnnic.cn。

② CNNIC 第 72 期《互联网发展信息与动态》，http：//www.cnnic.cn。

③ 宋颖：《财经时报》2011 年第 10 期。

国和日本分别为我国的 11 倍和 8.8 倍。[1] 宽带等信息通信基础网络建设的滞后，在一定程度上制约了我国信息服务业规模的扩大和应用结构的优化。

2. 信息通信服务业规模较小

近年来，虽然我国信息服务业呈现快速发展的势头，拥有全球第一的网民规模，但基于信息通信技术的服务供给能力依然偏弱。从企业运营规模来看，我国信息服务企业多为中小企业，核心竞争力不强。据统计，在我国信息服务企业中，约 18 万个企业的营业额在 50 万元以下，占总数的 72.5%；营业额在 50 万～100 万元、100 万～500 万元的企业分别占 7.6% 和 12.4%，而营业额超过 5000 万元的企业只有 1.3%。[2] 目前，我国互联网信息服务总体收入规模尚不及 Google 一家公司，反映出当前我国互联网市场规模与欧美发达国家还存在显著的差距。从新兴互联网应用发展看，我国移动互联网领域、数字家庭服务、物联网、云计算等领域基本都处于起步阶段，与欧美等互联网强国相比，我国整体处于跟随状态，自主创新能力较弱，原创性服务不多，制约着服务形态的多样化和产业规模的快速扩张。

3. 信息通信技术应用深度不足，信息服务业结构亟待进一步优化

目前，我国经济仍然依赖以投资、资源、环境代价等生产要素为基础的传统增长模式，以信息技术作为先进生产力工具带动经济增长的作用尚处于初级阶段，信息通信服务业对于我国经济社会渗透的深度和广度与发达国家仍有较大差距。据统计欧盟 GDP 增长的 1/4 和生产率提高的 40% 均归功于信息通信技术，西方七国集团更是从信息通信技术中获益最多的国家群体，1995～2003 年期间，接近 1/3（27%）的 GDP 增长归功于其对信息通信技术的投资。[3] 在互联网领域，目前我国互联网生产性服务功能体现不足，根据 CNNIC 第 27 次的报告显示，截止到 2010 年 12 月，我国互联网使用率排名前五的分别是搜索引擎（81.9%）、网络音乐

① 江苏新闻网，http：//news. jschina. com. cn。

② 上海情报服务平台，http：//www. istis. sh. cn。

③ 泰尔网，http：//www. catr. cn。

(79.2%)、网络新闻(77.2%)、即时通信(77.1%)、网络游戏(66.5%)[①]，部分网络娱乐应用的渗透率近年来有所下降，但依然是我国互联网应用的主流，而像工业行业应用等对企业信息化贡献较大的呼叫中心、数据中心等业务的市场份额不高。当前至关紧要的是积极投入信息服务产品的研发，推动信息网络技术深度应用，开拓新的服务项目与服务功能，优化信息服务业结构，提升信息通信行业对于整个国民经济发展的支撑能力。

三 中国信息通信服务业发展驱动因素分析

回顾我国信息通信服务业发展历程，不同阶段有不同的驱动因素促使整个行业向前快速发展。在信息通信业发展的初期，即整个市场以语音服务为主的阶段，基础电信企业是产业链的核心环节，整个市场需求单一，基本网络通信能力是运营企业的核心能力，网络投资驱动以此带动用户规模扩张，成为信息通信服务发展初级阶段的主要特征；随着网络建设的完成，传统语音服务供给能力不再是行业发展的主要瓶颈，传统业务市场趋于饱和，通过价格竞争争夺用户资源开展零和博弈成为驱动行业发展的主要动力；随着用户个性化需求变化趋势，电信技术和互联网技术的不断融合，信息服务个性化定制能力的提升，如何满足消费者多样需求成为推动行业持续发展的关键问题。技术创新、服务创新、商业模式创新等成为契合市场需求和供给的主要手段，创新能力成为驱动信息通信服务业发展的核心要素。但创新需要条件，需要市场需求的进一步释放，也需要供给能力的不断提升。目前我国信息通信服务业进一步发展的驱动因素可归结为以下几点。

1. 信息服务网络基础设施升级加快

从用户需求和业务发展趋势看，未来的信息通信网络应当向个人和社

---

① CNNIC第27次中国互联网报告，与我国网络应用相比，美国网民使用率最高的前6项应用则是电子邮件、搜索引擎、查看天气报道、网络新闻、网络购物和政府网站访问。

会提供泛在的、无所不含的信息服务和应用，使得任何时间、任何地点、任何人、任何物都能顺畅地接入网络，实现对信息服务的随时随地消费。从近期看，网络融合将成为下一步网络升级改造的主要目标。通信网、互联网、广播电视网等融合进程将不断加快，移动网与固定网业务融合不断加深。各种网络互联互通，IP 技术将成为用户语音、图像、文字、视频的统一传送手段，促进网络的融合发展，支持各种融合类业务不断丰富，实现不同技术、多重网络、多种应用、多个行业的协同发展。从增长拉动效应看，网络的升级改造不仅会催生更加丰富的业务应用，推动整个市场规模进一步扩大。网络自身的建设投资也会带动整个行业的强劲增长。以中国电信为例，在刚刚过去的“十一五”期间，中国电信的宽带网络投资达到了 1500 亿元。随着网络能力的提升，2010 年中国电信有线宽带用户净增了 1002 万户，比 2009 年增长了 18.7%，用户总量达到了 6348 万户。[①] 网络投资除直接扩大了信息通信服务业的潜在用户规模外，还带动了相关设备制造商、系统集成商、软件服务商、接入服务商等在网络运营各个环节上的生产经营活动，直接繁荣了整个市场，带动了行业的发展。

2. 基础电信运营商积极转型加快

基础运营商作为我国信息通信服务的主要主体，始终是整个行业持续增长的动力来源。在行业发展初期，传统电信业务增长主要表现为投资－放号模式进行驱动，信息通信行业呈现较快发展的态势。但是伴随传统业务市场的逐步饱和，话音资费水平不断下调，话音 ARPU 值全面下降，投资－放号的行业增长模式已不具有可持续性。转型发展已成为三家基础运营企业战略共识。无论是所谓的“智能管道”、“流量经营”还是“综合信息服务提供商”，都显示了基础运营商已不再局限于传统的业务领域或原有的商业模式。要转型，要发展，就需要找到企业新的增长领域。从转型直接拉动效应看，需要基础运营商加强网络的升级改造，加大技术研发，升级产品开发，不断优化业务结构和商业模式，重塑市场竞争优势。这必将带来资金、人才、信息等资源的优化配置，促进企业生产效率不断

① 数据来源：http：//www. emkt. com. cn/。

改善，进一步提升整个行业的发展水平。从转型的间接效应看，基础电信企业的转型，也必将进一步丰富我国信息通信服务市场的供给主体以及供给方式，这一方面增加了市场效率、改善了用户体验，另一方面也促进了我国经济社会信息化整体水平的进一步提升。

3. 商业模式创新推动互联网信息服务不断繁荣

在移动互联网领域中，最大的商业模式创新亮点就是软件在线商店（APP Store）。软件在线商店为手机用户提供了软件应用的付费在线下载，软件开发商通过与在线商店运营商进行收入分成获得收益。在线商店最大的突破，是打破了互联网上免费消费的模式，培育了广大用户付费购买服务的习惯，为第三方软件的提供者提供了方便而又高效的一个软件销售平台，使开发者分享软件商店的用户流量，实现应用开发的创新和用户需求、用户体验的不断提升，刺激了第三方软件提供者积极参与到价值的创造中。随着3G网络的不断完善以及智能终端的进一步普及，软件在线商店的在线付费商业模式获得了巨大成功。以苹果公司为例，自其推出APP Store软件以来，其软件下载数超过了100亿次，软件服务商通过在线商店这个平台实实在在地获得了内容开发的收益。以此为动力，又不断吸引新的开发者加入这个平台，软件应用进一步丰富，从而形成良性循环的商业模式。目前，在线商店这种商业模式已得到全球电信运营商、互联网企业的广泛认可。中国移动、中国电信也都推出了自有在线软件商店，吸引了用户的广泛关注，成为推动企业转型发展的重要支点之一。在某种程度上，商业模式创新带来的增长效应要超过技术创新的效应，因为其很好地将产品研发与市场进行了良性对接，这就破解了在互联网免费服务下，信息内容提供商投入产出不成比例的难题，为互联网信息服务探索开创了一个高速、良性发展的轨道。

4. 竞争主体跨界发展，新的市场不断涌现

移动互联网成为信息通信服务行业未来发展的主要领域，移动互联网作为移动通信技术和互联网技术融合产物，已无处不体现异构产业生态的特点和优势，基础电信企业、互联网企业、消费电子企业的跨界发展不可避免。对基础电信企业而言，移动互联网打破了2G网络的封闭花园模式，带来了互联网开放运营特点，这一方面颠覆了传统电信商业模式，动摇了传统电信赖以生存的基础。另一方面，也促进了基础电信企业加大创新，扩大开放，重新培育新的竞争优势，开拓新的市场。例如，中国电信“天翼工厂”，整合现有网络资源，采用多层级开放接口开放电信能力，不断丰富“天翼空间”里的增值应用，增强了在移动互联网领域的竞争力；中国移动积极研发业务能力开放平台，通过开放网络API，提供丰富的能力调用，发挥互联网企业与开发者的积极性与创造性。对互联网企业而言，从单纯的软件服务延伸到硬件终端也是发展趋势之一。互联网企业通过智能终端定制化，将自有互联网服务客户端提前预装，不仅可以巩固已有市场份额，也增强了在产业链上的话语权；对消费电子企业，在移动互联网领域的创新发展，不仅拓展了新的业务空间，也增强了在整个产业链上的主导权。典型代表如苹果公司，通过智能手机、平板电脑等终端产品，已充分掌握了产业链上的主导权，获得了移动互联网上最为丰厚的利润回报。跨界发展不仅拓展了原有行业的发展空间，也创造了融合性的产品和服务。例如新一代移动互联网终端，将面向移动互联网的操作系统、多点触控的操作能力、清晰的大尺寸显示屏、超强的芯片处理能力融合起来，衍生出大量新产品新服务。

总之，不同驱动要素在信息通信行业发展中所起作用的大小在一定程度上能够反映出整个行业增长的质量和特定发展模式的可持续性。在以资本要素为主要驱动因素的发展阶段，市场主体竞争行为粗放以及要素投入收益递减特点决定了该阶段行业增长质量不高，行业整体增长可持续性有限。当创新要素成为驱动行业增长的主要动力时，标志着信息通信行业进入高级发展阶段，整个行业将会迎来新一轮快速增长时期。

四　下一步发展重点

面对当前发展中存在的问题，我们需要整体把握行业发展趋势，认清行业发展的主要驱动因素，选择今后重点发展领域，超前谋划，精心培育，以点带面，实现信息通信服务业跨越式突破，力争将其打造成为我国经济社会发展的基础性、战略性和先导性产业。届时，下一代信息网络将重构全球信息通信基础设施，从根本上改变目前的生产方式、社会管理、公共服务和人类生活，成为迈向信息社会的发动机。

（一）宽带领域

2008年，国际金融危机爆发后，各国纷纷培育新的经济增长点。其中，大力培育宽带产业，打造国际领先的信息基础设施已成为各国的共识。截至目前，全世界已有近100个国家出台了宽带国家战略或计划，主要是瞄准两个目标：一是实现宽带的普遍服务，建立覆盖全国惠及全民的宽带网络；二是提出以光纤宽带和无线接入为核心，构建高速的宽带网络。发达国家更是将宽带的发展提高到国家战略的角度，以此推动国家信息化发展。例如美、日等国推出了100Mbit/s的光纤接入速度，韩国政府和业界计划在2012年前共投资2.57亿美元，在全国建成目前网络接入速率10倍的光纤接入等。欧盟委员会于2010年5月19日公布了为期5年的“数字化议程”，提高宽带覆盖是数字议程主要关注的7大领域之一。“数字化议程”设定的目标为：到2013年，实现欧盟全部人口的宽带覆盖，到2020年，欧盟最少一半的家庭宽带速率超过100Mbps。[①] 根据布鲁金斯学会、世界银行等研究机构对不同经济实体的研究表明，虽然宽带对不同国家的拉动作用不完全相同，但一般来说，一国宽带普及率提升10个百分点，对GDP增长能促进0.25～1.38个百分点。OECD的数据表明，宽带普及率增加与成员国GDP增长的相关系数为0.66。[②]

与欧美日韩等互联网强国相比，我国宽带产业还有很大的发展空间。工业和信息化部等7部门联合发布了《关于推进光纤宽带网络建设的意见》，该意见指出宽带产业重点工作包括以下几个方面：一是继续推进宽带提速，加速接入网络光纤化的进程，加快当前接入网络“光进铜退”改造，以光纤尽量靠近用户为原则，大力推进各种方式的光纤宽带网络建

① 石立娜：《宽带发展趋势及中国的策略分析》，《人民邮电报》2011年第33期。

② 资料来源：泰尔网，www.catr.cn，2011年12月23日。

设；二是扩大宽带覆盖的范围，推进宽带基础设施向农村地区的延伸，逐步提高光纤接入的普及率，缩小城乡差距；三是优化宽带网络结构，提升骨干网、城域网的能力和效率，进一步优化网间互联，扩充网间互通的带宽；四是积极引入宽带的新技术，加大研发投入和科技创新，在关键产业环节实现技术突破，提升企业核心竞争力和自主创新能力；五是普及宽带应用，促进宽带在电子政务、电子商务、医疗交通、教育、城市管理、社区服务等领域的普及，推广宽带的视频应用，发展宽带的信息服务和文化创意产业，大力发展三网融合、物联网等创新应用，使宽带应用和宽带网络协调发展相互促进等。这些无疑都为我国电信企业、互联网企业投资宽带领域指明了方向。

（二）物联网服务

2009年以来，“智慧地球”、“感知中国”等物联网概念的提法迅速在我国兴起，成为业界关注的焦点。所谓物联网[①]，是指在物理世界的实体中部署具有一定感知能力、计算能力或执行能力的各种信息传感设备，通过网络设施实现信息传输、协同和处理，从而实现广域或大范围的人与物、物与物之间信息交换需求的互联，其架构包括各种感知延伸技术、网络和应用三个层次：感知延伸技术把物体接入网络，通过末端网络（汽车网、家庭网络、社区网络等）的互联来实现人与物、物与物之间的通信；网络层则是将各种信息通信网络实现与末端接入和高端应用处理的融合和协同；应用层则是面向不同的公众或行业应用实现信息处理和智能应用，如智能交通、城市各种监控系统、跨区域环境监测等。在信息通信服务领域，更加关注基于网络关于物联网应用的规模化和市场化。

目前，物联网的研究和产业化已引起世界各国高度重视：2009年2月，美国政府签署7870亿美元经济刺激计划，其中提出加大对智慧电网、智慧医疗等领域的支持力度；2009年6月18日，欧盟委员会向欧盟议会、理事会、欧洲经济和社会委员会及地区委员会递交了《欧盟物联网行动

---

① 续合元等：《ICT深度观察——NGN（2010）》，工信部电信研究院研究报告，2010年3月。

计划》，希望欧洲在构建新型物联网管制框架的过程中起到主导作用，其战略意图是在新一轮与物联网相关的科技创新和应用方面，保证欧洲的全球领先地位。在国内，我国无锡市正积极推进“感知中国”中心示范区的建设，由江苏省、中科院、无锡市共建的“中国物联网研究发展中心”已经启动建设，无锡市政府已发布了《关于开展传感网应用示范工程建设的实施意见》，计划通过 3 年时间逐步建成感知工业、感知安保、感知交通、感知环保、感知园区、感知医疗、感知电力、感知物流、感知农业等九个行业的应用示范工程，率先打造“智慧之市”。2010 年，上海、杭州、广州、北京、深圳、重庆、天津、武汉、太原、佛山、嘉兴等地都高调宣布要大力发展物联网产业。中国三大运营商都推出了各类物联网解决方案，积极拓展物联网市场。

从国际国内看，物联网发展刚刚起步，在物联网服务的感知层、网络层和应用层三个关键环节，各国都在积极研发攻关，尚未形成统一的行业标准。[①] 这无疑为我国电信企业、互联网企业、电子企业、设备制造企业提供了重要机遇。通过加大研发投入，加强国际交流，充分利用时间窗口，可在物联网标准方面具备话语权，实现未来与国际巨头企业展开竞争。物联网迅猛发展的态势已经透射出一个强烈的信号，基于围绕物联网的产业发展必将给我国信息通信服务业和经济社会发展带来巨大影响，成为支撑我国持续发展的战略性新兴产业。

（三）三网融合

随着信息通信技术的发展，电信网、互联网、有线电视网三网融合已成必然趋势。三网融合具有产业链长、辐射能力强、拉动经济增长明显的特点，在满足人们不断增长的精神文化娱乐需求、促进信息和文化产业发展、提高国民经济和社会信息化水平、拉动国内消费和促进经济增长方面具有重要意义。三网融合发展要求电视机终端和计算机都可以同时连接互联网和有线电视网，多种接入方式并存保证了能够以最优的方式提供电视

① 北京市长城战略咨询课题组：《物联网产业发展研究（2010）》，研究报告，2010 年。

广播和互联网相关业务，满足数字新媒体的需求。全球基于“三网融合”的应用发展日益繁荣。特别是IPTV业务，能根据用户的需求配置多种多媒体娱乐功能，包括数字电视节目，互联网游览，可视IP电话，电子邮件，以及多种在线信息咨询、娱乐、教育及商务信息服务等，充分满足用户个性化需求，日益被电信运营商、广电运营商以及数字内容企业看做是有效利用宽带资源的重点业务。据统计，2008年IPTV市场表现强劲，其中以东南亚地区最为明显：2008年第四季度东南亚地区IPTV业务增长率为10.28%，到2009年第一季度已高达91.28%。InformaTelecoms & Media预计，截止到2014年底，全球享受IPTV业务的家庭将达到7000万户。①

经过多年的酝酿，我国三网融合进程终于开始破冰，2010年1月13日，国务院召开常务会议，决定加快推进电信网、广播电视网和互联网三网融合，至此，我国三网融合政策有了实质性松动。回顾我国IPTV发展历程，2004年我国IPTV开始导入，当年发展IPTV用户4.6万户，后续在摸索中稳定发展，2008年用户达到245万；2009年三网融合政策出现转机，IPTV的发展受到了一定程度的刺激，到2009年末IPTV用户数量约达到460万，比2008年增长了87.8%。② 截至2010年底，根据流媒体网统计，中国IPTV市场用户规模约为800万，从运营商的分布来看，中国电信依旧一枝独秀，用户规模达到为668万。③ 在《中共中央关于制定国民经济和社会发展第十二个五年规划的建议》中明确提出，“十二五”期间要“实现电信网、广播电视网、互联网三网融合，构建宽带、融合、安全的下一代国家信息基础设施”，中央对于三网融合的要求，从“十五”、“十一五”期间的“促进”与“推进”发展到“十二五”期间的“实现”，向外界传递出清晰的政策信号，即计划在“十二五”期间全面实现三网融合战略。这样的趋势下，必然出现电信、广电以及数字内容等产业价值链的进一步融合与调整，网络设备供应商、电信运营商、广电运

① 罗毅、刘罡、彭涛：《“三网合一”背景下的IPTV产业发展研究》，新华网，2011年2月。

② 诺达咨询，http://www.ndcchina.com.cn。

③ 灯少：《2011，IPTV给力之年》，《广西通信技术》2011年第4期。

营商、终端供应商、内容提供商、集成商、客户等共同组成一个产业生态系，各方相互借鉴和利用对方的技术标准、运营经验以及发展战略，共同推进三网融合，共同培育新的业态和新的服务，实现产业健康持续发展的新局面。

（四）云计算服务

所谓云计算服务是为用户提供在任何地点通过互联网获取运程服务器上的计算、存储应用等IT资源。云计算运营商通过整合互联网上的计算、存储、应用等资源，有效地将大规模计算资源以可靠服务的形式提供给用户，用户不必再关心具体计算所需的软硬件配置。[①] 根据目前主流应用模式，云计算基本包括基础设施即服务（LaaS）、平台即服务（PaaS）和软件即服务（SaaS）等。[②] 云计算服务代表了信息通信服务未来的发展趋势，既表现为今后一种主流技术，又是一种创新的商业模式，被视为信息通信服务业下一个万亿级产业。目前，云计算服务尚处于初级发展阶段，尚未形成统一标准和业务模式。从全球看，包括谷歌、IBM、微软、亚马逊等知名IT企业纷纷推出云计算解决方案，云计算服务市场前景十分广阔。根据国际数据公司（IDC）的预测，全球云计算的市场规模将从2008年的160亿美元增加到2012年的420亿美元，占总投入比例也将由4.2%上升到8.5%。据此2012年云计算投入将占IT年度投入的25%，到2013年则会占30%以上。[③] 除了IT企业，各国政府也纷纷将云计算服务视为国家IT产业发展的新机遇，以云计算技术为驱动力的公共服务云、绿色低碳云受到了各国政府的重视，相应出台了诸多扶持措施。

近几年，云计算应用在我国也得到了前所未有的重视。2010年10月，工业和信息化部与国家发改委联合印发《关于做好云计算服务创新

① 参见：维基百科（Wikipdia. org），云计算是一种动态的易扩展的且通常是通过互联网提供虚拟化的资源计算方式，用户不需要了解云内部的细节，也不必具有云内部的专业知识或直接控制基础设施。

② 基础设施即服务提供数据处理和存储服务；平台即服务是以云平台为基础，或为云平台开发、测试与运行应用程序；软件即服务是指基于云计算的应用程式服务。

③ 吴吉义等，《云计算：从概念到平台》，《电信交换》2010年第1期。

发展试点示范工作的通知》，将北京、上海、深圳、杭州、无锡五个城市作为先行试点示范城市。2011 年 10 月，国家发改委针对五地云计算应用示范工程近 7 亿元扶持专项资金已经下拨。北京和上海已分别推出“祥云计划”和“云海计划”；上海市推进智慧城市建设 2011 ~ 2013 年行动计划，也将云计算列入重大专项之一；深圳在 2011 年 8 月成立深圳云计算产学研联盟，并启动“鲲云计划”，预计到 2015 年，深圳将产生 10 家年销售收入超 10 亿元的企业，带动相关产业产值超过千亿元。无锡、佛山、杭州、成都等地也率先启动云计算基础设施、云计算服务平台和云计算产业园区建设。

在各方的大力推动下，云计算服务市场逐步启动，特别是软件即服务（SaaS）市场的增长较为显著。据研究显示，2009 年国内软件即服务（SaaS）市场的规模已达到 354.2 亿元，同比增长 27.6%，未来三年的复合增长率将达到 20%。① 由于 SaaS 商业模式无需企业承担有关信息通信技术方面的布署成本，十分有利于中小企业通过购买云计算服务优化企业信息化方面的支出。考虑到我国中小企业数量占到全国企业总数的 99% 以上，这无疑是一项很有市场前景的服务，可以预计，随着软件产品应用探索的逐步成熟、品牌集中度的提高、用户认知的大规模普及、以及工厂资源租用形式的成熟，SaaS 应用也将逐步进入更为快速的市场发展周期。

在云计算服务企业中，我国基础电信企业具有硬件资源竞争优势，数据传输能力优势突出，能够提供富有竞争力的 LaaS、PaaS，并能为 SaaS 业务大范围普及以数据高速交互提供带宽保障。随着云计算业务相关政策条件进一步清晰，国内大型互联网企业参与云计算服务的积极性也十分高涨：一是利用云计算技术进一步优化自身的 IT 资源配置，降低企业 IT 运营成本；二是充分发挥自身技术优势，结合宽带资源的进一步丰富，可以面向广大中小企业提供计算、存储、优化处理等服务，进一步拓展自身发展的空间。

---

① 数据来源：计世资讯，http://www.ccwresearch.com.cn。

（五）移动互联网应用

自移动互联网诞生那天起，就受到全球业界的广泛关注。电信企业、互联网企业、消费电子企业、设备商都纷纷涌入移动互联网领域。移动互联网成为未来互联网发展的主要网络形态，预计今后一两年内固定互联网业务将完成向移动互联网的迁移，引发移动互联网应用的空前繁荣。2010年，全球移动数据流量同比增长159%；据思科预计，2010～2015年全球移动数据流量复合增长率将达92%。2011年1月，美国总统奥巴马在其“国情咨文”讲演中提出高速无线网络将作为美国实施“基建超越”计划最重要的两项基础设施之一，五年内覆盖98%的美国民众。具有显著移动互联网特色的智能终端更是在2010年获得了极大的发展。据IDC统计，2010年移动智能终端销售出约3亿部，占所有移动终端的约1/5，较2009年增长超过70%，并在第四季度销量首次超过一亿部，实现了远远超过PC的增长速度；不仅如此，移动互联网的跨界融合还诞生了新的终端类型，苹果开创了平板电脑的新时代，带来与PC、上网本、手机完全不同的用户体验。据Canalys预计，2011年全球将售出超过5000万台平板电脑。①

随着我国3G牌照的发放，移动网络不断完善，智能终端进一步普及，移动互联网服务不断创新繁荣。根据DCCI报告显示，2010年我国手机网民规模继续扩大，截至2010年12月，中国市场手机用户数达8.6亿，手机网民用户数达3.3亿。预计到2011年底，手机网民规模达4.5亿。在2015年手机用户规模达13.8亿，手机网民规模达10.6亿，渗透率接近77%。随着手机网民规模的进一步扩大，国内移动互联网发展潜力十分巨大。艾瑞咨询2011年1月25日发布分析报告指出，2010年中国互联网经济市场规模达到1513.2亿元，比2009年增长53.9%。2010年移动互联网市场规模达202.5亿元，同比增长31.1%。预计随着细分行业

① 资料来源：《移动互联网白皮书（2011年）》，工业和信息化部电信研究院。

的发力及新型服务创新，2011 年移动互联网市场将迎来强劲增长。[①] 国内移动互联网业务来源主要是三个途径：固定互联网业务移动化，例如固网的搜索服务、即时通信服务等；移动业务互联网化，彩铃、彩信、音乐下载等；融合移动通信与互联网特点而进行的创新业务，例如移动位置类、移动社交类、移动互联网业务。预计未来，创新类的移动互联网业务将最终成为最具市场潜力的主流应用。在移动互联网时代，产业链上各个环节的运营上将更多地采取合作共赢的发展策略，充分发挥自身的优势，利用合作伙伴的特点，促使整个产业链具备竞争优势。电信运营商、互联网企业、移动互联网企业、终端/设备厂商、信息服务提供商在这个产业系统里都会获得新的发展机遇，新的服务、新的业态、新的终端层出不穷，最终推动了移动互联网市场规模不断扩大。

五　相关政策建议

以互联网为典型代表信息通信服务业发展设计诸多方面，没有宏大战略和得力政策措施，是很难取得实质性突破的。为此，我们提出以下战略措施和政策建议。

1. 加强顶层设计，出台国家战略

目前以互联网为典型代表的信息通信服务业发展已进入一个新的阶段，国际互联网强国依托自身资源优势，在信息通信服务领域话语权不断增强，广大发展中国家面临着“数字鸿沟”进一步加大的风险。面对新的挑战，亟须国家加强顶层设计，发布信息通信服务领域的战略规划，明确发展目标，指出发展路径，集中优势资源，支持对整个产业具有战略意义的重点领域。针对每个重点领域，再进一步研究提出阶段性目标，出台配套保障措施，突破发展关键瓶颈，力争缩小与国际信息通信服务强国的发展差距。

① 数据来源：《移动互联网行业分析报告》，http：//t. sina. com. cn/chizhong。

2. 深化体制机制改革，破解行业发展阻力

针对信息通信服务业中行政色彩还比较重的领域：应加大改革力度，积极引入市场化因素；不断推进体制机制改革，及时研究修订（废止有碍行业发展的）法律法规、部门规章和政策性文件；落实市场准入和监督管理制度；推动政企分离、管办分离，形成职责清晰、协调顺畅、决策科学、管理高效的监管体系和自主决策、自负盈亏、富有活力的市场竞争主体。对于市场竞争较为充分的领域，政府部门应坚决杜绝直接插手企业经营，着力营造公平、透明、法治的产业发展环境，为全体信息通信服务提供商提供高效优质服务。

3. 研究建立行业标准，抢占行业发展制高点

目前很多重点领域，如物联网领域、云计算应用等还尚未形成全球范围内的权威标准，各国企业都在探索创新，这为我国产业避免受制于人、抢占行业发展制高点提供了重要机遇。在具体标准化工作中，可依托大型科研院所，联合重点企业，通过国家示范项目带动，形成产、学、研一体化的标准研发体系，将研发与市场对接，形成市场带动研发、研发推动市场的良性创新模式。在积极推动国内信息通信服务业相关标准规模化商用部署的同时，要进一步加强与国际社会、跨国企业的科研交流，让国外了解并使用我国自己的标准，争取将国内标准转化为国际标准，从而在下一轮信息通信服务业发展大潮中处于引领地位。

4. 配套出台产业政策，促进产业链不断完善

在互联网环境下，产品竞争力已表现为整个产业链的竞争力，要想使我国信息通信服务产品在全球获得竞争优势，必须出台配套政策推动整个产业链的进一步完善。针对产业链上的小微企业，出台与企业规模和行业技术特点相适应的产业政策，如将互联网企业纳入现有高新技术、软件等产业政策认定支持范围，加大对小微企业的财税、金融、土地方面的支持力度。对大型电信企业、互联网企业，应使用经济杠杆引导和规范其正确利用市场优势与自身资源，形成产业链上下游之间的良性互动与合作共赢。同时，政府要协调并解决发展中的重大问题，通过监管政策、产业政策推动业务结构的优化，促进信息通信服务业的健康发展。

5. 加强基础研究，突破产业发展核心技术瓶颈

具有高新技术特点的信息通信服务业，核心竞争力主要体现为技术的发展水平。对于我们发展中遇到的技术瓶颈，要充分借助重大专项、科技支撑等国家科研计划，支持前沿技术、核心技术与共性关键技术的自主创新；完善技术创新配套服务体系，加强自主知识产权专利池建设，积极推进公共服务平台和孵化体系的建设，加快成果转化。加大政府对自主信息技术产品与服务的采购支持。加快建立以政府投入为引导、企业投入为主体、其他投入为补充的技术研发投融资机制。完善人才教育培训体系，加快对信息技术基础研究和开发以及应用人才的培养。通过上述措施，不断夯实信息通信服务业的技术研发基础。

回顾人类经济社会发展的历史，信息通信技术无疑是一项能够改变人类社会发展面貌的重大技术突破。围绕信息通信技术发展起来的，不断提升人们视听体验和知识信息创造能力的信息通信服务业必然会成为世界未来若干年内的先导性产业和战略性产业。能否抓住信息时代为我国经济加速发展带来的机遇，事关我国经济结构的优化和整体实力的提升。目前，我们应当做的正是要扎实地强化基础研究，避免漫无边际的概念炒作，科学建立相关研发和产业化标准体系，针对产业发展的薄弱环节，充分调动企业和政府两方面力量，猛攻重点和难点，形成产业化示范，最终加速实现我国信息通信服务业的繁荣发展。

参考文献

Baily, Martin Neil and R. J. Gordon, 1988, "The Productivity Slowdown, Measurement Issues and the Explosion of Computer Power", Brookings Papers in Economic Activity, 1988 (2), 347 - 431.

Brynjolfsson, Erik, and Adam Saunders, 2010, *Wired for Innovation: How Information Technology Is Reshaping the Economy*, Cambridge, Massachusetts: The MIT Press.

Crafts, Nicholas, 2003, "Quantifying the Contribution of Technological Change to Economic Growth in Different Eras: A Review of the Evidence", London School of Economic History Department, Working Paper, No. 79.

Jorgenson, Dale W., and Kevin J. Stiroh, 2000, "Raising the Speed Limit: U. S.

Economic Growth in the Information Age," Brookings Papers on Economic Activity: 1, Brookings Institution, pp. 161 - 67.

Lipsey, Richard G., Kenneth I. Carlaw, and Clifford T. Bekar, 2005, *Economic transformation: General Purpose Technologies and Long Term Economic Growth*, Oxford University Press.

Solow, Robert, 1987, "We'd Better Watch out", *New York Times Book Review*, July 12, 1987.

OECD, 2000, OECD Information Technology Outlook: ICTs, E-Commerce, and the Information Economy (Paris: Organization for Economic Cooperation and Development).

北京市长城战略咨询课题组:《物联网产业发展研究(2010)》,《研究报告》,2010。

秦海等:《信息通信技术与经济增长——一项基于国际经验和中国实践的研究》,中国人民大学出版社,2006。

林毅夫、董先安:《信息化、经济增长与社会转型》,《北京大学中国经济研究中心讨论稿》,2003。

敖立:《对中国发展宽带接入及光纤的思考》,《中兴通讯技术》2009年第12期。

续合元等:《ICT深度观察——NGN(2010)》,《工信部电信研究院研究报告》,2010。

石立娜:《宽带发展趋势及中国的策略分析》,《人民邮电报》2011年第33期。

灯少:《2011,IPTV给力之年》,《广西通信技术》2011年第4期。

吴吉义等:《云计算:从概念到平台》,《电信交换》2010年第1期。

工业和信息化部电信研究院:《2011年ICT深度观察》,人民邮电出版社,2011。

中国软件与信息服务外包业发展现状、趋势与政策建议

胡万进*

摘　要： 进入21世纪后，特别是近两年来，软件与信息服务业出现了明显的六大新特征新趋势，即向泛服务化、广融合化、云模式化、全价值链、信息服务外包、高产业集中度方向快速演进和发展。美国是全球软件与信息服务产业规模最大、技术水平最高、创新能力最强的国家，也是信息服务外包领域发包和接包最大最强的国家。而印度虽然经济总量远小于中国，但其在信息服务外包领域的接包额占世界离岸市场的一半，居第一位。与印度相比，中国信息服务外包业除承接美国欧洲外包外，同时还大量承接日本韩国外包，并拥有较为庞大的内需市场。促进我国软件与服务外包业发展需要全国一盘棋，科学制定产业规划布局，形成合理的产业梯级，建立国际服务外包交易市场，营造国际品牌，拓展国际市场，加强外包人才教育培训体系建设。

关键词： 软件与信息服务外包业　新趋势　国际经验　政策建议

* 胡万进，男，经济学博士，高级工程师。北京数字信息产业基地总经理、北京服务外包企业协会常务副会长兼秘书长。主要研究方向为软件产业与服务外包。

随着新一代信息技术在全球的兴起与快速发展，作为信息产业核心的软件与信息服务业，已发展成为全球规模最大、活力最强的新兴战略性产业，成为世界大国抢占高技术制高点、建立领先优势和构建以知识经济为核心的国家竞争力的基础性、先导性和战略性产业，也是包括“金砖国家”在内的新兴经济体发挥后发优势实现弯道超车的最重要手段。同时软件与信息服务自身的不断演化变革，催生了包括电子商务、云产业、物联网等众多新兴业态，成为不断促进各国经济发展的重要增长点和强大引擎。

一 软件与信息服务产业发展的新趋势

软件与信息服务外包最初称为 ITES（IT-Enabled Service，IT 使能服务），细分为 ITO（基于 IT 的信息系统流程外包）、BPO（基于 IT 的业务流程外包）以及 KPO（知识流程外包）、CRO（合同研发外包）等，目前国际比较公认的定义是 IT-BPO——基于信息技术的流程外包。严格意义上，信息服务外包（简称服务外包或外包）不是一个独立的产业门类，类似于加工制造业，它只是产业链中的一个环节，是一种生产组织关系和服务贸易形式。它对各国产业经济发展的重要意义也正因为其对生产关系和国际社会化大分工的变革上。同时，虽然孕育发源于软件与信息服务产业，但信息服务外包不能简单归结为软件与信息服务产业的一个子集，业务流程外包、生物医药外包等已超出了狭义的软件与信息服务范畴。信息服务外包的核心本质在于，独立的第三方服务提供商（也称为“接包方”或卖方，即外包企业）依托于信息技术、软件技术和互联网络，实现对客户（称为发包方或买方）相关服务内容的承接、实施、管控与交付，包括信息系统服务、业务流程服务、知识管理服务、合同研发服务等。信息服务外包业还明显地表现出贸易的特征，因此，它与信息技术、软件与信息服务技术密切关联，但又有质的差异，成为战略性新兴产业的重要构成之一。

早期的软件系统基本上是依附于大型计算机的附属品，20 世纪七八十年代随着个人计算机的兴起和迅速普及，软件逐步以独立的产品形态出现，成为独立的产业。20世纪90年代，随着局域网络和互联网络技术的大规模普及应用，软件产业发生了重大的变革，信息服务成为软件产业的重要特征，软件产业由此演化为软件与信息服务业。进入21世纪后，特别是近两年来，软件与信息服务业出现了明显的六大新特征新趋势，即向泛服务化、广融合化、云模式化、全价值链、信息服务外包、高产业集中度方向快速演进和发展。

1. 泛服务化

首先表现为信息服务正成为整个软件产业的主流，软件产品和软件系统逐步向软件服务、信息服务形态演进，软件即服务模式大行其道，在产业规模上，信息服务增长速度远大于软件产品和系统的增幅，在产业范畴上，信息服务的领域迅速扩张，诸如业务流程服务、知识流程服务、合同研发服务等新型信息服务形态不断涌现，已远远超过传统软件产业的范畴，预计未来信息服务将涵盖甚至取代软件产业，成为该产业的新名称。

2. 广融合化

主要指软件与信息服务业在各行各业的广泛渗透性，微电子芯片、嵌入式软件、管理调度软件的广泛应用，软件产业与机械、电力、交通、能源、通信等其他行业迅速融合，作为后工业时代提升传统工业化产品质量和价值的主要手段。在金融、零售等传统服务性领域中，软件与信息服务也成为其提升服务品质、能力和价值，扩大服务范畴的核心竞争力。

3. 云模式化

涵盖云计算、云服务、云存储以及云产业、云经济，虽然到今天为止，国际上还没有达成一个统一权威的对“云”内涵和外延的诠释，但它之所以成为近年来全球业界最热的词，显然它不是一项简单的技术革命，本质在于它可能带来的模式变革或革命，在于人们的预期不再是为了计算、为了信息服务、为了信息存储，每个人每个机构必须拥有或建立各自独立的硬件资源和软件系统，而是希望能够像用电用水那样，只要打开开关或龙头，就能通过电网水网随需随用，而不需要建立自己的电厂水厂。人们只要通过无处不在的有线或无线互联网络就能随时获得所需要的计算、信息服务和信息存储资源。

4. 全价值链

表现为信息技术企业经营模式的变革，企业通过市场获得经济价值回报的方式不再完全依赖于销售独立的终端硬件产品和软件产品一次性获得价值回报，而且通过综合化的全服务流程源源不断地获得更高、更便捷、更广泛的持续价值回报。苹果公司和亚马逊公司等国际巨擘运用模式创新而成为信息服务全价值链的成功范例，苹果在销售 iPhone 手机、iPad 平板电脑，亚马逊在销售 Kindle 电子书等产品获取相应价值回报的同时，通过构建 App Store、网络书店等服务新模式，提供数以十万计的应用和电子书籍，为自己持续不断地获得市场回报，为众多合作伙伴透过其全价值链平台获得市场回报，网聚了更多的客户，通过“路径依赖”形成近乎永久忠实的客户群体。由于新模式带来了源源不断的全价值链回报，使得企业能够以更低的价格提供单个的产品和服务，竞争力得到极大加强。

5. 高产业集中度

国际上软件与信息服务业的发展一方面继续倚重技术创新、模式创新、业态创新；另一方面随着产业成熟度的不断提高，规模化不仅成为竞争力的重要因子，同时也与企业能力成正比。由此导致，世界各国的领军软件企业人员规模、市场规模不断扩大，产业集中度不断提升，成为软件产业的新特征新趋势。老牌的美国苹果、IBM、微软、甲骨文公司，印度 TCS、Infosys 公司，新军美国谷歌、亚马逊公司，在各自领域的市场份额不断扩大，年营业额超过数十亿、数百亿美元，成为巨型公司。

6. 信息服务外包

大型行业客户以及政府、大型社会机构剥离其包括信息系统、业务流程、知识管理等非主营业务，通过规范化的管控模式，交由独立的第三方服务供应商，以离岸（off-shore）或现地（on-site）方式，为其提供长期的专业化服务，称为信息服务外包。信息服务外包萌芽于 20 世纪 70 年代，因 Y2K 问题（千年虫）而迅速崛起，近年来已经发展成为全球信息服务产业的新潮流。软件产业在形态上由软件产品向信息服务演化，在方式上向信息服务外包演化。从生产关系的维度来看，信息服务外包是一种新型的生产组织关系和服务贸易形态。对于跨境的信息服务外包，则形成了新型国际化社会分工与协作关系。在产业形态上，离岸信息服务外包是继加工制造产业国际转移之后的新一轮产业转移。在国际贸易形态上，它是继货物贸易、技术贸易之后的新型服务贸易形式。由此可见，这也是新兴经济体之所以大力发展信息服务外包产业规模，积极争夺行业话语权的根本原因，通过有序有效承接国际信息服务产业转移，实现新一轮的经济发展，并调整各国产业结构，增加服务业比重，降低对自然资源的依赖程度，优化经济发展方式，提升产业附加值。

二 国际软件与信息服务外包发展态势

众所周知，美国是全球软件与信息服务产业规模最大、技术水平最高、创新能力最强的国家，也是信息服务外包领域发包和接包最大最强的国家。而印度虽然经济总量远小于中国，但其在信息服务外包领域的接包额占世界离岸市场的一半，居第一位，成为新兴经济体的标杆。印度的发展模式、成功经验对发展中国家更具有参考借鉴意义。与印度相比，中国信息服务外包业除承接美国欧洲外包外，同时还大量承接日本韩国外包，并拥有较为庞大的内需市场，因此具有一些不同的特点。

（一）世界经济探底缓慢回升，全球 IT 技术支出稳步增长

2010 年全球 IT 技术支出稳步增长，全球离岸服务市场也开始走出 2008 年全球经济危机的阴影，进入一个重要的转折点。2010 年全球离岸服务外包的增长速度，远超过全球服务需求支出的增长速度，达到了 1080 亿美元的规模。

2010 年对于 IT 技术及相关服务[①]而言，是稳步增长的一年，全球范围内的 IT 服务、业务流程外包（BPO）服务、研发与工程服务三大项共计约 1.857 万亿美元，较 2010 年增长了约 3.17%。2010 年全球 IT 服务支

① 本报告 IT 技术及相关服务指：IT 服务、BPO 服务、研发和工程服务。

出达到了5740亿美元，较2009年增长了1.4%，占到了全球IT技术及相关服务的30.9%。2010年全球BPO服务支出达到了1580亿美元，较2009年增长了4.0%，占到了全球IT技术及相关服务支出的8.5%。研发与工程服务2010年全球达到了11250亿美元，比2009年增长了2.3%，占到了2010年全球IT技术及相关服务支出的60.6%（见图1）。

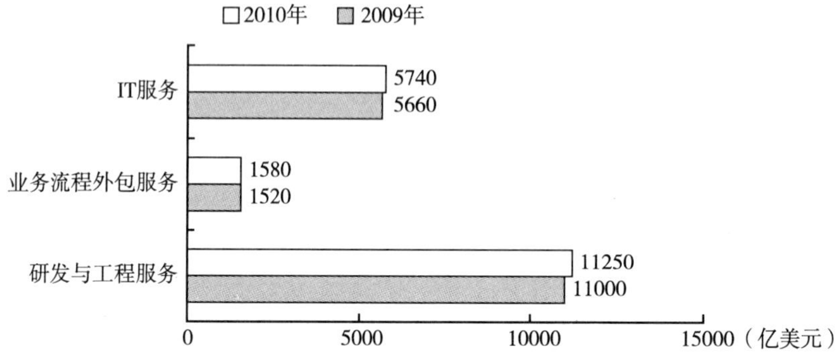

图1　全球IT技术及相关服务支出

数据来源：IDC，Booz & Company，NASSCOM。

1. 2010年IT服务支出增长了1.4%

整体宏观环境的转暖促使2010年全球IT服务支出达到了5740亿美元，比2009年增长了1.4%，其中IT外包达到了2310亿美元，比2009年增长了2.4%，成为2010年IT服务支出中最快的增长点；基于工程的服务达到了1990亿美元，比2009年增长了0.9%；而支持与培训达到了1440亿美元，与上年基本持平（见图2）。2010年北美和欧洲地区的IT服务支出依然在全球范围内占绝对优势，占到了全球总支出的82.7%。亚太地区以5.6%的增长率成为年度增长最快的地区。北美仍然是IT服务支出最多的地区，其中，美国的IT服务支出所占比例接近37%。2010年美国IT支出增长了1.5%。

2. 2010年全球BPO增长4.0%，采购外包增幅明显

2010年全球业务流程外包（BPO）支出达到了1580亿美元，和2009年相比，增长了3.95%，但是经济危机对于BPO支出的影响仍在继续。

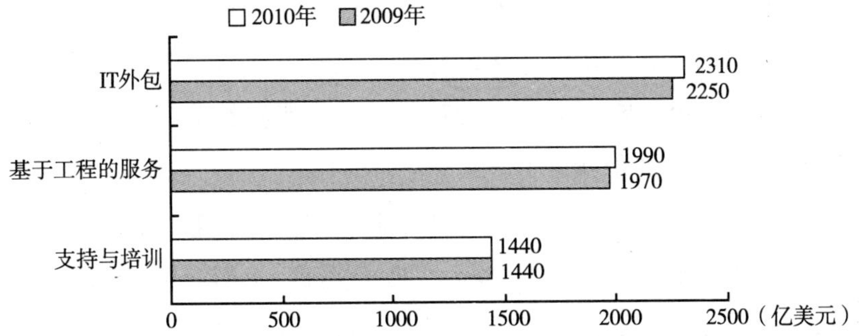

图 2　信息技术外包（ITO）支出分支行业

数据来源：IDC，NASSCOM。

在 BPO 各分支行业中，采购外包增长率最高，涨幅达到了 10.6%，全年达到了 27.01 亿美元，但其在 BPO 中所占比例最低，仅为约 2%，说明采购外包日益成为可行的业务模式选择。2010 年，金融与会计（F&A）BPO 服务的全球支出为 263.52 亿美元，比上一年增长了约 5.6%。2010 年全球 BPO 支出中客户服务所占比率最高，占到了总支出的 34.3%，比 2009 年增长了 4.6%，说明以语音为基础的流程服务仍然占据了 BPO 的主导地位（见图 3）。2010 年北美和西欧发达经济体的 BPO 支出超过了全球 BPO 支出的 81%。其中，北美 2010 年的 BPO 支出达到了 874 亿美元，

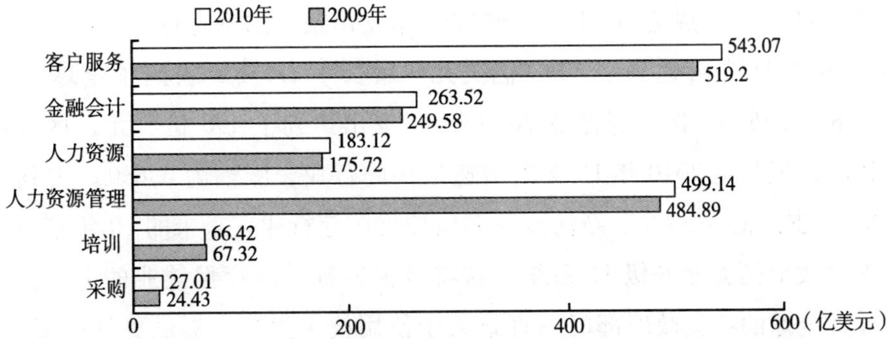

图 3　BPO 支出分支行业

数据来源：IDC，NASSCOM。

占到了55.3%。而欧洲、中东和非洲紧随其后，BPO支出达到了409亿美元，占到了25.9%。但是，亚太地区却是此行业中2010年增长幅度最大的地区，该地区的支出达到了297亿美元，涨幅约为7.2%，占到了全球BPO支出18.8%的份额。

通过比较2010年世界各地区ITO、BPO支出比例，可以看出相对于北美地区的ITO比例而言（43%），北美地区的BPO占据更大的比例（55%），对此，本报告引入ITO支出/BPO支出来比较北美地区和欧洲、中东等地区的特点。2010年，北美地区ITO支出/BPO支出的比值为2.82，相比之下，欧洲中东地区ITO/BPO的比值为5.57，几乎等于北美地区的2倍。这说明在ITO相差不是很大的情况下，北美地区的BPO支出要远大于欧洲、中东等地区，这从一定程度上也反映未来欧洲BPO市场具有很大的发展潜力。

（二）新兴垂直行业全面增长

2010年全球IT支出（包括IT服务、套装软件、硬件）支出达到了14560亿美元，就全球不同行业的企业IT支出情况来看，制造业和金融会计业仍然是IT支出最大的两个垂直行业，但由于政策因素影响部分新兴垂直行业得到了较大增长。

BFSI（银行、金融服务和保险业）行业经历了2009年经济衰退后，增加了IT支出，成为2010年全球IT技术支出最大的垂直行业之一。2010年BFSI的IT支出达到了2250亿美元，增长了1.5%，占到了全球总IT支出的15.45%。医疗保健业2010年IT支出达到了490亿美元，尽管规模较小，但却是2010年IT支出增速最快的行业，涨幅为6.6%，占到了全球IT支出的3.37%。新法规的诞生使得医疗行业在未来的10年中不得不支付数十亿美元升级IT系统，这将极大地推动医疗保健业的IT支出。此外，全球的各类政府部门一直致力于使用技术为公众提供更好的服务，以及推进电子政务的发展。为了实现这些目标，在过去的几年中，全球的各类政府部门逐步增加了技术支出，以向公众提供更具成本效益的服务以及更多福利。在2010年全球政府部门的技术支出增长了3.5%。政府成为

IT 技术支出最大的用户之一，占到了全球 IT 总支出的 12.1%（见图 4 和表 1）。

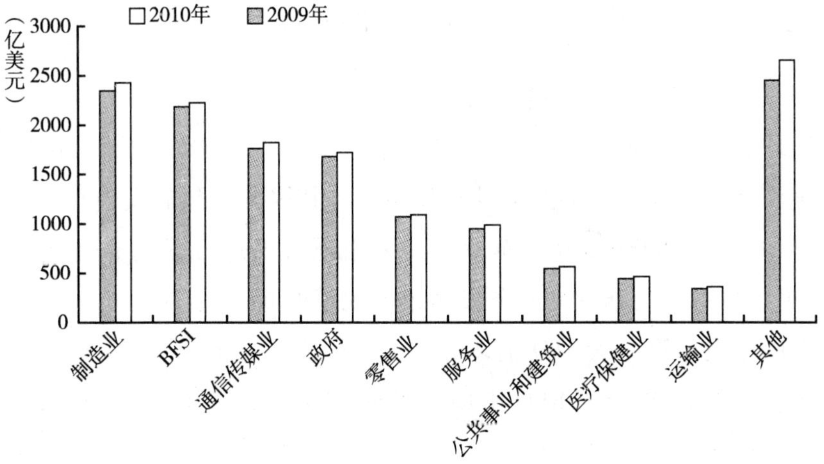

图 4　垂直行业 IT 支出

数据来源：IDC，NASSCOM。

表 1　垂直行业 IT 支出

单位：亿美元，%

指　标	2009 年	2010 年	增长率
制造业	2380	2450	2.9
BFSI	2210	2250	1.5
通信传媒业	1780	1840	3.4
政府	1700	1750	3.5
零售业	1100	1120	2.1
服务业	980	1010	2.7
公共事业和建筑业	560	580	3.0
医疗保健业	460	490	6.6
运输业	370	380	2.7
其他	2480	2680	8.4

数据来源：IDC，NASSCOM。

随着经济迅速恢复增长，许多垂直行业也逐步恢复到经济衰退前的增长水平。

（三）世界主要发包市场的发包情况

1. 美国仍是全球最大的服务外包市场

全球离岸外包的发包市场主要集中在美国、日本、欧洲等国家和地区。美国是全球最主要的服务外包发包国，其服务外包的发包总量占全球的 2/3，在美国 2600 多万家企业中，采用项目外包方式的企业大约占了 2/3。美国占据了全球软件服务发包市场规模的 64% 左右。

美国是全球第一大 ITO 需求市场，ITO 支出达到了 2124 亿美元，占比近 37%。2010 年全球 BPO 市场达 1580 亿美元，美国 2010 年 BPO 支出就达 870 亿美元，占到了 55%。

依据 WTO 官方网站的数据统计（见图5），2008～2010 年美国一直是全球服务贸易进口额最大的国家，2010 年其服务贸易进口额达到了 3580 亿美元，占到了全球服务贸易总额的 1/10，这足以说明美国仍然是全球服务的最大需求市场。

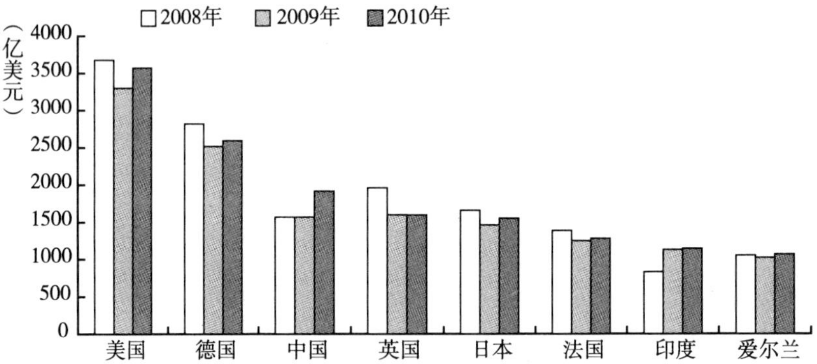

图 5　2008～2010 年主要国家服务贸易进口额

数据来源：WTO 统计数据，北京市服务外包协会整理。

2. 日本发包市场具有很大发展空间

日本是亚太地区 IT 服务的主要需求方，日本的离岸外包一直保持着持续稳定增长态势，其离岸服务外包发包额占全球市场的10%左右。如图6所示，2004～2008年日本离岸IT外包金额持续增长，近两三年由于金融危机，特别是大地震影响日本离岸IT外包开始有所下降。

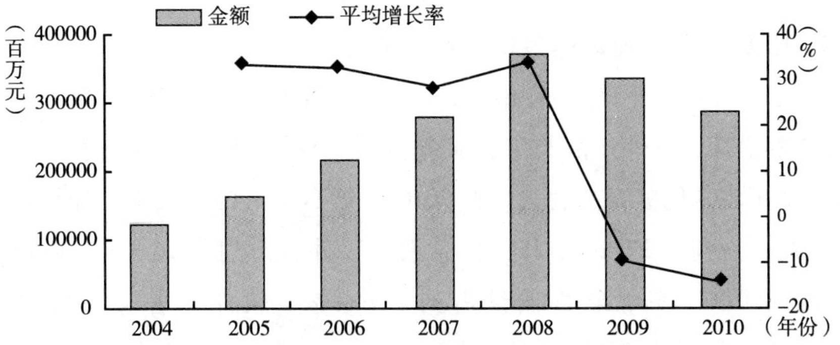

图6　2004～2010年日本离岸IT外包金额

数据来源：Gartner日本。

（四）印度仍是全球离岸服务外包市场领先者，2010保持强劲增长

印度是全球服务外包的领先者，也是全球最大的离岸服务外包目的地。过去十年间，印度IT-BPO产业的规模增长了15倍，在2010财年实现了739亿美元的收益，其中出口收入（包括硬件）达到501亿美元，国内收入（包括硬件）为238亿美元，直接就业机会增长10%以上，从业人数超过250万，间接带动就业岗位达到830万个。其占GDP的比例从1998年的1.2%增长到了2010年的6.2%，占出口总额的14%，占印度服务行业收入的10%。

印度服务外包产业主要有如下特点。

1. 印度仍是全球离岸服务外包的领先者

2010年印度IT-BPO产业占全球离岸IT-BPO市场55%的份额，比上年的51%有所增长。其中美国和英国是印度外包的主要市场，美国占据60.6%的份额，是印度最大的出口市场，英国占到17.9%，欧洲其他国家占 12.1%。此外，印度服务供应商开始积极关注其他新兴地区，包括亚太地区和世界其他地区，这些新兴地区正积极增加 IT 支出，通过采用 IT 解决方案提高全球竞争力，印度 IT-BPO 产业在这些地区的出口份额不断增加，由 2006 财年的 8.4% 增加到了 2010 年的 9.4%。

2. 印度 ITO 产业增速最快、份额最大

印度 IT-BPO 出口收入中，ITO 占据 54.5% 的份额，BPO 占到了 24.75% 的份额，软件产品与工程服务占到 20% 的份额。2010 财年 IT 服务出口创造了 273 亿美元的收入。在 2010 财年 ITO 出口收入中，计算机辅助设计最高，占到了 37.2%，IS（信息系统）外包占到了 16.4%，应用程序管理占到了 14.1%，软件测试占到了 6.8%，软件部署与支持占到了 6.1%，系统集成占 3%，IT 咨询服务占到了 2.8%，网络咨询与集成占到了 1.2%，IT 教育和培训占到了 1.1%，硬件部署与支持占到了 0.5%，其他（含 SOA、WEB 服务、电子商务、云计算等）占到了 10.9%（见图 7）。

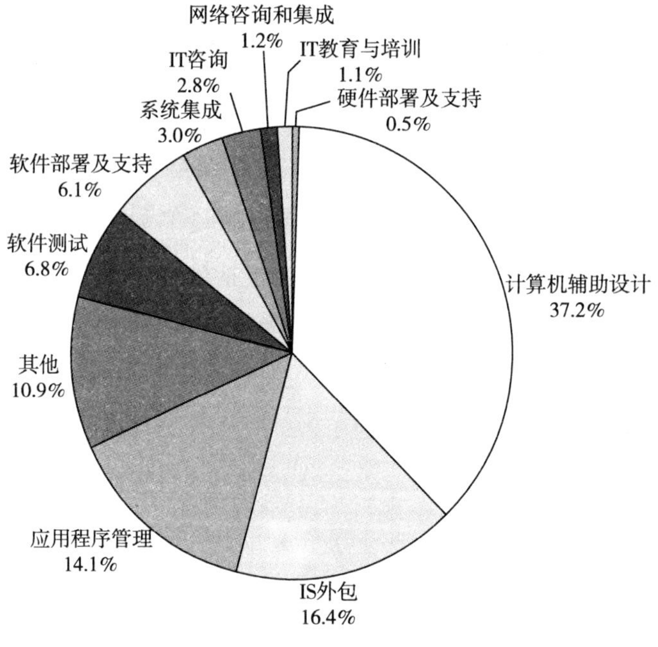

图 7　印度服务外包类型分布

数据来源：NASSCOM。

3. 印度 BPO 行业占据全球 1/3 的市场份额

2010 年印度 BPO 行业出口收入达到 124 亿美元，比 2009 年增长 8.55%，占全球 BPO 市场的 34%，从而使印度成为全球最大的 BPO 服务交付目的地。其中客户互动服务占到了 38%，金融和会计占到了 20%，知识服务占到了 15%，垂直行业特定服务占到了 13%，人力资源管理占到了 2%，采购与物流占到了 1%，其他横向服务占到了 11%（见图 8）。

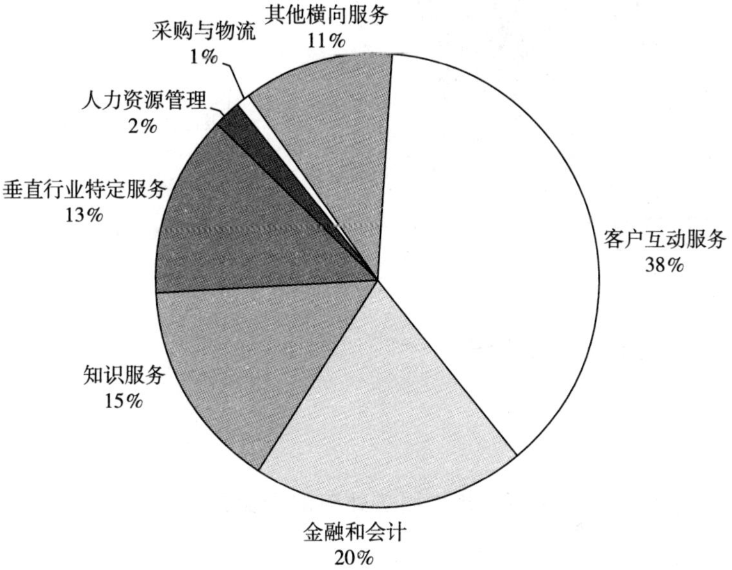

图 8　印度 BPO 业务构成类型

数据来源：NASSCOM。

4. BFSI 依然是印度服务外包最主要的行业，同时新兴垂直行业也开始不断增长

银行、金融服务和保险业（BFSI）是印度离岸外包中最成熟的垂直行业，占总行业收入的 41%。印度服务外包企业可以跨地域向 BFSI 客户提供多种服务，其细分市场中的重点支出领域为系统集成、应用程序开发、基础架构管理和金融与会计服务。其他垂直市场中，高科技和电信占总行业收入的 20%，制造业占 16%，零售业占 9%，旅游业、建筑与公共事业各占 3%，媒体出版及娱乐业占 2%，其他行业占 2%（见图 9）。其中零售业、卫生保健业、建筑与公共事业和媒体出版及娱乐业是该行业主要新兴增长的垂直市场。

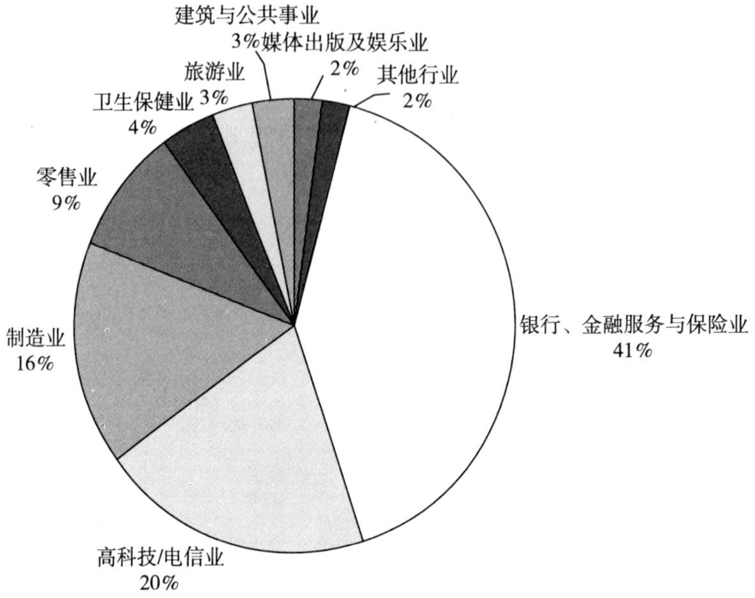

图9　印度服务外包的行业分布

数据来源：NASSCOM。

5. 印度服务外包市场以大型企业为主导

印度 IT-BPO 产业由超过 5000 家企业组成，不同规模的企业专注于不同业务的领域，从而形成了大型、中型和小型企业公平竞争的环境。大型企业包括印度企业和跨国第三方企业，这些企业通常都具有较高的综合实力，可以提供各种类型的服务（IT 服务、工程和研发服务）以及复杂的业务转型服务，具有提供整体 IT 解决方案的能力，它们通过近岸能力的提升，不断赢得新客户，开辟新服务领域。现阶段，印度的 IT 服务外包市场以大型企业为主导，其中年收入超过 10 亿美元的企业达到 9 家，这些企业员工人数都在 4 万人以上，其总收入占 2010 财年总收益的 45% ~ 48%。中型企业包括专注于多个垂直行业的中型印度本土 IT 公司和跨国公司，这些企业主要提供 IT 服务、工程、研发和软件产品等多种服务，占出口收入的 30% ~35%。新兴企业主要为印度第三方提供商，这些新兴企业几乎涵盖了 IT-BPO 所有的服务领域，但是每个企业通常都专注于某一特定领域（如工程服务和细分的 IT 服务），这些新兴企业占到了出口总收入的 9% ~12%。小型企业专注于服务或垂直行业中的特定细分领域，其收入低于 1000 万美元，占出口的 10% ~12%。

三　中国信息服务外包产业发展状况

（一）我国软件与信息技术服务业总体情况

2010 年是“十一五”规划收官之年，也是我国电子信息产业回升调整的重要一年，受扩内需政策成效显现和外需市场逐步回暖的共同影响，行业总体呈现前高后稳态势。软件产业和对外贸易出现新突破，经济效益稳步提高，投资持续高位增长，产品结构调整深入，产业链向上延伸的趋势更加明显，企业、市场和区位布局出现新趋向，行业为推动信息化发展和促进两化融合发挥积极作用，在国民经济发展和全球产业布局中日益占据重要地位。

根据工业和信息化部的统计数据，2010 年，我国实现软件与信息服务产业收入 13364 亿元，同比增长 34%，产业规模比 2001 年扩大十几倍，年均增长 29%，占电子信息产业的比重由 2001 年的 6% 上升到 18%，从图 10 中可以明显看出产业规模和比重的增长。

如图 11 所示，从 2006 年开始，软件与信息服务业规模逐年增长的同时，其占电子信息产业的比重已由 2006 年的 10.1% 上升为 2010 年的 18%。

“十五”期间，我国软件与信息服务产业业务收入平均增速为 47%，“十一五”平均增速为 28%，收入增速有所趋缓，软件与信息服务产业开始从高速增长转入相对平稳的新阶段。但 2010 年收入增长明显快于 2009 年，增速达到了 34%，一至四季度软件与信息服务业收入分别为 2573

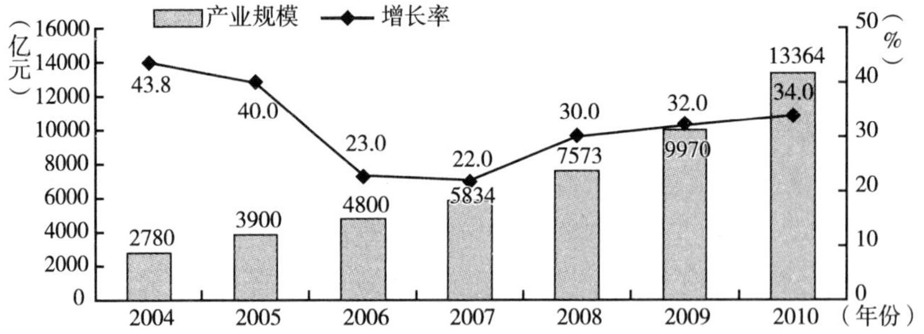

图10　2004～2010年中国软件与信息服务产业规模增长情况

数据来源：工业和信息化部，商务部。

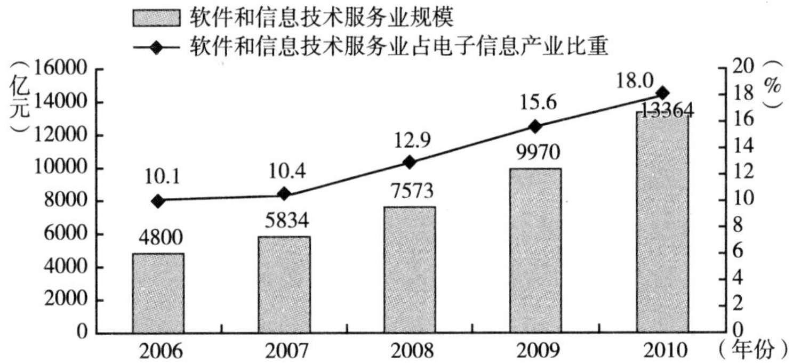

图11　2006～2010年中国软件与信息技术服务业占电子信息产业比重

数据来源：工业和信息化部、商务部。

亿、3475亿、3634亿和3682亿元，分别增长了25.7%、31.8%、32.3%和34%，收入和增速呈逐季上升态势。此外，服务收入增长带动软件业务调整，特别是与网络相关的信息服务发展迅速。2010年，信息技术咨询服务和信息技术增值服务收入分别为1233亿和2178亿元，同比增长37.2%和44.6%，高于全行业5.9个和13.3个百分点，两者收入占全行业比重达25.5%，比2001年提高18.9个百分点。软件产品收入4208亿元，同比增长28.6%；嵌入式系统软件受通信类产品增长放缓影响，完成收入2242亿元，同比增长15.1%，低于全行业16.2个百分点。受集成电路行业复苏和软件外包市场增长带动，设计开发实现收入593亿元，同比增长 73.1%。系统集成和支持服务实现收入 2910 亿元，同比增长 31.8%（见图 12）。

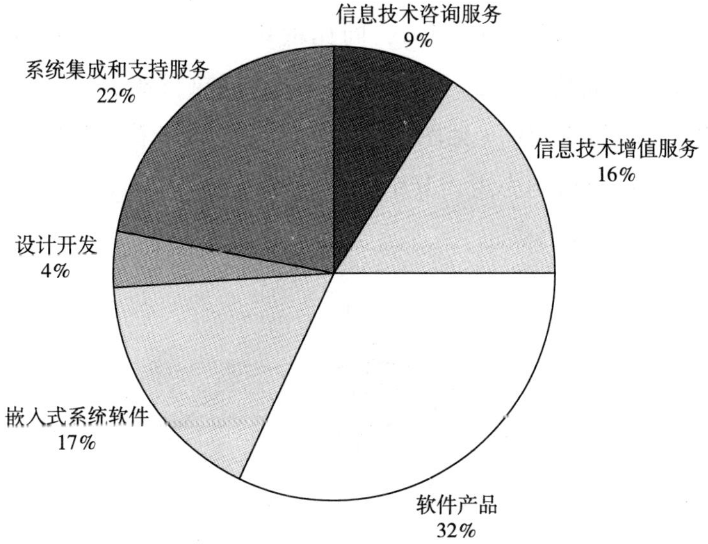

图 12　2010 年我国软件与信息服务业收入构成情况分布

数据来源：工业和信息化部。

（二）我国信息服务外包产业概况

根据商务部的数据统计，2010 年全国新增服务外包企业 3756 家，新增从业人员 78.1 万人，其中新增大学毕业生就业 48.6 万人，占新增从业人员的 62.2%；全国服务外包企业承接服务外包合同金额 274.0 亿美元，合同执行金额 198.0 亿美元，同比分别增长 37% 和 43.1%；其中承接离岸服务外包合同金额 198.3 亿美元，合同执行金额 144.5 亿美元，同比分别增长 34.3% 和 43.1%。截至 2010 年底，全国服务外包企业 12706 家，从业人员共 232.8 万人，其中大学以上学历 165 万人，占 70.9%。

我国服务外包企业积极参与国际分工，不断积累行业经验，提升承接、交付和流程管理能力。截至 2010 年底，服务外包企业共获得六类国际资质认证达 2810 个（包括 CMMI、CMM、PCMM、ISO2001、SAS70、

ISO27001)，并涌现出一批员工数超万人、营业额超亿美元的领军企业。

2010年中国离岸服务外包市场中，ITO执行金额为91.7亿美元，BPO执行金额为29.3亿美元，KPO为20.2亿美元。ITO依然保持优势，合同执行金额占比达到了63.5%，同比增长了43.5%；BPO合同执行额占到了20.3%，同比增长了18.1%；KPO合同执行额占到了14.0%，相较2009年增长了65.6%（见图13）。从市场分布来看，我国软件与信息服务业还是以本土市场为主，其中ITO离岸外包规模虽然不断增长，但仍只占本土市场的不足5%。

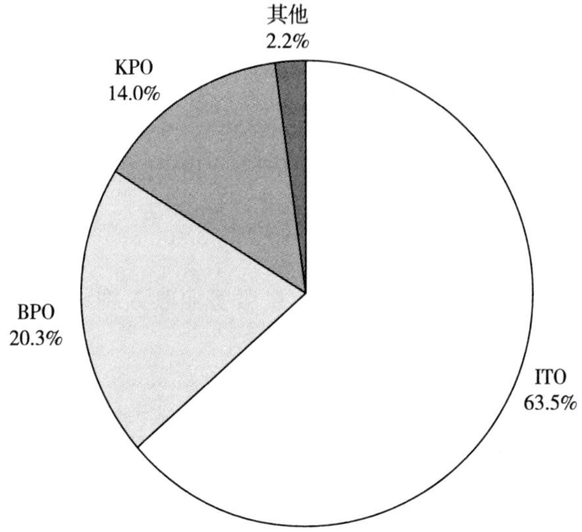

图13　中国2010年离岸服务业务类型构成

数据来源：商务部。

2010年我国离岸服务外包业务主要来源国仍是美国和日本，美国离岸外包合同执行额达到了38亿美元，比2009年增长了35.2%，但是市场份额略有减少，从2009年的27.85%减至2010年的26.3%。而日本市场2010年的离岸外包执行额达到了28.5亿美元，比2009年增长了38.3%，市场份额由2009年的20.43%降至19.7%。而欧洲市场作为一个整体业务市场正在兴起（见图14）。

从我国服务外包企业发展的状况来看，目前我国服务外包企业不论是

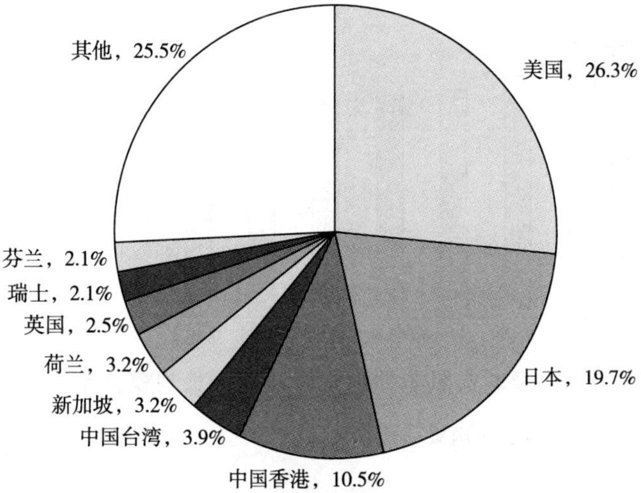

图 14　2010 年中国离岸服务外包业务来源国（地区）构成

数据来源：商务部。

按照企业地域分布或是按从业人员规模来划分，基本上都在服务外包示范城市形成了产业聚集。就企业地域分布来看，目前国内大约 57% 的服务外包企业都聚集在企业数量最多的前十个城市，这前十个城市基本上都是我国的服务外包示范城市。

就从业人员规模来看，长三角地区仍然是我国服务外包企业人员规模最大的地区，位于长三角的几个服务外包示范城市，其从业人员的规模占到了全国的约 35.5%。图 15 是截至 2010 年底我国服务外包企业从业人员规模排名前十的城市。从图中可以看到，北京位居从业人员规模第一，但长三角地区的示范城市占据了前五位中的四席，这充分说明制造业经济发达地区正在谋求新兴服务业发展。

2011 年 6 月 10 日，由中国国际投资促进会联合 Gartner、IDC 等国际知名研究咨询机构共同举办的“中国服务外包领军及成长型企业、在华全球服务供应商”评选活动 2011 年榜单正式发布。其中 2010 年度十大领军企业之一的博彦科技由于上市静默期没有参加评选。十大在华全球服务供应商中，新增添了位于南京的朗讯科技通信有限公司，其中北京的企业有 6 家，上海的企业有 2 家，大连的企业有 1 家（见表 2）。

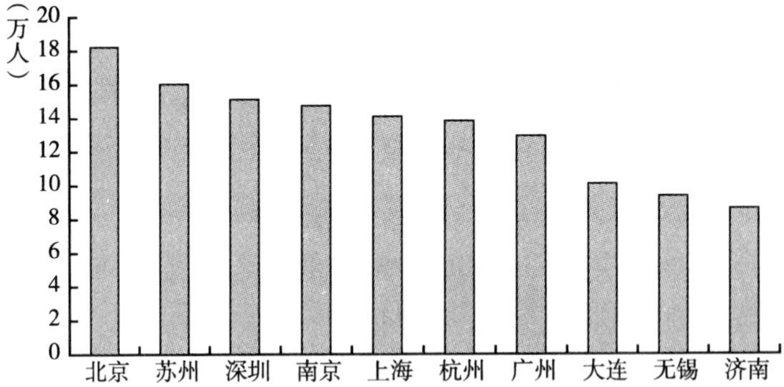

图 15　我国城市服务外包企业从业人员规模前十位排名

数据来源：中国服务外包网。

表 2　2011 年中国服务外包领军企业及十大在华供应商

企业类型	企业名称
服务外包领军企业	药明康德新药开发有限公司 东软集团股份有限公司 浙大网新科技股份有限公司 海辉软件(国际)集团公司 软通动力信息技术(集团)有限公司 文思创新软件技术有限公司 中软国际有限公司 尚华医药研发服务集团 大连华信计算机技术股份有限公司 浪潮集团有限公司
十大在华供应商	埃森哲(中国)有限公司 富士通(中国)有限公司 国际商业机器科技(深圳)有限公司 简柏特(大连)有限公司 凯捷咨询(中国)有限公司 南京朗讯科技通信有限公司 日电(中国)有限公司 微软(中国)有限公司 印孚瑟斯技术(中国)有限公司 中国惠普有限公司

数据来源：中国国际投资促进会，chinasourcing. mofcom. gov. cn/c/2011 - 07 - 0…2011 - 7 - 5。

2011年度十大领军企业规模超过5000人的有5家，且第一次有了两家超万人规模企业，10家企业人员总规模达到6.5万人。据统计，2011年十大企业人均营业额已增至2.88万美元。从市场分布和行业特色来看，领军企业也起着引领作用。通过对2011年度领军企业的服务外包业务收入做细致分析，其中只有22%来自国内市场，而在78%来自国外的份额中，北美市场占40%，日本占28%，欧洲占9%，其他国家地区占1%。欧美市场高附加值业务比例的提升，说明中国企业的能力水平正在不断加强。十大领军企业的行业特色表现也日趋鲜明，信息服务业（含电信和动漫）、金融与保险、卫生健康、制造业、政府与教育五大行业最受关注，占到领军企业所服务市场份额的95%以上。

四　中国软件与信息服务外包业发展中的主要问题

我国软件与信息服务外包业萌芽于20世纪80年代，一直处于较为缓慢的发展阶段。自2005年后，国家相关部委启动“中国软件欧美出口工程（COSEP）”、“千百十工程”等一系列重要项目和相关的产业政策以来，我国服务外包业得到了长足的发展，产业规模、从业人员、外包企业总数迅速扩大，领军外包企业在过去五年多时间里发展尤其迅速，软通动力、文思创新等龙头企业人员规模从2005年400～500人扩张到2011年的过万人。但总体看来，我国外包产业还存在以下问题，亟待协调解决。

1. 总体规模偏小，离岸外包市场占比较低

因归口管理和统计的原因，我国尚没有统一的信息服务外包产业规模总量数据权威发布。商务系统统计数据仅包括离岸服务外包数据，即跨境服务外包数据，境内外包总量尚缺乏口径一致的权威数据。仅从可资比较的离岸外包数据分析，2010年我国离岸外包总量仅占全球离岸额的1/8左右，印度离岸接包额的1/5到1/4。在国际市场上占比较低，总量规模偏小，与我国庞大的软件与信息服务市场相比严重不相称。

与印度相比，我国是国际市场的制造业出口大国，出口额远高于印度，但印度以服务外包为代表的服务贸易额却远高于我国。一方面，说明我国消耗了大量的自然资源、环境资源、低成本劳动力资源，为全球提供了低附加值的物质消费产品，服务业在一、二、三产中的占比仅为43%，低于世界平均水平。调整产业结构，提升服务业占比，提升国际服务贸易在出口总额的比重，转变经济发展方式，依然任重道远，有很长的路要走。另一方面，随着环境承载能力的降低、自然资源消耗的加剧、劳动力成本的上升，赖以支撑我国30年经济发展的加工制造业在国际上的竞争力逐步降低。有效承接新一轮国际服务外包产业的转移，持续推动我国经济在更大规模、更高层次、更低物质消耗的持续发展，是我国未来发展的重要课题。高效有序地大力发展服务外包产业，是破解这一难题的重要手段之一。

2. 在国际价值链中处于中低端环节，产业集中度较低，竞争力不足

衡量一个国家的信息服务外包能力，主要是产业规模和附加值。与制造业相类似，信息服务外包业同样具有规模效益的明显特征，其产业规模与从业人员规模呈正线性关系，甚至企业竞争能力、附加值也与人员规模呈正相关性。因此，不同于一般的研发型软件企业，服务外包业可以通过扩大人员规模扩大营业总额和产业规模，并提升产业和企业核心竞争力。

信息服务外包的产业价值链同样分中高低环节，有着不同的附加值，其中高端的咨询服务和方案设计，中端业务如信息系统开发、编程等，数据录入等则为相对比较低端的业务。不同层级的业务有不同的附加值，高端的人均年产值能达到20万美元以上，一般多为美欧大型信息服务企业所垄断，包括IBM、惠普、埃森哲等公司。我国外包企业目前阶段主要还不具备承接高端业务的能力，处于国际外包产业链的中低端环节，人均产值在2万美元上下，约为印度人均产值的1/2到2/3。

还有两个指标，最大企业的规模和产业集中度，也是衡量一个国家信息服务外包核心竞争力的重要指标。我国最大的专业型外包企业目前刚超过一万人的规模，超过数千人规模的企业也屈指可数，普遍存在的是中小企业，产业集中度非常低。而印度最大的TCS公司人员规模约20万人，其他前几强企业也都超过10万人规模。这也是我们服务外包产业目前在国际上核心竞争力还不强的重要表象。

3. 内需市场尚未有效释放，也阻碍了国际竞争力的提升

与印度相比较，我国2010年度软件与信息服务业产业规模超过1.33万亿元（约合2000亿美元），近十年的年均增幅29%，产业规模约为印度的8倍。说明拥有庞大的且高速发展的国内信息化市场。随着我国各行各业和政府部门信息化程度的不断提升，信息服务市场还将进一步扩大。但我国行业信息服务对外发包的比例还非常低，特别是重大信息化工程直接向本土服务外包企业发包的数量极少，一般都发包给IBM、惠普、微软等国际IT巨头。这里有机制体制的问题，也有我国各行各业包括政府部门主管领导的意识和认识问题，还与企业管理模式和信息化程度有关。

如果能够通过政府的推动、舆论的引导，不断释放国内信息化和业务流程的外包市场，并平等或优先发包给我国本土外包企业，对我国服务外包业的大发展具有极其重要的意义。这将促进本土外包企业的规模壮大，提升业务研发和服务能力，培养并锻炼一支能战斗的队伍，特别是高端咨询服务的行业专家。通过在国内市场上的锤炼，锻炼并积累承接国际服务外包转移的能力。随着我国经济的快速发展，像工商银行、中石油等越来越多的企业在世界500强中排名不断提前，而且也正在向国际化公司发展，业务逐步拓展到世界各地。优先将这些源自中国的世界500强企业的信息服务和业务流程外包给中国本土外包服务提供商，也将有助于带动外包企业走向国际。

4. 促进手段单一，各地存在同质化无序竞争现象

近几年来中央政府大力倡导并推动发展信息服务外包业，并制定了一系列产业扶持促进政策。全国各地，特别是21个服务外包示范城市，积极行动起来，直接推动了服务外包业的急速发展。然而不容否认，由于对服务外包业规律的研究和认识严重不足，加之快出业绩的急功近利思想严重，促进政策的大体套路几乎还是沿用了原来促进有形产品的制造业思路，无非减税、人头补贴等老办法。在中央级的政府主管部门层面，存在多龙治水，相互统筹协调不足，没有形成很好的合力，甚至对企业有不同或相背的要求和引导，导致企业为获得不同部委政策支持而无所适从。各地在发展本地服务外包业中，更是严重存在同质化、低层次的无序竞争现象，不是通过产业发展环境的构建，而是多采取直接补贴、土地优惠等简单“有效”的手段，从相对发展较好的北京、上海等大城市招商引资到当地，甚至只要外包企业把接发包合同签在某城市，就能获得当地政府的补贴。这种同质化的无序竞争，显然只是现有服务外包业产值的再分配，没有事实上对整体规模和能力的促进提升产生正向作用，反而有害于产业的持续健康发展。

信息服务外包业与传统货物贸易有很多具有本质差异的特征，比如其国际交易，不能指望在非常成功的广交会上增加服务外包交易展厅就能获得成效。因此在促进外包产业发展的政策措施上，必须不断探索、不断创新，大力强化产业发展软环境的建设，公共服务体系的建设，借鉴印度、爱尔兰等国成功经验，结合我国国情，探索出一条行之有效的产业促进之路。

5. 国际话语权不足，市场中心地位有待加强

在国际市场上话语权不足，一直是我国产业经济国际化发展中普遍存在的现象和问题，例如作为世界铁矿石进口国，我国在铁矿石定价权上话语权很小，严重不匹配；而我国拥有世界一多半稀土资源，也是最大的出口国，同样在资源定价权上话语权很小。一方面说明在国际行业市场的话语权的重要性，另一方面也说明我国相关行业在这个方面的薄弱。在服务外包领域，同样存在类似的现象和问题，直接影响着企业在国际接发包市场的竞争力。与此形成鲜明对比的是，印度在服务外包上具有非常强的国际影响力和话语权。印度民间成立的行业组织NASSCOM，在政府和企业的支持下，通过各种手段，包括产业研究报告、展示展览、峰会年会、宣传广告、交流访问，以及直接游说各国政府和行业客户等各种手段，已经发展成为代表本国利益的最具影响力和话语权的机构。国家形象的有效建立，行业品牌的有效推广，对印度各外包企业在国际上获取更大市场份额，起到了不可替代的重要支撑作用。反观我国现状，虽然有些行业协会组织，尽其所能组织主要外包企业抱团出海，积极参加国际服务外包顶级峰会和路演活动，积极发表声音，推广“中国服务”统一品牌，取得了良好的成效。但由于我国在此方面投入的严重不足，又不能像印度那样引导企业出资自主建立行业组织，国际宣传推广的力度其实非常小，影响力和话语权非常有限。印度每年一度的 NASSCOM 年会已经成长为国际服务外包领域重要的贸易活动，成为有国际影响力的重要市场中心、行业风向标。这也是我国在该领域的短板，是我们必须努力的方向。

五　加快中国软件与信息服务外包业发展的政策建议

1. 全国一盘棋，科学制定产业规划布局，形成合理的产业梯级

中央各主管部门应加强统筹协调力度，开展顶层设计，形成更加有效的机制体制，产业主管部门与贸易主管部门，以及相关的科研、人力资源、财政税收等主管部门相互协调配合，形成合力，减少各自为政、各自为战、相互割裂的现象。通过深入研究服务外包业的发展规律、各地禀赋优势，科学制定全国一盘棋的产业规划布局，引导各地政府根据总体规划布局，结合地方禀赋优势，确立有特色的发展战略和路径，形成合理的分工协作体系，减少或避免各地方城市同质化的无序竞争现象，减少内耗，增强在国际市场的综合竞争能力。

2. 产业政策更加注重产业发展环境建设，通过市场化机制的建立增强企业的竞争力，提高我国服务外包业的整体软实力

目前中央级产业扶持政策多为针对外包企业的财政扶持政策、税收减免政策，各地方则通过土地、房租减免等政策定向扶持大型外包企业。这种政策设计思路，带有“输血型”的计划经济色彩，短期内在一定程度上能够取得较好的成效，但不符合市场机制的要求。从长期来看，政府的产业政策应该更加注重公共产业发展环境的营造，与产业发展相适应的基础设施投入，以及辅助与支撑产业的扶持，通过市场机制，为所有服务外包企业营造公平合理的竞争机制，促进企业在市场机制下竞争能力的提升。减少或避免全体纳税人的钱流向个别特定企业，这对其他未获得资助的企业不公平，也可能导致受扶持企业对政府扶持的依赖，不利于其长期生存发展能力的建立。一旦政策消退，受扶持企业发展速度就可能受到较大影响，不利于整个产业的核心竞争力的培育。国际市场竞争是残酷的，温室里培育出来的“大树”很难在高度市场化的竞争中取胜。产业政策制定的思路，应该转向为设计平等公开、共同参与的市场化公共环境营造上来，鼓励并引导企业在市场化的机制下搏杀竞争，只有在这种环境下成长起来的外包企业，才具有生命力，才可能在国际市场上占一席之地。

3. 加强专业园区、行业协会、中介组织等建设，形成对我国服务外包业的有效支撑

国际国内的实践和理论已经充分证明，对一个后进的发展中国家，要发挥后发优势，在特定领域中实现特定产业的跨越式发展，通过营造具有比较竞争优势的“小生境”，强化专业园区、行业协会、中介组织等建设，是非常重要和有效的手段。目前我国的服务外包业正处于跨越式发展的关键阶段，是难得的战略发展机遇期，局部优化的产业发展环境建设，对巩固和强化我国服务外包业的国际竞争能力，具有重要的意义。一旦失去正在全球兴起的以服务外包为特征的现代服务业产业转移的战略机遇，将极大减缓我国提升第三产业占比的进程，减缓以高技术服务业支撑我国经济未来20年发展的进程，对调整产业结构、转变经济发展方式、改变国际贸易结构、增加大学毕业生就业等都将造成不利影响。

目前我国以服务外包为特色的专业园区数量还很少，尚没有形成像印度班加罗尔服务外包园、孟买服务外包园那样的大型专业园区。像印度NASSCOM那样的国家级服务外包行业协会还没有建立，为服务外包业服务的第三方知识产权保护、资质认证认可、法律会计服务、国际市场推广路演等中介组织发育得很不完善，亟待引导、扶持。

4. 建立大规模的有效合格外包人才教育培训体系，着力缓解高端行业专家严重匮乏的难题

我国每年新增600多万大学毕业生，毕业生就业问题长期困扰着政府主管部门、高校和毕业学生。与此同时，服务外包企业普遍存在招聘难的问题。问题的症结主要表现为能够满足服务外包业发展所需的有效合格人才供给严重不足，一是目前高等教育体系所培养的大学毕业生，与产业需求脱节严重，课程设置不符合实际需求，项目管理能力、国际交流能力弱；二是针对服务外包业的人才培训体系没完全建立起来，尚没形成像印度 Aptec、NIIT、CMC 那样成规模成体系的服务外包人才培训体系；三是大学毕业生对服务外包业的认识不足，期望值过高。因此要制定有效政策措施，大力引导高教系统、社会化培训机构有针对性地大量培养服务外包人才。

在国际服务外包价值链中，高端行业解决方案咨询具有最高的附加值，承接此类业务必须拥有一定数量的高端行业专家，即具有目标行业丰富从业经验并具有信息化系统经验的高级专门人才。目前我国得到行业认可的高端专家严重匮乏，限制了外包企业承接具有较高附加值的大型咨询业务的开展。高端行业专家不可能通过高等教育系统或高级培训来解决，近期比较可行的做法是国家制定相关的扶持政策，吸引在跨国公司从业 20 年以上的高级业务主管、信息主管、技术主管，加入外包企业。

5. 营造国际品牌与搭建国际市场拓展服务体系

经过 30 年的发展，“中国制造”已经成为国际市场上的著名国家品牌，得到了广泛的认知认可。要成为服务业大国，有效承接国际服务外包产业转移，必须从现在开始，有目的、有计划地实施“中国服务”品牌的国际营造。让全世界逐步认可“中国服务”，认可中国不仅能为全世界提供质优价廉的制造业产品，成为世界的工厂，同样有能力提供优质的服务，成为世界的办公室，形成中国是国际信息系统流程外包、业务流程外包、知识流程外包、研发服务外包等首选地之一，发包到中国来，向中国的外包企业发包的局面。

为此，还应该联合广大接包企业，建立系统的、有效的、持续的国际市场拓展服务体系，帮助外包行业和企业参加国际顶尖的专业展会、路演推介，包括通过国家服务外包产业研究报告，以及面对面的“游说”等多种形式和手段，建立整体行业形象。

6. 建立国际服务外包交易市场

市场交易中心、价格形成地、行业风向标，是一个国家服务外包业在国际地位的重要标志。美国无疑是包括服务外包在内的所有信息产品、软件与信息服务业等的世界中心，印度通过十几年的努力，逐步成为服务外包领域的最主要的市场中心之一。通过与国际顶级权威机构合作，引入国际服务外包峰会，并辅以国内大型行业客户的发包市场，在我国的北京或上海建立新的国际服务外包市场中心，国际国内主要行业客户和服务供应商都到这个平台上开展接发包业务，应成为今后一段时间内我国促进服务外包业跨越式发展的中心举措。商务部和北京市政府正在打造“中国国际（北京）服务贸易交易会”（简称京交会），力图形成“南有货物贸易广交会，北有服务贸易京交会”的格局。持续开展此项工作，并综合利用各种手段，使之迅速成为亚太地区最重要的行业盛会，最终成为有全球影响力的行业盛会，对我国服务外包业的持续健康快速发展具有极其重要的作用。

参考文献

NASSCOM：《印度 IT-BPO 产业 2011 年战略报告与回顾》，研究报告，2011。

Gartner：《2010 年度 Gartner 服务外包峰会会议资料》，研究报告，2010 年 9 月。

北京长城战略咨询课题组：《IT 外包与管理》，研究报告，2009。

北京市商委、北京服务外包企业协会：《2010 年度北京服务外包产业发展报告》，研究报告，2011。

北京市商委、北京服务外包企业协会：《2011 年度北京服务外包产业发展报告》，研究报告，2012。

江小涓等著：《服务全球化与服务外包：现状、趋势及理论分析》，人民出版社，2008。

刘绍坚：《软件外包：技术外溢与能力提升》，人民出版社，2008。

霍景东：《发展服务外包业的财税政策探析》，《税务研究》2009 年第 4 期。

霍景东、夏杰长：《动态比较优势与我国服务外包产业发展》，《经济与管理》2010 年第 10 期。

中国检测认证服务业发展现状、趋势与政策建议

李勇坚*

摘　要： 检测认证服务业是一种提供具有公信力的信息服务行业，该行业的存在是为了解决大规模市场交易情况下，买卖双方的信息不对称所带来的逆向选择。检测认证服务是有着重要发展潜力的新兴服务业，其需求源自三个层次。我国检测认证服务业发展还处在初级阶段，检测认证服务机构平均规模较小，市场竞争力弱，市场开放度仍有待进一步提升；检测认证市场诚信机制尚未建立，检测认证的公信力尚待进一步提升。要促进我国检测认证服务业大发展，需要从完善监管体制，推进检测认证机构改革，促进市场开放，加快检测认证技术进步，推进标准化，做大做强机构主体，树立检测认证品牌，加强国际合作等几方面着手。

关键词： 检测认证服务业　诚信机制　发展趋势　政策建议

* 李勇坚，男，经济学博士、中国社会科学院财经战略研究院副研究员。主要研究方向为服务经济理论与政策。

一 概念界定和层次划分

（一）检测与检测服务

1. 检测

检测是指利用标准仪器设备，根据指定的测试方法，在实验室或现场对产品的物理性能或化学成分进行测量和出具检测报告。检测可以是认证过程中的一个组成部分。例如，对产品进行认证过程中，需要大量使用具有公正地位的第三方实验室从事产品检测工作，并以其结果作为评定依据。但检测的范围非常广泛，涉及领域众多，包括了国民经济的各个方面，比如农业、采矿业、消费品制造业（包括纺织、服装、日用品等）、建筑业、能源和燃料、水电生产和供应业、化学工业、电子电器行业、汽车业、食品行业、咨询服务业、零售业、医药业、科学研究、技术服务业、水利、环境及公共设施管理、卫生管理等行业。

检测行业是随着社会的进步和发展，基于全社会对使用产品的质量、生活健康水平、生产生活的安全性、社会环境保护等方面要求的不断提高，并随着检测技术的不断进步而逐渐发展起来的行业。比如消费者越来越关注食品中的添加剂是否有害健康、穿的衣服和室内空气是否含有过量甲醛、工厂排出的废水废物对环境造成的危害程度，或者手机电池是否会爆炸等。各国政府和机构通过不断加强对这些领域的立法、制定各种产品标准以满足社会需求；而检测，即通过对这些领域各种产品的技术验证，告知使用者该产品是否符合法律、法规的要求，或是否符合一定的标准。可以说，社会的上述需求是检测市场形成并发展的基本动因。

2. 检测服务

检测服务则基于全社会对于产品及服务的质量（Quality）、健康（Health）、安全（Safety）、环境（Eevironment）日益严格的要求而产生，而且，政府在 QHSE 方面日益严格的立法，也是推动技术检测行业发展的直接原因，产业专业化分工的不断细化及供应链的不断延伸推动了技术检测业务的快速发展。

（二）认证与认证服务

1. 认证

认证（certification）一词英文原意是一种出具证明文件的合格评定活动。ISO/IEC17000《符合性评定——词汇和基本原理》（2004）指出认证的定义是“有关产品、过程、体系或人员的第三方证明”，而《中华人民共和国认证认可条例》对认证的定义是：由认证机构证明产品、服务、管理体系符合相关技术规范的强制性要求或标准的合格评定活动。根据这些定义，刘宗德将认证定义为：指由独立于供方和需方的、具有权威性和公信力的机构依据法规、标准和技术规范对产品、体系、过程和人员进行合格评定，并通过出具书面证明对评定结果加以确认的活动和程序。

与认证相关的一个概念是认可（accreditation），ISO/IEC17000《符合性评定——词汇和基本原理》（2004）对认可的定义是“正式合格评定机构具备实施特定合格评定工作的能力的第三方证明”。而《中华人民共和国认证认可条例》对认可的定义是：由认可机构对认证机构、检查机构、实验室以及从事评审、审核等认证活动人员的能力和执业资格，予以承认的合格评定活动。在我国，由中国合格评定国家认可委员会（China National Accreditation Service for Conformity Assessment，CNAS）负责认可工作，该机构是由国家认证认可监督管理委员会批准设立并授权的国家认可机构，统一负责对认证机构、实验室和检查机构等相关机构的认可工作，目前 CNAS 已融入国际认可互认体系。但是，由于认证认可管理体制的变革，对相关人员的认可工作已归属于认证认可协会管理。

从上述定义可以看出，认证的本质是一种符合性评定与公示性证明活动，其关键是解决交易双方的信息不对称问题。而认可是对相关认证机构、检查机构和实验室等合格评定机构进行证明。

2. 认证的分类

认证有强制性与自愿性之分。按照我国相关政策规定，为保护国家安全、防止欺诈行为、保护人体健康或者安全、保护动植物生命或者健康、保护环境，国家规定的相关产品必须经过认证，并标注认证标志后，方可出厂、销售、进口或者在其他经营活动中使用。这就是强制性产品认证。中国强制性产品认证，其英文名称为 China Compulsory Certification，英文缩写 CCC，就是通常所称的 3C 认证。近几年，我国对强制性产品认证领域实施了必要调整，对玩具、农机产品实施了强制性产品认证，目前强制性产品认证已达 22 类 159 种。值得注意的是，3C 标志并不是质量标志，而只是一种最基础的安全认证。

当一种产品出口到国外时，还需要符合当地关于产品强制认证的规定。例如，根据美国职业安全局（OSHA）安全标准，所有工作场所使用的产品都必须由美国国家认可实验室（NRTL）进行认证（即通过测试并且发证），以保证该产品在工作场所的使用安全。美国职业安全局（OSHA）规定 37 类产品必须获得美国国家认可实验室（NRTL）的认证。美国部分州要求所销售的产品具有 UL 认证标志。欧盟则拥有全球最复杂最严格的强制产品认证规定。要求全部出口欧洲的产品有 CE（Communate Europpene）标志，用以表明产品符合欧盟《技术协调与标准化新方法》指令的基本要求，凡是贴有“CE”标志的产品就可在欧盟各成员国内销售。

另外，我国还有一种特殊的认证制度，即 QS 质量安全（Quality Safety）制度。这种制度在本质上不是一种产品认证，而是一种食品质量安全市场准入制度。也就是说，所有经过加工的食品，生产地址在国内的产品全部必须申请生产许可证，也就是通常说的 QS 证。这个证书是一种生产许可制度。经过国家的批准所有的食品生产企业必须经过强制性的检验合格，且在最小销售单元的食品包装上标注食品生产许可证编号并加印食品质量安全市场准入标志（“QS”标志）后才能出厂销售。没有食品质量安全市场准入标志的，不得出厂销售。QS 制度自 2004 年 1 月 1 日实行开始，到现在已从最初的 5 类商品扩展到 28 类商品。为什么把申请市场准入制度的生产许可证说成是 QS 认证呢？因为刚开始国家质检总局在解释和宣传上没有能有大的力度，同时 QS 的申请流程有一点和 ISO 等认证体系类似，同时刚开始给企业做咨询的公司为了简单化，就把这个过程说成了是“QS认证”。目前官方也开始接受这个称呼了。

自愿性认证主要是管理体系方面的认证。管理体系认证主要包括质量管理体系认证（QMS）、环境管理体系认证（EMS）、职业健康和安全管理体系（OHSAS）、危害分析和关键控制点（HACCP）认证等。

（三）检测认证服务的需求层次

由上可以看出，检测认证服务的需求源自三个层次。

第一个层次是源于各个国家的强制性规定，如前述中国的3C认证，欧盟的CE认证等；这种认证是产品在相关领域内销售的基本通行证；例如，企业产品如需要出口，则必须获得对方国家认可的机构出具的相关认证标志。

第二个层次是完善企业管理体系或企业进行相关检测的需要，如质量管理体系认证。

第三个层次是源于社会公正安全的需要。企业需要就其产品的安全性、品质、成分等诸多方面的权威数据向社会和消费者公布；或者企业因其他原因需要该等数据时，将产生对检测认证的需求。

二　检测认证服务业发展的理论分析：信息不对称

市场经济体制下，分工成为经济发展的最重要的动力。由于分工的不断深化，消费者需要面对越来越多的产品。而产品生产工艺的日益复杂，使消费者对商品的特性日益难以把握，而且，对很多产品而言，消费者既难以在消费之前从外观辨识出来，也难以在消费之后感知出来。这样，市场中交易双方存在十分严重的信息不对称（information asymmetry）问题，消费者在与生产者或中间商之间的交易过程中由于自身的条件和环境的限制往往处于信息劣势。例如，消费者不可能完全了解农产品有关质量、价格变化特性等信息，而生产者或中间商却知道这些信息，生产者或中间商出于自身利益的考虑往往会利用其信息优势做出投机行为。在这种情况下，消费者的利益会受到一定程度的损害。

在本质上，市场交易是人为主导进行的行为；消费者购买行为的多元化与购买品种的多样性，使消费者对于所购买的产品的相关质量知识相当缺乏。以农产品为例，由于对农产品安全基本知识的缺乏，导致盲目依据农产品外观选择购买，而不能对农产品质量进行深入辨识。在信息发达的今天，消费者因缺乏信息而购买劣质产品的事实，会迅速在消费者中传播开来。因此，消费者会根据其所掌握的最不利信息对产品质量进行统一评判，因此，交易主体对即将发生的不当侵害不能预期，对事实上永远不会发生的侵害往往认为会发生，对事实上不可能对其个人和个人财产发生的侵害也认为会发生，因此会增加各种支出以保障安全。同时，这也说明消费者将愿意为可靠信息的获取支付一定的对价。

消费者由于受到了大量不利信息的干扰，会产生严格的防范心理。其首要表现就是对生产经营者本身的证明不予信任，因此，即便是质量安全的产品，其也难以证明自己产品的质量安全水平，即便要证明，证明成本也很高。如果没有合理的制度安排，防御成本可能会趋于无穷大。这一事实，为认证检测服务作为具有公信力的第三方，向消费者传递真实可信的信息，提供了基础。

在无法掌握到真实完整的信息背景下，消费者会降低对整个行业产品的评估，只愿意就产品支付相当于平均质量的价格，这样，导致在现实中，很多质量优异的产品不能形成市场。这其中一个重要原因就在于消费者缺乏对于这种产品的信息的了解，不知道这种产品的性能到底如何。另一种可能也是经常出现的经济后果，就是消费者担心买到假货、次品，从而尽可能地减少购买量，其结果仍然是商品得不到应有的扩张，或者导致市场的萎缩。

2001 年度诺贝尔奖获得者乔治·阿克洛夫于 1970 年发表了经典论文《柠檬市场：质量不确定和市场机制》，提出了著名的“柠檬理论（lemon theory）”，该理论揭示：在信息不对称的市场，买者如果无法观察到商品的内在质量，那么卖者就会以次充好。由于信息的不对称，将最终导致高质量的产品被低质量的产品驱逐出市场。高质量的产品从市场中退出，而低质量的产品仍留在市场中，结果造成市场萎缩。市场上出现格雷欣法则（Gresham's law）所描述的“劣品驱逐良品”现象，这时，市场机制所实现的均衡可能是无效率的均衡。

与阿克洛夫同时获得诺贝尔奖的斯彭斯在《市场信号：雇佣过程中的信号传递》一文（1974）中，开创性地研究了将教育水平作为“信号传递”的手段在劳动力市场上的作用，分析了市场中具有信息优势的个体如何通过“信号传递”将信息可信地传递给处于信息劣势的个体以实现有效率的市场均衡，从而成功地开拓了信号传递理论（signaling model）研究领域。斯彭斯论证了如何用“信号”来调整市场参与者之间的信息分布。即信息优势的一方通过某些行动向信息劣势的一方传递他们的私人信息以证明他们的市场能力，也就是显示或制造市场信号。信号要求经济代理人采取可见的举措来使委托人确信他们的能力或其产品的价值或质量，以避免逆向选择。

认证认可是规范经济和社会发展的重要技术性制度安排，其关键是提供一种标志，这种标志因为可以传递信息，而有望成为解决信息不对称的一种工具。因此，认证认可的本质是服务，即输出的结果是服务产品。认证认可是在特定领域内进行法定或能力评定，并提供“信任”、“公信”的服务。检测服务与认证认可有着紧密联系，是依据严格的法律规定，为消费者提供关于产品质量相关信息的一种行业。包括检测在内的认证认可事实上承担了斯彭斯模型中的信息传递功能。也就是说，在信息不对称的情况下，第一方（卖方）证明与第二方（买方）验收可能因为成本与沟通导致信息传递无效，而检测认证独立第三方的身份，为买卖双方提供真实可靠的信息，消除信息不对称，减少交易成本，促成交易。

检测认证服务提供的数据资源或证明材料还是一种公共知识产品，这样避免了消费者面对眼花缭乱的产品，极大地降低了信息搜寻成本，有利于促进交易的大规模扩张。

从上文分析可以看出，在本质上看，检测认证服务业是一种提供具有公信力的信息服务行业，该行业的存在是为了解决大规模市场交易情况下，买卖双方的信息不对称所带来的逆向选择。

三　发展检测认证服务业意义重大

检测认证服务业属于国民经济行业分类中的“M科学研究、技术服务和地质勘查业”中的子类“76专业技术服务业”中的“7650技术检测服务”。这个行业对国民经济发展具有重要意义，肩负着重要的责任和使命，即为企业提供公共服务，为政府做好配角，共同为提高社会的质量把关；成为企业创新过程中的一分子，降低社会成本，推动社会进步；做好企业的全程质量服务者；做好政府助手、配角、顾问。

1. 检测认证服务业是市场经济体制形成的重要基础性行业

市场经济是一种以分工与交易为基础性架构的经济体制。在大规模社会化分工的背景下，解决消费者与经营者之间的信息不对称问题是市场经济发展的重要基础。解决信息不对称问题的措施包括：建立产品质量标准、政府强制性信息披露制度、政府部门的质量监督等措施。但是，这些措施都受到政府能力的限制，不可能提供全面的信息对称机制。

在市场经济条件下，经营者面对着激烈的市场竞争，都会公布其产品的性能指标以证明其品质优良，但是，由于市场所存在的诚信机制缺失，消费者一般不会相信经营者公布的产品性能指标具有客观、公正性，而具有市场公信力的第三方检测认证机构对其产品进行检测、对其生产体系进行认证、对其服务品质进行验证，并出具相关结果，将在消费者与经营者之间搭起一座信息沟通的桥梁，使市场交易不断地深化、泛化，并极大地扩张了经营者的市场范围。同时，消费者也能够在缺乏相关知识的背景下，放心进行消费，从而实现市场的繁荣与不断扩张。

除此之外，贸易商及零售商为吸引客户或消费者，满足客户或消费者对质量、健康、安全、环保等方面的要求，会要求供应商提供其产品的性能指标。为使产品性能指标具有客观、公正性，零售商一般只接受其认可的第三方检测机构对供应商产品出具的检测结果。而消费者选购商品时，会通过比较各商品性能，以及出具该检测结果的检测机构的市场公信力作出选择。

同时，随着社会的进步，政府在 QHSE 方面的要求会不断地细化与深入，并不断提高标准，企业要证明其达到了这些标准的要求，也需要在管理体系、产品生产过程、产品最终品质、服务模式等方面不断创新，并符合相关标准的要求，而这些方面，需要有专业的认证检测机构才能证实企业达到这些方面的要求。认证检测服务业通过具有公信力的独立专业服务，解决大规模工业化生产所带来的质量信息不对称问题，并促进企业在 QHSE 方面不断提升，以符合政府及其他组织的要求，为大规模广泛交易提供了信息基础，是市场经济的一个基础性行业。

认证检测服务业对国民经济还具有较大的带动作用。“认证认可对国民经济和社会发展的贡献研究”课题组，采用复合矩阵方法、索洛余值法、层次分析法、因素分析法等多种方法，从微观到宏观定量测算了认证认可对主要行业、不同区域和全国经济增长及社会发展进步水平的贡献率，首次测算出的认证认可对国民经济增长的贡献率为 0.671%，对社会发展的贡献率为 0.314%[①]。

2. 检测认证服务业的发展有利于新产品研发与技术进步

一般而言，政府会综合考虑产业结构升级、改善环境、保护消费者权益等方面因素，制订 QHSE 方面的标准，这会促使检测技术的进步与企业不断研发新产品。而检测技术的不断进步，反过来又为政府不断提高相关标准提供了手段与条件。

检测认证行业的发展，还能促进新产品研发与技术进步。具体表现在下述方面：检测认证服务能够在产品研发设计阶段就对产品研发设计的科学性与合理性进行评定，通过检测技术能够避免研发设计走弯路，最大限度地节约研究与开发经费和资源。在产品研发与设计过程中引入检测认证服务，有利于形成生产过程的标准化，为规模化生产和生产推广打下基础。

① 参见上海质量管理科学研究院编著《认证认可对国民经济和社会发展的贡献研究》，第三章，中国标准出版社，2010 年。

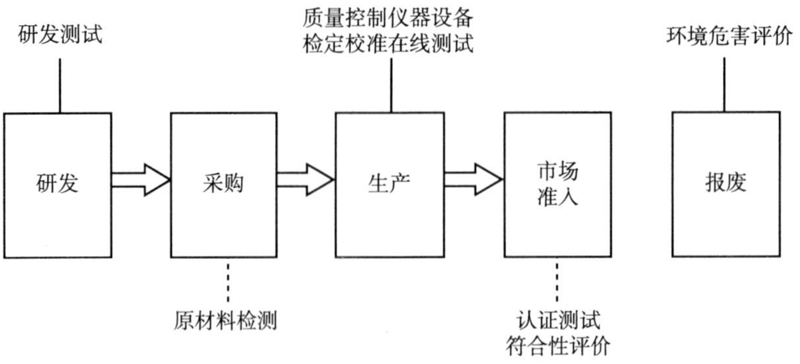

图 1　检测认证对研发设计的作用

资料来源：朱崇全等《检测技术机构如何促进产业自主创新》，《现代测量与实验室管理》2008 年第 1 期。

3. 检测认证服务业有利于促进国际经济交流

“技术性贸易壁垒”（Technical Barriers to Trade，TBT）一直是全球贸易发展中的一个热门话题。技术性贸易壁垒极大地加大了国际经济商务活动的成本。欧共体在统一大市场建立前的一项研究报告表明，技术壁垒是前欧共体的主要商务成本之一。欧盟内部流通的商品由于技术壁垒带来的重复检验和认证，每年开支高达 1000 亿欧元，消除这些技术壁垒后每年可增加效益 2000 亿～3000 亿欧元。而近年来中国每年约有 400 亿美元的出口受到国外各种形式的技术性贸易壁垒（主要以技术法规、标准、合格评定、认证等为表现形式）的限制，以食品为例，每年被美国海关扣留的食品批次中，有相当一部分并非质量不良，而是因为标签不符合“美国食品标签法”的规定而导致被销毁或退货。又如 2007 年温州市出口欧盟的民用电器及零配件产品因受 RoHS 指令限制而遭到退货的损失达 3 亿美元，从而严重制约了温州市外贸业的发展。政府应通过大力发展检测认证服务业，积极帮助企业进行各种产品认证与管理体系认证，获得进入全球市场的通行证，扩大国际经贸交流。

从企业占领国际市场的角度看，国际市场竞争非常激烈，对产品升级换代、质量控制等方面提出了极高的要求，企业必须顺应全球贸易、采购、销售方式的不断变化，应对新兴市场带来的影响，扩大产品线和产品种类、缩短产品上市时间、降低成本、减少供应链风险，同时又要在整个商业经营过程中达到质量和安全的要求。大力发展检测认证服务业，提升认证检测服务水平，为国内企业提供便捷的检测认证服务，帮助企业建立完善内部质量等各种自控体系，提供质量许可、体系认证、产品认证咨询和产品安全标准培训、积极对企业进行抽样检测和现场考核，有助于企业突破技术性贸易壁垒，成功打入国际市场。

专栏：世界对产品质量安全及环境保护方面的要求日趋严格

环境问题成为全球关注的焦点，欧盟、美国、日本等纷纷制定保护环境的法令法规，而且法规执行更加严格，涉及范围扩大。例如，2006 年 7 月 ROHS & WEEE 指令已经在欧洲实施，这是“关于在电子电器设备中限制危害物品使用的指令”，目的是禁止在电子产品中使用危害环境的材料。指令中详细说明严禁使用重金属铅、汞、镉、六价铬、PBDE、PBB。WEEE 是“有关废弃电子电器设备的指令”，将确保产品在使用完毕后能得到妥善的处理，使供应商承担生产的电子产品废弃物回收利用的经济责任。凡是 2006 年 7 月之后进入欧洲市场的电子产品都需要遵循 ROHS & WEEE 要求。

2007 年，欧盟编号 1907/2006 号法规 REACH 于 2006 年 12 月 18 号通过最终评议正式采纳，2007 年 6 月 1 日正式实施。这是一个涉及化学品生产、贸易、使用安全的法规，旨在保护人类健康和生态环境，同时也促进环保化学品的发展。REACH 指化学品的注册（Registration）、评估（Evaluation）、授权（Authorization）和限制（Restriction）。它规定了已有物质和新物质的标准，简化了欧盟这一层面的法规，取代了已有的 40 多项法规，为所有化学品的管理建立了一个独立的系统。REACH 法规终止了 3 万多种已有物质的知识缺陷，提供了物质短期和长期影响的信息。REACH 法规要求凡进口和在欧洲境内生产的化学品必须通过注册、评估、授权和限制等一组综合程序，以更好、更简单地识别化学品的成分来达到确保环境和人体安全的目的。

在食品安全方面，欧盟法规 178/2002 制定了食品法律的总体原则和要求，包括建立欧盟共同的原则和责任，建立有效的组织安排和程序来控制食品和饲料的安全；2002/99/EC 指令规定了欧盟共同体内人类消费的动物源性产品生产、加工、分销各个阶段及从第三国家引入人类消费动物源产品的动物卫生规则；852/2004 制定了食品类别的卫生要求。美国 2011 年 1 月正式出台新的食品安全现代化法令，这些法律、法规对食品安全提出了非常高的要求。

资料来源：作者根据网络资料整理。

4. 发展检测认证服务有利于解决我国产品质量安全问题

当前，我国产品质量安全问题比较突出。要解决新产品质量安全问题，建立产品质量安全标准、强化政府监管能力、健全相关法律制度等当然十分重要。在这个过程中，积极引入第三方检测认证，也具有相当作用。虽然我国检测认证服务业市场化已有相当的历程，但从现实来看，行政部门仍在第三方检测认证方面发挥着主导作用。例如，在强制性产品认证方面，仍未完全开放，而由政府指定的几家机构承担着这些责任。这样的后果是，政府或其指定机构（这些机构一般为原来政府部门下属的事业机构）工作量庞大，影响质监工作效率。而独立第三方检测认证机构处于“第三方半”、“第四方”的地位，不能发挥其应有的作用。例如，2011 年所发生的塑化剂等食品安全事故暴露出中国食品质量监管体系弊端。大力发展检测认证服务业，充分发挥其作用，对解决产品质量安全问题具有重要意义。

因为产业化的第三方检测认证机构在领先的研发能力、专业的技术经验、充足的检测设备、熟练的认证检测人才、独立客观的公信力等方面都具有很大的资源优势。所以改善传统行政化质检机制的局限性，使第三方检测认证机构成为政府监管体系中的重要补充力量，共同规范产业链安全，有利于提高政府监管部门的监管效率和执法效率，还将促进检测行业水平的良性发展，加大产品质量安全保障的力度。

以农产品和食品为例，通过有机产品认证、无公害农产品认证、绿色食品认证、酒类产品认证、饮料产品认证、花卉认证、良好生产规范

(GMP)、良好农业规范（GAP）认证、危害分析与关键控制点体系(HACCP)认证、食品安全生产认证（QS）等，有力地保证了食品的质量安全。这些认证及检测工作也被证明是保障农产品和食品安全的最为有效的手段。

四　中国检测认证服务业发展现状与问题

（一）我国检测服务业发展现状

我国产业化的检测服务业是在政府放松管制的基础上逐步发展起来的。一般认为，其发展经历了五个阶段：第一阶段是政府完全主导阶段(1949～1983年)，这个阶段的特征是检测主要为对外贸易服务，归政府完全主导。第二阶段是政府全面负责实施阶段（1984～1989年），这个阶段以《中华人民共和国进出口商品检验条例》颁布为标志，其特征是规定所有的业务一律由国家检验检测机构实施，还特别规定在中国境内不得设立外国检验机构。第三阶段是向国内资本有限开放阶段（1989～2001年），以《中华人民共和国进出口商品检验法》颁布实施为标志，明确了符合条件的国内外检验检测机构可以承担委托的进出口商品检验检测工作，检测服务开始向民间资本开放。第四阶段是检测市场监管架构形成阶段（2001～2005年）。这个阶段以国家认监委成立和《中华人民共和国进出口商品检验法》修订为基础，对行政执法性质的强制性检验检测工作与民事行为的检验检测业务进行了区分，市场进一步开放。第五阶段是全面对外开放阶段。2005年12月11日之后，我国政府根据加入WTO承诺，允许外资独资进入中国的服务贸易市场。外资检测机构凭借雄厚的资本实力和丰富的运作经验全面进入中国检测市场，成为中国检测市场的重要组成部分。

目前，我国检测市场可以分为政府强制性检测市场与企业自愿性检测市场。政府强制性检测市场主要包括各部委的质检、商检、环保、卫生等各种认证要求的强制性认证及各级政府（含省、市、县、镇等）的各种认证要求的强制性检测，目前该部分市场占全部检测市场的55%左右。企业自愿性检测市场是政府强制性检测之外的全部检测内容，占全部检测市场的45%左右。

从检测机构看，我国大约有24100家国有、民营和外资检测机构，分别隶属于中国25个行业，遍布全国31个省、自治区和直辖市，主要分布在质量监督检验检疫、卫生、建设、环境保护、交通、农业等部门，其中质检部门所属的检测机构数量最多，达到3500多家，占全部检测机构数量的14.5%。国有事业性检测机构在中国31个省、直辖市、自治区以及下属市/县级行政区域均设有检测机构和代表处，由不同职能的政府部门投资建设并主管，为事业单位编制，主要针对内销产品从事政府强制性、垄断性的检测任务，如各地质量技术监督部门下属的计量检测中心，环保局下属的环境检测监测中心（站），卫生、防疫部门下属的检测中心（站）等。我国现有的绝大多数检测机构的规模较小、检测项目单一。有一部分外资的检测机构，尤其是国外知名检测机构在中国的分支机构具有较强的检测实力，其业务增长非常迅速。

（二）我国认证服务业发展现状

我国认证认可工作的发展起步于改革开放之后，经历了以下几个阶段。

第一阶段是起步阶段（1978～1981年）。1978年9月，我国加入ISO（国际标准化组织），开始了解认证认可是国际通行的质量监督制度。1981年4月，经原国家标准局批准，中国电子元器件质量认证委员会（QCCECC）正式成立，标志着中国质量认证工作开始起步。

第二阶段是初步发展阶段（1981～1983年）。这一阶段质量认证工作有了大的发展。

第三阶段是发展壮大阶段（1983～1995年）。这一阶段从1983年启动实验室认可制度到1994年启动认证机构认可制度、1995年启动认证评审员注册制度。一方面认证认可制度不断完善，另一方面认证认可服务业不断发展壮大。

第四阶段是快速发展阶段（1995～2001年）。这一阶段在出口贸易的推动下，我国认证认可行业快速发展，企业自愿性认证开始迅速增长。

第五阶段是全面法制化与国际化阶段。2001年8月，经国务院批准，中国国家认证认可监督管理委员会（中华人民共和国国家认证认可监督管理局）正式成立，统一管理中国的认证认可工作，结束了多年来中国认证认可工作多头管理、政出多门、市场混乱的局面，是中国认证认可体制改革的一次重大突破，标志着中国认证认可事业进入了一个全新的发展时期。

根据中国合格评定国家认可委员会（CNAS）公布的数据，截至2011年10月31日，CNAS认可各类认证机构、实验室及检查机构三大门类共计14个领域的5179家机构，其中，累计认可各类认证机构126家，认证机构领域总计401个，涉及业务范围类型8677个；累计认可实验室4721家，其中检测实验室3996家、校准实验室587家、医学实验室80家、生物安全实验室32家、标准物质生产者5家、能力验证提供者21家；累计认可检查机构332家。

表1　我国认证证书统计情况（截至2011年6月底）

领　域	发证量	比率(%)
强制性产品认证	274051	47.932
质量管理体系认证	201536	35.249
环境管理体系	45942	8.035
职业健康安全管理体系	28471	4.980
食品安全管理体系认证	4481	0.784
软件过程及能力成熟度评估	17	0.003
自愿性产品认证	12258	2.144
有机产品认证	4245	0.742
良好农业规范认证	244	0.043
信息安全认证	510	0.089
总　计	571755	

资料来源：中国合格评定国家认可委员会网站，http://www.cnas.org.cn/。

（三）我国检测认证服务业发展中存在的问题

1. 检测认证服务政府主导仍是主流，市场开放度仍有待进一步提升

在我国的检测认证服务市场中，市场开放度较高的是出口商品检测认证服务。而这一部分市场中，外资检测认证机构占据了绝对的市场份额。在强制性认证市场中，我国仍未完全开放，国有检测机构利用其传统垄断优势占据了政府强制性检测市场。在检测认证行业，监管机构之间及其与谁机构之间缺乏有效的沟通和衔接机制。

2. 检测认证服务机构平均规模较小，市场竞争力弱

截止到2011年10月31日，我国共有认证机构126家，其中产品认证机构57家，这些机构中，中国检验认证集团（简称中检集团，CCIC）占据了市场份额的10%以上。这是因为我国从事强制性认证的机构数量有限，行业中居首位的企业市场优势突出。但是，即使这样，中检集团的规模仍然与世界一流企业有着一定的差距。2010年，中检集团国内外分支机构超过200家，自建、合资、合作实验室超过240家，有员工1.6万多名，资产总额已达70多亿元，实现收入近49亿元。而全球排名第一的瑞士通用公证行（SGS）经营收入超过50多亿美元；法国必维集团（BV）营业收入达到30亿欧元；英国英之杰（ITS）营业收入达13亿英镑，均远超中检集团。从分支机构看，SGS全球拥有1000个分支机构和实验室以及5.9万名员工。BV与ITS分别有900和1000个分支机构。而且，这三家公司在中国的业务增长十分迅猛，2010年三家机构在中国大陆经营收入分别达到29亿、27亿、23亿元。

从检测行业看，我国目前共有近24100家国有、民营和外资检测机构，分别隶属于中国25个行业，遍布全国31个省、自治区和直辖市，基本覆盖了国民经济和社会管理的各个方面，可从事的检验检测项目逐年增多。中国的检测机构主要分布在质量监督检验检疫、卫生、建设、环境保护、交通、农业等部门，其中质检部门所属的检测机构数量最多，达到3500多家，占全部检测机构数量的14.5%。我国最大的民营第三方检测

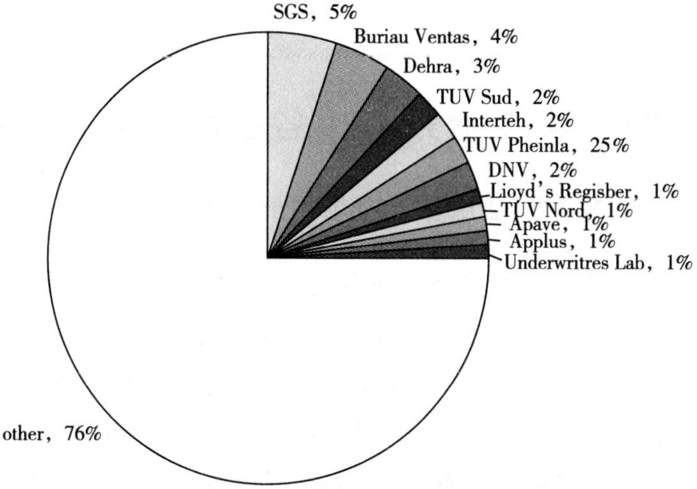

图 2　全球主要检测认证机构生市场占有率

资料来源：《摩根斯坦利报告》，2008 年 5 月。

机构华测检测技术股份有限公司 2010 年的营业收入只有 3.56 亿元，只有 SGS 在中国业务的 1/8。

3. 检测认证市场诚信机制尚未建立，检测认证的公信力尚待进一步提升

我国检测认证市场的激烈竞争，使检测认证机构在获得业务时，多以价格竞争为主导。以 ISO9000 质量体系认证为例，对小型企业的认证费用在 2500～3500 元之间，基本属于亏本水平。这种激烈的价格竞争，使认证企业根本无法完成认证应有的程序，认证机构沦为发证机构，认证的公信力无法得到保证。

产品认证存在同样的问题。以有机产品认证为例，随着中国有机产业的发展和商业竞争日趋激烈，少数企业缺乏诚信，一些问题开始凸显，主要表现为夸大与虚假宣传、有机产品认证标志使用不规范、有机消费理念存在误区等。而获证企业违规使用农药、化肥，流通领域假冒有机产品及认证机构涉嫌违规认证等问题普遍存在。更有甚者，有企业看到认证市场有利可能，就将造假的触角伸到了检测认证市场，进一步影响了认证检测的公信力。

五　中国检测认证服务业市场容量预测及未来发展方向

（一）我国检测认证服务业市场发展现状

根据摩根斯坦利 2008 年 5 月的研究报告，全球技术检测市场规模约为 500 亿欧元，约合 4400 亿元。随着技术进步、产品更新换代加快和国际分工深化，全球检测行业近年来保持了 15% 左右的快速增长。

2002 年以来，伴随着全球化趋势和国际贸易额的快速增长，检测行业成为中国发展前景最好、增长速度最快的服务行业之一，其中以民营和外资为主的中国第三方检测行业一直保持 30% 以上的增长速度，全国检测市场规模于 2008 年达到 450 亿元，2009 年达到 569.6 亿元。

在全国检测市场中，国有检测机构利用传统垄断优势占据了 55% 以上的市场份额；外资检测机构利用其成熟的市场运作经验及在出口贸易检测业务中的天然优势占据了市场 30% 以上的市场份额；民营检测机构起步晚，资本实力小，经过几年的快速发展，市场份额接近 10%。

表 2　2008 年中国检测市场容量及竞争结构

单位：亿元，%

检测机构类别	国内贸易检测业务		出口贸易检测业务		小计	
	金额	占比	金额	占比	金额	占比
国有检测机构	231.50	89.00	27.50	14.60	259.00	57.75
民营检测机构	19.40	7.46	22.50	11.94	41.90	9.34
外资检测机构	9.20	3.54	138.40	73.46	147.60	32.91
合　计	260.10	100	188.40	100	448.50	100

资料来源：《华测检测技术股份有限公司招股说明书》，巨潮资讯网。

我国认证服务市场发展也非常快。到 2011 年 6 月底，各类有效证书达到 571755 张，而且以每年 4 万张的速度递增。

（二）我国检测认证服务业市场发展规模预测

根据 CCID 预测，中国检测市场未来几年仍将保持 15% 以上的增长，全国检测市场规模于 2010 年超过 700 亿元。其中民营检测机构增长速度最快，超过 30%；外资检测机构次之，增长速度在 20% 以上；国有检测机构增长速度较慢，维持在 10% 左右。

认证市场发展前景极为广阔。尽管我国目前的认证证书总量已多年连续位居世界第一，然而，由于我国企业基数大（我国中小企业数量已超过 1000 万户），已认证的企业在总企业中所占比例仅为 2% 左右。随着 QHSE 法规的不断完善，社会对产品质量安全要求的不断提升，企业与公民的环保意识、职业健康安全意识不断增强，低碳经济发展力度不断加大，将有越来越多的企业需要通过认证，可以预计，每年至少新增 4 万张以上各类管理体系证书。按照每张各类管理体系认证证书认证费用 3 万元收费计算，年市场容量为 12 亿元。跟踪服务要收取比例为认证收费 1/3 的年费，按 60 万张有效证书计算，可达到每年 60 亿元，也就是说，认证服务市场规模将达到每年 72 亿元。此外，未来我国将扩大进口规模，越来越多的外国产品进入中国市场。认证是一种基本的市场准入手段，将有越来越多的国外企业因其产品需要进入中国市场，需要获得各种认证，这也将是一个巨大的市场。可以预期，未来中国的认证市场的容量将超过 100 亿元/年。

（三）我国检测认证服务业市场发展的重点领域

1. 与可持续发展相关的检测认证需求（如低碳、新能源、环境保护）

从未来全球发展趋势看，随着资源环境压力日益增大，低碳、节能环保、新能源等将成为经济发展的主题。检验认证服务从传统的化学与物理测试、质量管理体系认证正在向环境、能耗、有毒有害物质测试与认证等方向发展。资源节约与保护环境是一个完整的过程，不但涉及最终产品的能效，还涉及生产这些产品的过程，以及对产品的回收利用。未来的有关可持续发展的认证，不但包括对相关产品（如节电、节水、节油、可再生能源和环保等）进行资源利用效率认证，还包括对相关生产和服务过程，以及所涉及的相关企业和组织的认证（例如对于能源管理体系的认证、节能工程的认证、资源节约型组织的认证），也应包括对于资源回收利用等有关循环经济的认证。对环境保护的认证也是一个系统工程，不仅包括整个生产过程，而且更广泛地，包括对于某类产品在生产和使用过程中对可持续发展造成的影响进行认证（例如森林认证）。

与可持续发展相关的认证将是我国检测认证行业发展的一个重点。截止到2010年底，在节电、节水、节油、可再生能源和环保等领域已有超过1400家企业的38000多个型号的产品获得认证证书，并被政府采购、政府工程所采信。通过开展国家统一的节能环保汽车自愿认证，扩大能效标识管理，也将具有广阔的市场。

2011年12月7日，欧盟委员会负责气候事务的委员康妮·赫泽高在南非德班举行的联合国气候变化框架公约第17次缔约方会议上表示，欧盟原则上同意加入《京都议定书》第二承诺期。12月11日，参加德班气候谈判的各协约方同意实施《京都议定书》第二承诺期并启动绿色气候基金。这意味着2012年之后，全球碳减排市场仍将具有巨大的增长空间。而且，有研究表明，50%的跨国企业将基于碳排放水平作为选择供应商的条件之一。碳足迹标签已在欧美日流行，以英国为例，其最大超市特易购已有500多种产品加贴碳标签，未来将要求所有7万种上架商品加贴碳标签；而在日本，碳标签制度的产品种类已扩大至94类，广泛涉及农产品、轻工业和部分机电产品。可以预见，碳标签、碳减排能力认证将成为全球贸易至关重要的能力构成部分。巨大的碳排放交易市场孕育碳足迹测算和碳减排能力认证的巨大市场。

2. 食品（农产品）、营养品、化妆品、药品安全质量需求以及生命科学相关的认证检测需求

当前，我国食品、农产品的质量安全形势极为严峻，给人民健康带来了极为不利的影响，并阻碍了我国相关产业的发展。因此，与食品、农产品等以及生命科学相关的认证检测发展，不但有着广阔的市场空间，对我国相关产业发展更有着深刻的意义。

当前我国食品安全标准仍然较低。例如，一个苹果的农药残留检测，中国标准是30多个项目，而美国标准规定要查139个项目，欧盟是157个，日本更多达357个。未来食品安全标准的提升，将为我国相关检测行业带来新的发展机遇。

食品、农产品等领域的质量安全认证及检测是一个完整的系统工程，包括了从农田到餐桌的一系列过程，既有农产品本身特性的认证，如有机产品认证、无公害产品认证等，还包括农产品生产体系方面的认证，如良好农业规范（CAP）认证，也有农产品食品加工和管理方面的认证，如HACCP认证、食品安全管理体系认证、良好生产规范（GMP）和全面目标卫生操作规范（SSOP）认证等诸多方面。我国在食品生产企业已实行QS强制认证作为市场准入的基本控制手段，GAP已在18个省、直辖市的200多家企业开展了试点，我国有机农产品种植面积逐年增加，截止到“十一五”期末，有效证书达60955张。但是，这方面的工作仍有待进一步加强，相关检测认证服务业发展的空间巨大。

化妆品、药品质量安全控制方面的检测与认证也有巨大的空间。例如，CRO市场就有着巨大的检测认证服务需求。2007年，全球制药企业及生物科技企业用于新药研发的投资约为636亿美元，而其中约有159亿美元的业务外包给新药临床实验室，比例达到25%左右。而新药研发外包（CRO）市场的基础是具有通过相关认证的医检中心。例如，美国FDA药品认证时所参考数据，必须是来自CAP认证的实验室试验数据。如果本土医检中心要获得跨国药企的新药研发外包订单，就必须通过CAP认证。通过CAP认证不仅意味着拿到了参与全球新药研发外包的“通行证”，同时也预示着有望打开另一个全新的市场——食品卫生检验市场。

随着人类对健康服务需求的不断递增以及科学技术的不断进步，基于生命科学的检测认证需求也会与日俱增。例如，基因检测及遗传咨询、与健康服务相关的检测等，均会获得大的发展空间。

3. 服务业领域的认证检测需求

“十二五”时期，我国将步入服务业高速发展阶段。在服务业大发展的同时，服务企业将在质量、服务水平、服务能力等方面遇到越来越多的挑战。这需要认证检测为其提供强有力的支撑。例如，金融行业的服务，面临着越来越多的数据安全、服务准确性等各方面的挑战，通过相关认证，可以建立良好的管理体系及控制系统，减小风险。

电子商务的崛起及飞速发展正在改变着人们传统所依赖的日常生活及交易方式。与传统买卖交易中的质量需求一样，第三方检验检测服务起到判定产品质量，厘清买卖双方责任，确定符合销售市场准入要求，最终保护消费者利益的保障作用。而电子商务相关的质量服务与信誉提升，更需要检测认证机构的支持。服务的种类也将包括检测、验货、认证、供应商管理及企业社会责任等多方面。电子商务也将带动电子认证服务业的高速发展。工信部在其印发的《电子认证服务业“十二五”发展规划》中表示，预计到2015年，电子商务年交易额将突破18万亿元。电子认证服务市场规模突破80亿元。

4. 检测认证服务模式创新

随着社会需求的日渐多元化，要求检测认证服务从单一的测试发展到向风险评估及顾问服务发展。可以预期，为了适应这种需求，检测机构将朝着两极发展：一方面有些大公司朝更全面领域发展（纺织、玩具、电器、杂货、工业品、食品、油品、矿产等），有些较小型检测机构在更专业领域取得成功（如生命科学、毒性分析等）。

生产企业为了提升竞争力，将会加大供应链管理的力度，实现高效地、及时地并且是成本可控地采购到所需的质量良好的物品，而做到这一点，需要检测认证机构为生产企业提供全程服务，提供专业支持。在为用户提供质量方面，需要由检测认证机构在充分考虑到各类风险的情况下，提供一种全面的基于风险管理的质量服务。基于风险管理的质量服务是检验认证机构在各类质量风险的分析、评估、控制与减低等方面向客户提供服务，来帮助客户提高风险管理的能力，并更有的放矢地引导资源的配备及使用。

5. 工程质量、化学品等相关领域的检测认证服务

我国工程质量纠纷频发，为工程质量及相关材料的检测服务发展提供了基础。同时，国内ROHS指令（电子产品含铅量标准）已公布第一批产品目录，同时将指定认证及检测机构对目录中的产品进行强制性准入式检测，这些都将为检测认证服务业发展提供新的空间。

六　加快中国检测认证服务业发展的政策建议

1. 完善监管体制，推进检测认证机构改革，促进市场开放

进入21世纪后，随着中国认监委的成立，我国检测认证监管体制步入了一个新的发展阶段。在未来，仍需要在监管体制方面做进一步改革、提高监管的有效性，包括明确监管部门责任、进一步完善认证认可与检测的通用标准（技术规范）等，推动政府从一把抓的市场参与者，逐步过渡为法律、制度、标准的制定者；而将第三方检测和认证机构培育成为社会公信力的主体。

要积极推进国有检测认证机构的改革，稳步实施国有检测认证机构与其主管单位脱钩，探索多样化的检测认证机构组织形式。在国外，检测认证机构的组织形式是多样化的，既有有限责任公司、合伙制企业、有限合伙公司，也有上市公司，还有部分属于NPO（非营利机构）。我国应积极探索符合我国国情的检测认证机构组织形式。与此同时，应加紧研究强制性检测认证市场的开放问题，实现强制性检测认证市场的稳步有序开放，拓展市场空间。

2. 加快检测认证技术进步，推进标准化，提升竞争力

随着各国在QHSE方面的政策法规日益严格，各相关机构在检测认证技术方面的进步非常快、竞争也日趋激烈。因此，需要积极实施自主创新工程。加强检测认证创新政策研究，推进技术创新，实施管理创新。统筹社会资源，集中行业优势，对检测认证的一些关键核心技术予以重点研究。加强政策引导，鼓励从业机构自主组合、联合攻关，积极研发顺应经济社会发展趋势、满足市场需求、符合政府管理要求的新型检测认证技术。以自主研发为主、积极引进为辅，在低碳节能、信息产业、现代服务业等领域实现认证制度和技术的自主创新，在各种有害物质检测等方面实现新的突破。

3. 做大做强机构主体，建立中国检测认证品牌

未来检测认证市场的竞争在经历价格、质量、服务等方面竞争后，必然进入一个新阶段——品牌竞争阶段，并形成“一流机构卖品牌，二流机构卖技术，三流机构卖劳力”的局面。因此，应遵循现代服务业发展规律，以先进的技术与优质的服务为依托，结合检测认证行业自身特点，努力推进以提升检测认证社会认知度、公信力为目标的品牌建设。

重视中国检测认证品牌的建设。积极提升检测认证的质量和服务水平，着力加强品牌宣传与市场营销，全面提升中国检测认证品牌的价值内涵。综合运用行政监管、认可约束、社会监督、多维检查、技术进步、人员管理等手段，净化检测认证市场，进一步提高中国检测认证的科学性、有效性和权威性。加强中国检测认证品牌在国际市场上的推介、宣传，进一步提升中国检测认证的国际影响力。

积极鼓励各类检测认证机构主体通过技术进步、质量提升、服务创新等手段，打造品牌。鼓励各类检测认证机构之间通过兼并与联合做大做强。加大支持力度，打破条块分割，鼓励从业机构跨地区、跨行业联合重组，实现从业机构的规模化、集中化、规范化经营。引导从业机构树立长远经营意识培育核心竞争力。鼓励从业机构培养、引进高层次人才，开展创新型服务，进一步提升检测、认证服务附加值，提升品牌。

4. 深入实施国际化战略，加强国际合作

国际化是检测认证发展的一个重要方向，因此，应积极推进检测认证的国际化。继续突出服务外交外贸和国家经济社会发展这条主线，利用多边舞台和双边机制，坚持政府主导、机构实施的合作交流方式，加强国际合作与交流，努力推动检测认证国际化水平的提高。同时，要重视港澳在我国检测认证服务业国际化推进中的重要地位与作用，深入推进内地与香港、澳门《关于建立更紧密经贸关系的安排》（CEPA）及其补充协议，加强与香港、澳门在认证认可领域的信息交流与实质性合作，支持香港将检测和认证作为优势产业发展。积极鼓励机构开拓竞争性、社会化、国际化业务。鼓励国内优势机构实施“走出去”战略，培育一批在运营上具有较强竞争力、在国际上具有一定知名度的从业机构。

参考文献

国务院办公厅：《关于加快发展高技术服务业的指导意见》（国办发〔2011〕58号），2011年12月12日。

国家发展和改革委员会办公厅：《关于当前推进高技术服务业发展有关工作的通知》，2010年7月27日。

国家认证认可监督管理委员会认证认可技术研究所、国务院发展研究中心发展战略和区域经济研究部编著《中国认证认可发展战略研究》，中国标准出版社，2010。

中国国家认证认可监督管理委员会：《国家认证认可事业发展“十二五”规划》，http：//www. cnca. gov. cn/cnca/zwxx/jhgh/default. shtml。

上海质量管理科学研究院编著《认证认可对国民经济和社会发展的贡献研究》，中国标准出版社，2010。

北京长城战略咨询课题组：《我国高技术服务业发展策略研究》，研究报告，2009。

刘宗德编著《认证认可制度研究》，中国计量出版社，2009。

吕泉福等：《浅谈我国第三方检测机构的现状和发展》，《检验检疫学刊》2011年第3期。

朱崇全等：《检测技术机构如何促进产业自主创新》，《现代测量与实验室管理》2008年第1期。

马晓丽：《我国农产品市场信息不对称问题研究》，《山东农业大学博士论文》，2010。

陈雨生、乔娟：《食品质量安全认证监管问题的博弈分析》，《统计与决策》2009年第19期。

原毅军、王艳莹：《中国高端服务业发展研究》，科学出版社，2011。

王时芬：《建立食品质量事先辨别系统的经济学研究》，《中国软科学增刊》，2009。

李路平平、汪洋：《食品安全监管长效机制建构研究》，《技术经济与管理研究》2009年第3期。

李勇坚、夏杰长：《我国高技术服务业集聚发展现状与政策建议》，《经济与管理》2011年第6期。

《我国认证证书统计情况》，中国合格评定国家认可委员会网站，http：//www. cnas. org. cn/。

《华测检测技术股份有限公司招股说明书》，巨潮资讯网。

《山东寿光肥城有机产品认证被预警》，http：//www. legaldaily. com. cn/Social _ management/content/2011 - 12/19/content_ 3210386. htm? node = 35352。

《中国检测认证市场造假泛滥，电子业成重灾区》，http：//www. ic37. com/htm_ news/2009 - 8/202462_ 182694. htm。

中国节能服务业发展趋势、重点领域和政策建议

张颖熙*

摘　要： 节能服务产业作为一种资金、技术密集型服务业，是节能产业的重要组成部分，也是最有发展潜力的朝阳产业。合同能源管理是节能服务产业最核心和主要的商业模式及产业发展的主导方式。当前，我国节能服务产业正处于高速扩张阶段，节能产业规模较小、发展水平较低，完整的产业链条尚未形成，节能服务公司主要以中小型民营企业为主。因此，促进我国节能服务业发展需要从完善政府激励机制、拓展融资渠道、建立行业标准、搭建信息平台、鼓励经营模式创新和培育节能服务龙头企业等几个方面着手。

关键词： 节能服务业　合同能源管理　运作模式　发展趋势　政策建议

一　概念与意义

目前，学术界和相关部门对节能服务业概念还没有达成共识。为了统

---

* 张颖熙，女，经济学博士，中国社会科学院财经战略研究院助理研究员。主要研究方向为服务经济理论与政策。

一研究口径，有必要对它作出明确的界定。天津大学管理学院的陈剑和吕荣胜（2011）认为：节能服务是节能服务公司（Energy Service Company，国外简称 ESCO；Energy Management Corporation，国内简称 EMC）通过合同能源管理（Energy Performance Contracting，EPC），为用能企业提供节能项目开发、能源审计、可行性研究、项目设计、项目融资、设备和材料采购、工程施工、人员培训、节能量监测、改造系统的运行、维护与管理等一揽子提高能效、减少能耗的服务。节能服务公司为用能企业提供节能诊断、融资、改造等服务，并通过分享节能效益方式回收投资并获得合理利润。用能企业通过节能服务降低节能改造的资金和技术风险，提高节能改造的积极性。这是目前国内学术界目前关于节能服务比较全面完整的界定。由此可以引论出节能服务产业的概念，即那些为用能单位在节能减排等方面提供综合服务、多重支持以及各类解决方案的产业统称为节能服务产业。

随着我国经济的持续快速发展，城市化和工业化进程的不断增加，环境污染日益严重，国家对节能环保的重视程度也越来越高。进入 21 世纪，全球节能环保产业开始进入快速发展阶段，逐渐成为支撑产业经济效益增长的重要力量，并正在成为许多国家革新和调整产业结构的重要目标和关键。2010 年 9 月，国务院确定七大战略新兴产业，其中节能环保位于七大战略产业之首。节能服务产业是节能产业的重要组成部分，也是其最有发展潜力的重点内容之一。积极发展节能服务产业，是利用市场机制促进节能减排、减缓温室气体排放的有力措施，是培育战略性新兴产业、形成新的经济增长点的迫切要求和建设资源节约型和环境友好型社会的客观需要。

二　合同能源管理是节能服务产业发展的主导方式

（一）合同能源管理及其基本运作机制

20 世纪 70 年代中期以来，一种基于市场的、全新的节能项目投资机制“合同能源管理”（Energy Management Contract，EMC）在市场经济国家中逐步发展起来，而基于合同能源管理这种节能投资新机制运作的专业化的“能源服务公司”（Energy Service Company，ESC）的发展十分迅速，尤其是在美国、欧洲等市场经济发达的国家和地区，合同能源管理已经发展成为新兴的节能产业。

合同能源管理作为新型的市场化节能的商业运行模式，是指专业化的节能服务公司（ESCO）与愿意进行节能改造的客户签订节能服务合同，按照合同采用先进的节能技术和设备、全新的服务机制来为客户实施节能项目。其基本运作机制是：节能服务公司为客户提供能源系统诊断、节能项目可行性分析、节能项目设计，帮助项目融资，选择并采购设备、安装调试、进行项目管理、培训操作人员、合同期内系统设备维护、节能量监测等“一条龙”服务，然后与客户共同验证项目的节能效果、环境效益与经济效益，最后，与客户分享项目实施后取得的经济效益，回收项目的投资并获得应有的利润。节能服务公司承担节能改造的全部技术风险和投资风险。由此，合同能源管理的实质是一种以减少的能源费用来支付节能项目全部成本的节能投资方式。这种节能投资方式允许用户使用未来的节能收益实现企业的技术改造和设备升级，降低目前的运行成本，提高能源利用效率。

合同能源管理作为节能服务业的主要运作模式，其特殊性在于它销售的不仅仅是产品或技术，更重要的是为客户提供综合性的节能服务，具体包括“能源审计、节能改造方案设计、施工设计、项目融资、原材料和设备采购、施工安装及调试、维护与运营、节能效益保证和与客户分享节能效益”九个方面。

（二）合同能源管理的运作模式

综合国内外实践，合同能源管理主要包括五种运作模式，即“节能量保证支付型、节能效益分享型、能源费用托管型、改造工程施工型和能源管理服务型”。目前，节能效益分享型项目仍是主流，节能量保证型项目增长迅速，能源费用托管型项目近几年开始纷纷涌现。在行业分布上，节能效益分享型项目主要应用于建筑领域，节能量保证型项目主要集中在工业领域，而能源费用托管型项目主要出现在具有一定规模的医院、宾馆饭店和商业卖场等公共场所。在时间上，节能效益分享型项目的分享期限有延长的趋势，平均超过4.5年，最长超过10年；能源费用托管型项目的托管期普遍较长，平均超过10年，最长为15年。随着国内合同能源管理公司运营管理的不断成熟，逐渐出现了节能效益分享型与节能量保证型相结合、节能效益分享型与能源费用托管型相结合以及租赁业务与合同能源管理相结合的复合型商务模式。

合同能源管理是节能服务产业中典型的创新模式，也是目前节能产业发展的主导方式。合同能源管理作为节能设备生产企业和用能单位之间的一种节能效果契约，它的精华之处在于从理论上解决了用能单位实施节能改造动力不足的问题，创造了一个合理的利益分配机制，从而促进了节能设备产业和节能服务产业的发展。

三　国际经验及其借鉴

（一）发达国家节能服务业状况及特点——以美国为例

1. 节能服务产业增长迅速，规模日益壮大

据Hopper公司的调查，1990～2000年间，美国节能服务产业的收入年均增长率为22%（见图1）。2001～2003年间，受到加州电力危机、安然能源服务公司破产、“联邦节能绩效合同”（ESPC）法案终止以及业内并购等因素的影响，产业出现了短暂的衰退。自2004年以来，由于能源价格攀升等相关因素，美国节能服务业开始强劲复苏，2004～2008年，美国节能服务业年均增长22%，2008年节能服务业总产值达到41亿美元（见图1）。据美国国家能源服务公司协会（NAESCO）预测，2011年行业总产值在71亿～73亿美元之间，这就意味着2009～2011年该市场的年复合增长率达到26%。[①]

---

① Julie Osborn, Chuck Goldman, and Nicole Hopper, LBNL Terry Singer, NAESCO: Assessing U. S. ESCO Industry Performance and Market Trends: Results from the NAESCO Database Project.

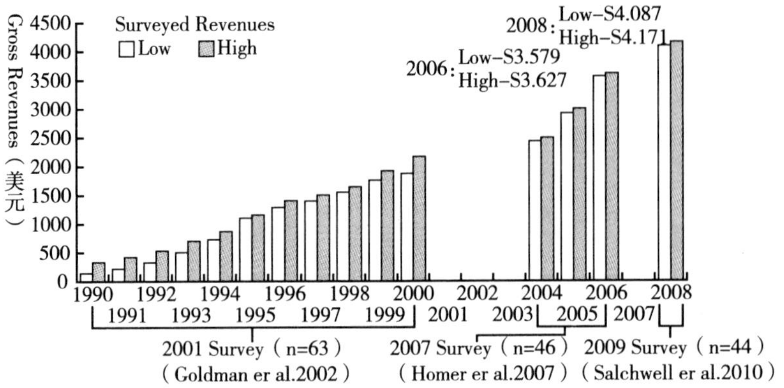

图1　1990～2008年间美国ESCO产业收入及增长率

资料来源：NAESCO，民生证券研究所。

2. 美国节能服务市场细分——政府公共部门是ESCO的最大市场

在美国的节能服务市场中，包括公共客户服务市场（Municipal、University、School、Hospital，MUSH）、联邦机构节能服务市场、公共建筑节能服务市场、居民节能服务市场、工业节能服务市场和商业节能服务市场。其中，MUSH市场占据的产值份额最大，2008年达到69%。这一市场包括对市政府和州政府、大学院校、中小学校及医院的节能服务。其次是联邦机构的节能服务市场，2008年其市场份额为15%（如图2）。

（二）发达国家节能服务产业发展经验借鉴

1. 借助政府政策支持与法律保障推动EPC发展

从ESCO行业分布来看，发达国家ESCO主要分布于商业、工业和市政领域，用于公共领域的市场是ESCO产业最大的份额。因为节能环保产业是一个典型的政策驱动型产业，其终端需求是由国家节能减排和环境保护目标强制产生的，基于政策法规的强制性所产生的需求是间接的、派生的，因而是一种“被动”的需求创造。这决定了整个产业发展的决定力量在于政府和法律法规的强制力。以美国为例，美国国会在1995年专门就EPC新机制的推广应用立法，编写了EPC指南，积极鼓

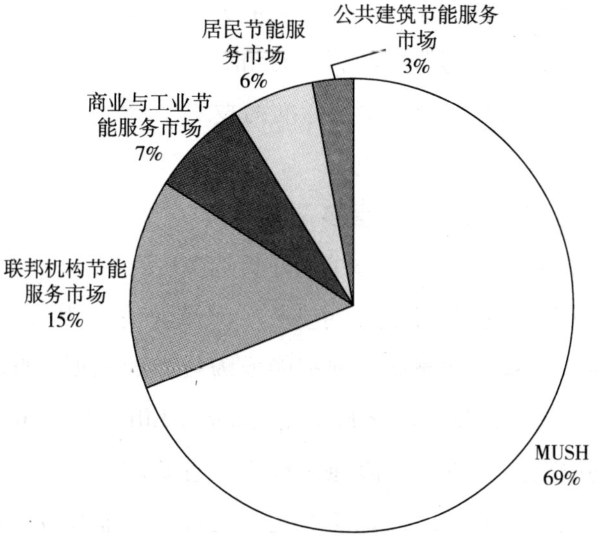

图 2　2008 年美国节能服务业市场细分及其产值比例

资料来源：NAESCO，民生证券研究所。

励在政府建筑节能改造中实施 EPC，组织开展试点示范以及宣传推广工作。在立法基础上，各州政府设有节能办公室，制订节能改造计划，包括 EPC 招投标文件、测试和验证标准及融资计划等。日本能源相对紧缺，政府采用强制性手段推动 ESCO 发展，确保节能工作顺利开展，于 2002 年修改了《节能法》，对所有大型高能耗工业企业和商业楼宇的能效指标提出强制性规定，并要求定期提交能源消费报告，为节能服务产业的发展开拓了市场。

2. 注重节能标准的先进性、适用性和标准指标的合理定位

节能服务产业的核心是对节能效果进行量化的测试与验证，通用的验证与测试标准和协议为节能效果的衡量提供了坚实的基础。发达国家将能耗标准作为一种重要的节能法规，节能标准和标识分为强制性和自愿性两类，前者是相关产品、设备、系统的最低能源效率标准，以法律法规形式颁布执行；后者是通过财政激励措施鼓励企业、用户实现更高的能源效率标准，属于市场行为，且能源政策及节能标准随着节能技术发展每隔 3 ~ 5 年更新一次，保证了标准的先进性和适用性。《国际性能验证和测试协议》是当前国际通行的M&V标准，也是美国节能行业的标准①。美国能源部又编制了《联邦政府节能项目验证和测试指南》。这些详细的技术指导手册为ESCO及相关客户提供了标准的技术平台，有效减少了在基准和节能效果上的技术问题及扯皮现象。

3. 拓宽节能资本来源，提倡多渠道融资

在美国节能服务市场上，法律允许长达10年甚至10年以上的长期贷款。融资方对EPC的投资放款相对宽松，只要是有声望的ESCO拿出合理的能源审计报告、验证和测试计划都能成为贷款的依据。此外，EPC项目往往能得到一种称为Ratepayer-Funded Energy Efficiency Program（REEP）的专项基金的融资。日本政府除通过提供低息贷款等方式支持节能服务产业引入私营企业和政府部门外，还通过新能源和工业技术开发机构对新能源的使用和节能项目的实施提供支持和补助。

4. 运用多种合同方式推进节能服务产业

美国合同能源管理项目采用最为普遍的是节能量保证型。这种“保证节能收益”的合同方式使客户也承担了一定的项目风险。除分享节能收益合同外，还有BOT（建设、运行、转让）、BOO（建设、运行、拥有）和BLT（建设、租借、转让）三种形式。对ESCO而言，BOT及BOO投资风险较小，项目建成后，完全由节能服务公司来运行、经营，而没有客户介入，节能服务公司通过投资和项目经营获得收益。ESCO根据项目技术和客户情况，选择不同的EPC模式，与客户签订不同类型合同，以降低项目风险。

四　现状及特点

我国合同能源管理的引入始于1998年。为履行对联合国《全球气候变化框架公约》的承诺，我国政府与世界银行（WB）和全球环境基金

① Edward Vine：An international survey of the energy service company（ESCO）industry，*Energy Policy*，2005（33）：691－704.

（GEF）合作，于1998年12月开始实施“WB/GEF中国节能促进项目”。该项目的主要目标是引进、示范、推广“合同能源管理”模式，建立基于市场的节能新机制。项目的执行分为两个阶段：一期支持成立3个示范性的节能服务公司，建立国家级的节能信息传播中心，为项目提供技术援助；二期在一期示范成功的基础上建立更多的、各种类型的节能服务公司，并为它们的组建、运营和发展，提供技术支持、培训服务和贷款担保援助，促使中国节能产业的形成。

“十一五”期间，我国节能服务产业发展迅猛，产业规模不断壮大，从业人员日益增加，市场机制逐步完善。据统计[①]，截至2011年底，节能服务产业产值达到1250.26亿元，从事节能服务业务的公司数量将近3900家，其中备案节能服务企业1719家，实施过合同能源管理项目的节能服务公司1472家，具体情况如下。

（一）节能服务产业队伍迅速壮大

“十一五”期末，我国节能服务产业从业人员达到17.5万人，比“十五”期末的1.6万人增幅提高近10倍（见图3）。节能服务产业队伍发展壮大主要归因于大批节能设备生产制造企业以市场需求为导向，从传统的设备销售走向全面节能服务，纷纷成立专业化的节能服务公司，如广州智光集团斥资2.5亿元成立广州智光节能有限公司，山东胜动集团成立山东胜动燃气综合利用有限责任公司等。此外，节能服务市场的巨大商机吸引了一大批国内知名公司的积极参与，如神华集团成立了北京神华中机能源环保科技有限公司进军节能服务领域，新奥集团成立新奥能源服务有限公司。这些类型的公司从宏观上为合同能源管理上台阶、为节能服务产业上规模起到了积极的带动作用。

（二）合同能源管理生机蓬勃

“十一五”期间，我国合同能源管理项目投资累计达683.95亿元

① 资料来源：2011年中国节能服务产业峰会公布的发展数据。

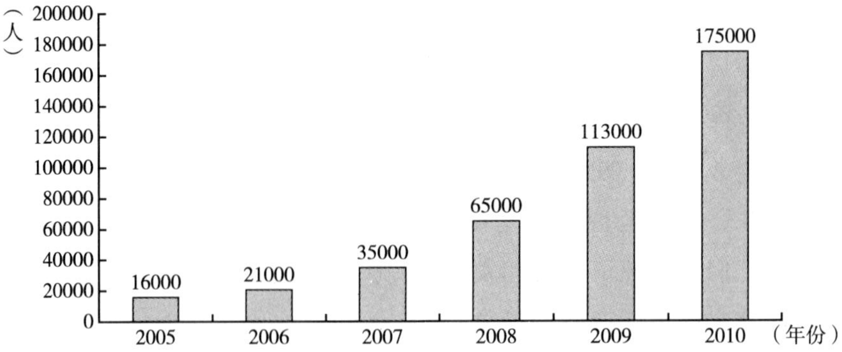

图3　2005～2010年中国节能服务业从业人员增长情况

资料来源：中国节能协会节能服务产业委员会《“十一五”中国节能服务产业发展报告》，2011。

（如图4），形成年节能能力2242.68万吨标煤，年减排二氧化碳6106.7万吨，与“十五”合同能源管理项目投资总量相比净增15倍。从市场分布来看，合同能源管理投资主要应用于工业领域，占总投资的71.7%，建筑和交通领域分别占总投资的26.3%和1.8%；从商务模式看，节能量保证型融资模式处于主导地位，占57%，节能效益分享型占32%，能源费用托管型占8%。随着国家出台相关财税激励政策的贯彻落实，节能效益分享型在工业领域将迎来较快的发展。

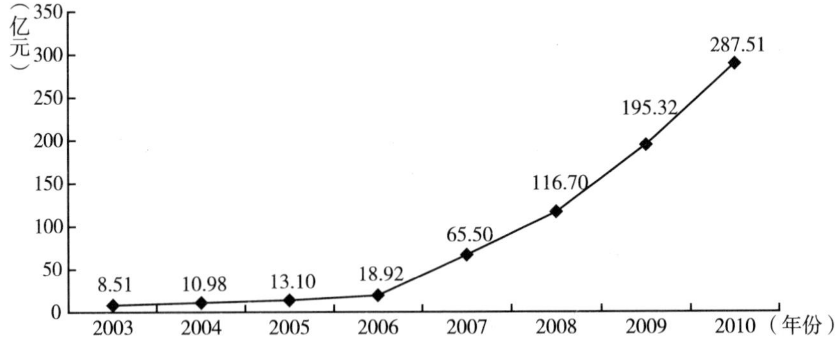

图4　2003～2010年中国合同能源管理项目投资变化

资料来源：中国节能协会节能服务产业委员会《“十一五”中国节能服务产业发展报告》，2011。

（三）"节能超市"成为节能服务业领域的重大模式创新

"节能超市"是北京理想伟业节能投资有限公司在借鉴国外节能服务业成功运作模式的基础上，于2010年，在全国率先提出的全新经营模式，即建立像超市一样的节能服务综合平台，整合供应商与客户资源，推广节能产品和服务。由于节能服务市场存在严重的信息不对称问题，不同的客户有着不同的服务需求，而市场并没有一个可靠的信息中介，因此相应节能服务提供商往往不能捕捉到这些商业信息，这在很大程度上抑制了行业的发展。"节能超市"模式正是针对当前"一对一"传统服务模式弊端的重大制度创新。在这一模式下，企业通过整合国内节能服务产业的优质资源，包括上游的厂家和中游的服务商，结成广泛合作联盟，打造出一个节能服务综合平台，为客户提供节能产品、技术、项目、资金、人才、服务等，满足节能的不同需求，从而弥补了我国节能服务业功能缺口，也是未来全方位整合我国节能服务产业链的重要模式。

（四）节能领域科技研发实力不断增强

近些年来，国内一批节能服务企业不断加大科技研发入，截止到2010年，全国节能服务公司成立节能技术研究院、所、中心87个；取得国家专利1582项，其中发明专利317项；建立产业园区及规模化产业基地153座，形成年生产能力接近300亿元；获得国家和地方科技创新奖励资金5.2亿元，财政贴息资金11.8亿元。

总体看来，我国节能服务产业正处于高速扩张阶段，但节能服务产业规模较小、发展水平较低，完整的产业链条尚未形成，节能服务公司目前主要以中小型的民营企业为主。随着节能减排工作的逐步深入，民营企业在节能服务市场"一枝独秀"的状况将发生显著变化，多头竞争的局面开始显现。一方面，跨国公司纷纷进入中国节能服务市场；另一方面，国有企业也开始涉足节能领域。国内外大型企业的加入，改变了节能服务公司长期以来民营成分为主的特征，在加剧节能服务产业内部竞争的同时，也将带来新的理念、新的技术和新的投资，有利于提高中国节能服务产业的总体水平。

五 瓶颈与障碍

（一）技术障碍：缺乏能够进行科学、客观度量节能效果的评价标准

当前，节能服务领域主要的技术障碍就是在节能效果的度量以及节能效益的分享上很难与用能单位达成共识，在一定程度上存在节能效果上的技术问题及扯皮现象。这主要是由于：一方面，节能效果的衡量存在一定困难，缺乏评价项目实施后节能收益的评价体系；另一方面，我国的节能服务公司在成立之初就存在专业化不强的缺陷。一些节能公司节能技术不成熟或是对节能技术缺乏了解，使得用能企业对节能项目是否能达到预期效果以及会不会影响企业正常运作产生怀疑，这也是目前我国在推广合同能源管理机制的过程中普遍存在和亟待解决的重要问题。

（二）政策障碍：产业政策、财税政策和相关法律保障不够健全完善

1. 缺乏有力的激励政策，不利于调动企业的积极性

当前，我国节能产业领域激励政策不到位的关键是没有与节能的环保效益挂钩，对能源利用效率低的企业或行为没有明显的惩罚措施。除部分高耗能企业从节省成本出发对节能有一定认识外，大多数企业因为能源消耗占产品成本不是太高，没有节能的积极性。

2. 现行财务管理制度不利于合同能源管理项目的实施

现行公共部门的财务管理制度对合同能源管理项目的实施存在着政策阻碍。一方面，中央和地方财政预算的单位没有支付节能服务收益的对应科目，节能服务公司开具的节能服务发票也不能视同能源费用入账抵扣，使得节能服务公司即使为政府机关、公用事业单位实施了合同能源管理项目并取得了预期的效果，也难以取得服务收益。另一方面，我国财政实行收支两条线，政府机关、公用事业单位，每年的水电等能源费用都有固定

预算，如果能耗开支当年年降低很多，那么下一个财政年度该项拨款就可能被减少，因而大大降低了用能单位引入能源服务的积极性。

3. 缺乏一整套完善的财税支持政策，制约了节能产业化进程

发达国家政府为了推动节能产业的发展，在财税政策的制定上给予了节能服务公司很大的优惠，例如，合同能源管理的资金有很大一部分是来源于政府贴息的节能专项贷款、电力需求侧管理专项基金等，从而吸引了越来越多的企业加入节能服务领域。但是我国对推广合同能源管理机制的节能服务公司还缺乏一整套完整的财税支持政策，导致节能服务公司自我积累能力和业务拓展能力受到了严重影响，制约了我国节能产业化发展进程。

4. 相关法律保障的缺失，无法为合同能源管理的开展提供有效的激励和管理

我国在 1998 年曾颁布《节能法》，虽强调了国家各部委和各级政府在节能工作中的监督管理职能，但对节能产业的推进形式和规范化却缺乏明确的表述，相关条款的可操作性也不强。例如，并未明确规定合同能源管理招投标必须的流程以及合同能源管理须采用的测试和验证标准，对于如何解决合同能源管理还款风险等问题尚缺乏相应的法律法规保障。

（三）资金障碍：融资手段单一，信用担保机制薄弱

1. 项目开发周期长，融资渠道单一

合同能源管理项目开发周期较长，一般在 3 年以上，要求节能服务公司有大量的资金用于周转，从而导致其近期获利能力较差。目前，对于我国大多数节能服务公司来说，除了接受世界银行的专项资金支持外，很多还只是依靠自有资金或者申请银行贷款这一间接融资方式，而发行债券、股票等直接融资方式尚未得到充分挖掘，这与发达国家节能融资渠道和手段多样化形成反差。

2. 缺乏信用评价机制，中小民营节能企业融资困难

目前，我国节能服务公司获得贷款担保的主要途径是通过向中投保申

请使用合同能源管理项目担保基金为其担保，但要获得该担保却并不容易。据统计，2008年底，在全国300多家从事合同能源管理的节能服务公司中，只有41家获得了贷款担保，大多数节能服务公司依然处在融资乏力的困境中。由于我国中小节能服务企业多为民营企业，支撑非国有经济外源融资机制的是一种横向信用体系，主要根植于社会成员的自律与相互约束，而这与现行的以国家信用为依托的纵向信用体系并不相容，从而导致金融机构对民营节能企业的排斥。

六 机遇与展望

（一）我国节能服务业发展面临的新机遇

目前我国能源综合利用效率仅33%，比发达国家低10个百分点。高能耗意味着节能潜力巨大，中国能源效率每提高1个百分点，直接经济效益可达130亿元。由此推算，我国每年的节能潜力可达到2.5亿吨标准煤。按每吨400元计算，节能市场的潜力每年可以达到1000亿元。根据中投顾问2010年战略性新兴产业报告预测，到2015年，我国节能市场规模将达到1.8万亿元，节能服务市场规模达到3000亿元。随着合同能源管理（EMC）、能源需求侧管理（DSM）、综合资源规划（IRP）等新机制的推行和各项促进节能环保产业新政策的全面落实，将进一步带动我国节能产业的发展和繁荣。

1. 政策驱动力不断增强，产业发展迈进新的时期

“十一五”期间，我国合同能源管理机制逐步得到国家重视，走过了一条从在国际合作项目层面示范推广到国家出台专项政策大力扶持的跨越式发展之路（见表1）。2010年4月2日，国务院办公厅转发国家发展和改革委员会等部门《〈关于加快推行合同能源管理促进节能服务产业发展意见〉的通知》（国办发〔2010〕25号）正式颁布。该意见在加大资金支持力度、试行税收扶持政策、完善相关会计制度和进一步改善金融服务等方面做出了明确规定，还就“鼓励支持节能服务公司做大做强”、

“发挥行业组织的服务和自律作用”、“营造节能服务产业发展的良好环境”等方面提出了指导性意见。《关于加快推行合同能源管理促进节能服务产业发展的意见》及地方配套政策的出台，是合同能源管理在我国示范、推广12年以来一个新的里程碑，是节能服务公司做大做强的重大机遇，它标志着我国节能服务产业与国家产业政策正式接轨、迈入了一个崭新的发展阶段。

表1 “十一五”期间我国出台的有关合同能源管理政策的重要政策文件

时间	政策	内容
2006年6月	《关于印发节能减排综合性工作方案的通知》	加快推行合同能源管理，重点支持专业化节能服务公司
2006年8月	国务院《加强节能工作的决定》	加快推广合同能源管理，推进企业节能技术改造
2007年6月	国家发改委《关于做好中小型企业节能减排工作的通知》	健全节能减排服务体系，鼓励专业化节能服务公司为中小型企业开展节能减排咨询
2008年10月	《公共机构节能条例》	公共结构可以采用合同能源方式，委托节能服务机构进行节能诊断、设计、融资、改造和运行管理
2010年4月	《关于加快推行合同能源管理，促进节能服务产业发展意见的通知》	对节能服务业采取适当的税收扶持政策
2010年6月	财政部、国家发展改革委联合出台《关于印发合同能源管理财政奖励资金管理暂行办法的通知》（财建〔2010〕249号）	中央财政决定2010年安排20亿元，用于支持节能服务公司采取合同能源管理方式在工业、建筑、交通等领域以及公共机构实行节能改造

2. 绿色金融创新加快，社会资本涉足节能领域

随着节能服务公司的不断成长，节能服务产业不断被金融机构所认知，众多金融机构已陆续开展“绿色信贷”业务，一些商业银行先后建立了内部激励机构，鼓励业务部积极开展金融创新，加大推行“绿色信贷”的力度。与此同时，一批金融租赁公司积极探索和尝试与节能服务公司合作节能项目的租赁业务，“十二五”期间，金融租赁有望成为节能服务行业的主要融资方法之一。2010 年 6 月，中国合同能源管理投融资交易平台正式开通运行。合同能源管理投融资交易平台的建立，为我国合同能源管理项目及时融资变现打开了通道，同时也为投资机构提供了一个更为规范、更加便捷的进入节能服务市场的公共平台。随着节能服务公司治理结构不断完善、核心竞争能力日益展现，获得风险投资、进入资本市场融资将成为新的热点。

（二）展望我国节能服务业发展的重点领域

"十一五"期间，国家发改委提出的"十大重点节能工程"主要涵盖发电和用电环节，节能模式主要是设备节能与系统节能（见表2）。目前我国设备节能处于成长期，系统节能则处于起步期。发电环节以设备节能为主，用电环节包括设备节能与系统节能。发电环节的节能设备属于装备制造领域，技术和制造门槛高，行业集中度高。用电环节的节能设备属于电子制造领域，技术门槛相对略低。系统节能属于系统集成领域，技术门槛相对较高，行业集中度较高。系统节能不仅关注设备节能，也关注自动化系统优化和节能监控与维护，将逐渐成为用电环节节能领域的主流形式。由此看来，系统节能将是我国节能服务业未来发展的重点领域。

表 2　我国十大重点节能工程

项目		内容	节能环节	节能模式	市场特点
1	燃煤工业锅炉（窑炉）改造工程	采用循环流化床、粉煤燃烧等先进技术改造或替代传统燃煤工业锅炉	发电	设备节能	成长期
2	区域热电联产工程	新核准机组大多为热电联产机组，热效率提高 30%	发电	设备节能	成长期
3	余热余压利用工程	40% 原有水泥生产线，100% 新建水泥生产线要加装余热发电项目	发电	设备节能	成长期
4	节约和替代石油工程	研发洁净煤以及替代石油的燃料	其他	能源替换	起步期

续表

项目		内容	节能环节	节能模式	市场特点
5	电机系统节能工程	更新淘汰低效电动机及高耗电设备；推广交频/永磁调速、软启动装置、无功补偿装置、计算机自动控制系统等	用电	设备节能	成长期
6	能量系统优化工程	通过系统优化设计、技术改进和改善管理，实现能源系统效率达到同行业最高或接近世界先进水平	用电	系统节能	起步期
7	建筑节能工程	住宅建筑和公共建筑严格执行节能50%的标准	用电	系统节能	起步期
8	绿色照明工程	推广节能照明灯	用电	设备节能	成长期
9	政府机构节能工程	政府机构建筑物及采暖、空调、照明系统节能改造	用电	系统节能	起步期
10	节能监测和技术服务体系建设工程	按照节能监测规范和能效标准的技术要求更新改造节能检测仪器和设备，建立节能数据处理分析系统和信息平台，建立节能监测流动实验室，提高监测技术水平	用电	系统节能	起步期

七　政策建议

（一）完善政府激励机制，有效促进节能市场竞争

1. 完善财政补贴政策

加大对节能服务企业的补贴，其补贴方式主要包括援助性补贴和奖励性补贴。援助性补贴是指在EMC项目实施前，政府可以通过评估给予一定数额的资金补助，建议通常情况下达到项目改造投资的15%～30%。这样一方面显示了政府对节能改造项目的鼓励和对节能服务公司的大力支持，在社会上形成一种鼓励节能的氛围，带动更多的实体参与EMC项目；另一方面能有效地缓解目前我国节能服务公司资金缺乏的困境，在一定程

度上解决EMC项目的融资问题。奖励性补贴主要针对实施后取得成功的EMC项目给予的奖励，补贴的数额可以按EMC项目的节能量的一定百分比来确定。

2. 加大税收优惠政策

继续加大节能服务公司、生产和制造节能节电设备及产品企业的优惠政策，比如给予一定的企业所得税间接优惠政策，帮助企业降低节能产品的生产成本，从而在更大的范围内推广这些节能产品及服务。

3. 将节能改造费用列入公共机构的预算和采购

针对我国公立机构财务管理制度给合同能源管理发展带来的壁垒，建议有关部门出台规定，将节能改造费用视同能源费用列入公共机构的预算和采购，或者在一定时期内，对公立机构的能源费用实行固定额度预算制度，允许公共机构在不增加能源费用的前提下，把合同能源管理项目所节约的能源费用与节能服务公司分享。这样既解决了现行财务管理制度对合同能源管理项目的政策壁垒，又可以有效提高能源用户的节能积极性。

（二）拓展融资渠道，完善综合性的节能融资服务体系

1. 鼓励金融机构向节能服务企业贷款

为缓解我国节能服务公司融资难的问题，一方面，央行应强化“窗口指导”力度，并通过制订区域性货币信贷工作意见，引导金融机构加大对节能环保领域的信贷支持；另一方面，应尽快研究出台激励政策，鼓励金融机构为节能服务企业提供发展所需资金，支持各类型金融机构不断开发创新出支持合同能源管理的专项金融产品。

2. 设立节能服务产业专项发展基金

以促进产业持续发展为目标，以政府和市场化投资机构相结合的运作方式，同时充分发挥行业协会聚合、引导和平台的作用，从合同能源管理项目债券融资和节能服务公司股权融资两方面入手，打造兼具孵化、扶持甚至担保基金、风险分担基金等功能的产业专项基金。

3. 设立专业化的节能项目担保基金

节能项目担保基金分国家和地方两级，国家节能项目担保基金由国家

财政出资，主要负责大型 EMC 节能项目的担保，同时作为地方一级节能担保基金的强大后盾。地方节能项目担保基金由地方财政出资，主要支持本地区的 EMC 项目，培育地方节能服务市场。

（三）建立节能行业标准，设立评估体系

建立权威认证机构，形成认证指标体系、资质等级和考核评级程序，形成认证制度；出台相关监管条例，明确合同能源管理运营规范；建立各领域节能服务的国家标准、行业标准，包括准入标准、强制性能效标准、节能技术标准、能源审计标准等。在行业标准缺失时，鼓励引入第三方服务机构，发挥独立、公正、权威的评价作用。

（四）政府主导建立信息平台，实现资源共享机制

建议由政府牵头，设立服务于银行、公共建筑业主、节能服务公司、节能设备供应商、民众以及相关参与方的节能信息平台。信息平台的主要内容是建立数据库，包括公共建筑物数据库、节能服务公司信息数据库和节能技术数据库。公共信息数据库方便节能服务公司、公共建筑业主及 EMC 其他相关单位查询有关信息，实现资源共享，为 EMC 项目的投资决策、项目管理、实施过程提供参考。这不仅有利于降低各个参与方的搜索成本，而且可以减少因为信息不对称而增加的交易成本，同时普及节能知识，提高全社会的节能意识。

（五）完善相关法律法规，保障参与者各方利益

有法可依是基于市场化要求的合同能源管理发展的基础。以立法的形式把合同能源管理确定为节能降耗非常重要的措施之一，并保证所制定的法律、法规能够使能源用户、能源企业等各方都积极地参与合同能源管理项目。法律完善包括两个方面：一是运用法律手段保证节能服务公司投入的资金能够有效地回收；二是建立相关法律、法规明确对合同能源管理项目和节能产业的激励。例如，通过出台更多强制性的环保标准，让公共建筑业主或用能单位有更大的节能压力和动力，以保障节能产业的发展。

（六）鼓励经营模式创新，培育节能服务龙头企业

目前国内节能服务企业基本都处于成长期，整体实力相对偏弱。为了促进节能服务产业尽快成长起来，政府应在政策上加以扶持，重点建成一批大型节能服务公司。一方面，鼓励支持大型能源企业建立大型节能服务公司。大型能源企业具备系统全面的节能经验、强大的资金实力和品牌效应，依靠其母公司的品牌、实力和技术优势，可以形成具有国际竞争力的节能服务公司。另一方面，鼓励节能行业的正常竞争和并购，加快优胜劣汰，整合资源优势，重点培养扶持在现有节能服务公司中较有影响力和发展潜力的企业。

参考文献

Hopper, Nicole, "A Survey of the U. S. ESCO Industry: Market Growth and Development from 2000 to 2006", Lawrence Berkeley National Laboratory.

Nicole Hopper, Charles Goldman and Jennifer McWilliams, "public and Institutional Markets for ESCO Services: Comparing Programs, Practices and Performance", Lawrence Berkeley National Laboratory.

Andrew Satchwell, "A Survey of the U. S. ESCO Industry: Market Growth and Development from 2008 to 2011", Lawrence Berkeley National Laboratory.

Julie Osborn, Chuck Goldman, and Nicole Hopper, LBNL Terry Singer, NAESCO, "Assessing U. S. ESCO Industry Performance and Market Trends: Results from the NAESCO Database Project".

Bharvirkar, Ranjit, "Performance Contracting and Energy Efficiency in the State Government Market", Lawrence Berkeley National Laboratory, 2012 - 01 - 2008.

J. P. Painuly, H. Park, M. K. Lee and J. Noh, "Promoting energy efficiency financing and ESCos in developing countries: mechanisms and barriers", *Journal of Cleaner Production*, Vol. Ⅱ, Issue6, September 2003, pp. 659 - 665.

Paolo Bertoldi, Benigna Kiss & Silvia Rezessy, "Europen Policies for Energy Efficiency While Certificates and ESCOs", Budapest, 16/10/2006.

Edward Vine, "An international survey of the energy service company (ESCO) industry", *Energy Policy*, 2005 (33): 691 - 704.

陈剑、吕荣胜：《节能服务的经济学分析》，《南京社会科学》，2011 年第 6 期。

王李平等：《我国合同能源管理机制实施现状分析及对策研究》，《电力需求侧管理》

2008 年第 1 期。

王光辉等：《推进我国合同能源管理的发展》，《中国科技投资》，2009 年 10 月。

潘珍妮：《基于 B-S 模型的合同能源管理项目评价研究》，天津大学硕士学位论文，2007。

余斌等著《中国节能服务业发展战略研究》，中国市场出版社，2011。

谢仲华等著《合同能源管理实务及风险防范》，上海大学出版社，2011。

平安证券：《产业政策积极推动，节能环保迎来爆发式增长》，研究报告，2011 年 9 月。

世纪证券：《合同能源管理政策加码，节能服务前景更加明朗》，研究报告，2011 年 2 月。

华泰联合证券：《政策力挺节能产业崛起》，研究报告，2010 年 4 月。

上海证券：《节能是解决能源问题的根本之根本》，研究报告，2010 年 11 月。

中国电子银行业发展现状、问题与政策建议

王朝阳*

摘 要： 电子银行业可以区分为网上银行、电话银行、手机银行和自助银行四类业务。我国电子银行业目前还处在初级阶段，电子银行产品开发理念和信用体系相对滞后，技术与服务同质化比较严重，网络安全与风险问题亟须改善。加快我国电子银行业发展，应从以下几个方面着手：明晰电子银行发展模式，制定切实可行的发展战略；加强电子银行产品创新力度，不断丰富服务内容和服务提供方式；发展网络营销、电话营销、体验营销、定向营销、联合营销等多种营销模式，加强对电子银行的宣传与推广；加强内部控制，建立快速响应机制，切实防范和化解各类风险；加强信用、网络和法治建设，营造良好的电子银行发展环境。

关键词： 电子银行业　网络安全　信用体系

一　电子银行业的基本内容

根据中国银监会制定的《电子银行业务管理办法》（〔2006〕第5

* 王朝阳，男，经济学博士、中国社会科学院财经战略研究院副研究员，主要研究方向为金融服务业。

号），所谓电子银行业务，是指商业银行等银行业金融机构利用面向社会公众开放的通信通道或开放型公众网络，以及银行为特定自助服务设施或客户建立的专用网络，向客户提供的银行服务。[①] 其业务内容包括利用计算机和互联网开展的银行业务（网上银行），利用电话等声讯设备和电信网络开展的银行业务（电话银行），利用移动电话和无线网络开展的银行业务（手机银行），以及其他借助电子服务设备和网络，由客户通过自助服务方式完成金融交易的银行业务（自助银行）。

根据技术媒介的不同，电子银行业大致可以区分为网上银行、电话银行、手机银行和自助银行四类业务。随着我国银行业对电子银行业务的推进，中国的电子银行市场规模快速扩张，其中以网上银行的发展速度和发展规模最为明显。相比之下，受到技术手段和便利性的限制，电话银行、手机银行等业务扩张相对较慢，业务内容和服务形式也比较简单。但随着3G技术的推广应用和手机上网技术的日趋成熟，手机银行与网络银行在一定程度上出现了业务重叠，二者的边界划分不十分清晰。

（一）电话银行的功能和服务内容

电话银行是指使用计算机电话集成技术，利用电话自助语音和人工服务方式为客户提供账户信息查询、转账汇款、缴费支付、投资理财、业务咨询等金融服务的电子银行业务。电话银行是实现银行现代化经营与管理的基础，它通过电话这种现代化的通信工具把用户与银行紧密相连，使用户不必去银行，无论何时何地，只要拨通电话银行的电话号码，就能够得到电话银行提供的其他服务。

以中国工商银行的95588电话银行为例，该系统能够为客户提供账

---

① 在此之前，2001年6月，中国人民银行制定颁布了《网上银行业务管理暂行办法》（〔2001〕第6号）。当时所谓的网上银行（Online Banking）业务，主要是指银行通过互联网提供的金融服务。随着现代信息与通信技术进步，仅对网上银行进行管理，一方面会导致对同一电子银行平台上相同风险的监管，因客户所使用的设备不同而产生差异，监管网上银行有依据，而监管其他类似银行业务“无法可依”，不利于真正控制电子银行的风险；另一方面，也与国际上以网络银行（Internet Banking）或电子银行（Electronic Banking，E-Banking）作为法律规范对象的通常做法差异较大，不利于跨境电子银行业务的监管。

户信息查询、转账汇款、投资理财、缴费支付、外汇交易、异地漫游、信用卡服务、人工服务等一揽子金融业务。①账户信息查询：提供查询各类账户及其卡内子账户的基本信息、账户余额、账户当日明细、账户历史明细、账户未登折明细等功能。②转账汇款：提供同城转账、异地汇款等功能。③缴费服务：提供电话费、手机费、水电费、燃气费等多种日常费用的查询和缴纳功能。④投资理财：提供买卖股票、基金、债券、黄金的功能。⑤外汇交易：提供实时买卖外汇，查询汇率、账户余额及各类交易明细等功能。⑥信用卡服务：提供办卡、换卡申请，卡片启用、挂失，账户查询，人民币购汇还款，调整信用额度等功能。⑦人工服务：提供业务咨询、投诉建议、网点信息、新业务介绍，并受理账户紧急口头挂失等业务。⑧异地漫游：提供异地办理开户地各类银行业务的功能。

（二）手机银行的实现方式及服务内容

手机银行即所谓的移动银行（Mobile Banking Service），是指借助于移动通信网络，基于相关的终端设备，办理相关银行业务。手机银行业务把货币电子化与移动通信相结合，作为一项新的服务，它极大地丰富了银行服务的内涵。一方面，人们可以随时、随地处理各种金融业务；另一方面，银行也能够以便利、高效而相对安全的方式为客户提供传统的银行服务和一些新型服务。随着现代科技的进步，移动终端所独具的贴身特性，使之成为继 ATM、互联网、POS 之后银行开展业务的强有力工具。手机银行的优越性集中体现为其业务操作的便利性，利用手机银行，客户可以在任何有通信覆盖的区域进行 7×24 小时的及时交易，由此大大缩短了交易时间和提高了交易效率。

手机银行由手机终端、GSM 短信中心和银行系统三方构成。在手机银行的操作过程中，第一步是用户通过 SIM 卡上的选项对银行发出指令；第二步是 SIM 卡根据用户指令生成规定格式的短信和加密，之后要求手机向 GSM 网络发出短信，GSM 短信系统收到短信后，按相应的应用或地址传给相应的银行系统；第三步是银行对短信进行处理，再把指令转换成主机系统格式，银行主机处理用户的请求，并把结果返回给银行接口系统；第四步是接口系统将处理的结果转换成短信格式，短信中心将短信发给用户。

技术上，手机银行主要采用的实现方式有 STK、SMS、BREW、WAP等。其中，STK（Sim Tool Kit）方式需要将客户手机 SIM 卡换成存有指定银行业务程序的 STK 卡，缺点是通用性差、换卡成本高；SMS（Short Message Service）方式即利用手机短消息办理银行业务，客户容易接入，缺点是复杂业务输入不便、交互性差；BREW（Binary Runtime Environment for Wireless）方式基于 CDMA 网络，并需要安装客户端软件；WAP（Wireless Application Protocol）方式即通过手机内嵌的 WAP 浏览器访问银行网站，即利用手机上网处理银行业务的在线服务，客户端无需安装软件，前提是需要手机用户开通 WAP 服务。目前，WAP 方式的手机银行最为方便、实用，已成为该领域国际发展趋势。

近年来，国内有多家银行开通了手机银行业务。以中国工商银行为例，其手机银行（WAP）是指依托移动通信运营商的网络，基于 WAP 技术，为手机客户提供的账户查询、转账、缴费付款、消费支付等金融服务的电子银行业务。工行在原有手机银行（WAP）基础上，基于 WAP2.0 技术，推出了手机银行（WAP）3G 版，具有随身便捷、申请简便、功能丰富、安全可靠等特点，主要涵盖了账户管理、转账汇款、缴费业务、手机股市、基金业务、国债业务、外汇业务、贵金属、银期转账、信用卡、客户服务、小额购汇业务（3G 版）、住房公积金业务（3G 版）、个人贷款业务（3G 版）、分行特色业务（3G 版）、欢迎页（3G 版）、欢送页（3G 版）等功能。

与 2010 年相比，用户主动开通手机银行的比例有较大幅度的提升，手机银行活动用户对小额快速转账的潜在需求最大。“方便快捷、随时随地使用”是吸引用户开通使用手机的最大动力；安全性是选择手机银行品牌的核心考虑因素；相比 2010 年，手机银行网上缴费功能使用比例与个人网银的差异缩小，由 18.5% 降低为 5%；虽然手机银行投资理财比例低，但手机银行投资理财用户对投资理财很多业务的偏好性日益增长，如买卖黄金、国债和保险等。这说明手机银行的潜在客户巨大，安全性仍旧是用户普遍关注的焦点，由于手机的广泛使用及方便快捷的特点使得手机银行将成为理财渠道的新宠儿。[①]

（三）自助银行服务内容与银行卡市场

自助银行（Self-service Banking），是银行柜台业务电子化与自动化的延伸。通过现代化的自助服务设备，自助银行能够为客户提供便捷、低成本的多种金融服务。简单来说，自助银行基于人机互动的技术，采用自动化运行的运营模式、终端及相应操作系统，能够对客户提供各种业务办理的引导和帮助。自助银行绕开了银行营业时间的限制，能够 7×24 小时全天候持续地进行运转。近年来，自助银行的功能得到了大范围拓展，给人们生活带来了极大便利。其中，使用最为频繁的功能诸如存折补登机、取款（ATM）、现金存款（CDM）、外币兑换、夜间金库（现金、票据、贵重物品保管）、信息查询终端、自助客户信息打印机、银行业及金融信息查询等。有调查显示，商业银行在新批开设的营业网点中，都趋向于同时开设 24 小自助银行。

从运营形势来看，目前自助银行主要有两种，其一是混合式自助银行，其二是隔离式自助银行。混合式自助银行，指的是自助银行业务与人工服务相结合，通常是在现有的银行网点的营业大厅内设置一块相对独立的区域，放置相关的自助式电子设备，提供自助式的银行服务。在日常营业时间内，该区域与营业大厅相互连通，能够分担原本由人工服务的部分银行业务，从而缓解人工压力并提高交易频次。在非柜台营业时间，当营业网点下班后，该区域能够人为地与营业大厅隔离，从而成为相对独立的自助银行。隔离式自动银行，即所谓的全自动自助银行，它与银行分支机构和营业网点完全独立。通常来说，隔离式自动银行设立在在比较繁华的商业中心、人口密集的区域或一些高级住宅区内，并提供 7×24 小时的交易服务。

① 资料来源：《2011 中国电子银行调查报告》。

自助银行的发展与银行卡业务密不可分。依托于不断完善的跨行交易网络，作为电子银行重要渠道的银行卡业务呈现了迅速上升的趋势。从发卡市场看，2000 年发卡机构仅为 55 家，银行卡数量为 2.7 亿张，截至 2008 年末，银行卡发卡总量18 亿张，人均持卡 1.36 张，城镇人口人均持卡 2.97 张，同比分别增长 19.3% 和 17.4%；银行卡持卡消费额在社会消费品零售总额中占比达 24.2%，比 2007 年提高 2.3 个百分点，社会公众用卡意识明显增强，已初步形成持卡消费的习惯。

（四）网上银行的主要服务内容

网上银行指银行通过信息网络提供的金融服务，是银行传统业务服务的延伸，客户可以通过互联网方便使用银行核心业务服务，完成各种非现金交易。① 自 1996 年 6 月中国银行在互联网上设立网站，开始通过国际互联网向社会提供银行服务以来，各大银行相继开通网上银行服务，网上银行的服务内容得到了进一步丰富。近年来，随着客户需求向差异化方向发展，网上银行业务呈现多样化与个性化的特点。

按照客户对象不同，网上银行又可以分为企业网上银行和个人网上银行，二者在服务内容上略有差异。以中国工商银行的网上银行为例，企业网上银行是指通过互联网或专线网络，为企业客户提供账户查询、转账结算、在线支付等金融服务的渠道，根据功能、介质和服务对象的不同可分为普及版、标准版和中小企业版。企业网上银行业务功能分为基本功能和特定功能。基本功能包括账户管理、网上汇款、在线支付等功能；特定功能包括贵宾室、网上支付结算代理、网上收款、网上信用证、网上票据和账户高级管理等业务功能。个人网上银行是指通过互联

① 应该说，这只是网上银行的一种形式，目前国内网上银行都可以此概括。但事实上，网上银行还有另一种形式是完全依赖于互联网的无形的电子银行，即所谓的“虚拟银行”，是指没有实际的物理柜台作为支持的网上银行，这种网上银行一般只有一个办公地址，没有分支机构，也没有营业网点，采用国际互联网等高科技服务手段与客户建立密切的联系，提供全方位的金融服务。比如成立于 1995 年 10 月的美国安全第一网上银行，是在美国成立的第一家无营业网点的虚拟网上银行，它的营业厅就是网页画面，当时银行的员工只有 19 人，主要的工作就是对网络的维护和管理。

网，为工行个人客户提供账户查询、转账汇款、投资理财、在线支付等金融服务的网上银行渠道，品牌为“金融@家”。个人网上银行为您提供的全新网上银行服务，包含了账户查询、转账汇款、捐款、买卖基金、国债、黄金、外汇、理财产品、代理缴费等功能服务，能够满足不同层次客户的各种金融服务需求，并可为您提供高度安全、高度个性化的服务。

二 中国电子银行业发展现状：以网上银行为例

近几年来，我国网上银行总体发展持续保持快速增长的势头，用户量及交易量高速增长。易观智库《2011Q3 中国网上银行市场季度监测》数据报告显示，2011 年第三季度中国网上银行市场交易额达到 212.2 万亿元，环比增长 6.0%，同比增长 43.7%。2011 年第三季度网上银行注册用户数超过 4 亿，同比增长 42.3%。

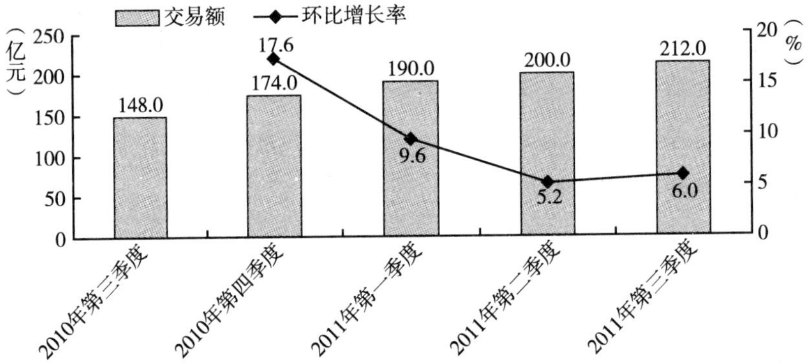

图 1 2010 年第三季度至 2011 年第三季度网上银行交易额规模

资料来源：易观国际（http://www.eguan.cn）。

总体来看，进入 2011 年之后，网上银行市场规模和注册用户数持续增长，但增速放缓。但是，传统行业互联网化水平的不断提升，为银行互联网化创造了优势资源，伴随着互联网用户的持续增长，网上银行规模将继续扩大。特别是，受季节和节假日促销等因素的影响，网购和航旅交易规模在2011年第三季度有较大幅度的增长。中国网上银行市场增幅缩小除与本季度各商业银行营销活动有着重要关系之外，与国内网民规模增长放缓也存在一定关系。第三季度网上银行产品创新和促销活动力度相较于上一季度力度稍大，但网民增长的绝对数量小于上年同期，非网民群体银行互联网渗透的难度加大。

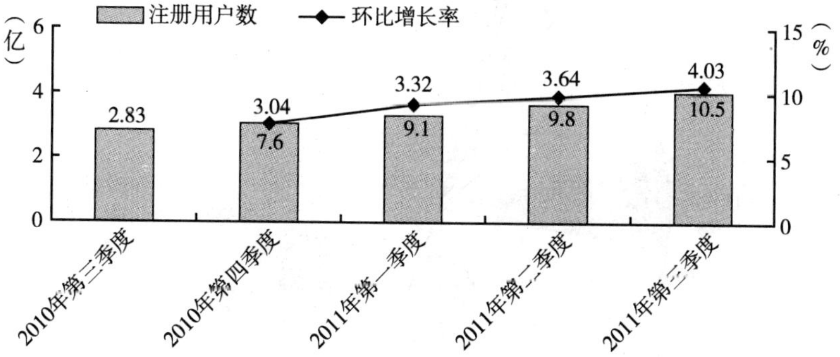

图2　2010年第三季度至2011年第三季度网上银行注册用户数

资料来源：易观国际（http：//www. eguan. cn）。

目前中国银行业包括五大国有商业银行、股份制商业银行、众多城市商业银行和信用合作社，以及已经进入和准备进入中国的外资金融机构都十分关注电子银行的发展，但真正将银行业务纳入电子银行业务的仍然十分有限。以网上银行的发展为例，大多数商业银行都建立了自己的网站，但真正在网上开展银行业务的机构较少，特别是能够开展交易类银行业务的网站更少。从网上交易额看目前国内网上银行市场主要集中在以国有商业银行和招商银行、中信银行等股份制商业银行为主体的几家金融机构，市场集中度较高。

具体来看，截至2011年第三季度，按照网上银行市场交易份额统计，排名前六位的依次是中国工商银行、中国农业银行、中国建设银行、中国银行、交通银行和招商银行。其中，中国工商银行以44.1%的市场份额排名第一，几乎占据了半壁江山。总体上，中国网上银行的市场格局与第二季度相比保持稳定，其中中国工商银行、中国农业银行、中国银行、招商银行的市场份额略有下降外，其余几家银行的市场份额有所提升，变动幅度基本在 1% 左右，但整体市场份额排名未发生变化。

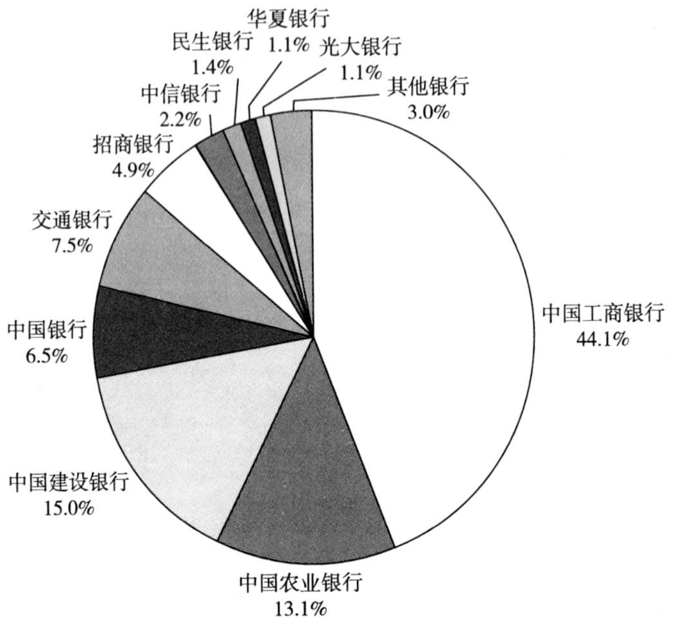

图 3　2011 年第三季度网上银行交易规模的构成

资料来源：易观国际（http：//www. eguan. cn）。

从地区分布情况来看，大型商业银行在不同地区网民中使用情况呈现差异，工商银行、建设银行和中国银行的网民用户地区分布较为均衡，农业银行在一线城市以外地区网民中渗透较好；招商银行和工商银行的网上银行服务表现出众。根据 IUserTracker 的调查数据，截至 2011 年 8 月，国有四大银行的网民用户地区分布各有不同，而外资银行目前仍属于小众网民选择。大型商业银行中，工商银行、建设银行和中国银行在不同层级地区网民中渗透率比较均衡；农业银行在一线城市以外地区的渗透率则比较突出，达到 36%，高出其在中心城市的渗透率 16 个百分点。其他内资银行的网民用户分布大多侧重在中心和一线城市；但邮政储蓄银行情况与农行相似，网民用户渗透率表现最佳的地区在一线城市以外。外资银行在三类地区网民中渗透率均不足3%，比较小众，其相对优势地区是北京、上海、广州三大中心城市，渗透率达到2%。

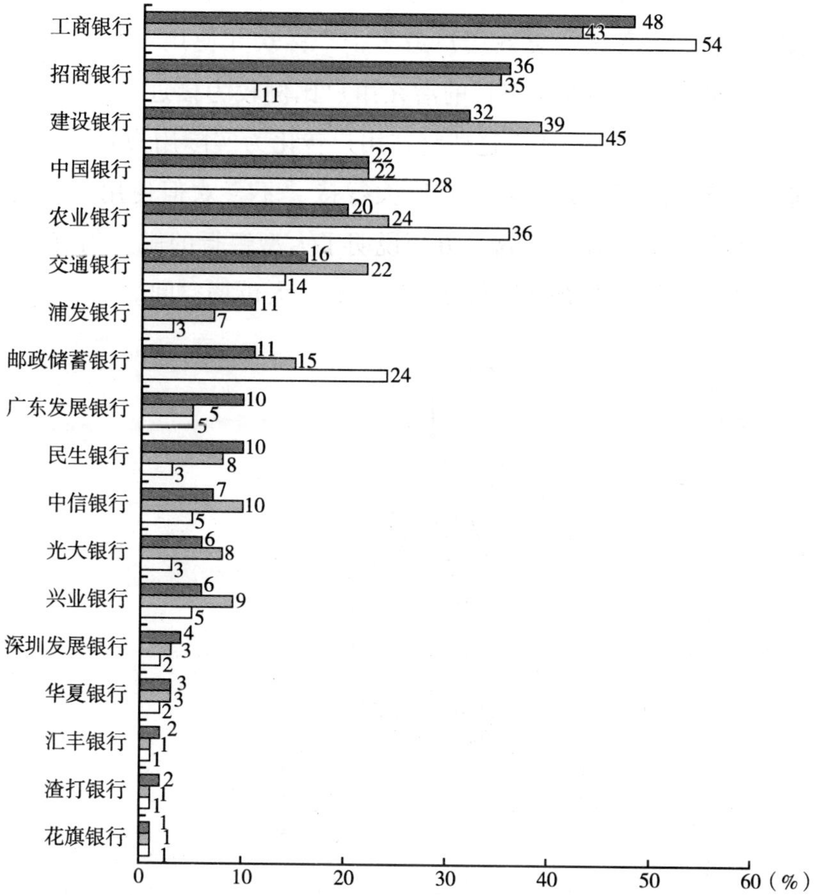

图4　电子银行服务不同地区渗透率（2011年8月）

注：图例自上而下依次为中心城市、一线城市和其他城市。其中，中心城市包括北京、上海和广州，一线城市包括深圳、杭州、哈尔滨、长春、沈阳、大连、石家庄、太原、济南、青岛、南京、合肥、福州、厦门、成都、昆明、贵阳、西安、兰州、长沙、武汉、南昌、郑州、南宁、包头、海口、拉萨、银川、乌鲁木齐、珠海、天津和重庆。

资料来源：IUserTracker（http：//iresearch. com. cn）。

从网民的网银使用情况来看，招商银行和工商银行的网银服务在本行既有客户中渗透情况最为突出。其中，招商银行客户网上银行服务渗透率[①]高达77%，工商银行也达到74%；此后依次是建设银行67%、广东发展银行61%、交通银行59%、光大银行59%、兴业银行59%、浦发银行57%、农业银行55%、中信银行55%、中国银行52%。此外，从用户态度来看，工商银行忠诚用户最多，“喜欢并使用”用户占比达到24%。工、农、中、建四家银行的潜在用户比例较为接近，“喜欢但不使用”用户占比约1/4，如何将这些潜在用户转化为实际用户是他们面临的主要问题。值得注意的是，对国有四大行持“不喜欢但使用”态度的用户占比也达到了20%左右，这一方面说明了大型银行的服务仍有待改进，另一方面也揭示其他内资银行和外资银行的巨大市场空间。

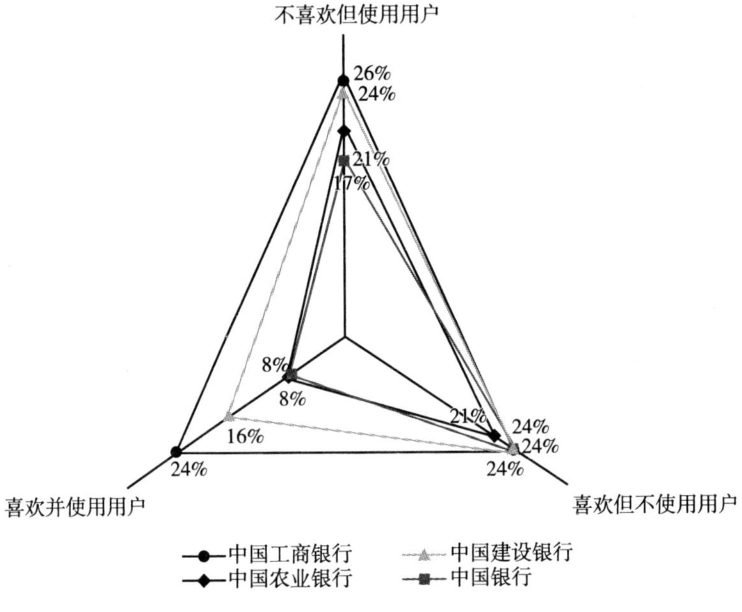

图5　大型商业银行用户细分（2011年8月）

资料来源：IUserTracker（http：//iresearch. com. cn）。

可以预期，随着电子商务的发展，网上银行面临着激烈的市场竞争，随着网络的迅速普及，网民渗透率的加速提升，网银的便捷性可充分满足

① 网银渗透率=本行网银服务用户数/本行既有用户数×100%，数据截至2011年8月。

生活及工作节奏逐步加快的人群，银行大力推广网银业务是提高柜台替代率（网银成本低）、渠道结构优化的必然选择，银行自身信息技术水平提升，带来网银产品功能的逐渐完善及安全性保障的加强，未来网上银行市场发展空间巨大。

三　中国电子银行业发展中存在的问题

（一）对电子银行本质的认识不够深刻，难以实现供给对需求的引导

本质上，电子银行是借助于现代计算机技术、通信技术和网络技术，通过计算机、固定电话、手机、ATM 机等电子手段提供金融服务的一种新的银行运营模式，它不应该简单的是现有银行业务的技术延伸。因此，对于电子银行，应该从其本质出发，制定相应发展战略，推动其创新发展。

就目前国内商业银行的产品和业务创新而言，为了让前台业务部门及时掌握市场需求特别是一些高端客户的个性要求，各商业银行在设置业务管理部门时并不是基于客户的需求，而是出于管理的便利来设置业务部门。由此带来的结果是前台部门无法及时总结相关市场需求，也就难以对业务和产品进行创新。进一步，后台的管理和创新部门，包括科技研发部门，在进行产品创新时对市场并不完全掌握，开发出来的新产品难以符合市场发展的需要，或者即便能够开发出与市场需求相符合的产品，但却不能够引领市场发展趋势。总之，电子银行业务的发展在大多数时候相对滞后于市场需求，相关部门难以实现以创新式的供给音量市场需求。

总的来说，国内一些商业银行在开展电子银行业务时，或者缺乏较为明确的战略目标，或者对规划的执行与落实不够细致。根据金川（2010）的总结，相关问题包括：①对市场调研与客户需求的分析不够充分，从而产品的差异性不够明显，网络金融服务的特色不够突出，对客户需求的满足不够充分。②项目测试缺乏计划性、全面性，前台后台

相对分离，由不熟悉业务发展状况及操作特点的技术部门推动电子银行产品创新，造成创新产品与市场需求相对脱节，推向市场后往往会产生许多问题。③没有从统筹规划和战略高度推动系统的设计和开发，由于未来发展方向不够清晰，在实际操作中购买和配置软硬件就缺乏合理性，使得银行之间、银行与客户之间的系统兼容性较差，不利于整个行业的发展。此外，国内不少商业银行在开发和推广电子银行业务时，仅把其作为一种新兴业务加以看待，对电子银行与传统银行业务在营销、服务和创新等方面的整合不够，电子银行业务发展的后盾和基础不够扎实。

（二）电子银行产品开发理念相对滞后，技术与服务同质化现象比较突出

电子银行产品开发是一个系统工程，如果产品开发理念不能及时跟上，则会对整个电子银行业务的发展形成制约。就商业银行而言，在产品开发前期涉及如何获得尽可能多的高质量的新产品设计思想、根据什么标准如何设计进行初步的筛选、怎样构建一个正式的新产品开发框架；新产品开发过程中的问题则包括需要哪些信息以及如何获取这些信息、如何对新产品进行成本收益的可行性论证、新产品的概念测试和市场测试应如何进行等；在后期则需要考虑怎样将新产品全面推向市场实现商业化等。

为了组织好新产品开发并管理好开发流程，组织结构安排上应当做出适当调整。在我国，商业银行大多以相关业务为开发对象，在产品功能的开发方面对客户需求的满足不够及时或者不够匹配，产品开发与使用不挂钩的现象时有发生。反观国际上成功的商业银行，其经营理念大多是以客户为主，从客户的客观需要出发，重点在于客户提供专门的服务以吸引客户。国内商业银行推出的服务产品在地域性或行业特色等方面不够突出，如何在产品设计上体现出差异性，是影响电子银行规划与设计水平的重要内容。此外，从后期的产品营销来看，国内对银行类产品的整合也不够彻底。

产品开发理念相对滞后的结果是技术与服务的同质化。信息经济时

代，信息与技术的流通渠道十分畅通，电子银行业相关的信息技术的复制成本很低，在解决方案提供和业务功能模块及其构架方面，各家银行之间可谓大同小异。尽管创新式的电子银行产品与服务越来越多，但从市场经营指标来看，在技术层面上各家商业银行的差距并不明显。从市场规律或者技术生命周期理论的角度来说，电子银行服务创新已不仅仅是技术创新，仅仅依靠技术创新就能引领发展趋势的时期可以说一去不复返。如何建立并强化电子银行的竞争优势，是各家商业银行都需要解决的共同问题。只有把产品创新、技术升级、客户关系、交付界面等因素整合起来，并综合运用到网络终端，才有可能在激烈的市场竞争中赢得胜利。

（三）电子银行产品营销难以“以客户为中心”，互动性有待进一步提高

美国市场营销协会对营销的定义是创造、沟通与传送价值给顾客，及经营顾客关系以便让组织与其利益关系人受益的一种组织功能与程序。管理学大师菲利普·科特勒则强调营销的价值导向，认为市场营销是个人和集体通过创造产品和价值，并同别人进行交换，以获得其所需所欲之物的一种社会和管理过程。格隆罗斯强调的是营销的目的，认为营销是在一种利益之上下，通过相互交换和承诺，建立、维持、巩固与消费者及其他参与者的关系，实现各方的目的。可以看出，不论从何种定义或何种角度出发，营销不能脱离的一个核心就是客户。

在电子银行领域，从各商业银行的营销策略来看，强调产品和服务的功能性长期以来一直是电子银行营销策略的核心和广告投放的重点。在电子银行服务平台上或相关网上银行的产品介绍中，产品和服务在功能方面的演示总是宣传的重点，并以此为基础形成电子银行的发展导向。从产品和服务的竞争策略入手，当然能够发挥一定的效果，但其有一个前提是市场的相对不成熟，或者某些特定产品或服务在当时还比较稀缺。随着市场的日趋完善，产品和服务必然会经历一个稀缺、饱和进而过剩的发展阶段，这种情况下，基于产品和服务的营销策略可能面临新的挑战。对电子银行业来说，提前做好准备，树立客户导向的营销策略对其

发展更加有利。

银行类产品服务营销的根本在于互动性，与面对面的人工服务相比，程式化的界面考虑得无论如何全面，仍然存在着本质的区别。当前，电子银行客户群体的规模日趋扩大，许多商业银行的分支机构普遍存在电子银行技术服务人员配备不足的问题。客户遇到或提出的一些问题，无法再短时间内得到有效解决，导致客户对电子银行的安全感和信任感下滑。其后果一方面是淡化了客户的消费需求，另一方面也使得分支机构营销电子银行产品的积极性受挫。在技术化与人性化之间如何实现动态平衡，是电子银行发展中必须解决的关键问题之一。

（四）业务风险和技术风险比较突出，网络安全问题不容忽视

由于其特定的运作方式和网络环境，电子银行在给人们带来极大便利的同时，也具有一定的风险。电子银行业务主要存在两类风险，一类是系统安全风险，主要是数据传输风险、应用系统设计的缺陷、计算机病毒攻击等，如果防范不严，可能造成银行资料泄密、威胁用户资金安全的严重后果。另一类是传统银行业务所固有的风险，如信用风险、利率和汇率风险、操作风险等，但这些风险又具有新的内涵。由于银行与客户不直接见面、客户分散、业务区域跨度大、市场变化快等原因，银行难以准确判断客户的信誉状况、抵押品价值变化。同时，电子银行业务在许多方面突破了传统的法律框架，这也给电子银行业务运营和监管带来一些体制性障碍。

与传统银行风险相比，电子银行风险具有四个明显特点：一是易受攻击性。对传统银行的而言，其可能受到的攻击一般只局限于某一个特定的区域，可能受攻击的目标是下属某一具体的营业网点；对电子银行来说，一方面其攻击者可能来自世界各地，可以是亿万网民中的任何个体，另一方面可能受攻击的目标包括通过网络连接的任何一家下属机构，甚至可能是中央银行和商业银行的整个系统。换言之，电子银行可能面临的攻击的来源更多、范围更大，并且攻击手段可以跨越空间和时间的限制，因此也更加隐蔽，防范此类攻击的难度大大增加。二是扩散性。信息技术的快速发展，使得类似技术在商业银行各个领域都被广泛采用，在为银行和客户

提供了便捷、快速服务的同时，也使风险迅速扩散到了各个领域。三是突发性和破坏性。对电子银行业而言，在其内部流动的并不是现实的货币，而是数字化的信息，在大大加快远程支付结算速度的同时，也给犯罪分子带来了便利，完全可以在极短时间将巨额资金转走，由此带来的后果可能是灾难性的。四是难以管理。信息技术的广泛使用让银行风险产生的形式更加多样，由于信息不对称或专业知识的缺乏，银行风险管理机构不可能精确了解风险的方方面面，也难以有针对性地对潜在风险采取切实有效的防范措施（李远、童汉飞，2007）。

据统计，世界网络金融犯罪占计算机犯罪总额的40%以上。2003年，英国互联网上银行欺诈而导致的损失为零，但是到了2006年，这一数字达到了3350万英镑（6640万美元）。美国高德纳公司2004年的一项统计数据显示，有将近200万的美国人的支票账户遭受过袭击，平均每次欺诈造成的损失约为1200美元，而其中大多数袭击来自网上银行。而在我国，该比例甚至高达60%以上（纪玲玲，2010）。信息与资金安全对银行、顾客和商家永远是至关重要的，如何确保交易过程的安全，成为电子银行发展亟待解决的问题。

（五）信用体系、网络与法治建设相对滞后，电子银行外部环境亟须改善

信用的缺失是制约我国电子银行发展的一个瓶颈。个人信用联合征信制度在西方国家已有150年的历史，而我国的信用体系建设才刚刚起步，民众在信用建设方面的意识还比较薄弱。目前商业银行电子支付系统缺乏共享机制，企业及个人客户资料信息零散。许多企业不愿采取客户提出的信用结算交易方式，而是向现金交易、以货易货等更原始的方式退化发展，深层次的原因就是信息体系落后所造成的信息障碍（蒋昕、王旭雨，2008）。同时，海关、税务、交通等与电子支付相关部门的电子化水平没有实现与电子银行业的同步发展，在一定程度上也制约了电子银行的推进进程。

从当前国内网上银行业务的设施环境来看，基础设施的相对滞后导致资金在线支付等功能开发的滞后。虽然工、农、中、建、交等大型商业银

行包括一些股份制商业银行都建立起自己的网站，但从其网站的构架和服务内容来看，距离现代电子商务和信息经济的要求仍然存在不小的距离。同时，资金、人才等方面的投入不够充分，银行与高新技术产业的结合不够密切，导致电子银行业市场的规模偏小、技术水平偏低，还没有完全脱离传统业务电脑化的阶段。此外，商业银行乃至整个金融部门的信息基础设施建设缺乏整体规划，在软件和硬件的使用上缺乏统一标准，开发制订一套完整综合的网上信息系统是需要解决的一个重要问题。

同传统银行相比，电子银行有两个十分突出的特性，一是传递信息（包括合约、指令）采用的是电子化方式；二是模糊了国与国之间地域的区分，随着互联网的延伸，电子银行的业务和客户可达世界的任何位置。从理论上讲，国外客户在使用银行服务时，其便利性同国内客户几乎没有区别。这样，就向传统的基于自然疆界和纸质合约基础上的法律法规提出了挑战（黎秋，2008）。电子银行是一类新兴的服务，与信息技术一样，其发展速度之快超出了普通民众的想象，使得各个国家内部、国家与国家之间的相关法律和监管规则出现严重的滞后。没有相关法律和规则作为前提，电子银行业务发展就难以做到健康和有序，在业务开展过程中出现的各种法律纠纷，可能面临无法可依的局面。同时，由于法律的滞后，有可能让某些不法分子钻法律漏洞，进行一些难以界定的犯罪活动。近些年来，中国人民银行和中国银监会相继颁布了《电子签名法》、《电子银行业务管理办法》和《电子银行安全评估指引》等法律法规，但由于互联网本身的开放性和电子银行在技术上的复杂性，部分条款相对我国电子银行业务的快速发展而言仍显滞后，信息安全问题是电子银行建设过程中面临的核心问题。

四　加快中国电子银行业发展的政策建议

（一）明晰电子银行发展模式，制定切实可行的发展战略

目前，对电子银行功能的理解主要是从业务和渠道两个方面展开。前者将电子银行解读为利用互联网包括无线网络、电信网络、有线电视网络

等开放型网络提供的银行业务和服务；后者则将之解读为一种新型的银行服务渠道，客户不需要到银行网点，只要通过电脑、电话、手机、ATM、POS等电子终端，就可以方便地获得账户查询、转账汇款、缴费、网上购物、外汇买卖、国债、基金、保险、股票等金融服务。但是，这两种观点仅仅是对电子银行现实功能的反映，而没有从电子银行演变的轨迹来把握电子银行的本质。葛兆强（2007）的分析表明，“技术－操作手段－服务渠道－销售平台－组织模式”的渐次演进是电子银行发展的必然过程，即电子银行最早属于技术范畴，目前处于渠道阶段，未来它必将演变成为一种独立的银行组织模式。

目前，我国的电子银行业务还处于起步阶段，仍属于高成本、低收益的部门，但毋庸置疑，电子银行业是商业银行未来业务发展的趋势和重点，商业银行应该立足长远，在管理、资金、技术和人才等方面加大投入，支持电子银行业务的创新。电子银行利用计算机终端和通信网络代替传统的手工劳动，由于沉淀成本等因素，其初建过程的投入要求很高，但收益并不显著；只有当业务量达到一定规模后，随着规模经济和网络效应的出现，业务的单位成本才会大大低于传统业务。因此，要合理开发和创新电子银行业务，必须在进行市场需求预测和投入产出分析的基础上，制定出科学、严谨的长期规划，以便有步骤、分阶段地投入人力、物力和财力，推动市场规模稳步上升，从而确保电子银行业的有序发展。

（二）加强电子银行产品创新力度，不断丰富服务内容和服务提供方式

一是尽快推出针对中小企业的网银信贷系统。中小企业是未来较长时期内推动经济发展和实现结构转型的重要力量。由于中小企业自身特征，存在偿债能力弱、融资规模较小、财务规范性差、缺乏完善的公司治理机制等问题，中小企业融资难是一个国际性的难题。尽管如此，仍应该未雨绸缪，及早研发和推出中小企业网银贷款系统，专设网上融资、现金管理、投资理财、网上结算和供应链金融等服务平台，专门设计个性化的融资服务方案，使中小企业从前期的申请填表到后期的获贷还贷，均可全过

程地在网上实现。

二是扩大第三方支付领域。除了网上银行、电子信用卡等支付方式以外还有一种方式也可以相对降低网络支付的风险，那就是正在迅猛发展起来的利用第三方机构的支付模式及其支付流程，而这个第三方机构必须具有一定的诚信度。在实际的操作过程中这个第三方机构可以是发行信用卡的银行本身。当前，许多商业银行都已经介入网上缴费、手机银行业务和网上交易等支付市场。但随着网上支付市场的快速发展，第三方支付市场的份额呈现爆发式增长的局面。结算支付是商业银行传统的优势业务，就此而言，商业银行在开展电子服务时应基于其长期的信誉及优势快速进入这一新兴领域。

三是加快拓展电子银行的国际业务。国际贸易金融服务涉及为客户提供进口信用证、结售汇申请、汇出汇款、在线查询、业务状态实时通知等多项服务。客户可以通过电子指令向银行端提交国际结算中相关业务的申请，待对口银行审核受理后办理相关业务。电子银行国际业务的开展和内容的丰富能够保证客户随时随地覆盖全球的各个角落，可进行各种方式的在线操作，从而让客户时刻掌握国际业务的最新进展。

四是努力丰富电子银行的产品线，提供包括理财资讯、市场交易等内容的各类服务信息。举例来说，汇丰网上银行目前已经形成涵盖股票、保险、债券、外汇、期货多个金融市场，银行、证券、保险等多个行业的广泛的产品线。通过这些手段，将当前经济走势、经济热点、市场评价等客户较为关心的信息作为个人网银服务中的一项重要内容，供客户阅读参考。基于这些服务，网银不单纯是一个简单的交易平台，同时还是一个信息获取的渠道。

（三）发展网络营销、电话营销、体验营销、定向营销、联合营销等多种营销模式，以客户为中心，加强对电子银行的宣传与推广

网络营销是以国际互联网为基础，利用数字化的信息和网络媒体的交互性来辅助营销目标实现的一种新型的市场营销方式。网上银行服务平台承载了大量信息，本身就是一个网站，可以与客户实时互动。以互联网为主要手段，是营销发展的新趋势。比如，通过网络广告和搜索引擎，可向

更广泛的人群推广新出现的电子银行产品和服务；借助于网络游戏，在虚拟世界中培养客户的使用习惯，也可以看做是电子银行业务营销推广的一种新模式。

与传统营销模式相比，电话营销综合了客户经理与柜台的双重功能，将营销与销售完美地结合起来。随着电话营销流程消费者为主导的市场的形成，以及电话、传真等通信手段的普及，很多企业开始尝试这种新型的市场手法。电话银行是电子银行的重要组成部分，使用电话银行可以主动向目标客户群推荐银行产品，如客户对所推荐产品感到满意，在当时就可以实现交易。

体验营销允许客户亲身参与银行业务操作，直接体验银行业务处理的过程，是从消费者的感官、情感、思考、行动、关联五个方面重新定义，设计营销理念。借助于体验营销，客户可以考察产品设计是否符合自身的使用习惯，并在操作中切实体验自身的感受。体验营销一方面可以让客户在短时间内掌握产品操作的方法，另一方面又能够收集客户的使用感受，从而为产品优化和升级提供参考。

定向营销锁定某一个层次的消费群体，或者锁定某一个职业与行业的群体，对群体的消费理念、行为、习惯以及对个性化的要求，根据消费者的消费心理为目标顾客量身定做产品或服务。电子银行拥有完整的客户数据库，在实施定向营销时具有扎实的基础，银行可以根据客户的基本信息和交易信息进行数据挖掘，深度分析客户的交易偏好，有针对性地向客户推荐电子银行的新产品、新功能，提高营销精度和成功率。

最后，电子银行产品既是金融创新的产物，又是银行各项业务的衍生工具。因此，应实行联合营销，充分发挥商业银行各业务部门优势，形成整体营销力量，提高营销效率。

（四）加强内部控制，建立快速响应机制，切实防范和化解各类风险

加强电子银行内部控制，内容包括对电子银行业务的各类风险进行预警、识别、评估、应对，采取一切手段把电子银行风险产生的可能性降到

最低，并在风险事件发生后尽可能地降低损失。具体来说，电子银行内部控制的完善，可以从以下几个方面入手：一是确保电子银行业务流程不存在潜在的风险漏洞，确保各项业务流程的闭合和严密；二是要保证业务人员按照预先制定的流程和规则操作，防止在办理电子银行业务时给银行或客户造成负面冲击；三是要保证电子银行业务的开办符合相关法律和监管规则的要求，消除各种法律和监管风险；四是要从业务风险程度出发，对业务办理的职权范围进行合理限制，使业务开办、交易行为等活动与该项业务的风险程度相匹配；五是要尽可能避免产生法律纠纷，明确银行与客户建立电子银行业务关系中的权利义务关系；六是要向客户充分告知风险，明确相关的业务规则，防止客户与银行产生在业务方面形成纠纷。

风险事件的应急处理与快速响应机制是妥善处理应急事件、保证业务持续运转的核心和关键。电子银行业务的风险影响波及范围宽、扩散速度快，这对电子银行业务风险的反应提出了更高的要求，必须比传统业务要更快速、更及时。对商业银行而言，应在系统内建立有效的风险监控体系，一旦发现问题，就及时做好客户的安抚工作，并能够在尽可能短的时间内将信息反馈到总部。接到报告后，银行总部应立即进行应急处理，采取果断措施妥善解决问题，防止风险的进一步蔓延。对于可能涉及整个行业发展的重大安全事件，还应及时上报反馈到监管部门，由监管部门统筹考虑。

（五）加强信用、网络和法治建设，营造良好的电子银行发展环境

一是大力推进信息化和网络化建设。电子商务与电子银行的发展空间取决于信息基础设施的规模和水平，要扩大电子银行的生存空间，必须首先提高信息终端以及技术知识的普及程度。二是建立健全电子银行业的网络安全系统。电子银行业务发展日趋深入，必然出现很多新兴的金融业务，必将涉及现行金融管理体制和政策的空白点，对此应该早做准备。三是尽快完善计算机和通信网络的安全体系，不仅包括防范计算机犯罪，防范形式多样的病毒和潜在的黑客，还应包括各类电脑识别系统的防护，防

止自然灾害、恶意侵入、人为破坏、金融诈骗等各类因素，做好扎实的灾备系统。四是考虑在《电子银行业务管理办法》的基础上制定形成《电子银行法》。《电子银行法》作为电子银行市场发展的核心法律规范，应对电子银行的性质、监管、市场准入、业务范畴与标准、金融创新、法律责任、市场退出机制等做出明确规定。同时，对电子签名、电子资金划拨等领域的法律问题进一步明确，加强制度建设，强化制度执行。

参考文献

高新民、安筱鹏：《现代服务业：特征、趋势和策略》，浙江大学出版社，2010。

徐学军：《助推新世纪的经济腾飞：中国生产性服务业巡礼》，科学出版社，2008。

葛兆强：《电了银行的本质与发展模式》，《中国金融电脑》2007 年第 9 期。

籍晨：《浅谈我国商业银行电子银行改革》，《中国商界》2010 年第 2 期。

纪玲玲：《浅析电子银行业务发展的策略及建议》，《金卡工程（经济与法）》2010 年第 4 期。

蒋昕、王旭雨：《我国电子银行发展问题研究》，《商业文化·财金视点》2008 年 1 月。

金百根：《关于加强电子银行建设的思考》，《新金融》2009 年第 2 期。

金川：《电子银行业务现状及存在的问题》，《大众商务》2010 年第 2 期。

黎秋：《我国电子银行发展的制约因素及其对策研究》，《金融经济》2008 年第 2 期。

李远、童汉飞：《我国电子银行业务风险类型及特征研究》，《经济研究导刊》2007 年第 9 期。

刘琇臣、钟楼鹤、顾亚：《电子银行营销模式创新》，《中国金融电脑》2010 年第 2 期。

杨北京：《电子银行业务风险分析及对策研究》，《山西财经大学学报》2010 年第 4 期。

中国电子认证服务业发展现状、问题与政策建议

田　侃*

摘　要： 电子认证是目前解决网络中的安全、信任问题的最重要的手段。电子认证服务是指向社会公众签发数字证书并提供验证，证明实体身份、电子签名真实性和可靠性、数据电文完整性的过程。我国的电子认证和电子认证服务业以国外先进经验技术为基础，开始发展，共经历了起步－无序竞争－规范发展三个阶段。我国电子认证服务发展存在着应用范围和程度不足、产品缺乏差异性、通用性较差、国际认可度低、服务支撑能力不足、相关核心技术匮乏、缺乏行业整体规划等诸多问题。为促进电子认证服务业的健康、持续发展，应重点做好以下几个方面的工作：统筹战略规划、建立和完善相关法律法规、完善电子认证标准体系、建立健全电子认证服务行业自律机制、实现电子认证服务互联互通、发展社会化和专业化的第三方认证服务中介机构、推动建立产业联盟、加强人才队伍建设和加强国际互认合作。

关键词： 电子认证服务　电子认证标准体系　认证服务中介机构　政策建议

---

* 田侃，男，经济学博士、中国社会科学院财经战略研究院副研究员，主要研究方向为信用服务业。

随着互联网技术的飞速发展，网络经济已经成为一种新兴的经济形态，如何提高网络的可信度，是网络经济面临的重要问题。建立完善的网络信任体系，保证网络信息安全是当前世界各国共同关注的课题。实践证明，电子认证是目前解决网络中的安全、信任问题的最重要的手段之一，由此产生了电子认证服务业。电子认证服务业在构建网络秩序、维护信息安全、依法管理网络行为等方面具有基础性和支撑性作用。大力发展电子认证服务业对于加快信息化建设进程和促进网络经济发展具有重要意义。

一　电子认证服务业概述

（一）电子认证服务业的内涵

电子认证服务是指向社会公众签发数字证书并提供验证，证明实体身份、电子签名真实性和可靠性、数据电文完整性的过程。[①] 电子认证服务所采用的数字证书认证技术的核心是密码技术，其中 PKI（公开密钥体系，Pubic Key Infrastructure）是国际上普遍采用的密码技术。PKI 系统为每个用户生成一对相关的密钥——公开密钥和私有密钥，发送方通过网络或其他公开途径得到接收方的公开密钥，然后使用该密钥对信息加密后发送给接收方，接收方用自己的私有密钥对收到的信息进行解密，得到信息明文。在这个过程中，只有接收方使用与之相对应的私有密钥，才能成功地解密该信息，从而保证了信息的机密性。同时，如果信息附加数字签名，接收方通过验证数字签名确保信息的完整性和不可抵赖性。

电子认证服务通常由独立的第三方机构提供，服务对象主要包括金融、电子政务、电子商务、电信、医疗、教育、保险、食品等对信息安全

① 我国信息产业部颁布的《电子认证服务管理办法》第 2 条规定：“电子认证是指为电子签名相关各方提供真实性、可靠性验证的公共服务活动。”

要求较高的领域。

电子认证服务可以分为核心服务和附加服务。其中，核心服务可以分为两类：一是由电子认证服务机构（简称 CA 机构）提供的证书签发、证书更新、证书撤销等证书生命周期管理等服务，以及证书目录信息查询、状态信息查询等证书查询服务，这是 CA 机构最基本的服务。二是 CA 机构为促进证书应用而提供的应用安全中间件开发、应用安全产品提供等应用安全服务。附加服务，则是指为 CA 机构和证书持有人提供的服务，包括信息保存服务、密钥对产生服务、检测评估服务、财务担保等服务。①

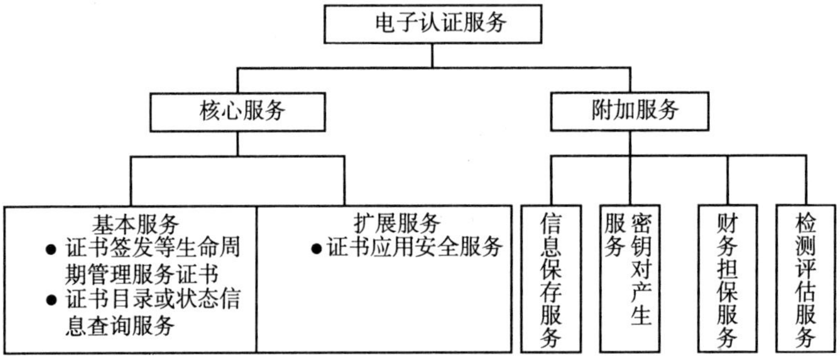

图 1　电子认证服务构成

随着电子认证服务的不断发展，逐渐形成了以电子认证硬件提供商、电子认证软件提供商、电子认证服务机构、电子认证公共服务机构和用户等为主体的完整产业链。其中，电子认证软件和硬件提供商提供建设运行电子认证服务所需要的软硬件技术和产品，位于产业链上游；电子认证服务机构向社会公众签发证书并提供验证服务，公共服务机构提供技术支持、标准研究、人员培训、运营咨询等服务，二者位于产业链中游；税务、工商、银行、医疗等领域的用户位于产业链的下游。

① 赛迪智库：《电子签名服务总体框架研究》，http：//www. ccidthinktank. com/plus/list. php? tid = 98&id = 92.

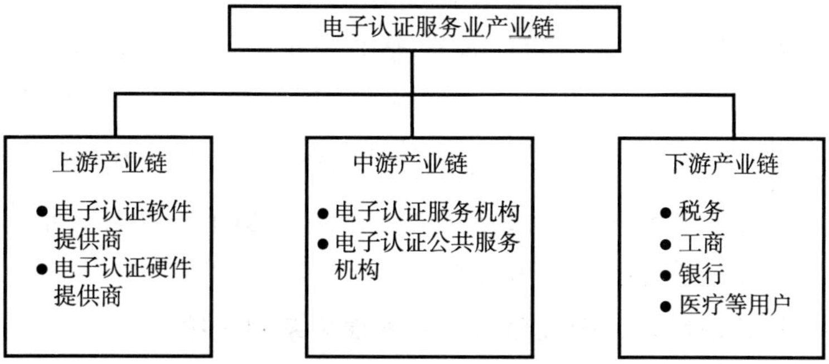

图 2　电子认证服务业产业链构成

（二）发展电子认证服务业的重要意义

1. 电子认证服务是信息安全战略的重要内容

随着信息技术的广泛应用，信息技术已经深入经济社会的各个领域，对政治、经济、文化、社会发展和人民群众日常生活的影响日益深刻，信息化成为经济社会发展的时代特征。然而，随之而来的网络与信息安全问题日益突出，计算机病毒、网络攻击、垃圾邮件、系统漏洞、网络窃密、虚假有害信息和网络诈骗等违法犯罪问题不断涌现，给政治、经济、社会、文化等领域的安全带来新的挑战。实践证明，电子认证可以有效解决网络环境所面临的网络欺诈、网络攻击、信息篡改等问题，以美国为代表的发达国家纷纷构建以 PKI 为基础的电子认证体系，着力解决网络身份认证、信息保密、信息完整、不可抵赖等网络安全问题。

2. 电子认证服务是电子政务建设的核心

电子政务是指运用计算机、网络和通信等现代信息技术手段，实现政府组织结构和工作流程的优化重组，超越时间、空间和部门分隔的限制，建成一个精简、高效、廉洁、公平的政府运作模式，以便全方位地向社会提供优质、规范、透明、符合国际水准的管理与服务。①推行电

① 徐晓林、杨锐：《电子政务》，华中科技大学出版社，2009。

子政务有利于政府转变职能，提高运作效率。但只有健全的网络信任体系才能有效保障信息共享与交换业务的安全，才能推进电子政务的实施。

电子认证技术是保证网络空间可信性的核心技术，能够有效解决电子政务这一虚拟空间中存在的无法验证使用者身份的真实性、信息的完整性、可靠性与不可抵赖性等问题。

3. 电子认证服务为现代服务业发展提供基础支撑

在信息技术迅速发展的大背景下，服务业全球化进入全新快速发展时期，进而以“高人力资本含量、高技术含量、高附加价值”和“新技术、新业态、新方式”的发展模式为基本特征的现代服务业，逐渐成为带动世界经济增长的主导产业之一。现代服务业的发展需要电子认证技术的进步和服务的完善。

电子认证服务是现代服务业中共性服务的重要组成部分，也是信息安全保障体系和网络信任体系成立的前提，它可以使信息知识在物质资源配置和利用的先导作用得以充分发挥，能够最大限度地促进商品和各种要素的流动，降低交易成本，提高交易效率，进而促进现代服务业的快速发展。如电子商务作为一种全新商务模式，它能够健康发展完全依托于网络环境的可信性与可靠性。其区别于其他交易模式的本质特征在于基于互联网这一虚拟的交易环境，交易双方互不见面。在网络环境下，交易呈现非人性化、非面对面特征，存在隐含的不确定性，并且交易媒介较新，时刻处于改进之中（Sulin & Pavlou，2001）。因此，网络环境下信息不对称性的加重使其表现出比传统经济更严重的潜在投机、欺诈倾向。建立信任已经成为电子商务发展的关键因素。而电子认证服务是建立网络信任环境的基础，能够保证商业往来中的订单、电子合同等的可靠性和可信性（即电子合同和传统的纸质合同法律责任地位相同），能够解决电子商务中的税收、支付、公平交换等问题，能够有效规避风险，促进电子商务的发展。据有关调查数据显示，90%以上的世界500强企业和全球电子商务50强企业都应用电子认证服务来确保信息系统安全。

二　电子认证服务业在中国发展的历程及现状

（一）电子认证服务业在中国的发展历程

自1996年7月发展商用密码问题经中共中央政治局常委会议专题研究，并做出有关商用密码发展和管理的重大决策之后，我国的电子认证和电子认证服务业以国外先进经验技术为基础，开始发展，共经历了起步－无序竞争－规范发展三个阶段。

1. 起步阶段

1996年7月，中共中央政治局常委会议专题研究做出了有关商用密码发展和使用管理的重大决策，并下发了中办发〔1996〕27号文件，确定了我国商用密码的发展和管理方向的20字方针，即“统一领导、集中管理、定点研制、专控经营、满足使用”，由此我国电子认证服务业发展迈出了第一步。

2. 无序竞争阶段

1999～2003年是我国电子认证服务业疯狂发展的泡沫时期，各地区、各行业争相建立各自的电子认证中心，累计近百家，使得CA市场竞争异常激烈。但是当时政府、企业的信息化水平较低，人们的安全意识薄弱，导致部分认证机构建成之后，证书无应用环境，加之法律、应用标准的缺失，电子认证服务陷入无序竞争发展阶段。初期由于多数CA认证机构为占领市场，采取免费认证策略，故而使用者身份审查不严、技术维护不足等问题相继出现；此外，多数电子认证服务缺少国家认证资质，只在行业和政府部门内部使用，因此，整个行业在我国整体处于无序发展状态，具有典型的无统一主管部门、无行业标准、无管理办法的“三无”行业特征。

3. 规范发展阶段

2003年9月，国家相关部门下发了中办发〔2003〕27号文件，并明确提出要充分发挥密码在保障电子政务、电子商务安全和保护公民个人信息等方面的重要作用；要建立协调管理机制，规范和加强以身份认证、授权管理、责任认定为主要内容的网络信任体系建设。以落实中办发〔2003〕27 号文件精神为导向，国务院信息化办公室起草了《国家网络信任体系建设指导意见》等一系列配套文件，国家和地方层面的相关法律和管理条例也相继出台，尤其2004 年8 月28 日十届全国人大常委会第十一次会议表决通过的《中华人民共和国电子签名法》（以下简称《电子签名法》），使得电子认证行业具有明确的法律规范标准，标志着我国电子认证服务进入规范发展阶段。

《电子签名法》主要从三个方面促进了电子认证服务的规范发展：一是设立了市场准入制度。《电子签名法》规定电子认证服务机构从事相关业务，首先应向国务院信息产业主管部门提出申请，提交相关材料；其次国务院信息产业主管部门接到申请后经依法审查，征求国务院商务主管部门等有关部门的意见后，做出许可与否的决定。二是明确了电子认证服务业的主管部门。《电子签名法》要求国务院信息产业主管部门制定电子认证服务业的具体管理办法，对电子认证服务提供者依法实施监督管理。三是成立了全国信息安全标准化技术委员会（简称信息安全标委会）。经国家标准化管理委员会批准，信息安全标委会于2002 年4 月15 日在北京正式成立，负责全国信息安全技术、安全机制、安全服务、安全评估等领域标准化工作。2004 年，信息安全标委会职能进一步扩展，根据国标委高新函〔2004〕1 号文件规定，负责统一申报信息安全国家标准年度计划项目，并组织国家标准的送审、报批工作。随着政府管理力度的加强，市场准入门槛的提高与行业管理的规范，那些竞争力弱的认证机构逐步被淘汰出局，我国的电子认证服务行业正式进入规范发展阶段。

（二）电子认证服务业在我国发展的现状

截至2011 年10 月，共有31 家电子认证服务机构获得许可证（见表1）。从认证机构背景来看，主要有三类：政府授权建立的CA，如上海CA 等；行业建立的CA，如中国金融认证（CFCA），中国电信认证（CTCA）等；商业性CA，如天威诚信等。

表1　获得《电子认证服务许可证》的31家电子认证机构

序号	公司名称	公司所在省份	许可证号	批准日期
1	山东省数字证书认证管理有限公司	山东	ECP37010210001	19/08/2005
2	中金金融认证中心有限公司	北京	ECP11010410002	19/08/2005
3	北京天威诚信电子商务服务有限公司	北京	ECP11010810003	19/08/2005
4	陕西省数字证书认证中心有限责任公司	陕西	ECP61011310004	19/08/2005
5	国投安信数字证书认证有限公司	吉林	ECP22010410005	19/08/2005
6	广东省电子商务认证有限公司	广东	ECP44010610006	06/09/2005
7	广东数字证书认证中心有限公司	广东	ECP44010210007	06/09/2005
8	上海市数字证书认证中心有限公司	上海	ECP31011510008	23/09/2005
9	北京数字证书认证中心有限公司	北京	ECP11010810009	19/10/2005
10	辽宁数字证书认证管理有限公司	辽宁	ECP21010210010	15/11/2005
11	湖北省数字证书认证管理中心有限公司	湖北	ECP42010610011	15/11/2005
12	颐信科技有限公司	北京	ECP11010505012	15/11/2005
13	江苏省电子商务证书认证中心有限责任公司	江苏	ECP32011110013	26/12/2005
14	东方中讯数字证书认证有限公司	重庆	ECP50010710014	26/12/2005
15	浙江省数字安全证书管理有限公司	浙江	ECP33010310015	26/12/2005
16	福建省数字安全证书管理有限公司	福建	ECP35010511016	23/01/2006
17	新疆数字证书认证中心(有限公司)	新疆	ECP65010111017	23/01/2006
18	河南省数字证书有限责任公司	河南	ECP41010211018	24/05/2006
19	北京国富安电子商务安全认证有限公司	北京	ECP11011511019	24/05/2006
20	安徽省电子认证管理中心有限责任公司	安徽	ECP34011106020	16/10/2006
21	河北省电子商务认证有限公司	河北	ECP13010106021	17/11/2006
22	西部安全认证中心有限责任公司	宁夏	ECP64010107022	12/02/2007
23	山西省数字证书认证中心(有限公司)	山西	ECP14010007024	27/08/2007
24	深圳市电子商务安全证书管理有限公司	广东	ECP44030107025	08/10/2007
25	天津信息港电子商务有限公司	天津	ECP12019307026	12/12/2007
26	江西省数字证书有限公司	江西	ECP36000008027	11/03/2008
27	中网威信电子安全服务有限公司	北京	ECP11030208028	11/03/2008
28	北京中认环宇技术开发有限公司	北京	ECP11010509029	23/01/2009
29	湖南省数字认证服务中心有限公司	湖南	ECP43000009030	23/01/2009
30	中铁信弘远(北京)软件科技责任有限公司	北京	ECP11010810031	23/12/2010
31	卓望数码技术(深圳)有限公司	广东	ECP44030111032	10/10/2011

资料来源：中国电子签名网，http：//www. eschina. info/Index. asp。

截至2011年9月底，电子认证服务机构发放有效证书超过2000万张（见表2），电子认证服务机构有效数字证书签发量在2006～2010年间年均增长40.23%（见图3）。电子认证服务机构所发放的证书类型根据不同持有者分为：个人证书、机构证书和设备证书①。电子认证证书的应用主要集中在以下两个方面：①电子政务：网上报税、网上年检、网上工商管理、组织机构代码管理、社区服务管理等。②电子商务：网上银行、网上证券、网上采购、网上招标、企业供应链管理、企业间电子交易、安全电子邮件等。

表2　2011年9月底电子认证证书统计

证书类型	持有量（张）	本月新增数量（张）	环比增长率（%）
机构证书	9333784	199913	2.19
个人证书	12672882	737102	6.18
设备证书	10633	36	0.34
合　　计	22017299	937051	4.45

资料来源：工业和信息化部，http：//www.miit.gov.cn/。

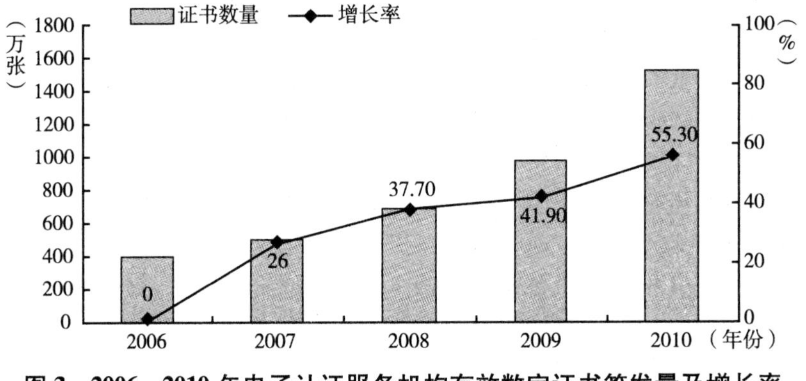

图3　2006～2010年电子认证服务机构有效数字证书签发量及增长率

资料来源：工业和信息化部，赛迪智库。

① 个人证书是为个人提供的数字证书，用户使用此证书来向对方表明个人的身份。机构证书是颁发给独立的单位、组织的数字证书，用于在网络上对政府机关、企事业和各类组织机构进行身份认证、发送安全电子邮件或网上信息交换的身份认证。设备证书用于服务器端表明服务器身份，用户可以通过对设备证书的验证来确定所访问的应用服务器是否真实可靠。

2010年电子认证服务机构实现营业额13.2亿元，自2006年以来，年均增长率45.5%（见图4）。

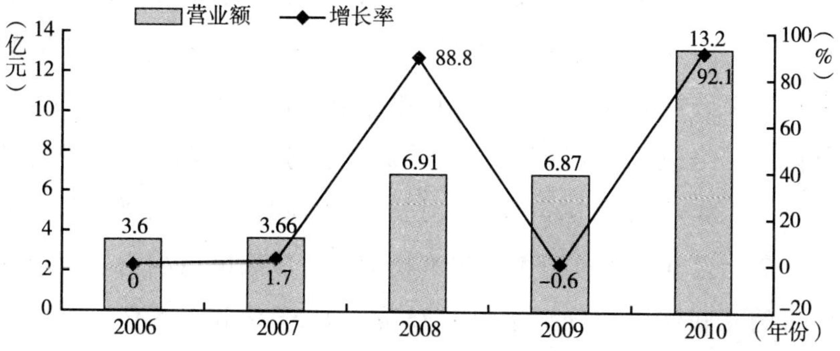

图4　2006～2010年电子认证服务机构年营业额及增长率

资料来源：工业和信息化部，赛迪智库。

此外，数字证书应用交叉互认也取得了前所未有的成果。2009年，国家正式启动了粤港两地电子签名证书互认应用试点工作，迄今“基于粤港电子签名证书互认环境下的跨境电子报关支撑平台”试点项目的实施效果逐步显现。2010年12月9日，在工信部信息安全协调司及江苏省、浙江省、上海市、安徽省经信委的支持下，长三角电子认证服务联盟成立暨数字证书应用交叉互认平台开通，这一平台的开通意味着今后长三角地区任意一个数字证书用户只要登录该服务平台，就可以实现数字证书应用交叉互认，以逐步满足证书用户“一证在手、全网无忧”的互联网应用需要。

三　中国电子认证服务业发展中存在的问题

近年来，我国电子认证服务业虽然取得了快速发展，但由于行业发展时间较短，缺少行业管理和发展经验，市场基础较差，难免使得历史遗留问题和新出现的矛盾集聚交织，阻碍我国电子认证服务业的进一步规范发展。当前电子认证服务发展存在的问题，主要表现在以下几个方面。

（一）电子认证服务应用范围和程度不足

一是与整体网络应用环境相比，我国电子认证服务发展相对滞后。虽然经过十多年的发展，特别是2005年以来的快速发展，电子认证的推广应用取得了突破性的成果，电子认证服务业也得到了规范发展。但是，与我国整体的网络应用环境相比，电子认证服务业的发展比较滞后。截至2011年6月30日，我国互联网用户已达4.85亿，互联网普及率达36.2%。全社会电子商务应用意识不断增强，应用网络购物、网上支付和网上银行的互联网用户分别达到1.73亿、1.53亿和1.5亿，占用户总数的比例分别为35.6%、31.6%和31%。2010年，我国电子商务交易额达4.5万亿元，我国电子商务信息、交易和技术服务企业达到2.5万家，第三方支付额达到1.01万亿元。而与之形成鲜明对比的是，截至2011年9月，我国电子认证服务机构发放的有效证书不过2200多万张。

二是服务领域较窄。在我国，电子认证服务主要还局限在电子政务、金融领域和电子商务的部分领域。据统计，2010年电子认证服务在金融领域应用占53%，主要应用包括网上银行、网上证券等；电子政务领域应用占37%，主要应用包括网上税务、网上工商、行政审批、政务内网、政府采购和招投标、社保等；电子商务领域应用占8%，主要应用包括企业间商务应用、企业内部管理、网上支付等（见图5）。电子商务市场尚未得到充分挖掘，而“移动”电子商务领域更是甚少涉及，针对手机终端、无线数据及信息业务的PKI/CA解决方案较为欠缺。

与国外相比，我国电子认证服务应用深度更是较为落后。如美国电子认证服务不仅应用于电子商务、电子政务和金融领域，还应用于移民签证的验证定位管理信息系统、电子邮件安全、投标文件加密、XML版权保护外交部的网络安全管理、电子护照等多方面；欧盟电子签名应用以电子身份卡和商业银行为主，基于eID卡①的应用项目，涉及电子医疗、社会

① eID是带有智能芯片的身份证，可以存储私钥和数字证书，可用于签名、加密等，能确定个人身份并通过签名确保数字内容的完整性。

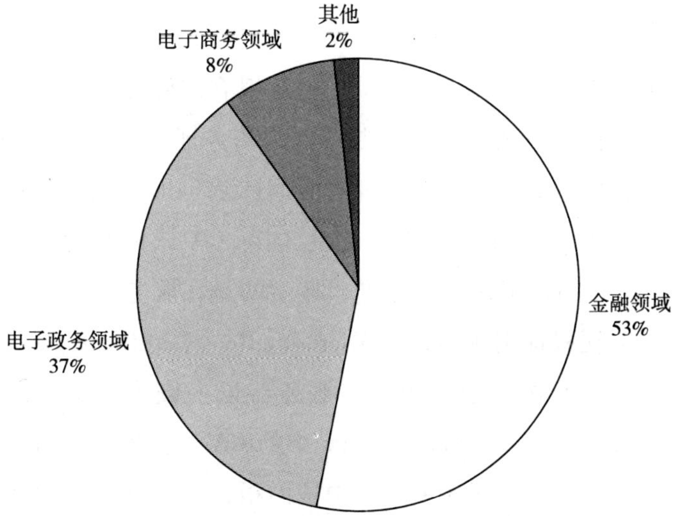

图 5　2010 年我国电子认证应用领域分布

资料来源：工业和信息化部，赛迪智库。

保险、政府采购、网上税收、电子发票等多个方面；韩国等其他亚洲国家电子签名主要应用在公众服务和金融领域，移动电子商务等新应用正在涌现。

（二）产品缺乏差异性，通用性较差，国际认可度低

我国电子认证服务机构缺乏创新，产品设计、运营模式、服务模式等大都照搬国外模式，同时由于缺少专业人才，行业处于过度竞争状态，各 CA 机构产品同质化现象严重，从而阻碍了电子认证服务产业形成持续盈利的商业运营模式。

目前我国电子认证标准规范相对落后，证书介质接口、证书管理政策、证书操作规范、证书和证书撤销列表、PKI 操作和管理协议、交叉认证等缺少统一的技术标准，使得各家 CA 机构彼此独立，成为彼此互不相连的“信息孤岛”，各证书之间缺乏“互通性”。由此使得各个 CA 机构签发的证书内部无法实现一证多用、一证通用，降低了认证的权威合法性，也迫使用户进行多重投资，增加了用户的负担，此外，各个 CA 认证

服务机构颁发的认证证书格式不统一，也使得不同 CA 中心签发的证书彼此间不能互认。

由于我国缺少国家标准，各 CA 机构对现有国际相关标准和管理规范有不同的理解和执行方式，同时受制于国内商务证书的应用范围，缺少优质服务和产品，使得我国 CA 认证机构的国际认可度较低。目前国际主流的应用系统（如微软的 IE 浏览器）以及国际 CA 认证机构和组织，对我国 CA 认证机构大都持不认可的态度。典型的是在服务器证书应用上，CA 机构必须经过微软根证书项目的（Microsoft Root Certificate Program）的评估，才可以得到微软浏览器认可，将服务器证书嵌入其 IE 浏览器当中。目前在 Microsoft Root Certificate Program 中的 CA 机构中，只有中国互联网信息中心（CNNIC）和上海 CA 两家中国的根证书入选。而美国有国际知名的 VeriSign、GeoTrust、Globalsign 等认证机构，这些机构多数已经通过 Web trust 审计，提供的服务器认证服务在全球得到广泛应用。

（三）普遍缺乏服务意识，服务支撑能力不足

由于多数 CA 机构背后行政色彩较浓，直接导致其将自己定位于管理机构而非服务机构，并使其陷入一味追求盈利而忽略提高自身服务质量的误区。目前我国多数 CA 认证机构，电子认证服务仅限于身份认证和证书服务，缺少应用服务认证，对司法鉴定和诉讼代理服务更是涉及甚少。即各 CA 机构更多关注的是电子认证中的证书发放，以及认定证书发放者的身份，而对证书发放之后的后续问题关注较少，并缺乏相应的配套措施。

（四）规模小、实力弱

与国外发展成熟的电子认证服务机构相比，我国电子认证服务机构规模普遍较小，综合实力和竞争力普遍较弱，缺少具有一定规模、运作规范、有广泛影响力的电子认证服务机构，尤其缺少具有国际影响力的电子认证服务机构。目前我国 31 家电子认证机构总共签发有效证书 2200 多万张，平均每家不到 71 万张。而国际上的 VeriSign 公司，世界 500 强企业

中93%的公司选择了VeriSign的SSL证书服务；世界100家最大的银行中97%的公司选择了VeriSign的SSL证书服务；全球50大电子商务网站中的47个网站选用VeriSign的SSL证书服务；国内用户中包括四大商业银行、招商银行、中信银行、光大银行在内的主要商业银行均选用了VeriSign的SSL证书服务。VeriSign为160个国家的9万多个网站提供VeriSign印章服务，每天的使用次数达到2.5亿次。同时VeriSign已经为200万人发放带有VeriSign®的VIP身份卡，用于某些局域网的强身份认证。

（五）低水平竞争，市场秩序不够规范化

低水平竞争主要体现在三个方面：一是竞争领域较为集中，即主要为证书的发放方面；二是价格竞争较为激烈（见表3、表4）；三是部分CA机构为追求利润忽略运营风险，少数机构甚至违规改变经营条件，如改变资本结构，变更企业法人代表，随意变更注册资金用途，等等。

此外，与官方认可的第三方CA认证中心不同，我国各银行均有各自的认证体系，这属于未经工业和信息化部等国家权威主管部门许可的非第三方电子认证服务机构。该认证体系由银行自行签发、自行运用和自行裁决，使得各银行同时担任了运动员和裁判员的角色，完全违背了第三方认证的原则。

表3　第三方CA认证中心个人数字证书与个人银行U key费用对比表

单位：元

个人银行U key	开户费	年费	CA中心个人数字证书	开户费	年费
中国银行	45	无	陕西CA	80	50
中国建设银行	48	无	上海CA	140	20
中国工商银行	60	无	安徽CA	80	30
交通银行	68	无	浙江CA	80	50
招商银行	60	无	江苏CA	200	20

资料来源：赵锋等《我国电子认证服务业管理经营问题探讨》，《商业文化》2009年第5期。

表4　第三方CA认证中心企业数字证书与银行企业U key费用对比表

单位：元

企业银行U key	开户费	年费	CA中心企业数字证书	开户费	年费
中国银行	800	600	陕西CA	800	500
中国建设银行	95	600	上海CA	800	500
中国工商银行	200×2	280	安徽CA	450	200
交通银行	350~500	350~500	浙江CA	500	200
招商银行	120	30/月	江苏CA	550	700

资料来源：赵锋等《我国电子认证服务业管理经营问题探讨》，《商业文化》2009年第5期。

（六）相关核心技术匮乏

目前我国电子认证服务机构采用的两项关键技术PKI（公共密钥基础设施）和PMI（授权管理基础设施）技术都源自国外，PKI技术是信息安全技术的核心，也是电子商务的关键和基础技术，核心技术受制于人，不仅会导致信息安全成为空谈，而且会导致我国盲目跟从国外核心技术的升级换代，从而使得每一代的技术潜能无法得到充分挖掘，也降低了现存系统的运行效率。

（七）行业内部发展不平衡

首先，我国电子认证服务大都局限于电子政务、金融领域和部分电子商务领域，电子商务市场并没有得到充分挖掘，而“移动电子商务领域”更是涉及甚少。其次，从目前CA机构签发的有效证书来看，机构证书和个人证书占比合计达到99.95%，而对设备证书涉及较少。再次，从区域来看，东部地区电子认证比较发达，东部地区经批准的电子认证服务机构总计20家，占到全国的64.5%，目前长三角已经基本实现互联互通；而中西部地区发展相对较弱，其经批准从事电子认证服务的机构合计11家，占全国的35.5%（见图6）。最后，从各个认证机构比较来看，发展较好的电子认证服务机构证书保有量达数十万到几百万张，并不断拓展，而发展不好的电子认证服务机构证书保有量多者10余万，少者也就数千，且情况还在恶化。

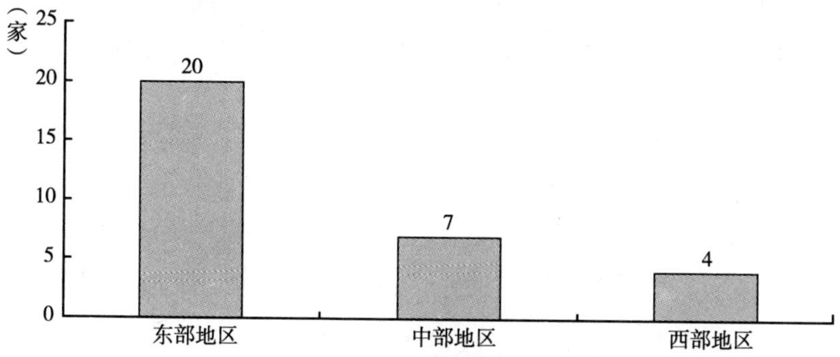

图6 我国经批准的电子认证服务机构区域分布

（八）缺乏行业整体规划

自我国开始出现电子认证服务至今，国内尚未出台一项有关电子认证服务发展的总体规划和管理指南，从而使得各地均设立了电子认证服务机构，CA机构建设过热，有一定的盲目性，重复建设和资源浪费现象严重，使得电子认证服务发展处于无序状态。

四 制约中国电子认证服务业发展的因素

（一）互联网诚信缺失

目前，互联网公共信息中虚假信息难以遏制，用户密码不断被盗，已经对公众和企业进行网上交易造成严重困扰。江民科技反病毒中心统计数据显示，2010年全年共截获病毒1080余万个，其中木马病毒占69%，后门病毒占9.95%，脚本病毒占2.76%，漏洞病毒占0.37%，蠕虫病毒占2.23%，其他类型恶意代码占15.69%[①]。如果以个人信用卡号码由于一

① 江民科技：《2010年网络信息安全报告》，http：//www.enet.com.cn/security/。

次网上购物而被非法滥用的案例与网上交易次数的比作为泄密比率，一份抽样估计显示，该比率高达 10%，这在较大程度上抑制了网上购物客户空间的发展。另据“世界互联网项目”2009 年发布的《世界互联网项目报告 2009》显示，认为一半或一半以上网络信息不具有可信性的中国网民约占 70%。

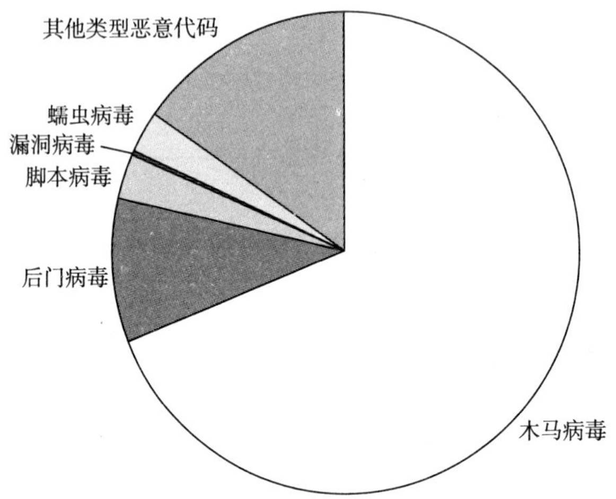

图 7　2010 年网络病毒种类及分布

（二）法律法规不完善，缺乏有效监管

国家及相关部门分别制定《电子签名法》、《电子认证服务管理办法》等法律法规及配套措施（见表 5），以及地方政府出台的《海南省数字证书认证管理试行办法》、《上海市数字认证管理办法》、《广东省电子交易条例》等推进电子认证应用的规范性文件，虽然一定程度上规范了电子认证服务市场，但仍急需进一步完善。现有法律文件主要有两方面的问题：一是涵盖问题不全面。如对电子签名的法律地位和效力问题，对电子认证服务机构的规范管理办法，权利义务以及法律责任等问题都没有明确规定。如《中华人民共和国票据法》规定：“本法所称票据，是指汇票、本票和支票”，电子票据是否受法律保护目前仍存疑问。二是与传统法律如《票据法》、《合同法》、《证券法》等衔接性较差，相互间存在一定的

脱节。举一实例，北京书生公司拟申请成立以电子文书鉴定为主要义务的司法鉴定机构，但出乎意料的是司法局工作人员认为文书不包括电子文书，无法对“电子文书”进行定性归类，因为根据《全国人大常委会关于司法鉴定管理问题的决定》，国家对从事下列司法鉴定业务的鉴定人和鉴定机构实行登记管理制度：①法医类鉴定；②物证类鉴定；③声像资料鉴定；④根据诉讼需要由国务院司法行政部门商最高人民法院、最高人民检察院确定的其他应当对鉴定人和鉴定机构实行登记管理的鉴定事项，只能看将来“电子文书”能否归在第四类体系中。

表 5　涉及电子认证服务的部分相关法律法规

制定(批准)部门	法律/法规/办法/条例
全国人民代表大会常务委员会	《电子签名法》
中共中央办公厅 国务院办公厅 (中办发〔2003〕27 号)	中共中央办公厅 国务院办公厅转发 《国家信息化领导小组关于加强信息安全保障工作的意见》的通知
国务院办公厅 (国办发〔2006〕11 号)	国务院办公厅转发 国家网络与信息安全协调小组《关于网络信任体系建设的若干意见》
工业和信息化部	《电子认证服务管理办法》 《电子认证业务规则规范》(试行) 《电子认证服务机构运营管理规范》(试行) 《电子认证服务机构服务规范》(试行) 《电子认证服务机构从业人员岗位技能规范》(试行)
公安部	《互联网安全保护技术措施规定》
公安部、国家保密局、国家密码管理局、国务院信息办	《信息安全等级保护管理办法》
银监会	《电子银行业务管理办法》 《电子银行安全评估指引》
中国人民银行、银监会、证监会和保监会	《金融机构客户身份识别和客户身份资料及交易记录保存管理办法》

续表

制定(批准)部门	法律/法规/办法/条例
国家密码管理局	《商用密码产品使用管理规定》 《境外组织和个人在华使用密码产品管理办法》 《商用密码科研管理规定》 《商用密码产品生产管理规定》 《商用密码产品销售管理规定》 《电子政务电子认证基础设施建设要求》 《电子政务电子认证服务业务规则规范》(试行) 《电子政务电子认证服务质量评估要求》(试行)
国家电子政务外网管理中心电子认证办公室	《国家电子政务外网电子认证服务管理办法》 《国家电子政务外网分中心管理条例》
卫生部、国家中医药管理局	《电子病历基本架构与数据标准》(试行) 《电子病历基本规范》(试行)

国外对电子认证服务具有相对完善的法律法规体系。如美国建立了以州法为主、联邦法为协调的两级法律体系，此外还制定了《统一电子交易法》、《统一计算机信息交易法》等法律。欧盟于 1999 年颁布了《电子签名统一框架指令》，制定了各成员国建立各自的监管制度得统一电子签名法律框架。日本形成了以《电子签名与认证服务法》为核心的电子认证法律体系，主要包括《电子签名与认证服务法》、电子签名和认证服务法律施行令、关于指定调查机构的部长令、电子签名和认证服务法律施行规则、关于特定认证服务指引等组成部分。韩国电子认证法律体系以《电子签名法》为核心，主要包括《电子商务基本法》、《电子签名法》、电子签名法实施法规、电子签名法实施命令、关于身份识别和认证的通知、关于 CPS 指引的通知、关于 CA 安全措施的通知、关于 CA 设施设备标准的通知等。此外，国外多个国家配合电子签名相关立法对其他法律进行了修订，如修订《合同法》、《证据法》、《公证法》等，使得电子签名法和其他相关法律能相互衔接。

我国政府主管部门及专家共同对认证机构进行监管，并主要有事前、事中和事后三个环节。事前监管主要是市场准入方面，要求认证服务机构必须具备一定的服务条件；事中监管主要针对电子认证机构的服务的适当性、义务履行情况、设备及技术更新情况、证书管理情况等的监管，以监督和确保认证机构提供服务的质量，具体措施有年检、定期信息报送等；事后监管主要是对电子认证机构在运营过程中的违法违规行为进行处罚。而国外主要由第三方对电子认证服务机构进行监管。如美国对认证机构的年度监督检查工作由法律授权具有电脑安全专业知识的合格职业会计师或合格的电脑安全专家所进行。英国则由独立的第三方审计机构依照客观、透明、非歧视的原则和程序对机构是否符合自愿认可的相关标准和要求进行评估。韩国则主要由信息安全局（KISA）来承担。而且国外监管部门多通过信息监督等技术手段实现监管，即通过在线或离线的监管技术工具来实现对认证服务的有效监管。

（三）未建立起统一的 PKI 信任体系

PKI 信任体系是指通过根 CA、桥 CA、信任列表、交叉认证等技术方案，将相互独立的 PKI 域连接起来，在不同域之间建立信任关系，从而形成一个统一的体系。借助于该体系可以实现各个认证机构认证结果的互联互通。虽然我国正在建立电子政务内网和外网的信任源点（即根），同时 CA 机构自身也尝试建立了一些区域性的联盟，但全国统一的 PKI 信任体系依然缺乏，从而导致各家 CA 机构彼此独立，成为彼此互不相连的“信息孤岛”，各证书之间缺乏“互通性”。而国外大多已建立以桥 CA 或根 CA 为核心的 PKI 信任体系（美国联邦 PKI、加拿大政府 PKI、日本政府 PKI 等采用桥 CA 方案，德国、韩国 PKI 体系采用了根 CA 方案），使得各认证机构互联互通，认证结果可以相互兼容。

（四）电子认证服务标准体系不完善

目前，我国电子认证服务标准体系仍不完善，虽然基础设施类标准基本成熟，技术类标准进展良好，但管理类标准刚起步，应用支撑类标准严重欠缺（见表 6）。尤其是如数字证书分级分类管理、互操作测评规范、可靠电子签名指南、安全认证中间件框架与接口规范、PKI 客户端密码模块接口规范、电子签名安全取证规范、电子签名验证服务系统安全要求规范等应用类标准的缺乏，一定程度上阻碍了国内CA机构产品和服务的应用推广。而美国、欧盟等国外电子认证服务标准规范体系比较完善。如美国国家技术标准局（NIST）已经发布了上百个SP和FIPS系列报告（其中包括标准、指南、建议、概述等），内容不仅包括底层的加密技术和协议，通用的信息系统安全验证，而且包括了最新的安全无线通信技术等。另外，美国律师协会还发布了数字签名指南和PKI评估指南，针对电子认证服务提供者制定了安全管理标准、计算机系统可信等级标准、认证机构在技术和管理方面的政策及实施声明、认证机构服务和流程的一致性评估准则等，针对证书策略、互操作应用制定了签名策略标准、资料库标准——用于存放证书策略、签名策略及合同策略等、认证机构间的操作协议、应用程序接口标准等。

表6　已实施电子认证服务相关标准体系

基础设施类标准	技术类标准	管理类标准	应用支撑类标准
GB 2887－1989《计算站场地技术条件》	GB/T 20518－2006《公钥基础设施　数字证书格式》	《电子认证服务机构运营管理规范》	《信息安全技术 公钥基础设施 证书策略与认证业务声明框架》
GB 9361－1988《计算站场地安全要求》	GB/T 19714－2005《公钥基础设施　证书管理协议》	《电子认证服务机构服务规范》(试行)	
GB 6650－1986《计算机机房用活动地板技术条件》	GB/T 19713－2005《公钥基础设施 在线证书状态协议》	《电子认证服务机构从业人员岗位技能规范》(试行)	
GB 50174－1993《电子计算机机房设计规范》	GB/T 20520－2006《公钥基础设施 时间戳规范》	《电子认证业务规则规范》(试行)	
GA/T 388－2002《计算机信息系统安全等级保护操作系统技术要求》	GB/T 20519－2006《公钥基础设施　特定权限管理中心技术规范》	《电子政务电子认证服务业务规则规范》(试行)	
GA/T 389－2002《计算机信息系统安全等级保护数据库管理系统技术要求》	GB/T 19771－2005《公钥基础设施　PKI组件最小互操作规范》	《电子政务电子认证服务质量评估要求》(试行)	

续表

基础设施类标准	技术类标准	管理类标准	应用支撑类标准
GA/T 389－2002《计算机信息系统安全等级保护数据库管理系统评估准则》	GB/T 21053－2007《公钥基础设施 PKI系统安全等级保护技术要求》	《国家政务外网证书认证机构(CA)命名空间规范》	
《信息安全技术 操作系统安全技术要求》	GB/T 21054－2007《公钥基础设施 PKI系统安全等级保护评估准则》	《国家电子政务外网数字证书格式规范》	
《信息安全技术 数据库管理系统安全技术要求》	《证书认证系统密码及其相关安全技术规范》	《国家政务外网注册服务点(RA)建设指南》	
GA/T 388－2002《计算机信息系统安全等级保护操作系统评估准则》	《电子认证服务机构有关标准规范》(参考)	《国家政务外网证书注册机构建设流程规范》	
GB/T 18019－1999《包过滤防火墙安全技术要求》	《IPSec VPN 技术规范》	《国家政务外网注册服务点(RA)合规性审查指南》	
GB/T 18020－1999《应用级防火墙安全技术要求》	《SSL VPN 技术规范》		
GA/T 387－2002《计算机信息系统安全等级保护网络技术要求》	《数字证书认证系统密码协议规范》		
《网络交换机和路由器安全技术要求》	《数字证书认证系统检测规范》		
《计算机信息系统安全等级保护 技术要求 路由器》	《证书认证密钥管理系统检测规范》		
《计算机信息系统安全等级保护 技术要求交换机》	GB/T 16264.8－2005《信息技术 开放系统互连》		
GA/T 390－2002《计算机信息系统安全等级保护通用评估准则》	GB/T 18336－2001《信息技术 安全技术 信息技术安全性评估准则》(ISO 15408)		
《计算机信息系统安全等级保护 PKI系统评估准则》	《电子政务数字证书应用接口规范》		
《电子政务电子认证基础设施建设要求》	《国家政务外网证书认证机构(CA)系统接口规范》		

此外，我国的相关标准制定单位主要包括工业和信息化部、国家密码管理局以及全国信息安全标准化技术委员会组织少数科研单位，缺少业界代表，研制的标准不能切实反映行业需求，为标准在行业中的后续实施造成一定的困难。而美国、欧盟等国外电子认证服务标准由业界代表、标准化组织及专家共同参与研究制定，与行业需求联系紧密，制定后能在行业中迅速得以推广应用。

（五）行业垄断与地方保护

一方面，我国目前经批准的 31 家 CA 机构中，大多数由地方政府主导建成，因此地方政府对其发展大都采取地方保护手段，及本地个人和企业由本地认证机构认证。另一方面，部分认证机构是由行业自身组建的，它们垄断了本行业内部的认证资源。这些现象不仅扰乱了电子认证市场的正常竞争秩序，也限制了认证机构的服务范围，并严重制约了电子认证业务的发展。目前国际上大的 CA 认证中心业务范围分布全球，如 VeriSign 的经营区域涉及全球 66 个国家和地区；Cyber trust 业务范围涉及 120 多个国家和地区；Global sign 在美国、加拿大、日本、中国、澳大利亚、英国等均设有办事处。

（六）电子认证产业链不完善，行业公共服务落后

目前，我国电子认证产业链发展不完善主要体现在：电子认证产业链上游的系统与设备供应商的创新能力不足，缺乏核心技术的知识产权；产业链中游的 CA 机构产品创新能力不足，应用开发不足，同时也缺乏公共服务机构；产业链下游的用户则应用意识不强。根据一份以对电子签名和认证技术了解程度为主题的调查显示：只有 18.9% 的人完全了解；45.67% 的人了解一些；35.43% 的人完全不了解。并且多数人认为电子认证只是身份认证的手段，等同于用户名/密码、动态口令等技术。

（七）行业人才匮乏，现有从业人员技术水平不足

电子认证服务属于高技术服务业，行业发展的关键在于人才。但我国

电子认证现有从业人员技术水平不高，相关专业技术人才相对匮乏。2007年，中国电子学会举行“电子认证与数字证书工程师”培训和专业技术资格考试，参加人员大部分来自于电子认证服务机构，参加人员总计65人，通过考试、获得工程师资格的人员只有17人，通过率只有26%。

五 促进中国电子认证服务业发展的政策建议

三网融合业务、物联网技术、移动支付业务的发展及应用范围的扩展，为现代服务业创造安全、可信的网络服务环境的电子认证服务业带来了重要的发展机遇和挑战。为促进电子认证服务业的健康、持续发展，应重点做好以下几个方面的工作。

（一）从国家战略高度统筹规划

政府部门应提高对电子认证服务的重视程度，针对我国电子认证服务行业的发展现状，认真研究，统筹规划，合理布局，打破条块分割，消除行业壁垒和区域壁垒，构建全国性跨地区、跨行业、跨领域的电子认证技术体系、运营体系和服务体系。同时将电子认证服务纳入新兴服务业，在经济社会发展全局中制订发展规划，采取鼓励性、扶持性的产业政策，对其在投资、信贷和税收方面给予适当优惠。

（二）建立和完善相关法律法规

完备的法律体系是电子认证服务行业健康规范发展的基础和必然要求。理论分析和经验验证的结果都表明，法治和适当的规制有利于经济发展。相反，缺乏法制和“过度规制”往往是窒息经济活力和妨碍市场发育的重要原因。[①] 法制主要有两个经济作用：一是约束政府，约束的是政府对经济活动的任意干预；二是约束“经济人”的行为，其中包括产权界定和保护、合同和法律的执行、公平裁决、维护市场竞争。如果没有法

① 钱颖一：《市场与法治》，《经济社会体制比较》2000年第3期。

制的这两个经济作用为制度保障，产权从根本上说是不安全的，企业不可能真正独立自主，市场不可能形成竞争环境并高效率运作。[①] 我国电子认证服务业要健康发展，必须有一个健全的法制环境。为此，相关部门一方面要继续制定和颁布相关法律法规，如电子认证服务的互通互认、业务承接、境外机构核准、CA 机构安全管理等法律法规。另一方面，要加强对已颁布的有关电子认证服务的法律法规的修订和完善，同时抓紧开展《电子签名法》与其他法律、法规、司法解释等的配套的相关工作。

（三）加强监管，建设相应监管平台

一是研发电子认证服务业技术监管工具，建设相应监管平台。电子认证是一个复杂的高技术过程，监管者必须具备一定的监管技术设施和手段，才能实现有效监管。

二是完善市场准入和退出机制。针对市场准入中的细节问题，制订具有可操作性的实施办法，研究制订业务承接办法，保证 CA 机构作业连续性。

三是控制 CA 机构数量的增长，规范 CA 机构运营。电子认证的规模效应和保障安全的特性，决定了必须加强对 CA 机构数量规模的控制，减慢 CA 机构数量增长的步伐。制定安全运营的标准规范，约束经营风险，防止因过度竞争引起安全能力的削弱。

四是优化监管工作机制。将监管中审查、标准制定等具体事务性工作委托专业的第三方机构承担，以增强监管的客观性、专业性，标准的合理性、科学性，提高监管效率。

五是制定标准的证书策略。证书策略的标准化是规范电子认证服务行业的切入点之一，可以有效地促进全行业的良性竞争和有序发展。在制定证书策略过程中注意进行科学的分级。对此可以借鉴美国和韩国的经验。

（四）加快制定各类标准，完善电子认证标准体系

一个完善的电子认证服务标准体系对于整个行业的意义是多方面的，

① 钱颖一：《市场与法治》，《经济社会体制比较》2000 年第 3 期。

包括行业管理、技术互操作、公众的认可、人才培养和国际化等[①]。统一标准、提高互操作性、实现应用系统间的无缝连接已经成为推广电子认证应用的迫切需求。为此，相关主管部门应积极听取业界代表意见，加快研究制定各类标准，特别是应用类标准，完善我国电子认证标准体系，促进电子认证应用规范和健康发展。

（五）建立健全电子认证服务行业自律机制

外部监管、行业自律、内部控制是维护市场经济正常经营秩序、促进企业良性竞争和稳健经营、防范风险的三大支柱。对于电子认证服务存在的问题，既需要政府部门通过完善立法、加强监管来解决，还需要电子认证服务机构建立完善的内部治理机制，同时也需要采取市场化的方式，推动行业自律机制的建立。因此，应加快建立全国性的电子认证服务协会，在服务标准、价格、风险防范等方面加强内部合作，达成共识。

（六）引导合作，实现电子认证服务互联互通

互联网没有边界，可靠的电子认证也应该是互联互通的。加强对电子认证互信互认技术、统一的业务策略、明确法律责任划分等的研究，积极制定可靠的电子签名互认应用技术规范，探索建立在可靠电子签名和可信数据电文基础上的互认业务应用。互联互通模式的建立，可以打破行业、部门对信息的垄断、分割和无序的状态，消除恶性竞争，实现资源共享和综合利用，并建设起区域一体化的网络信任体系。

（七）鼓励服务模式创新，开拓应用领域

首先，从以证书发放为基础的服务模式扩大到电子认证的全流程服务模式，即涵盖证书的发放、存储、管理、可靠签名的电子数据的生成、传递、接收、保存、提取、举证等各个环节。并进一步推进电子认证服务扩展到担保服务、身份服务等一系列增值的专业服务模式。其次，考虑网络

① 徐霞：《电子认证服务标准体系研究》，http：//www. eschina. info。

的多样性和计算机终端形态的多样性，开发适用于移动网络下的移动设备和物联网环境下的非计算终端设备的电子认证服务技术。最后，考虑信息化服务的模式和形态，在电子签名的技术和服务层面实现组合式创新，使电子认证服务适用于云计算、基于位置的现场服务、社会化服务等新兴的信息化服务模式。

（八）大力发展社会化、专业化的第三方认证服务中介机构，支持电子认证服务企业做大做强

国际上一个普遍共识是，第三方认证公司相对而言具有更高的可信度，因为第三方认证公司具有独立背景，在严格的行业规则和管理监控下，独立运作认证业务，能够最大限度地杜绝任何带有商业利益色彩的外界力量干预或影响认证流程，从而有力保证认证结果的公正性、客观性和真实性。① 因此，政府应大力发展社会化、专业化的第三方电子认证服务机构。

为提高电子认证服务机构的资本实力，要积极鼓励风险投资、民营资本进入电子认证服务领域，支持技术实力雄厚、产品应用前景好、服务和风险保障能力强的电子认证服务企业上市，支持电子认证服务机构通过联合、并购、重组等方式进行资源整合，改善服务质量，扩大服务规模，降低服务成本，提高市场开拓能力，促使其做大做强。

（九）完善电子认证服务产业链，增强产业可持续发展能力

一是提高产业链上游电子认证软硬件提供商的技术创新能力。在遵循国际标准的基础上，鼓励和支持企业开发拥有自主知识产权的 CA 技术产品。二是发展行业公共服务，针对行业发展中的共性的、基础性的问题，提供权威、可信的公共服务。行业公共服务包括安全监测、技术支持、审计评估、风险评估、责任鉴定、证书验证、商业保险、应用培训等。为

① 陈宏娜、胡桃：《当前电子商务信用体系建设的现状及发展策略研究》，《中国电子商务》2009年第11期。

此，应借助于促进政府监管的专业化，将专业性的工作交由专业性机构承担；积极与商业保险机构沟通，促成商业保险机构开辟 CA 机构责任担保等险种；加快发展电子认证咨询等服务。

（十）推动建立产业联盟，提升研发和竞争能力

在高新技术的国际竞争中，专利竞争已经表现为大规模组织化的竞争，产业联盟则是组织化竞争的重要形式。20 世纪 80 年代以来，发达国家的信息产业联盟迅速发展，跨国公司缔结了一系列以 R&D 和专利活动为核心的产业联盟。国外电子签名服务共性技术的研发，主要依托大型电子认证服务机构来进行，如 Valicert、Baltimore、Certicom 等。这些机构之所以具有领先优势，除了拥有政府支持并且自身力量雄厚之外，它们还能合作多赢，联手研发行业急需的共性技术，并创新各种应用服务。产业联盟对提升电子认证领域的专利竞争力具有积极意义，是我国突破跨国公司信息安全技术的专利遏制战略的有效组织形式。[①]

（十一）推广电子认证应用，提高认知度，扩大电子认证市场

充分利用各种媒体，或者通过多角度、多层次的培训方式，加大对电子认证服务的宣传、培训力度，加强人们对电子认证服务重要性的认知，提高政府部门、行业主管部门及社会公众应用电子认证服务的积极性。联合行业应用部门启动一批大型电子认证应用项目，积极开展电子认证应用试点示范工程。如联合行业应用主管部门，在医疗、社保、电子执照等领域，启动一批大型电子签名应用项目，推动电子认证在医疗、社保、电子执照等领域的应用。与地方政府部门联合，选择当地有影响力的电子商务平台，推出一批电子认证试点示范工程。

（十二）加强人才队伍建设，为行业创新发展提供人才支撑

高水平的人才队伍是提供高质量服务的前提，也是行业持续发展的基

---

① 王金祥、申其辉：《电子认证构建可信网络环境》，《中国科技投资》2009 年第 6 期。

石。为此，国家相关部门应组织相关专家编写电子认证专业教材，引导有条件的高等院校开设电子认证专业课程；联合国内著名专业院校和科研机构，加强电子认证服务业专门人才的深造培养，逐步建立起较为完善的人才供应机制。电子认证服务机构也应注重人才培养，建立专业人才培养与岗位从业认证机制，拓宽人才培养途径，充分利用现有的人才队伍，开展电子认证法律、技术、市场、应用等多方面的专业化培训。此外，还要建立行业从业人员资质管理制度，为电子认证服务行业发展提供安全可靠的人才保障。

（十三）加强国际互认合作，提高国际认可度

我国应尽快对境外证书法律效力核准进行研究，制订相应管理办法，积极参与相关国际条约、协定的协商，在保持开放和确保国家安全的前提下，签署有关条约、协定，推进跨国数字证书互认；积极参与国际标准的制定，并鼓励电子认证服务机构申请通过国际标准将根证书嵌入浏览器中。

参考文献

Sulin Ba，& Paul A. Pavlou. “Evidence of the effect of trust building technology in electronic markets: price premiums and buyer behavior”. Electronic Economy Research Program，2001.

王金祥、申其辉：《电子认证构建可信网络环境》，《中国科技投资》2009 年第 6 期。

厉鹏：《我国电子认证服务体系的建立与发展》，《物流管理》2008 年第 4 期。

程波：《我国电子认证服务业：现状、问题及政府策略》，吉林大学博士学位论文，2008。

石朝阳、赵都：《电子认证是信息系统应用安全的保障——从我国电子认证业务的历史和现状分析其发展》，《信息网络安全》2006 年第 6 期。

胡英、汤铭：《电子认证服务四大纠结》，《计算机世界》2010 年第 24 期。

王德庆：《贯彻“电子签名法”积极推动电子认证应用》，《信息网络安全》2005 年第 5 期。

陈宏娜、胡桃：《当前电子商务信用体系建设的现状及发展策略研究》，《中国电子商务》2009 年第 11 期。

赵锋、王贞、胡义召、徐修浩：《我国电子认证服务业管理经营问题探讨》，《商业文

化》2009 年第 5 期。

钱颖一：《市场与法治》，《经济社会体制比较》2000 年第 3 期。

侯瑞：《电子认证服务的新探索——长三角地区开通数字证书应用交叉互认平台》，《信息化建设》2011 年第 1 期。

左风：《电子认证服务业创新发展探讨》，《信息通信技术》2008 年第 5 期。

工业和信息化部赛迪研究院：《电子签名服务总体框架研究》，http：//www. ccidthinktank. com/plus/list. php？ tid = 98&id = 92。

徐霞：《电子认证服务标准体系研究》，http：//www. eschina. info。

卜凡金：《推进电子认证服务，营造网络信任环境》，http：//news. ccidnet. com/art/1032/20080415/1420971_ 1. html。

《电子签名与认证服务业产业趋势预测》，http：//www. cacenter. com. cn/zhuanti/hydt1 -1. html。

《我国电子认证服务业存在的五大问题及建议》，http：//www. ciw. com. cn/info/cio01/20070427155821. shtml。

中国人力资源服务业发展现状、趋势与政策建议

姚战琪*

摘　要：改革开放后，我国人力资源服务业发展迅速，历经了20世纪80年代的初始阶段、从20世纪90年代初至21世纪初的市场化转变期和始于21世纪初的快速发展期。实证研究表明，我国人才服务业具有增加就业、降低企业运营成本、有利于优化产业结构等显著特征，同时面临各地人力资源服务体系尚不完善、市场化服务和公共服务界限不清、人力资源服务业发展层次较低、在岸服务外包发展迅速但离岸服务外包不受重视等问题。目前，伴随全球经济的复苏，曾陷入迅速衰退的发达国家人力资源服务业开始恢复增长。在我国，人才服务业已进入快速发展期，应制定政策促进人力资源服务业多元化发展、市场化服务和公共服务业协调发展、人力资源服务企业转型升级，以及推动在岸外包和离岸外包协调发展和不断完善法律环境。

关键词：人力资源　人力资本　人才服务业　服务外包　政策建议

* 姚战琪，男，经济学博士，中国社会科学院财经战略研究院服务经济研究室副主任、副研究员。主要研究方向为服务经济与国际投资。

一 中国人力资源服务业发展的现状

（一）我国人才服务业政策法规变化及简要分析

我国人才服务业政策法规的发展历程大体经过了三个阶段：从20世纪80年代至90年代初期的第一阶段，从20世纪90年代初至21世纪初的第二阶段，以及从2003年开始的第三阶段。在第一阶段，中央先后出台了《国务院关于引进国外人才工作的暂行规定》、《关于分流人才、调整结构、进一步深化科技制度等的若干意见》等政策规章，为我国人才服务业的概念形成奠定了基础。该时期是我国人才服务业早期发展阶段。第二阶段是我国人才服务业市场体系的构建期和人才服务业市场化转变期，1996年人事部出台《人才市场管理暂行规定》，1999年人事部出台《加快培育和发展我国人才市场的意见》，以及2000年中央组织部、人事部出台《关于加快事业单位人事制度改革的意见》，为我国人才服务业的长期发展和企业竞争力提升奠定了基础。在第三阶段，我国进入人才服务业市场化发展阶段，并迅速参与人才服务市场的国际竞争。

第三阶段，我国出台了日益完善并有中国特色的人才服务业法律法规。2003年，《中共中央、国务院关于进一步加强人才工作的决定》明确了实施人才强国战略是党和国家一项重大而紧迫的任务，并提出了人才评价和使用机制。2007年，胡锦涛总书记在党的十七大报告中明确指出，“更好实施科教兴国战略、人才强国战略、可持续发展战略”，“优先发展教育，建设人力资源强国”，“建立统一规范的人力资源市场，形成城乡劳动者平等就业的制度”，这是党中央根据新世纪新阶段国内政治经济形势的深刻变化而做出的人才服务业发展的重大战略举措，将为大力支持人力资源服务业的快速发展提供有力的政策环境。党的十七大将“人才强国”发展战略明确地写入党章，将人才强国发展战略作为三大基础发展战略之一。同年3月出台的《国务院关于加快发展服务业的若干意见》提出了促进人才服务业发展的措施和实施方法，指出为实现人才资源配置体系的完善和提供人才保障应落实的具体方法和实施策略，这是我国首次将人才服务业正式写入国务院的文件。同时，《国务院关于加快发展服务业的若干意见》明确指出，“充分发挥高等院校、科研院所、职业学校及有关社会机构的作用，推进国际交流合作，抓紧培训一批适应市场需求的技能型人才，培养一批熟悉国际规则的开放型人才，造就一批具有创新能力的科研型人才，扶持一批具有国际竞争力的人才服务机构”，这表明我国扶持人才服务业发展的政策环境迅速完善，国家和政府对人才服务业高度重视。2009 年，人力资源和社会保障部邀请中国对外服务工作行业协会，联合上海人才服务行业协会、北京外企人力资源服务有限公司和上海对外服务有限公司等单位共同参与，出台了《关于推进人力资源服务业发展的意见》，明确地赋予了“人力资源服务业”定义。这是我国人力资源服务行业第一个产业性、纲领性的文件，具有重要的历史意义，将为我国尽快实现由人力资源大国向人力资源强国转变的目标创造战略基础。

我国人才服务业政策法规日趋完善的一个突出背景是，不断发展的人力资源服务业日益明确了市场主体的分工以及市场配置人力资源的主导角色。《国家中长期人才发展规划纲要（2010～2020 年）》指出，“推动人才结构战略性调整，充分发挥市场配置人才资源的基础性作用，改善宏观调控，促进人才结构与经济社会发展相协调”，“发挥政府人力资源管理部门作用，强化各职能部门人才工作职责，充分调动各人民团体、企事业单位、社会组织的积极性，动员和组织全社会力量，形成人才工作整体合力”。

我国人才服务业政策环境的一个突出特征是，政府机构不断修改和完善相关法律法规，使管理制度和相关政策日趋完善，从而促进了我国人才服务业发展环境日趋完善。2005 年，我国人事管理机构对《人才市场管理规定》和《中外合资人才中介机构管理暂行规定》进行修正和完善，使人才市场管理制度日趋完善。同年，人事部等相关机构对《国务院所属部门人才中介服务机构管理办法》和《全国性人才交流会审批办法》也进行了完善，行业监管体系日益完善。2008 年《劳动合同法》与《就业促进法》开始实施，以及《劳动争议调解仲裁法》正式施行，为人力资源市场提供了较为合理的法律依据，这些法律法规为人力资源服务业的规范化、专业化发展创造了良好的发展环境，促进了产业的快速发展。当前，我国人才市场迎来了空前的发展契机。

（二）人才服务业发展现状

1. 我国人力资源服务业规模增长迅速

根据新华社公布的统计数据，截止到2009年底，全国共设立各类人力资源服务机构4.9万家，从业人员达18.8万人。人力资源服务内容已从最初的仅包括职业介绍、职业培训、流动人员档案管理等业务逐步发展成为涵盖培训、人员测评、服务网站建设及高端人才寻访等较高级业务，人力资源外包、管理咨询逐渐成为该行业发展热点。同时，人力资源服务水平不断提高，全国共设立固定交流场所2万多个，网站6000多个，年浏览量超过百亿人次。虽然我国人力资源服务业发展速度加快，但与发达国家相比，我国仍存在较大差距。将上海与其他国际大都市人才中介企业进行对比可以明显看出，上海机构数量为549家，仅约为东京的27%，纽约的23%，新加坡的36%（见表1）。表1表明，中外人才中介服务业差距较大，我国仅处于起步阶段，尽管如此，我国人才服务业发展速度快，且前景广阔。

2. 人力资源服务企业发展迅速，代表性企业市场份额迅速增长

随着我国市场经济的发展，企业对人力资源服务业的需求日益增长，企业的服务需求已经不再局限于社会保障和住房公积金的代缴与申报、工资代发、人才流动、教育设施等服务，随着中国在20世纪90年代进入买方市场后，竞争程度越来越激烈的市场环境促使人才服务企业必须改善经营模式、营销模式和竞争策略，充分满足客户的高层次需求，同时也促使我国部分企业发展迅速，成为推动人力资源服务业的代表性企业。“2010中国人力资源年度评选”获奖名单表明，2010年度中国最佳人力资源咨询机构为翰威特；中国最佳人力资源培训机构为益策（中国）；中国最佳人才招聘机构为前程无忧；中国最佳人力资源外包机构为FESCO；中国

最佳人才测评机构为托马斯国际；最佳 EHR 软件机构为用友集团；最佳健康体检机构为爱康国宾；最佳团体保险机构为平安养老；最佳企业年金机构为交通银行；最佳猎头机构为万宝盛华；最佳高级经理培训教育机构为中欧国际工商学院。近年来，我国人力资源市场的一个显著特征是外资企业发展迅速，并迅速本土化，市场份额不断增长，已然适应了国内市场环境的调整和变化。根据前程无忧公布的“2010 中国最佳人力资源典范企业”榜单，从 100 家获奖的中国企业可以看出，获奖企业包括 49 家外商独资企业、15 家合资企业、18 家民营企业和 18 家国有企业。

表 1　国际大都市人才中介业对比

	上海	东京	纽约	新加坡
机构数量(家)	549	2034	2377	1538
营业额(亿美元)	13.44	—	69.66	—

注：上海为 2005 年数据，东京为 2004 年数据，纽约为 2002 年数据，新加坡为 2006 年数据。

资料来源：汪怿《国外人力资源服务业：现状、趋势及其启示》，《科技进步与对策》2007 年第 7 期。

人力资源服务外包业发展迅速。随着经济的快速发展，选择人力资源外包的企业越来越多，人力资源外包产业发展迅速。企业选择人力资源外包的目的已经从单纯的迅速降低成本、提高效率转变为提高企业竞争力。由于外包导致生产要素在不同效率的企业之间重新配置，因此在产业层面提高了总量生产率水平（Olsen，2006）。同时，发展服务外包不仅有利于增加就业、促进经济增长，也有利于促进我国经济增长方式的转变和提升我国经济的国际竞争力，对实现“保增长、扩内需、调结构、惠民生、促就业”等发展目标也具有重要战略意义。例如，上海人力资源服务业的营业总收入从 2003 年的 40 亿元迅速增长到了 2008 年的 410 亿元，其中人力资源外包派遣收入达 395 亿元，逐步成为全国最大的人力资源服务综合平台，可见服务外包产业对促进人力资源外包的发展具有重要作用。

二　人力资源服务业的理论研究进展

人力资本理论由来已久，从18世纪以前产生至现在已有300余年。人力资本理论的演变可以分为四个发展阶段：18世纪前的萌芽阶段、19~20世纪以马歇尔为代表的人力资本理论、20世纪初以美国经济学家欧文·费雪为代表的完整的资本概念、20世纪60年代开始产生的以西奥多·W.舒尔茨为代表的人力资本研究高峰期、20世纪80年代至现在以罗默尔和卢卡斯为代表的人力资本学家提出的“新增长理论”。亚当·斯密的代表作《国民财富的性质和原因的研究》是人力资本理论产生初期的代表作，提出了人力资本投资的萌芽思想。马歇尔是古典经济学的集大成者，他的不懈努力促使经济学从人文科学和历史科学的一门必修课发展成为独立学科。第一，他把人的能力因素与人的健康程度及相关产业训练的问题紧密联系在一起，并认为“通用能力”与“特殊能力”是人能力的两个组成部分。第二，马歇尔认为，“知识”是推动生产力发展的最强大的火车头。第三，马歇尔强调人力资本投资的长期性以及家庭、政府等在人力资本投资中的作用，并提出了人力资本投资的概念。第四，马歇尔的替代原理在用于分析人力资本和物质资本之间的选择问题时认为，选择技术工人密集型的生产方式具有充分优势，他认为，在所有资本中，最有价值的是对人本身的投资。但是马歇尔的缺陷是，一方面，他承认人力资本的重要性，另一方面，他坚决反对和不支持将人力资本概念用于经济学实证分析。国内学者武忠远、李燕(2011)等学者对此问题进行了类似研究。

人力资源是一个具有总量概念的学术名词（邵云飞、唐小我，2004）。“人力资源”概念最早是由著名的管理学家彼得·德鲁克(Peter. F. Drucker)于1954年在其《管理的实践》一书中提出的。管理企业、管理经理人员以及管理员工及他们的工作是德鲁克提出的管理的三大智能。德鲁克首次使用“人力资源”这一概念讨论管理员工及其工作。他指出：“人力资源和其他所有资源相比较而言，唯一的区别就是它是人”，并且是经理们必须考虑的具有“特殊资产”的资源。德鲁克认为，人力资源拥有当前其他资源所没有的素质，即“协调能力、融合能力、判断力和想象力”。

在我国，人力资源管理思想是毛泽东思想的一个重要组成部分和宝贵财富，是毛泽东在领导中国人民进行民族解放和国家独立富强的伟大社会实践中发挥重要作用的管理理念和重要思想。在国内，“人力资源”概念最早也是毛泽东在《中国农村社会主义高潮》中首次提出的，他在关于妇女参加社会主义建设时明确指出，中国妇女是一种伟大的人力资源，必须发掘这种资源，为了建设一个伟大的社会主义国家而奋斗。人力资源概念是在知识经济时代曙光照耀下产生的新概念，因而对其概念的理解和解释各有特色，国内学术界对人力资源的概念解释不完全相同，董克用、叶向峰（2003）等学者对此问题具有深入的研究。总体而言，人力资源在不同的角度有不完全相同的概念解释。目前，人力资源的普通解释是指一定时期内组织中的人所拥有的能够被企业所用，且对价值创造起贡献作用的教育、能力、技能、经验、体力等的总称。在学术界，关于人力资源的解释可以分为两类，一类是从人才能力的形成角度解释人力资源的概念，例如，邵云飞、唐小我（2004）等研究成果从此角度给出了人力资源的准确定义；另一类是从人才供求角度来分析和解释人力资源，例如汪怿（2009）认为人力资源服务业是指满足用人单位和人才供应者有关人才开发的需求，并同时为其提供具有相应效用的活动的服务种类。其他文献对人力资源的概念的解释相对简洁，但仍需不断完善，如张焱（2002）、来有为（2010）等的研究成果。

人力资本理论与人力资源理论的关系成为学术界关注的要点问题之一。人力资源与人力资本既有本质的差异，也有密切关联。二者的差异主要体现在以下四个方面。

第一，在概念上的差异明显。人力资本是体现在人身上的资本，即对生产者进行教育、职业培训等支出及其在接受教育时的机会成本等的总和，表现为蕴含于人身上的各种生产知识、劳动与管理技能以及健康素质的存量总和；人力资源是人体经过开发形成的潜在能力。

第二，两者的概念外延不同。人力资源是一个宏观概念，既包括自然形成的人力资源，也包括经过培训、教育等方式的复杂人力资源。人力资本是人力资源中劳动者所接受的较高层次的知识和技能。在一个人力资源丰富的国家，由于知识水平和吸收能力较低，所以人力资本层次较低。

第三，两者的研究重点不同。强调劳动者的数量是人力资源的基本内涵，而忽视了劳动的非同质性。人力资本概念强调劳动的非同质性，即劳动力的素质。

第四，人力资源通常参与国民经济收入分配，而人力资本的回报形式体现为薪酬，属于人力资本经济利益的表现方式。

人力资本理论与人力资源理论之间的关系极为密切，近年来我国一部分学者对二者的长期关系和内在关联等问题进行了深入研究。刘福垣（2007）对人力资本与人力资源的区别与内在联系进行了详细分析，认为人力资本是人力资源的资本化，人力资本市值是人力资源的市场价格。邵云飞、唐小我（2007）对人力资本和人力资源的特性进行了比较分析，对比了人力资本与人力资源的特性，认为人力资本与人力资源的主要差异体现在前者拥有依附性、可变性和私有性三个特性，而后者不同，同时二者内在关系密切，人力资源向人力资本转变成为必然趋势和不可阻挡的潮流。围绕人力资源服务业与人力资本服务业内在关联的国内研究大都基于经济学的基本理论和普通研究方法，除了中国人力资源开发研究会（2008）等极少数研究成果外，其他研究成果很少使用实证分析方法与规范分析方法研究人力资本服务业、人力资源服务业与生产率增长、经济增长的内在关联、重点领域和发展模式。

三　中国人才服务业发展的特点、趋势和优势分析

（一）我国人才服务业的作用与发展特点

1. 较大程度地增加了区域内就业数量

人才服务业的各种业态均与就业相关联。目前党和国家重视民生，关

注民生、改善民生、保障民生是构建和谐社会的关键所在，这为推动人才服务业发展带来了新的发展机遇，更对人才服务业提出了新的发展目标和要求。人才服务业对地区经济的显著影响之一便是极大程度地增加了就业人数，成为带动就业增长的重要产业之一。一方面，企业规模越来越大的人才服务业吸收的就业人数越来越多；另一方面，人力资源服务业在为用人单位提供就业人员的同时也援助需要就业机会的人员找到合适的能发挥自身能力的工作机构。

改革开放30多年来，我国人才服务业就业人数增长迅速。1979年，作为我国第一家也仅此一家的人才服务企业，FESCO向外商提供全国第一名中国从业人员。而截至2009年底，全国已有各类人力资源服务机构4.9万家，从业人员达18.8万人。根据一项上海人才服务行业协会对其会员所属就业人员的调查研究（萧鸣政、郭丽娟、顾家栋，2011；鄞州区人社局，2011），2009年，职工员工人数小于20名的企业为65.3%，员工人数在500名以上以及员工人数在200~500名的企业均为0家；2010年，职工员工人数小于20名的企业为44%，员工人数在500名以上以及员工人数在200~500名的企业各有1家。可见上海人力资源企业从业人员显著增长。

2. 极大地降低了企业运营成本，提高了企业竞争力

在我国诸多制造业中，由于产业分散，企业价格战彼起此伏，造成行业利润率急剧降低，因而企业所处市场环境越来越复杂，企业竞争压力越来越沉重。我国加入WTO后，行业的竞争进一步加剧，通过外包等人才服务方式，将非核心业务转交给人才服务机构，能极大程度地的提升产业集中度，提高核心业务产业竞争力，加强行业整合，这是企业的生存选择，因而以战略性外包为手段的产业整合能增进企业绩效，提高企业竞争力。20世纪90年代以来，我国人力资源服务业得到了迅速发展，较大程度地实现了资源共享和节约企业运营成本。我国人力资源服务业产业发展的必然趋势是多家机构在IT设施、业务资源专业人员、驻地服务人员专业网络、高级管理人员配套等领域实现优质资源共享，将本来单个企业承担成本的业务资源变为由多个企业共同承担和负责，极大地降低了企业运营成本，提高了企业核心竞争力。

3. 有利于地区和国家产业结构优化

人力资源服务业主要表现为企业将非核心业务和高风险业务通过转交给人才服务企业从而获得人才培训、人才代理、人才派遣、福利管理、薪酬管理、背景调查、职能外包、人才招聘、录制体检、员工关系和再就业等服务活动，从而使得企业逐渐获得专业化和技术化发展的优势。具体来分析，通过发展人力资源服务业，原有的诸多企业要素需求主要通过内置式部门或者直属公司来提供和满足，由于企业仍然局限于传统优势产业以及产业链条过长，造成总体服务效率低下。通过使用人力资源服务业对企业客户的相关服务业的介入，能促进企业迅速改造传统优势产业，向精深加工和高端产品延伸产业链条，从而实现传统产业的改造升级，实现了企业收益增值、提质。因此，通过人力资源服务业的迅速发展，企业内部的产业价值链逐渐得以调整和优化，企业的核心竞争力得以增强，获得显著的竞争优势。另外，企业效率的提高拓展到整个区域经济和部分产业体系，使资源配置效率和利用效率迅速提高，促使地区产业结构和经济结构的转型和升级。

（二）我国人才服务业的发展趋势

1. 我国人才服务业的专业化程度将不断增强

目前，我国人才服务业已经进入快速发展阶段，逐渐成为知识密集型和智慧创造型的服务行业。在改革开放后相当长的一段时间内，我国多数人才服务机构专业化程度低，难以满足消费市场对人才服务业迅速增长的需求。20 世纪 90 年代后，随着市场经济改革进程的推进和人力资源服务市场措施的快速实施，人才服务业的改革进程迅速推进，越来越多的人才服务供应商意识到企业专业化建设的重要性，因而大批专业化程度高的人才服务业迅速涌现，极大地推动了人才服务业的发展。未来人力资源服务业专业化发展趋势主要表现为：第一，在人才服务业总量目标达到较高程度后，人力资源服务业专业化进程将逐步实施。在人力资源服务业的总量规模达到较高程度后，人力资源服务对象将开始分化。在人力资源服务对象的结构变化的同时，对人力资源服务的要求也逐渐调整和变化，小型企业、中型企业、大型企业或跨国公司对人力资源服务业的需求分别是解决非核心业务的约束、提供程序性的解决问题的方案及提供战略程序和发展建议等。第二，人才资源服务业发展的必然趋势是人力资源供应商的专业分工体系不断细致及完善，使其更加侧重客户的现实需求，更多地提供高质量的服务产品，在提高人力资源服务质量的同时，显著地降低客户企业的经营成本。

2. 实施品牌化是人才服务产业发展的必然选择

目前，我国有代表性的人才服务企业发展迅速，具有明显的市场知名度和显著提升的品牌影响力。在网络招聘行业领域，以中华英才网、51Job、智联招聘等为代表的企业发展迅速，成长迅速，这三家企业市场份额超过35%；在人力资源服务外包领域，上海市北高新技术服务业园区具有代表性的服务外包企业主要包括人力资源外包企业上海智联易才人才咨询有限公司、呼叫中心外包企业赛科斯信息技术（上海）有限公司、金融后台服务外包企业上海众晟鑫信息技术服务有限公司和信息技术外包企业上海万通世纪互联信息技术有限公司；人力资源咨询领域代表性企业包括北大纵横管理咨询有限公司、欧博企业咨询公司等（董明华，2011；韩树杰，2011；张静宇，2008）。我国人力资源服务业虽然发展迅速，进展顺利，但实施品牌化战略至关重要。无论在国内市场还是在国际市场，人才服务企业实施品牌化战略和树立良好的品牌形象至关重要。虽然我国人才服务业起步较晚，但部分服务企业经过快速发展和专业化建设，实现优秀的品牌化目标，实施品牌化战略将是人才服务业长期不可缺失的目标。

3. 国际化程度将逐渐提高

随着人力资源服务市场国际化进程的加快，以及大量跨国人力资源企业进入中国市场及现有外国公司竞争力的不断增强，我国人力资源服务企业在国内市场竞争能力增强的同时，面临的竞争压力逐渐增大。近年来，大量外国人力资源服务企业通过并购、投资、入股等方式进入中国本土人力资源市场，这表明外国企业市场竞争的国际化程度不断增强，因而造成外国人力资源产品不断本土化，但同时我国多数人力资源服务企业竞争能力不足，品牌影响力有限，不能满足客户的深层次需求。同时可以看出人力资源服务市场的现实状况是，虽然我国人力资源服务业国际化进程起步不久，但部分代表性企业国际化进程加快，成为推动行业发展的重要力量。TCL 自 2004 年兼并重组汤姆逊彩电业务和阿尔卡特手机业务以来，快速建立起覆盖全球市场的业务架构，目前 TCL 集团海外营业收入已超过中国本土市场营业收入，成为国际化优势明显的跨国公司。成立于 1993 年 3 月的北京泰来猎头咨询事务所，是国内最早的拥有独立法人资格的猎头服务机构。该事务所拥有专业经验丰富的人力资源顾问、多年人才数据库的积累和数十项全面科学的人事测量工具。现已与众多国际著名公司、上市公司、大型国有企业及优秀的民营企业进行长期合作。

四　中国人才服务业存在的突出问题

（一）各地人力资源服务体系尚不完善、不统一

与国外发达国家人力资源服务供应商拥有完善的人力资源服务体系显然不同，我国各地人力资源服务体系仍不完善，人力资源管理系统建设不健全，配套的人力资源管理制度缺失。主要表现如下。

1. 中外人才服务业的产业链条差异较大，我国产业链条不完善

目前我国大多数人才服务企业集中于部分效率低和质量不高的服务业，当前国内人力资源服务业提供商虽然已形成多元化的格局，但我国人力资源服务业总体上仍处于起步阶段。目前，人力资源服务业的劳动企业由于发展时间不长，提供的服务产品比较简单，主要是职业介绍所，民航系统、外资系统等相对比较初级的服务业，与在发达国家拥有服务体系完善的人力资源服务供应商完全不同，后者拥有完善的人力资源服务体系，例如，主要经营员工的管理、核心流程的管理和人才管理咨询的翰威特人力资源管理外包服务便是一例。而在我国，部分地区服务场所和服务手段

仍不健全。目前，社会保障对象已经不局限于部分居民，而是扩展到城乡所有居民，但是各地社区服务平台工作基础仍然薄弱，部分基层地区的社保服务还没有进入电子化发展阶段，而仍然停留于手工操作阶段。同时，基层地区的社会保障信息化水平发展仍不均衡，各个保险业务系统分散建设，软件仍不统一且数据难以整合。

2. 人才服务业服务体系的内部结构不合理

目前大多数人力资源服务企业提供服务的利润来源多数为提供相关人力供求信息等初级产品，而不是提供技术含量高并具有专业化、国际竞争力和高水平的人力资源服务产品。大多数中小企业在人力资源的薪酬管理制度、绩效考核制度、招聘管理机制以及培训体系和人才梯队建设方面存在诸多问题。

3. 人力资源系统职能分散，缺乏系统职能之间的协作

主要表现在人力资源规划、考核体系与激励约束机制脱节，因而造成员工绩效难以受到激励以及难以提高组织绩效。同时，员工工作积极性不高主要与薪酬管理和绩效管理不挂钩直接关联，因而造成基层员工大量离职和核心人才逐渐离职等结果。

（二）人力资源服务业的分类不清晰，市场化服务和公共服务界限不清

人力资源服务业是为经济社会平衡发展提供的人力资源服务，主要包括猎头、人才中介、招聘、劳务派遣等领域，目前人力资源服务业主要是通过人才的派遣、培训、管理咨询等方式来体现。人力资源服务业包括市场化服务和公共服务两部分。市场化服务是利用市场来配置资源的人力资源服务行业。《国家中长期人才发展规划纲要》明确提出“改进宏观调控，推动政府人才管理职能向创造良好发展环境、提供优质公共服务转变，运行机制和管理方式向规范有序、公开透明、便捷高效转变。健全人才市场体系，发挥市场配置人才资源的基础性作用”，并“完善政府人才公共服务体系，建立全国一体化的服务网络”。从服务主体角度分析，公共服务包括政府投资的就业服务机构提供的公共服务，也包括非营利机构

提供的各类公共就业服务和准公共就业服务以及经营性机构在特定条件下提供的公共就业服务，例如公共服务事业，包括教育、医疗卫生、社会保障、环境等。

公共服务市场化是西方主要国家职能转变和体制变迁的主要方向，从20世纪30年代西方国家实施公共服务市场化改革以来，极大地促进了经济结构调整。而在我国，存在的重大问题是政府人才服务机构的公共就业服务与市场化服务之间不分界限，突出表现就是公共就业服务机构在提供公共服务的同时也开展部分市场化服务。政府和市场的界限不清，政府及所属机构的公共服务机构的机制不活，严重制约了人力资源服务市场的快速发展。国外公共服务市场化改革的突出特征是在公共服务领域打破垄断，将部分应由政府本身提供的公共服务和公共产品通过合同的正规方式转交给市场主体来操作。而在我国，在市场机制运作过程中，各级政府扩大了运作范围，将本应操作的局限于提供部分公共服务的行业加以拓展，也开展了一些市场化业务，将市场化服务和公共服务之间本应分离的部门进行合并及混合在一起，因此，必须加快改革步伐，尽快推动政府人才服务机构的市场化服务和公共服务之间的分离。

（三）人力资源服务业发展层次较低

我国大多数人力资源服务企业从事的多为人事代理、人才中介、员工福利管理等工作，而外资人力资源服务机构占有猎头、人力资源管理咨询的高端领域的优势。我国目前多数人力资源市场结构性矛盾较突出，仍存在多数行业需求难以得到满足的情况。例如，根据刘立波（2011）公布的2011年上半年长春市对入市招聘的836户次经济开发区用人单位进行的统计结果表明，汽车相关行业和现代服务业是主要的调研行业种类，其占调研数据的90%，其最难招聘的行业分别是：技工，如机械加工、设备维护、数控操作等，求人倍率为1.18；普工，如生产线操作工、缝纫工、包装工等，求人倍率为1.09；服务员，如餐饮服务员、商场营业员，求人倍率为2.1；销售员，如金融业保险推销员、制造业销售工程师和商业零售业的导购员等，求人倍率为1.5；以及机械类工程师，求人倍率为1.67。而诸如会计、行政人员等较容易招聘的岗位，求人倍率均小于1。

（四）在岸服务外包发展迅速，但离岸服务外包不受重视

目前，在我国大多数城市，服务外包业务以在岸外包为主，提供人才服务业的机构注重国内和地区市场业务，而国内多数人才服务机构难于达到离岸服务认定标准，因而离岸服务外包发展极其缓慢。在对上海中小企业HR外包（即人力资源外包）内容的调查中，大约有45.9%的人认为HR外包是国内人事社保外包，26.7%的人认为是国内员工档案关系外包，6.3%的人认为是国内工资发放外包，这些他们都指的是HR“在岸”外包；仅仅有21.1%的人认为存在HR“离岸”外包（蒋红、陶忠元，2010；华恒智信咨询，2010）。

五 促进中国人力资源服务业发展的政策建议

（一）完善人力资源公共服务体系，营造高效的人才政策社会环境

我国已初步建立人事公共服务体系框架，提供了人事档案管理、人事代理、高校毕业生就业、人才信息发布、专家和留学人员服务、职称评定、人事考试等种类多样、数量庞大的人事公共服务，但人力政策社会环境尚不完善（蔡勇明，2008；马骏，2011；邵通、郑美群，2009）。应大力完善我国人力资源政策环境，对人力的吸引政策除了高薪待遇之外，应营造优越的科研创业环境和人才展示平台。目前，我国人力资源公共服务管理体制具有多元化体系，同一企业既要接受劳动局对劳动力市场招聘体力劳动者、技工技师和基层管理者的管辖，又要接受人事局对人才市场招聘专业技术人员和中高级经营管理者的监督，因此必须大力推进体制改革，逐渐优化人力资源公共服务体系，营造高效的人才政策社会环境。公共服务体系改革必须坚持提供良好的人力资源公共服务，优化人力资源配置，推动各地人力资源市场的持续发展。

例如，珠海市设立统一的人力资源开发管理服务中心，同时保留珠海市高级人才服务中心、珠海市人才交流中心、珠海市人才智力市场和珠海市劳务市场服务中心的牌子，实行五块牌子、一套人马、一个办公地点、一个职业介绍场所（肖迎红、徐建军，2009）。同时，人力资源中心主要实施行政性服务、公共服务和市场经营服务三大功能。因此，加快起草人力资源公共服务相关法律法规，完善人才服务业的法律体系；加快非营利人力资源服务机构的改革步伐，充分发挥其在企业沟通、行业自律、市场开拓等各方面的作用；充分推动跨地区、跨所有制的资产整合，积极培育一批大规模、大品牌的人力资源服务企业集团。

（二）深化市场体制改革，促进市场化服务和公共服务共同发展

公共就业服务体系要准确界定投资主体的投资领域，规范投资主体在公共投资领域的投资行为。就投资主体的投资领域而言，应着重加强以下领域的投资行为的管理：第一，地方政府积极探索地方公共基础设施建设投资的运营方式、利益分配以及产权结构等领域，积极吸引大量的民间资本尽快进入公益事业和基础设施等领域。第二，改造和重组地方市政建设投资公司的业务，将其分为两类项目，一是代表政府授权经营非经营性项目投资和准经营性项目中的部分贴息或补贴项目，二是进行经营性项目的投资公司，前者资金的使用特征体现为将现在的“统筹统支”转向按照项目列账，项目的运作拟采用市场化方式运行，后者与其他投资主体相同，参与社会竞争。第三，积极推动政府基础设施的收费制度改革，将现行的政府环境基础设施收费制度即行政事业性收费，改为市场经营性收费。同时，通过设立市场准入制度和特许经营权制度达到实施经营性基础设施建设的目标。

（三）加快人力资源服务外包业务发展，推动在岸外包和离岸外包协调发展

从我国人力资源服务业发展的趋势分析，企业尤其是国有大型企业内部的人力资源部门即使最终实现设计规划等业务流程的经营和设计，但是

这种经营管理模式不具有持久性、稳定性和前瞻性，因此，必须加快人力资源服务业改革步伐，推动企业人才服务业与相关企业密切关联，引导企业特别是国有企业迅速开展人力资源外包业务，不断加强与人才服务机构的密切关联程度，逐渐增加利用外部人才中介机构专业化服务的份额，降低生产和经营成本。考虑到发包商和接包商之间的主营业务关联度较低，通常人力资源服务外包是属于非典型服务外包的主要形式之一，因而发展人力资源服务业对于提高发包商生产率和增加接包商的市场份额具有重大意义。国内人力资源服务企业要迅速适应我国市场参与国际竞争的发展趋势，尤其是跨国企业进入中国市场寻求本地专业化咨询公司的支持和帮助，咨询公司等人力资源服务企业应迅速适应发展环境，调整管理模式，迅速加强与跨国企业的业务联系，调整业务流程和管理模式，重新设计业务流程，从而实现离岸外包和在岸外包的协调发展。

（四）加快人才培育和引进，推动人才资源服务业快速发展和效率提高

在发挥政府对人力资源服务业的引导、推动作用的同时，建立多层次、多渠道培养和引进人才的支撑体系，快速实现人力资源服务业的人才培育目标。随着我国人才服务业发展的前景日益光明，人才短缺问题必须尽快解决，加快人力资源服务业的专业人才培养步伐，尽快满足人才服务业迅速增长并不断攀升的人才需求。在尽快解决人才储备不足的重大现实问题，以及国内各大城市存在已久的现有的中高级人力资源专业人才严重短缺等问题的同时，尽快协调现有人才服务业的从业人员素质与人才需求目标不一致的结构不均衡问题。

（五）加快改革步伐，推动人力资源服务企业转型升级

国内人力资源服务各种所有制企业要加快推动体制和经营机制改革，国内企业通过跨区域重组形成较大型服务企业集团，不断提高竞争能力，从而形成较大的国际影响力，尽快成为人力资源服务业的主要供应商。推动国内人力资源服务企业改革步伐，实施创新战略和精品工程，提高人才

服务企业能力。具体采取以下措施：一是选派人力资源服务企业中高层经营管理者赴国内外知名人力资源教育机构参加培训，尽快培养出本行业高层次管理人才、专业人士和知名企业家。二是国内人才服务企业定期选送多名紧缺专业人才到高校攻读硕士、博士，加快推进中青年专业人才的培训工程。三是加快推动与国内外大学的合作步伐，通过成立人才精品培训班等各种方式不断满足高层次人力资源服务企业不断增加的人才需求。四是人才服务企业通过加快建设博士后工作站以及各地区创立留学人员创业园等方式，吸引高新技术产业专业人才回国创业。

（六）完善人力资源服务业的法律环境

加快发展人力资源服务业需要将完善和健全的法律环境作为保障。人力资源服务业具有服务业的无形性、生产和消费的同步性、不可储存性和知识性等特征，因而对微观企业制度和宏观交易环境的要求比工业制造品的交易高得多，所以完善和优化宏观交易环境和企业制度建设对发展人力资源服务业极其重要。当前重点是加强人才服务业的法律体系建设，加大对违反交易规则的处罚和整治力度；要健全和完善人才服务业的法律环境，健全规章制度；完善有利于中小企业从事人才服务业的法律环境。

参考文献

Olsen, K. B., "Productivity Impacts of Offshoring and Outsourcing: A Review", OECD Science, Technology and Industry Working Papers, 1, 2006.

〔英〕亚当·斯密：《国民财富的性质和原因的研究》（上卷），商务印书馆，1972。

中国人力资源开发研究会编著《中国人力资源开发报告 2008：中国人力资本状况评估》，中国发展出版社，2008。

萧鸣政、郭丽娟、顾家栋主编《中国人力资源服务业白皮书 2009》，人民出版社，2009。

萧鸣政、郭丽娟、顾家栋主编《中国人力资源服务业白皮书 2010》，人民出版社，2011。

萧鸣政、李冷：《关于我国人才市场建设的问题与思考——基于人力资源服务业发展的视角》，《中国人才》2009 年第 11 期。

肖迎红、徐建军：《人力资源公共服务体制创新实证研究》，《求索》2009 年第 9 期。

张焱：《入世后我国的人力资源服务》，《人民论坛》2002 年第 1 期。

蔡勇明：《国外政府人力资源公共服务及启示》，《人才资源开发》2008 年第 8 期。

董克用、叶向峰编著《人力资源管理概念》，中国人民大学出版社，2003。

董明华：《郑州市人力资源服务产业发展状况研究与分析》，《中小企业管理与科技（上旬刊）》2011 年第 5 期。

蒋红、陶忠元：《上海市中小企业人力资源服务外包发展探析》，《对外经贸实物》2010 年第 11 期。

刘福垣：《完成从人力资源观向人力资本观的转变》，《中国人力资源开发》2007 年第 10 期。

刘立波：《扎实有效为驻区企业提供有针对性的人力资源服务——经开区人力资源市场探索解决企业“用工难”问题》，《才智》2011 年第 24 期。

邵通、郑美群：《人力资源服务业对地区社会经济发展的作用研究》，《人力资源》2009 年第 10 期。

邵云飞、唐小我：《论人力资源向人力资本的转变》，《软科学》2004 年第 4 期。

汪怿：《国外人力资源服务业：现况、趋势及其启示》，《中国人力资源开发》2008 年第 1 期。

汪怿：《加快我国人才服务业发展的几点思考》，《科技进步与对策》2009 年第 5 期。

马骏：《人力资源外包是企业经营模式的重大创新》，http：//blog. sina. com. cn/s/blog_48b3e8f90100twok. html，2011 年 7 月 19 日。

韩树杰：《本土 HR 服务业发展的六大趋势》，http：//wenku. baidu. com/view/6ac9e30f7cd184254b3535da. html. ，2011 年 9 月 15 日。

华恒智信咨询：《新兴冷库企业组织结构调整与人力资源系统优化》，http：//blog. jrj. com. cn/8489271354，1023368a. html，2010 年 8 月 18 日。

武忠远、李燕：《浅谈穆勒与马歇尔对人力资本理论的贡献》，http：//wenku. baidu. com/view/5eb109a00029bd64783e2c60. html. ，2011 年 9 月 15 日。

鄞州区人社局、宁波人事编制《鄞州区创新高层次人才服务工作推进企业转型升级》，http：//www. nbrs. gov. cn/rsyw/bsyw/201109/t20110915_ 63661. htm，2011 年 9 月 15 日。

张静宇：《服务外包：投资机会盘点》，http：//blog. hr. com. cn/html/75/n－67675. html，2008 年 10 月 8 日。

来有为：《人力资源服务业发展的新特点与政策建议》，《发展研究》2010 年第 5 期。

中国文化创意产业发展现状、趋势与政策建议

刘　奕*

摘　要： 文化创意产业改变了以往只有资本以及劳动力等实体才能生产的观念，把抽象的、无形的创意作为产业链的源头，因而已经被许多国家视作重振经济增长、激励创新与增强社会凝聚力的支柱产业或战略产业。近年来，文化创意产业呈现出以下的发展趋势；服务贸易迅猛增长，发展中国家地位日益突显；软件和数字内容产业前景广阔、中小企业地位愈发重要；低碳环保作为创作主题，推动生态时尚等新兴创意行业迅速发展；信息技术与文化创意产业深度融合，带动文化创意领域的全面创新。促进我国文化创意产业健康快速发展，需要构筑起有效的政策体系：一是要顺应文化创意产业与信息技术深度融合的发展趋势，健全宽带等信息基础设施；二是要针对文化创意产业的就业特点，构建扶持"大文化产业"发展的政策体系；三是要实施有针对性的金融政策创新，消减文化创意产业融资中的逆向选择效应；四是关注政策的适用性和可移植性，不能照搬国际经验。

关键词： 文化创意产业　内涵界定　发展趋势　政策建议

* 刘奕，女，经济学博士，中国社会科学院财经战略研究院助理研究员，主要研究方向为服务经济理论与政策。

一　文化创意产业的内涵界定

（一）文化创意产业界定的五种模式

创意产业作为一种新颖的学术、政策和产业范畴，最早于1994年澳大利亚政府的《创意国家》报告中被提出；1997年，英国政府文化媒体和体育部将其定义为“源自个人创意、技巧及才华，通过知识产权的开发和运用，具有创造财富和就业潜力的行业”，并建立了创意产业特别工作组，由此，创意产业这个新的行业类别逐渐为人所知，其内涵也在近年间经历了不断的发展和演化。

创意产业强调的是人的创造力，强调产业的价值源于文化积累和科技发展所激发的创意，是创意对经济的渗透和贡献，而不是进行文化产品的简单复制；作为一种全新的经济形态，它不仅是高技术的，更是具有高文化内涵的（Lazzeretti等，2008）。目前，世界各国对创意产业的名称和范围界定尚未达成共识，基于不同的目标以及对创意产业运作模式的不同理解，主要形成了5种分类体系（见表1），其中象征性体裁模式、同心圆模式（涟漪模式）和WIPO模式均对创意产业的核心行业和外围行业进行了明确界定；WIPO模式和UNCTAD模式运用最广。

英国DCMS模式成型于20世纪90年代，源于英国政府欲将英国经济重新定义为创意和创新驱动的经济模式（DCMS，2001），故该模式所包含的13个产业多数都包括在原有“文化产业”的范围之中。象征性体裁模式发端于传统的文化产业研究之中，它将高雅艺术和严肃艺术看做是公共部门的职责，因此将创意产业的主要关注点置于流行文化之上（Hesmondhalgh，2002），并通过象征性文本和信息的生产、传播和消费来形成、传播和描述社会的文化。同心圆模式主张，创意产业与其他产业最显著的区别来源于其文化产品蕴含的文化价值；因此，产品或服务所表达的文化内涵越多，则越接近创意产业的核心内容（Throsby，2001）。作为欧洲近年来相关研究所普遍采用的分类方法，同心圆模式强调，创意概念产生于核心层的创意艺术，外在表现为声音、文本和图像，并且通过一系列层级的同心圆对外传播，对外层产业产生影响，从核心到外层，文化含量逐渐下降而商业价值逐渐增加。WIPO 版权模式将创意产业界定为直接或者间接创作、生产、传播和分销版权作品的产业（World Intellectual Property Organization，2003），并将该产业区分为实际参与生产知识产权的核心产业和传播产权产品、递送版权服务所必需的关联性产业两大类，而部分版权产业则主要指的是那些知识产权在运作中仅占很小一部分的行业。表 1 可见，象征性体裁模式、同心圆模式与 WIPO 模式对核心产业的定义大相径庭，比如创意艺术在同心圆模式中是核心产业，而在象征性体裁模式中则变成了外围产业。

表 1　五个代表性模式对文化创意产业的分类

英国 DCMS 模式	象征性体裁模式	同心圆模式	WIPO 模式	UNCTAD 模式
广告	核心文化产业	核心创意艺术	核心版权业	遗产类
建筑	广告	文学	广告	文化遗产
艺术与古董市场	电影	音乐	收藏协会	考古遗址
手工艺品	互联网	表演艺术	电影与影像	美术馆、图书馆、展览馆
设计	音乐	视觉艺术	音乐	传统文化表达
时尚	出版	其他核心文化产业	表演艺术	艺术与手工艺品
电影与影像	电视与广播	电影	出版	节日与庆典
音乐	视频与电脑游戏	美术馆与图书馆	软件	艺术类
表演艺术	外围文化产业	广义文化产业	电视与广播	视觉艺术
出版	创意艺术	遗产服务	视觉与绘画艺术	绘画、雕塑
软件	边缘文化产业	出版	关联性版权产业	摄影
电视与广播	消费者电子产品	录制	空白录制材料	古董
视频与电脑游戏	时尚	电视与广播	消费者电子产品	表演艺术
	软件	视频与电脑游戏	乐器	音乐播放
	体育	相关产业	纸张	剧院、舞蹈、歌剧
		广告	影印机、影印器材	马戏、木偶戏等
		建筑	部分产权业	媒体类
		设计	建筑	出版与印刷
		时尚	时装、鞋类	书籍、印刷和其他出版物

续表

英国 DCMS 模式	象征性体裁模式	同心圆模式	WIPO 模式	UNCTAD 模式
			设计 时尚 居家产品 玩具	视听 电影、电视 广播、其他广播 功能性创意类 设计 内部与绘图设计 时尚 珠宝、玩具 新媒体 软件 视频游戏 数字创意内容 创意服务 建筑、广告 文化与休闲 创意研究与 R&D 数字及其他创意服务

资料来源：根据 UNCTAD（2010）*Creative Economy Report 2010* 整理。

UNCTAD 模式是联合国教科文组织总结了 1986 年以来联合国各成员国对于文化统计的一些经验后通过提炼升华后才形成的，是目前公认的最为权威的文化创意产业统计框架。该模式对创意产业的认识基于对“创造（creativity）”概念的扩展，将其定义为创造、生产和分销利用创新和智力资本作为初始投入的产品和服务的循环，该循环构成一系列致力于从贸易和知识产权中创造利润的知识密集型活动（UNCTAD，2004），并据此将创意活动分为“上游活动”和“下游活动”两类，其中上游活动指的是表演艺术或视觉艺术等传统文化活动，下游活动指的是更接近市场的活动如广告、出版和媒体相关活动等。UNCTAD 模式中的创意产业是一个囊括许多产业的行业类别，既包括根植于传统知识和文化遗存的活动如艺术品工艺、文化节庆，也包括知识和服务导向的子集如视听和新媒体，由此文化创意产业被分为遗产类、艺术类、媒体类和功能性创意类这四大类，文化产业是创意产业的一个子集（见图1）。

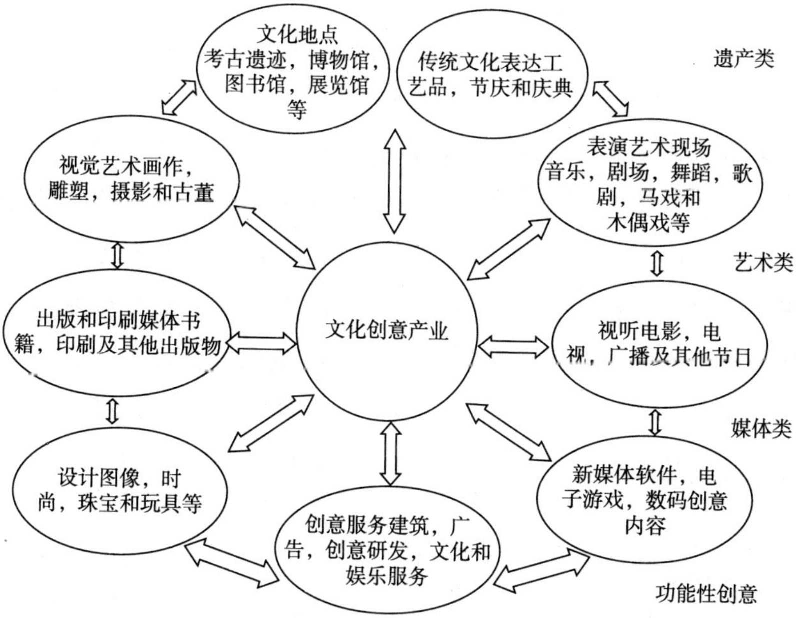

图1　UNCTAD对创意产业的分类

（二）我国对文化创意产业认识的演进

在我国，创意产业的概念最早由上海引入，从2004年中共十六届四中全会上提出“文化生产力”的概念，到2006年国家《“十一五”时期文化发展规划纲要》中首次提出发展创意产业，创意产业获得了前所未有的关注。2009年的《文化产业振兴规划》，作为继十大产业振兴规划后出台的又一个重要的产业振兴规划，标志着文化创意产业已经完成从传统的文化行业到新兴产业部门的转型；2011年的十七届六中全会更是使得文化建设全面迈入新阶段，全会通过的《中共中央关于深化文化体制改革　推动社会主义文化大发展大繁荣若干重大问题的决定》（以下简称《决定》）指出，到2016年我国文化产业的增加值占国内生产总值的比重将达到5%，文化创意产业从而正式定位为国民经济支柱性产业。

我国对文化创意产业地位和作用的认识在不断深化，但对于文化创意产业的内涵并未达成全国性的共识；与前文所述的五种模式相比，近年来国家层面和各地有关文化创意产业（或文化产业）的界定有的范围较窄，但更多则有泛化之嫌。由于我国在统计上使用文化、体育和娱乐业的概念①，且统计局发布的文化产业标准主要偏重文化的经济性，各地根据本地的优势和发展需要，陆续在《国民经济行业分类》的基础上对文化创意产业进行了重新分类和测算。比如2004年公布的《北京市文化创意产业分类标准》就将侧重点置于科技发展对文化、经济活动的深刻影响上，将《国民经济行业分类》中的82个行业小类和6个行业中类纳入文化创意产业范围，并建立了由三个层次组成的分类体系，主要包括文化艺术，新闻出版，广播、电视、电影，软件、网络及计算机服务，广告会展，艺术品交易，设计服务，旅游、休闲娱乐和其他辅助服务九个大类。

在借鉴各地方性产业分类标准的基础上，文化部2009年9月发布了《文化产业投资指导目录》，根据目录，文化产业既涵盖了演艺服务业、文化休闲娱乐服务业等传统的文化产业，也囊括了网络文化和动漫服务等科技与文化深度融合的产业，更从产业链角度出发，涵盖了文化科技服务业、其他文化服务业等为创意产业提供科技、商务服务的产业，甚至跨越了二、三产业的传统分类，将文化用品、设备及相关文化产品的生产销售等产业也囊括其中。但值得注意的是，目录只涉及文化部管辖范围内的行业，并没有涉及影视、出版等归广电总局、新闻出版总署管辖的文化创意产业。六中全会《决定》将文化创意产业作为文化产业的子集归入新兴文化产业范畴，指出“要发展壮大出版发行、影视制作、印刷、广告、演艺、娱乐、会展等传统文化产业，加快发展文化创意、数字和出版、移动多媒体、动漫游戏等新兴文化产业”，虽然《决定》未对其内涵做出具

---

① 根据《国民经济行业分类》，文化、体育和娱乐业门类具体包括新闻和出版业、广播电视电影和影视录音制作业、文化艺术类、体育和娱乐业五个大类。

体说明，但可知这里“文化创意产业”的概念比国际上常用的五种分类方式和现存的地方性标准涵盖的产业范围为窄，而更接近于知识和信息技术密集型服务业的范畴。

二 文化创意产业的地位和作用：国际经验

文化创意产业改变了以往只有资本以及劳动力等实体才能生产的观念，把抽象的、无形的创意作为产业链的源头。近年来，这个全新的概念为世界各国广泛接受，不少国家都将其视作重振经济增长、激励创新与增强社会凝聚力的支柱产业或战略产业（Caves，2000；Hartley，2005；Power & Scott，2004），加以高度关注和重点扶持。在经济全球化和知识经济迅猛发展的今天，文化创意产业产生的巨大文化经济新驱动力，已成为国家综合实力竞争的核心。WIPO 的调研显示[①]，文化创意产业（包括核心和相关产业）对各国 GDP 贡献度均大于 3%，最高的超过 10%，平均值达到 5.4%，对就业的贡献率平均值更是高达 5.6%（见图 2）。

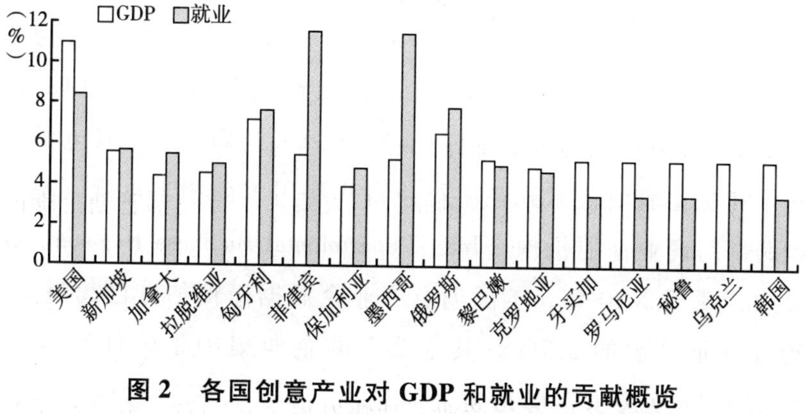

图 2　各国创意产业对 GDP 和就业的贡献概览

资料来源：http：//www. kipo. ke. wipo. net/。

① 源于 WIPO 和相关学者选择部分国家，对其以版权产业为基础的创意产业经济贡献度进行持续性研究。

1. 从工业经济到创意经济：英国的第二次产业革命

英国对创意产业的关注，源于对本国传统行业在激烈的国际竞争中竞争力如何提升的思考。近年来，英国越来越感受到了新兴经济体（如中国和印度）快速崛起的挑战，这种挑战不单是基于低附加值、劳动密集型产业的，更有来自高科技、高技术产业的，而英国的研发投资却一直不尽如人意。1997 年布莱尔政府上台后，认为创意的合理运用是未来成功的必要条件和核心要素，通过对自身禀赋的考察，布莱尔政府认定创造力是英国的比较优势，比如万维网就是 Tim Berners-Lee 爵士提出的，80% 以上在远东生产的手机芯片是英国的 ARM 公司设计的，而迄今为止足以改变公司发展前途的最成功设计——苹果的 iPod 也出自英国人 Jonathan Ive 之手。由此，政府判定创意产业是英国经济成长的动力和财富之源，从而确立了创意产业在英国产业体系中的支柱地位。

创意产业的发展推动英国成为仅次于美国的世界第二大创意产品生产国。根据 DCMS（2010）的统计，2008 年英国创意产业创造的增加值（GVA[①]）达到了 591 亿英镑，占所有行业增加值的 5.6%；从具体行业来看，软件和电子出版、出版和广告业的产值较高（见表 2）。2010 年，英国创意产业的就业人数达 228 万人，占总就业人口的 7.8%，成为英国雇用就业人口的第一大产业；其中，128 万人来自创意产业部门，另外近 100 万人来自创意产业的外围部门[②]，75.3 万人受雇于软件及电子出版行业，音乐和视觉表演艺术则在本行业自我雇用方面相当可观（见表 3）。据英国跨部门商业注册机构（Inter-Departmental Business Register，IDBR）统计显示，截至 2010 年，英国创意产业企业据谨慎估计已超过 18.2 万家，约占企业总数的 8.7%，其中 2/3 的企业集中于软件与电子出版（8.2 万家）以及音乐、视觉和表演艺术（3.1 万家）这两个行业。自

① 英国在统计不同门类和地区产值时淘汰了传统的 GDP 概念，引入了附加值总额（GVA），即 GDP 减去税收再加上政府补贴，一般比 GDP 低 11%。

② 创意产业的外围产业指的是在非创意行业从事创意工作的职位，比如在制造企业内的图表设计师等。

2002年起，英国的创意产业已超过任何制造业对GVA的贡献，更超越了老牌的金融业[①]；英国的音乐产业占全球音乐产业的15%，销售位列世界第三，视频游戏的销售额占全球的16%，占据了英国和欧盟1/3的市场份额和美国10%的市场份额；全球生产每辆车的原形中，都有英国皇家艺术学院学生或毕业生的创意，伦敦还是全球第三大最繁忙的电影摄制中心；英国的动画片在托尼奖中占有一席之地，而且是美国音乐剧目的第二大来源国（文英，2010）。可以说，发展创意产业作为英国促进增长方式转型、促进经济可持续发展与降低失业率的有效策略，使英国成功实现了从世界制造工厂到“世界创意中心”的华丽转身；创意产业还推动了以伦敦为代表的几大城市逐渐发展成为全球“创意城市”，有力地推动了城市周边地区的发展。

表2　2008年英国创意产业的净增加值及其贡献

行业	GVA(基价,百万英镑)	在GVA中的占比(%)
1. 广告	7800	0.7
2. 建筑	3600	0.3
3. 艺术和古董	300	0.03
5. 设计	1600	0.2
6. 时尚	100	0.01
7. 电影与影像	2700	0.3
9 & 10. 音乐与视觉表演艺术	3200	0.3
11. 出版	10100	1.0
8 & 12. 软件和电子出版	26400	2.5
8 & 12. 数码娱乐媒体	200	0.02
13. 电视和广播	3200	0.3
创意产业GVA	59100	5.6
所有产业GVA	1053900	

资料来源：*Annual Business Survey*（ABS），Office for National Statistics。

① 根据《创意产业经济估算统计公报》，2002年创意产业占英国GVA的8%，超过了金融业5%的贡献率。

表3　2010年英国创意产业就业人数及其占比

行业	创意产业就业人数	创意产业的个体经营人数	在其他产业中从事创意工作的人数	个体经营在其他产业中从事创意工作的人数	总就业
1. 广告	89100	25400	163800	21000	299200
2. 建筑	63300	35300	26300	3500	128400
3. 艺术和古董	6600	3200			9800
4. 工艺品			66300	45100	111400
5. 设计	35000	56600	113500	20400	225400
6. 时尚	2500	3700	3200	400	9700
7. 电影与影像	26000	13300	10700	10500	60500
9 & 10. 音乐与视觉表演艺术	67200	136300	33300	69000	305800
11. 出版	151100	20500	55700	9300	236600
8 & 12. 软件与电子出版	347000	81000	290600	34500	753000
8 & 12. 数码娱乐媒体	5600	700			6200
13. 电视和广播	77300	37300	10500	7200	132300
合　　计	870600	413200	774000	220700	2278500

资料来源：*Labor Force Survey 2010*, Office for National Statistics。

2. 创意产业的发展与美国核心竞争力的重新界定

Siwek（2011）通过以下五个维度来描述文化创意产业[①]在美国经济中的地位：①增加值对美国GDP的贡献；②就业人数占总就业的份额；③在国际贸易中产生的利润；④从业者的平均收入；⑤对美国经济真实增长的贡献。

从版权产业创造增加值的真实增长来看，虽然经历了2008～2009年约3%的短暂回调，美国核心版权产业还是在2007～2008年和2009～2010年维持了超过3%的增长，增加值从2007年的9040亿美元增加到了2010年的9318亿美元。全部版权产业则保持了较好的抗风险性，2008～2009年间的增速仅下滑了2.07%（同期GDP降幅为2.63%），随后一年

① 这里使用的是WIPO的口径，因此将文化创意产业称为版权产业。

即创造了4.2%的增速（同期GDP增幅为2.85%），2010年全部版权产业增加值达到了16269亿美元，而同年金融和保险业创造的增加值也仅有12352亿美元（见表4）。2001年，美国核心版权产业和全部版权产业的增加值占GDP的比重分别为5.24%和7.75%，而到2010年时，这两个比重已经分别达到了6.36%和11.10%①。

表4　2009～2010年美国版权产业创造的增加值与其他产业的对比情况

单位：十亿美元

产业增加值	2009年	2010年
核心版权产业增加值	901.0	931.8
全部版权产业增加值	1562.7	1626.9
GDP	14119.0	14660.4
建筑业增加值	537.5	505.6
卫生保健和社会救助增加值	1057.9	1111.7
金融和保险业增加值	1171.6	1235.2

资料来源：Siwek（2011）。

就业方面，1977年时，核心版权产业从业人数仅有约150万人，1997年增至470万人，而到2010年时，这个规模已经达到了509.7万人，占全部就业人口的3.93%；全部版权产业从业人数为1063.2万人，占总就业人口的8.19%。从版权产业从业人员待遇②来看，2004年核心版权产业的从业人员的年均收入达到了66997美元，2010年则增长到了78128美元，是当年美国平均收入的1.27倍；同期全部版权产业从业人员的收入为70513美元，是美国平均水平的1.15倍。

从国际贸易来看，1991～2005年间，美国核心版权产业的出口一直保持着年均7%左右的增速，在1999年和2003年增长率更是达到了14.7%和10.7%。虽然经历了2009年出口的短暂下滑，2010年，美国选

① U. S. GDP figures from Gilmore, T., Morgan, E. and Osborne, S., "Annual Industry Accounts-Advanced Statistics on GDP by Industry", *Survey of Current Business*, May 2011.

② 此处的补偿金包含工资、津贴、奖金、补偿金等。

定核心版权产业的在国外的销售收入已经达到了134亿美元，增速接近4%；核心版权产业的出口规模已经远远超过汽车、飞机等传统产业（见图3)；从行业构成来看，美国版权产业出口的主体为计算机软件，影视动画等也取得了显著增长（见图4)。

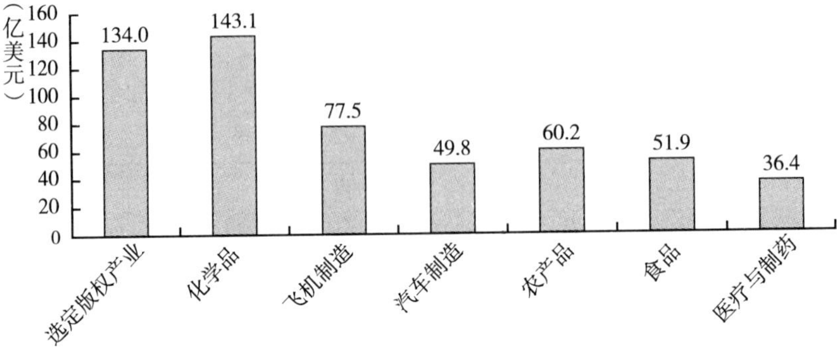

图3　2010年美国选定行业*对外销售和出口情况

*这里选定的核心版权产业包括录音、动画、电视、计算机软件和非软件出版（包括报纸、书籍与期刊）。

资料来源：Siwek（2011）。

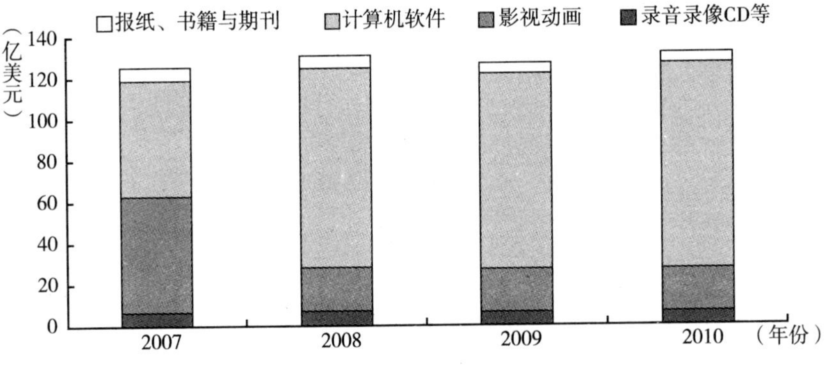

图4　2007～2010年美国核心版权产业出口的行业构成

资料来源：Siwek（2011）。

以上五个方面显示，版权产业在美国已经是名副其实的新兴支柱产业。美国通过完成上述转变而真正实现了核心竞争力的重新定义，即由产品转向版权、从制造力转向创造力。

三　文化创意产业：新的生产力

（一）文化创意产业的连锁效应（Knock-on Effect）

创意产业对其他行业的渗透带动能力非常强，这也被称做是创意产业的连锁反应。根据 Chow 和 Leo（2007）对新加坡 2004 年投入产出表的分析，任何对创意产业的需求增加都将刺激经济产出、增加值和就业的扩张。以音乐、戏剧和歌剧产业为例，2004 年新加坡该产业每 1 单位的直接产出将创造 2.0771 单位的总产出、0.8261 单位的增加值并创造 26.7 个就业岗位，创意产业对产出、增加值和就业的平均乘数达到了 1.777、0.7591 和 10.6（见表 5）。正是缘于创意产业的这种对经济增长和就业超强的拉动能力，才奠定了其作为一种新兴产业的支柱地位。

表 5　2001 年和 2004 年新加坡版权产业的产出乘数、增加值乘数和就业乘数

	2004			2001		
	产出乘数	增加值乘数	就业乘数	产出乘数	增加值乘数	就业乘数
1. 出版和文献	1.6741	0.7904	11.3	1.6775	0.7380	11.8
2. 音乐、戏剧和歌剧	2.0771	0.8261	26.7	2.0840	0.8630	26.0
3. 电影和录像	2.0251	0.8050	14.1	2.0145	0.7160	17.2
4. 广播和电视	2.1906	0.9204	7.3	2.1906	0.5701	11.9
5. 摄影	1.8676	0.4901	14.8	1.8676	0.5349	14.9
6. 软件和数据库	1.6541	0.7903	8.2	1.6469	0.7274	8.2
7. 视觉和影像艺术	1.5994	0.6463	13.3	1.5902	0.5430	13.9
8. 广告服务	1.7473	0.4434	7.3	1.7473	0.3890	6.9
9. 版权管理	1.7380	1.1142	20.4	1.7380	0.6787	13.1
核心版权产业总计	1.7770	0.7591	10.6	1.7661	0.6685	11.1

注：产出乘数 = 总产出/直接产出；增加值乘数 = 总增加值/直接产出；
就业乘数 = 总就业/直接产出。
资料来源：Chow Kit Boey and Leo Kah Mun，Pacific IP Focus，2007。

（二）文化创意产业的创新效应

20世纪90年代之前，在考虑产业升级时，政府和学界往往关注于技术进步或企业管理，很少将焦点集中在创意方面。然而，技术如果没有应用到改进系统或是成功的产品上，其对产业升级的作用是很难发挥出来的。创意作为一种投入要素，不仅具有改善产品外观和形式的美学功能，更是一种巨大的生产力。特别是对于中小企业来说，在技术上高昂的研发投入是难以企及的，而一个好的想法却能改变企业的前途。基于英国中小企业的调查显示，设计对于扩大产品和服务的应用范围、改进质量、扩张市场、提升产品和服务的灵活性、减少单位劳动成本和原材料能源消耗都具有非常显著的作用（Cox，2005）。

Bakhshi等人（2008）运用CIS企业层面数据，从企业间联系的角度分析了创意产业对其他产业的作用，结果表明，与创意行业联系较多的企业，也就是在其供应链中较多运用外部创意要素的企业，在创新方面的表现更为强劲，其产品和服务也更趋于多样化和高品质。计量分析进一步表明，将创意作为一种投入品，对其花费高于平均水平一倍费用的企业①将比普通企业在推出创新产品方面高出25%的概率。由此，从微观层面看，创意产业发展对于国家创新体系的建设具有重要价值（见图5）。

（三）对文化创意产业地位和作用的探讨

虽然上述基于发达国家数据展开的研究给我们展示了一张有关文化创意产业地位和作用的美丽图画，但关于文化创意产业对经济增长贡献这个命题的争论从它为大家关注伊始就没有停息过。一方面，有研究指出，目前该领域的研究方法忽略了文化创意产业对经济贡献的一些基本方面，比如版权作为中间投入要素的价值没能在官方统计数据中反映出来，对盗版创意产品、非商业机构生产创意产品和服务的统计疏漏，作为消费品的创意产品和服务价格无法统计无法衡量等（Madden，2004）；要准确量化创

① 从目前占其产出的3%增加到6%。

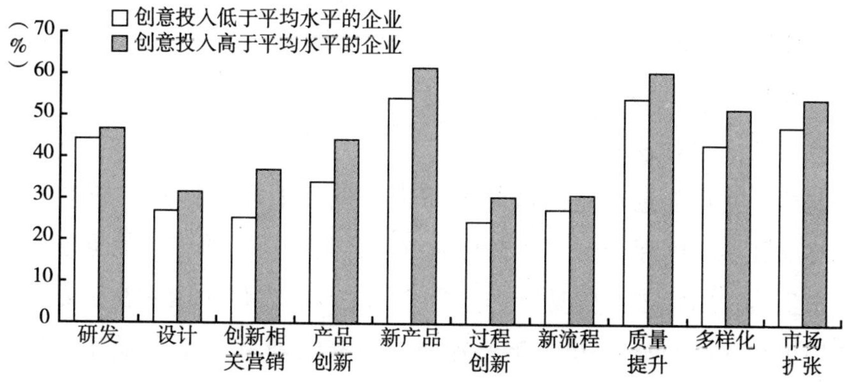

图5 文化创意产业的创新效应：微观层面

资料来源：Bakhshi H.，McVittie E. and Simmie J.（2008）。

意产业创造出的增加值非常困难，因为文化创意产业有着非常强的正外部性（Towse，2000）；对文化创意产业做出一个更为宽泛的定义有助于利用投入产出工具或一般均衡分析方法，从而更好地捕捉其对经济增长的贡献。另一方面，也有研究认为，目前有关文化创意产业经济增长贡献的计算结果具有夸大其作用的倾向（Thorpe，2005）。

四 文化创意产业发展的新趋势

（一）文化创意产业服务贸易迅猛增长，发展中国家的地位日益凸显

近年来，文化创意产业的国际贸易以年均14%的速度增长，从2002年的2670亿美元增至2008年的5920亿美元，目前已成为国际贸易中具有巨大潜力的重要组成部分。其中，创意产品贸易为4070亿美元，年均增速为11.5%；创意服务贸易则从2002年的620亿美元跃升至2008年的1850亿美元，占文化创意产业贸易的31%①，年均增长率超过了17%，

① 目前数据并未囊括所有的文化创意行业，因此国际创意服务贸易的数据可能会低估。

而同期国际服务贸易的增长率仅有13%（UNCTAD，2010）。在四类文化创意行业中，功能性创意活动的贸易增速表现抢眼，其中广告和建筑相关服务贸易年增速在18%以上，建筑服务、设计和文化娱乐服务在国际贸易中也占据了相对较大的比重。

此外，文化创意产业的国际贸易也为发展中国家打开了新的发展视野，对于其参与国际合作和实现价值链跃升具有重大价值。数据表明，发达国家虽然在国际创意贸易中仍然是绝对主导，发展中国家在国际贸易中的作用也在逐渐凸显，2008年，发展中国家的创意产品和服务贸易增速已经全面超过发达国家，在国际创意产品和服务贸易中的占比已经分别达到43%和11%；在2008年国际贸易普遍下滑的大背景下，我国的文化创意产品贸易仍然领跑世界，占据了20%的市场份额。然而值得注意的是，发达国家依然牢牢把持着高附加值的创意产业贸易，在视听产业、出版媒体、视觉艺术等产业中的市场份额都在70%以上；发展中国家则在艺术品贸易中占据了65%的市场，设计和新媒体也显示了较强的发展潜力。

仔细分析我国文化创意产业出口的行业构成，有助于我们对我国文化创意产业出口的综合实力做出谨慎判断。根据UNCTAD的《2008创意经济报告》，2000~2005年，中国创意产品和服务出口增长幅度为年均17.6%，2005年中国创意产品出口额为613.6亿美元，占全球市场的18.29%，是全球创意产品的第一生产国和出口国。然而，仔细分析便知，中国大陆出口的最大宗创意产品是“设计”类产品，内容主要涵盖室内用品、绘图、首饰、玩具、时尚饰件等5类，这5类所谓的创意产品2000~2005年期间年增速为21.9%，2005年出口470亿美元，占中国创意产品出口额的76%左右，占全球市场的21.58%，加上中国香港则达到689亿美元，占全球市场的30%以上。

（二）软件和数字内容产业前景广阔，中小企业地位愈发重要

从发达国家的经验看，真正具有发展前景的文化创意部门并不是传统的电影、电视、广播等行业，而是软件和数码媒体；20世纪90年代开始，为英国创造最多就业岗位的文化创意部门就是软件设计和计算机游戏

表 6　2002～2008 年文化创意产业国际贸易情况概览

子项目	增加值（百万美元）	占整个创意产业的比重（%）	占世界贸易的比重（%）	增加值（百万美元）	占整个创意产业的比重（%）	占世界贸易的比重（%）	增长率（%）
年　份		2002			2008		2003～2008
所有创意产业	267175	100.00	—	592079	100.00	—	14.4
创意产品	204948	76.71	3.52	406992	68.74	2.73	11.5
创意服务	62227	23.29	3.79	185087	31.26	4.80	17.1
遗产类	25007	9.36	—	43629	7.37	—	—
工艺品	17503	6.55	0.30	32323	5.46	0.22	8.7
其他个人文化娱乐服务	7504	2.81	0.46	11306	1.91	0.29	7.3
艺术类	25109	9.40	—	55867	9.44	—	—
视觉艺术产品	15421	5.77	0.27	29730	5.02	0.20	12.8
表演艺术产品	9689	3.63	0.17	26136	4.41	0.18	17.8
媒体类	43960	16.45	—	75503	12.75	—	—
出版产品	29817	11.16	0.51	48266	8.15	0.32	7.3
视听产品	462	0.17	0.01	811	0.14	0.01	7.2
视听相关服务	13681	5.12	0.83	26426	4.46	0.69	11.0
功能性创意类	194283	72.72	—	454813	76.82	—	—
设计产品	114692	42.93	1.97	241972	40.87	1.62	12.5
新媒体产品	17365	6.50	0.30	27754	4.69	0.19	8.9
广告及相关服务	8914	3.34	0.54	27999	4.73	0.73	18.4
建筑及相关服务	18746	7.02	1.14	85157	14.38	2.21	20.9
研发服务	12639	4.73	0.77	31111	5.25	0.81	14.8
个人文化娱乐服务	21927	8.21	1.34	40821	6.89	1.06	10.4

资料来源：UNCTAD（2010）。

产业。OECD（2008）的《信息技术报告》为我们展示了文化创意产业在数字内容方面[①]的动态增长情况，报告指出，通过互联网递送的内容产业所

① 该报告的数字内容产业包括使用者创造的内容（user-created content）、在线电子游戏、电影、电视和音乐，以及在线广告。

创造出的盈利份额在整个产业中的占比持续增长，而且各个行业显示了不同的发展特征。在线广告是最大的在线市场，2007年创造了超过300亿美元的利润，比上年增长接近30%；电子游戏和音乐所创造的利润占到整个在线市场1/6的份额；而电影业虽然起步水平较低，增速却是在所有数字内容产业中最快的；使用者创造的内容产业在录像和社交网络的引领和带动下发展也非常迅速，虚拟世界目前已经成为了各种活动的主要交换器之一。

此外，虽然一些创意产业部门在产业组织方面有越来越集中的倾向，一些传统行业如媒体和内容生产行业甚至出现了寡头垄断的市场结构，比如全球最强的20家视听企业是该领域增加值的最主要占有者，且都集中在美国、欧洲和日本（见表7），而这些地区也恰恰是国际文化创意服务贸易最为集中的国家；然而，中小企业及其代表的在产品和文化形式方面的创新势力不仅不容小觑，反而在计算机文化和交互文化形式创新方面的地位越来越重要。

表7　全球视听企业20强

排名	企业名	所属国家	排名	企业名	所属国家
1	Walt Disney	美　国	11	BBC	英　国
2	Viacom	美　国	12	ARD	德　国
3	Time Warner	美　国	13	NHK	日　本
4	Sony	日　本	14	Blockbuster Inc.	美　国
5	Vivendi Universal	法　国	15	Nintendo	日　本
6	News Corporation	澳大利亚	16	Mediaset	意大利
7	NBC Universal	美　国	17	RAI	意大利
8	The DirecTV Group Inc.	美　国	18	ITV PLC	英　国
9	Bertelsmann	德　国	19	TFI	法　国
10	Liberty Media Corp.	美　国	20	France Televisions	法　国

资料来源：KEA European Affairs（2006）。

（三）低碳环保作为创作主题，推动生态时尚等新兴创意行业迅速发展

作为一种建构于文化依存之上的产业，创意产业同样根植于自然环境

中，人与自然和谐发展一直是创意产业创作的一个重要主题。2002 年联合国设立了生物多样性保护的发展目标，随着 2010 年是国际生物多样性年各项活动的开展，文化创意产业对于低碳环保的关注度持续升高；而低碳环保理念与创意活动的日益融合，也使一些新的行业如生态时尚、生态旅游甚至生态媒体等开始出现并迅速发展壮大起来。

尽管鼎鼎大名的 H&M 仍在全球宣扬“价廉物美”的瑞典风格，但许多前卫设计师已在长期注重功能性上做改进，生态意识悄然渗入时尚界。生态时尚产业（Eco-Fashion）作为与“快时尚”[①] 对立的概念，强调在设计层面上注重环保，倡导使用有机、自然和可回收或可降解的面料，生产过程尽量减少污染，尽可能用人工创意和工艺代替能源使用；由此，时尚产业得以形成“概念 - 设计 - 生产 - 运输 - 营销 - 零售 - 使用 - 100% 回收 - 重新设计 - 加工”的循环产业链，从而真正实现“从摇篮到摇篮”的产品生命周期。特别的，生态时尚产业强调地方性特征和地方性文化，这也为发展中国家通过使用创意妥善利用自然资源和民族元素实现价值链的攀升提供了有利机会。此外，根据 2006 年国际生态旅游协会的统计，生态旅游的年均增长速度为 10% ~12%，是传统旅游增长率的 3 倍以上；生态媒体则成为倡导低碳发展、筹募环保基金的新生力量。

（四）信息技术与文化创意产业深度融合，带动文化创意领域的全面创新

Miles（2009）对文化创意产业创新的类型进行了梳理，认为创意产业创新包括盈利模式创新（如免费报纸等）、服务理念、服务递送方式和与客户间交互方式的创新（如互联网窄带广播等）、产品创新（如数码电影等）以及内容创新和过程创新等。以前每每提及创意产业创新，总是将其与美学意义上的内容创新联系起来[②]，其实，过分重视创意产

① 快时尚服饰始终追随追季潮流，新品到店的速度奇快，橱窗陈列的变换频率更是一周两次。因为走低价时尚路线，快时尚产品的面料差、做工粗糙，快时尚企业每年生产的服装款式是一般企业的 3 ~4 倍，大量消耗化工纤维等原料给环境带来沉重负担。

② 参见 Castaner & Campos，2002。

业中的内容创新，通常会走入价值判断的误区，导致创新裹足不前；内容创新只是创意产业创新的一部分，而通过信息技术实现文化创意产业的服务理念、服务生产方式、服务递送和交互方式的创新以及盈利模式和创意产品的创新，不仅是不容忽视的重要方面，更代表着未来的发展方向。UNCTAD（2010）将信息技术对所有文化创意产业价值链的影响和重构归结为"数字融合"，并将其分为三个层面：技术融合，导致电影、电视、音乐和游戏等媒体产业的所有者形式发生了改变；媒体融合，导致所有使用者可以同时用一台个人电脑消费不同形式的媒体；通路融合，使得所有媒体和服务的生产与分销过程实现在网络平台上的再造。

在以往的研究中，新技术对创意产业的产品和过程创新被较多提及，而对创意产业服务递送方式和企业盈利模式的创新缺乏关注；在最近的报告中，NESTA（2008）用案例研究的方法阐述了信息技术对创意产业创新的这些"隐含的"影响：在电子游戏领域，大部分的创新都源于技术进步——从需求方来看，更强大的芯片和宽带的迅速普及带给玩家高速的游戏体验，从而推动了该产业的发展；从供给方来说，技术进步特别是软件技术的发展加速了游戏开发的进度，使得电子游戏开发者在创造复杂图形和游戏人物时不再需要新的代码资源。而在设计领域，新技术改变了行业内企业与客户和合作者之间的关系——通过与客户和合作者之间"电子化的实时交互"，克服了时间和空间的限制，真正实现了设计的"共同生产"，消费者变成了集生产和消费功能于一身的"Prosumer"；此外，互联网还为设计作品创造了一个极好的展示平台。信息技术的影响在广告领域不仅表现为广告产品和生产过程的创新，更给广告活动的递送和管理带来了极大的便利——复杂项目管理工具比如项目实时跟踪和评估技术的出现，使得广告活动的时间控制以及对细节的监控变得很容易，从而降低了广告服务提供延迟的风险，并减少了合作者之间的交流障碍和摩擦。在电视和广播等传播领域，技术进步不仅极大地影响了创新的方向，更改变了创新的轨迹，随着一系列新设备和新技术的开发运用，电视和广播节目的制作质量更高、更便捷、成本更低、内容也可以更复杂、来源更加多元化，这直接导致了独立制作人的产生；技术的不断更新，还使得很多独立制作人足不出户就可以完成剪辑、拍摄和前期制作等诸多工作，也为在不影响核心内容的前提下将一些不太重要的制作环节外包出去创造了硬件和软件条件，从而造就了一种新的创意生产方式。信息技术也彻底改变了音乐产业的销售模式，2008 年在线音乐的销售占整个音乐销售的比重已经达到了 20%，而这个数字在 2007 年仅为 15%；在传统销售模式持续低迷的情况下，全球数字音乐产业比上年增长了 25 个百分点。

综上，信息技术的影响范围几乎涵盖了文化创意产业创新的各个层面，包括服务理念、服务递送方式和与客户间交互方式的创新、产品创新、内容创新、过程创新、盈利模式创新等。可以说，技术进步特别是信息技术的发展，是创意产业创新的主要动力，主要表现在：信息技术将传统的创意内容变成了统一的数字形式；宽带技术增加了市场容量；各种新的软件和硬件在创意产业创新中的应用，给文化创意产业的核心——内容提供了崭新的设计、生产和递送途径，并创造出新的产品，因而从根本上改变了整个文化创意产业的供应链、产业发展环境以及生产方式。与此同时，创意产业也在时刻经受着技术的飞速进步带来的冲击，比如所有的创意行业在互联网时代都必须找到一种新的盈利模式；信息技术进步也使所有创意企业面临着前所未有的激烈竞争；对于广告行业来说，在多样化传播途径的背景下则必须克服受众群被分割的不便；而对于音乐创作者来说，技术进步所带来的盗版和复制的便利也是他们不得不考虑的问题。

五　促进中国文化创意产业发展的政策建议

文化创意产业近八年间在我国蓬勃发展，如今已不仅仅是一个发展理念，而是有着巨大经济效益和社会效益的现实。总的来看，文化创意产业在我国已呈现良好的发展态势，具备了一定规模，产业发展环境不断优化、社会参与度明显增强，在某些城市支柱产业的地位已经初步确立；与此同时，一批文化创意产业集聚区逐渐形成，产业集聚效应初步显现，市场空间不断扩大。然而，由于文化产业统计滞后的原因，到目前为止都还没有可以支撑文化创意产业发展形势分析的文化产业统计数据，特别是关于产出的统计数据，除了各种行业性统计和地方性统计之外，国家统计基本上很少见；行业数据与国家统计数据有很大的差异，地方统计口径也多有不同，难以汇总为全国性数据。《2010 中国文化产业发展报告》根据消费面的数据，分城乡居民文化消费、政府公共文化消费、出口文化产品和服务以满足国外市场消费需求三个方面，对中国文化产业发展现状进行了估算：从城乡居民文化消费数据来看，2009 年中国城乡居民家庭文化娱乐用品及服务支出总额约 6076 亿元；政府部门的文化消费支出约 1200 亿元；至于出口文化产品和服务的情况，根据商务部发布的《文化产品及服务进出口状况年度报告》，中国文化产品和服务进出口约为 200 亿美元，上述三项相加得出，2009 年文化产业的市场规模大约为 8000 亿元。而第三方数据公司赛迪（2010）则给出了他们对中国文化创意产业产出规模的大致估算：2009 年中国文化创意产业规模超过 26000 亿元，创造的增加值为 8912 亿元，平均增长速度高达 17% 以上，比同期 GDP 增速高出 10 个百分点左右，不仅高于传统产业的增长速度，而且还高于同为朝阳产业的电子信息等产业的发展速度。从就业规模来看，2001 年我国从事文化及相关产业的人员总数为 145 万多人，到 2008 年这一数字已猛增到 1200 万人；文化产业的发展也促进了税收的增长，仅 2005 年中国文化产业贡献的利税就已经达到了 500 多亿元。从细分行业看，广播电影电视和新闻出版是我国文化创意产业中的绝对主力，产业规模分别达到了 9823 亿元和 5894 亿元，此外软件网络和计算机和旅游休闲娱乐的产业规模也超过了 3000 亿元。从区域上看，北京、上海、广东、湖南、云南等省市的文化创意产业增加值占 GDP 的比重已突破 5%，已经成为支撑区域经济发展的名副其实的战略性支柱产业。

虽然文化创意产业具有同其他服务行业相似的一些性质，如产业渗透性和带动力较强、集聚发展带来的知识外溢效应显著、制度对发展尤为重要等，但作为一种新兴的全球性产业，又有着有别于其他产业的、特殊的发展特征和运行规律。基于此，本部分通过国际经验和文献梳理，结合我国发展实践和制约发展的认识误区，对顺应文化创意产业发展规律的政策支撑体系进行粗浅描画。

（一）顺应文化创意产业与信息技术深度融合的发展趋势，健全宽带等信息基础设施

为促进文化创意产业的发展，基础设施配套的重要性已成共识；在实践中，由于创意产业的空间外溢性和创作的相对独立性，为产业发展提供更多独立、启发灵感且可负担的空间，则是比其他服务行业更为重要也更为困难的问题。故此，各国特别是我国都将建设文化创意产业集聚区作为基础设施投资建设的重点，信息基础设施的问题较少被提及。从前所述，文化创意产业的发展正朝着网络化和数字化的方向推进；国际经验也表明，由于发展中国家的宽带连接明显落后于发达国家，这不仅限制了信息产业的发展，更是禁锢了创意产业的活动空间和创新空间，导致很多促进创意和电子商务发展的应用程序无法运行。虽然我国宽带用户数已经是全球第一，但仍处于低速宽带阶段，互联网网速平均仅为 1.774M，排名全球第 71 位，无论是宽带速率还是宽带家庭普及率，与发达国家相比都存在较大差距。因此，我国需加大基础投入和政策扶持，引导国家和地方投资于高速宽带通道建设，积极支持单位和个人利用光纤宽带网络开展文化创意业务，促进文化创意产业与信息技术的融合发展。

（二）针对文化创意产业的就业特点，构建扶持“大文化产业”发展的政策体系

如前所述，文化创意产业囊括各色行业，既包括文学、艺术、音乐、影视、出版等核心层创意行业，也包括新媒体、设计、时尚、软件等外围层创意活动；而且，文化创意产业具有宽领域就业的特点，许多非创意行业的业者从事的同样也是文化创意工作。基于此，政策制定不应局限于文化创意产业本身，而唯有从大处着眼，打破部门分割和行业界限，关注与整个文化创意行业相联系的“大文化产业”的健康发展，力求使文化创意产业的目标与国家的经济、社会和技术发展方面的政策充分协调相融；

在建构集聚区时，不仅应关注创意行业内部，更应关注创意企业与其他产业企业之间的内在联系，方能达至目标。比如在英国，文化创意产业的方针政策一般由英国文化媒体体育部（DCMS）制定，政府下属的不同机构部门贯彻实施（见图6），这些机构部门主要包括英格兰艺术理事会、英国国家科技艺术基金会、英国产业技术协会和各行业理事会。英国文化媒体体育部还和英国税务及海关总署、英国贸易投资总署、英国外交及联邦事务署、英国文化协会合作共同主管创意产业、电影和音乐表演各部门，并致力于如何让创意产业走向世界；而设计者论坛、英国时尚协会和英国时尚出口协会，则主要致力于推动英国时尚产业的发展。

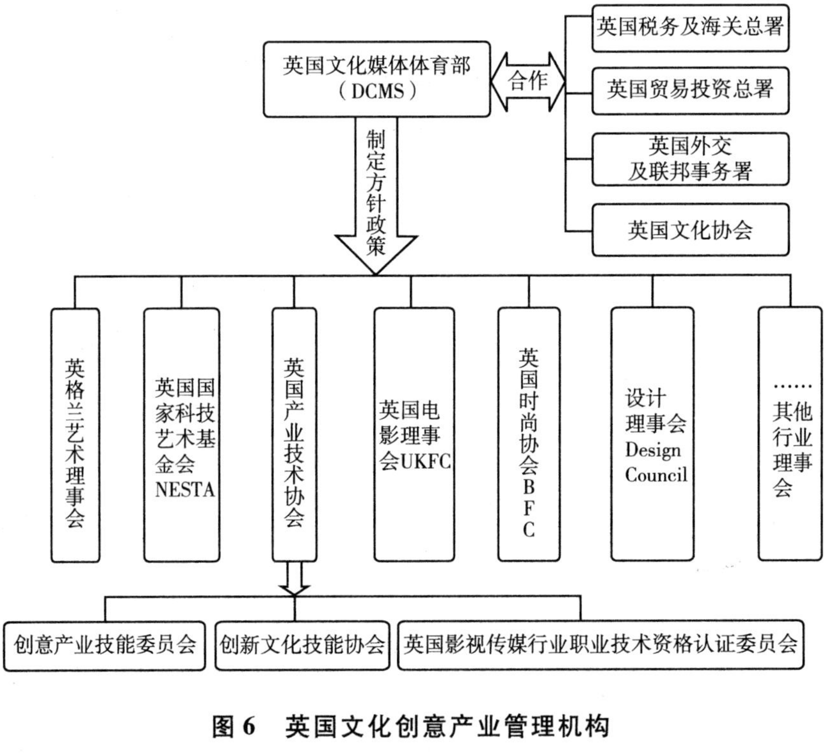

图6　英国文化创意产业管理机构

资料来源：王娜等（2011）。

Ridge等（2007）曾经将DCMS对创意产业的支撑政策分为七类——教育、消费、研究、建筑翻新（资本投资）、社区更新、网络建设和集群发展；据统计2005～2006年，DCMS将14亿英镑的支出用在了以上对创意产业的支持方面，占其总支出的43%左右。其实归结起来，上述扶持政策可以分为三类：一是扶植企业或者独立手工作业者；二是培养创意人才；三是为企业或独立手工作业者提供经营环境，主要体现在支持文化创意产业从业人员技能培训、企业财政支持、知识产权保护、文化出口扶持等方面。

（三）实施有针对性的金融政策创新，消减文化创意产业融资中的逆向选择效应

文化创意产业源于艺术家的天赋，其原创性决定了创意产品价值的不确定性和艺术家价值的不可预见性；银行及投资者出于避险需要，往往会要求缺乏固定资产的创意企业提供抵押品，这反而使其更难做出支持文化创意项目的投资决策。由此，逆向选择效应的产生将导致文化创意产业融资的市场失灵。此外，艺术家和银行家对于创意的评估和兴趣的错配也可能导致市场失灵，更可能使艺术家为了迎合投资需要而破坏创作的独立性。Stuart（2011）曾经利用英国中小企业融资纵向调查数据对文化创意企业的融资特性进行分析，结果显示，与非创意企业相比，创意企业通常成立时间较晚，企业特别是从事软件和建筑行业的企业资产更少，企业主的学历通常更高、年龄更小；正是基于以上特性，创意企业更倾向于股权融资方式，对融资租赁和长期借款也更为关注；相对而言，软件企业和数字内容企业的总体融资需求虽然较低，但源于上述行业特性（年龄更小、资产更少）导致银行认为该行业的风险程度更高，被银行拒绝的几率也更高；而音乐、表演和视觉艺术、广告及建筑企业则对融资的总体需求度更高。以上研究表明，文化创意产业的融资难问题是行业本身普遍的、固有的矛盾，必须依靠政府力量的介入才能解决；但区别于传统的文化产业主要依靠政府投入，文化创意产业主要是由市场导向的行业构成，必须依靠从业者特别是企业家积极主动与金融机构的对接和沟通，主要通过文化创意产业积极争取市场机制解决融资问题。因此，政府层面应努力创新针对文化创意企业特点的融资政策，除了我国常用的设立创意产业投资扶持计划、建立文化创意产业孵化器、引导风险投资的方式的方法外，国外金融机构微型贷款计划（Microcredit

Schemes)、网络互助贷款、以团结为基础的替代货币①、地区内部交换体系(Local Exchange Trading Systems)等新的非传统融资工具也值得借鉴。

(四)关注政策的适用性和可移植性,促进文化创意产业可持续发展

一方面,文化创意产业建构在本国文化繁荣发展的大前提之下,同时也依存于充满文化活力的社区;另一方面,只有当文化创意产业发展有助于本地文化资产的保护和增值时,方能真正实现文化创意产业的可持续发展。发达国家的经验告诉我们,自上而下的政策驱动,关注点不应放在经济利益上,而是应将着眼点置于个人的创造力上,文化创意产业的发展从根本上讲仰赖于全体人民的参与及其创造性的普遍提升。立足于此,重新审视我国支持文化创意产业发展的相关政策,就可以避免再次堕入"不看市场看市长"的政策误区②。此外,出于文化创意产业的特殊性,还应该对目前创意产业领域所普遍存在的政策照搬和政策移植现象给予足够关注,特别是要认真分析、科学评价欧洲正在实施的相关产业政策,比如对文化多样性认识不足、将文化遗产等同于地区品牌等做法,以免重蹈其覆辙。

参考文献

Luciana Lazzeretti, Rafael Boix and Francesco Capone (2008). "Do Creative Lndustries Cluster? Mapping Creative Local Production System in ltaly and Spain." Working Paper, Departament d'Economia Aplicada.

UNCTAD (2010). "Creative Economy: A Feasible Development Option", *Creative Economy Report 2010*.

Department for Culture, Media and Sport, United Kingdom (2001), *Creative Industries*

① 译为 alternative currencies via the solidarity-based economy,是一种以社群为基础、由社群进行管理的商业模式,以此为基础的替代货币目前已经在超过35个国家流通。

② 目前很多动漫扶植政策,在奖励动漫企业时,衡量的最重要指标是产量。于是,一些国产动画片不考虑"市场",只在意产出动画片的"时长",以数量换取政策资助和社会赞助。2011年,我国7000余家动漫企业生产原创电视动画共385部,时长超过22万分钟,比2009年增长了28%,相当于日本年产量的2倍。

Mapping Document 2001.

Hesmondhalgh David (2002). *The Cultural Industries*. London, SAGE Publications.

KEA, European Affairs (2006). *The Economy of Culture in Europe, study prepared for the European Commission (Directorate-General for Education and Culture)*. Brussels, p. 218.

Throsby David (2001). *Economics and Culture*, Cambridge.

WIPO (2003). *Guide on Surveying the Economic Contribution of the Copyright Industries*. Geneva, WIPO.

Stuart Fraser (2011). "Access to Finance for Creative Industry Businesses", Report for BIS and DCMS.

NESTA (2008). Beyond the Creative Industries: Making Policy for the Creative Economy, Policy Briefing.

Stephen E. Siwek (2011). "Copyright Industries in the US Economy: the 2011 Report", Prepared for the International Intellectual Property Alliance.

Price Water House Coopers (2009). Making the Intangible Tangible: the Economic Contribution of Australia's Copyright Industries, Prepared for the Australian Copyright Council.

Eleonora Redaelli (2011). "Analyzing the Creative City Governance: Relational Processes in Columbus Ohio", *City, Culture and Society* 2: 85 – 91.

Doreen Jakob (2010). "Constructing the Creative Neighborhood: Hopes and Limitations of Creative City Policies in Berlin", *City, Culture and Society* 1: 193 – 198.

Greg Richards (2011). "Creativity and Tourism", *Annals of Tourism Research*, Vol. 38, No. 4, pp. 1225 – 1253.

Scott Allen J. and Dominic Power (2004). *Cultural Industries and the Production of Culture*. London, Routledge.

Hartley John (2005). *Creative Industries*. Oxford, Blackwell Publishing.

Caves Richard E. (2000). *Creative Industries: Contracts between Art and Commerce*. Cambridge, Massachusetts, Harvard University Press.

DCMS (2010). Creative Industries Economic Estimates (Experimental Statistics), Full Statistical Release.

Chow Kit Boey and Leo Kah Mun (2007). Pacific IP Focus.

George Cox (2005). Cox Review of Creativity in Business: Building on the UK's Strengths.

Bakhshi H., McVittie E. and Simmie J. (2008). Creating Innovation: Do the creative industries support innovation in the wider economy. London: NESTA.

Christopher Madden (2004). Making Cross-country Comparisons of Cultural Statistics: Problems and Solutions-International Comparisons of Cultural Sectors: An Exploratory Investigation, Working Paper 2, Australia Council for the Arts, Sydney.

Jeremy Thorpe (2004). "Some challenges for copyright-related quantification", *Review of Economic Research on Copyright Issues*, Vol. 1, No. 1, pp. 41 – 50.

Ruth Towse (2000). "Cultural economics, copyright and the cultural industries", *Society and Economy in Central and Eastern Europe*, Vol. 22, No. 4, pp. 107 – 126.

Ian Miles (2009). "Innovation, Convergence and Creative Industries", Working paper of MOSTI service innovation seminar 8, Manchester.

OECD (2008). OECD Information Technology Outlook 2008, http://goldsteinreport.com/article.php? article = 7049

Andy C. Pratt (2009). "Policy Transfer and the Field of the Culture and Creative Industries: What Can Be Learned from Europe?" collected in Creative Economies, Creative Cities: Asian-European Perspectives, Springer.

文英:《创意产业使英国从制造工厂变为"世界创意中心"》,《文化月刊》2010年第3期。

张晓明等主编《2010年中国文化产业发展报告》,社会科学文献出版社,2010。

赛迪顾问:《2009~2010年中国文化创意产业发展研究年度报告》,研究报告,2010年2月。

王娜等:《简析英国的创意产业》,《创意与设计》2011年第2期。

中国网络文化服务业发展现状、问题与政策建议

胡东兰*

摘　要： 作为信息产业与文化产业跨越融合的产物，我国网络文化服务业近些年保持了高速增长态势。网络文化服务业是以网络技术和网络资源为基础，为社会公众提供文化、娱乐等精神产品和服务的活动，以及与这些活动有关联的服务活动的集合。它具有不同于第一产业、第二产业的特性，本质上属于第三产业范畴。我国网络文化服务业在市场规模、主体消费、政府管理及社会经济贡献等方面都显示了良好的发展情况，但也存在一系列的问题。需要从财税、投融资、网络基础设施建设、法律法规和人才培养等方面着手推进我国网络文化服务业大发展。

关键词： 网络文化产品　网络文化服务　网络文化服务业

一　网络文化服务业基本概念界定

（一）网络文化服务业的内涵

随着信息网络技术的迅猛发展，网络文化服务业保持了高速增长态

* 胡东兰，女，中国社会科学院研究生院博士生、合肥工业大学管理学院讲师。主要研究方向为服务经济与财税政策。

势。而从经济学视角把网络文化服务业作为一种产业形态来研究，则是近几十年来才出现的。目前国内外学者对网络文化服务业的内涵尚未给出一个明确的界定，但对网络文化服务业的理解主要有两种不同的看法。一种是将网络文化服务业与传统文化产业区分开来，将其归入文化产业范畴；另一种是将网络文化服务业看做是信息产业与文化产业的对接，但有别于传统意义上的信息产业和文化产业，是一种数字化的产业革命，将其看做一种新型服务业。笔者认为网络文化服务业虽是信息产业与文化产业跨越融合的产物，但其本质上仍属于文化产业范畴。

比较2004年国家统计局公布的《文化及相关产业分类》、2009年文化部公布的《文化产业投资指导目录》及2011年文化部公布的新版《互联网文化管理暂行规定》发现，三者对网络文化产品及服务的内容界定各不相同，主要原因在于对于“网络”一词内涵的理解存在差异。从广义角度理解，网络既包括互联网，也包括有限电视网、电信网以及各种以IP协议为基础的能实现互动的智能化网络。从狭义角度理解，网络主要指互联网这一平台。国际上流行的“数字内容服务业”或“数字娱乐服务业”主要基于广义网络的概念。本文基于产业形态的视角，试图从广义上给出网络文化服务业的定义：以网络技术和网络资源为基础，为社会公众提供文化、娱乐等精神产品和服务的活动，以及与这些活动有关联的服务活动的集合。它具有不同于第一产业、第二产业的特性，本质上属于第三产业范畴。

（二）网络文化服务业的分类

1. 从经营性质的角度划分

文化服务业主要包括经营性文化产业和公益性文化事业两大类。网络文化服务业是文化服务业的重要组成部分，从经营性质的角度划分，可将网络文化服务业分为以营利为目的的经营性网络文化产业和不以营利为目的的公益性文化事业。前者主要包括具有盈利性的网吧、网络游戏、网络广告、网络出版等网络文化产业；后者主要包括非营利性的公共文化服务网、公众监督信息网、学术网、政府网、“三农”网等公益性网络文化事业。

2. 从消费目的的角度划分

网络已渗透到公众日常生活的方方面面，网络文化产品和服务消费日益成为公众消费的重要组成部分。从消费目的的角度可将网络文化服务业划分为四大类，即网络信息获取和传播类，包括收发邮件、搜索引擎、网络广告、网络新闻等；网络娱乐休闲类，包括网络动漫、网络游戏、网络电影、网络音乐等；网络教育类，包括在线学习、远程教育等；网络商务交易类，包括网上购物、电子银行、视频会议等。

3. 从产业结构组成的角度划分

网络技术应用于文化领域后，既衍生了新的网络文化形态，又拓展了原有文化产品和服务的传播途径。因此，从产业结构组成的角度，网络文化服务业可分为两部分：一是新型的网络文化服务业，如网络动漫、网络游戏、商务门户网站等，其提供的网络文化产品和服务的内容及形式都与传统的文化产品和服务有很大区别；二是传统文化服务业的数字化和网络化，如数字电视、在线点播音像制品、网络传媒等，它是传统文化产品和服务借助网络进行的传播和拓展。

（三）网络文化服务业的特征

网络文化服务业以电子化、数字化的储存和传输手段为依托，以文字、声音、图像、视频等为媒介形式，以信息获取、交流沟通、网络娱乐、商务交易等为主要功能，以网络新闻、即时通信、博客、虚拟社区、网络视听、网络游戏等为主要形态进行文化产品和服务的生产、创造和传播。它往往具有如下几个特征。

1. 产业形态多样化

网络文化服务业主要依托网络资源和网络技术，通过创造新的文化形态和对传统文化形态“升级换代”来为公众提供精神产品和服务。“数字内容产业”是其核心内容。随着网络技术的发展，网络文化服务业的产业形态更加多样化。它主要包括网络文化信息服务，数字内容产品开发，网络博物馆、图书馆、美术馆，网络游戏，网络动漫，网络音乐娱乐，网络演出和表演，网络艺术品，手机游戏，手机音乐，网络、手机游戏衍生产品开发，移动多媒体文化产品开发等。

2. 低投入高产出

网络文化的一大特点在于其资源再生性和共享性，具有边际成本递减和边际效用递增等显著的网络经济特征。投入成本一定，产出相对较高。因此，网络文化服务业往往被人们称之为“绿色产业”。从国际经验来看，网络文化服务业是一个极具活力的经济增长点。党的十七届六中全会也明确提出推动文化产业成为国民经济支柱性产业，培育动漫游戏、新媒体等网络文化服务业，使其成为新的经济增长点。

3. 科技与文化并重

网络文化服务业是信息产业和文化产业跨越融合的产物，在各种网络技术、信息技术、数字技术大发展的背景下，才催生出诸如网络游戏、网络动漫、网络视频等新的网络文化形态。随着社会进步和人均收入水平的提高，物质生活高度化和精神生活多样化成为更多人的追求。高科技含量和高文化内涵并重赋予了网络文化服务业不同于其他产业的独特性，网络文化服务业提供的往往都是具有个性化的精神产品和服务，能很好地满足人们日益增长的精神文化生活需要。

4. 内容创意为核心

纵观各国网络文化服务业的发展，未来网络文化服务业的竞争主要体现在其内容性和创意性。它应不仅仅局限于对传统媒体的网络翻版，还应为网络文化产品和服务注入新的创意思路和新的内容要素，为公众提供全新的产品和服务体验。以网络游戏为例，它是一种典型的网络文化创意产业，无论是游戏内容的创造，还是游戏网络平台的设计，都要有极强的内容性和创意性。只有通过鼓励网络文化原创、打造网络文化精品才能提升网络文化服务企业的竞争力。

二　网络文化服务业发展现状

（一）市场规模

我国网络发展起步于20世纪90年代，随着信息网络技术与文化产业的融合，网络的发展带动了文化产业大发展。一方面，传统文化产品和服务借助网络进行传播和拓展，传统文化产品和服务呈现网络化和数字化特征；另一方面，出现了新型的网络文化产品和服务，如网络动漫、网络游戏、商务门户网站等，其内容及形式都与传统的文化产品和服务有很大区别。这些新型网络文化业态的出现，使得中国文化产业总体实力大大增强。下面着重分析比较有代表性的几个网络文化服务业的产业形态。

1. 网络游戏

网络游戏融合了图像、视频、音频、文本等各种媒介符号形式，很好地满足了使用者多元化、多层次的信息传播和沟通的需求。网络游戏是网络文化服务业的重要组成部分，是未来网络文化服务业的重要盈利增长点。网络游戏市场在未来一段时间将出现几大趋势：新游戏类型将不断推出；自主研发将不断加强；新内容平台将不断涌现；网游市场规模将不断扩大。根据艾瑞咨询公布的2011 年度中国网络游戏[①]核心数据，包括社交游戏用户在内的中国网络游戏用户付费整体市场规模[②] 2011 年预计达到413. 8 亿元，环比增长 17. 5% 。未来网络游戏用户市场整体规模将会进一步扩大，但增长速度将有所放缓。

表 1　2004 ~ 2013 年中国网络游戏用户付费市场规模

年份	网络游戏用户付费市场规模（亿元）	增长率（%）	年份	网络游戏用户付费市场规模（亿元）	增长率（%）
2004	33. 3	66. 5	2009	281. 9	34. 0
2005	48. 0	44. 1	2010	352. 1	24. 9
2006	76. 8	60. 0	2011	413. 8	17. 5
2007	125. 7	63. 6	2012	464. 8	12. 3
2008	210. 4	67. 4	2013	503. 2	8. 3

注：2011 ~ 2013 年数据为艾瑞统计预测模型核算及预估数据。

数据来源：艾瑞咨询发布的 2011 年中国网络游戏核心数据。

① 中国网络游戏市场统计包括大型客户端游戏、平台游戏、网页游戏和社交游戏四部分。

② 中国网络游戏用户付费市场规模即中国网络游戏用户为网络游戏产品及服务支付费用的总和。

表 2　2004～2013 年中国网络游戏细分领域收入结构分布

单位：%

年份	网络游戏用户付费市场份额	大型客户端游戏占比	网页游戏占比	平台游戏占比	社交游戏占比
2004	100	91.6	0	8.4	0
2005	100	94.8	0	5.2	0
2006	100	96.4	0	3.6	0
2007	100	91.1	1.1	7.8	0
2008	100	90.4	3.1	6.0	0.5
2009	100	86.9	6.2	5.9	1.0
2010	100	82.8	9.4	6.0	1.8
2011	100	78.7	11.6	6.6	3.1
2012	100	76.2	11.9	7.9	4.0
2013	100	74.0	12.0	8.7	5.3

注：2011～2013 年数据为艾瑞统计预测模型核算及预估数据。

数据来源：艾瑞咨询发布的 2011 年中国网络游戏核心数据。

2. 网络广告

网络广告也是网络文化服务业的重要产业形态之一。它具有方式灵活、覆盖面广、无时间限制、广告效果持久等优越性，已成为继电视、广播、报纸、杂志传统媒体之后的第五大媒体。网络广告市场份额占比越来越大。互联网数据中心（DCCI）发布的《2011～2012 年度中国互联网市场数据报告》指出，中国网络市场广告规模不断扩大，互联网主流热点领域广告规模增速不减。根据艾瑞咨询最新发布的 2011 年度中国互联网广告核心数据，2011 年度中国网络广告市场规模①较 2010 年增长 57.3%，达 511.9 亿元。其中搜索引擎市场份额达 36.7%，电子商务平台网络市场份额达 17.5%，独立视频网站市场份额为 7.1%，门户网站、垂直行业网站市场份额分别为 15.5% 和 15.0%。

① 网络广告市场规模包括品牌网络广告、搜索引擎广告、固定文字链广告、分类广告、视频贴片广告和其他形式网络广告，不包括渠道代理商收入。

表 3　2006～2015 年中国互联网广告市场规模

年份	网络广告市场规模(亿元)	增长率(%)	年份	网络广告市场规模(亿元)	增长率(%)
2006	60.7	60.6	2011	511.9	57.3
2007	106.0	74.6	2012	790.9	54.5
2008	170.0	60.4	2013	1071.0	35.4
2009	207.4	22.0	2014	1427.0	33.2
2010	325.5	56.9	2015	1873.2	31.3

注：2011～2015 年数据为艾瑞统计预测模型核算及预估数据。
数据来源：艾瑞咨询发布的 2011 年中国互联网广告核心数据。

表 4　2008～2015 年中国网络广告细分媒体市场结构趋势

单位：%

年份	网络广告市场份额	搜索引擎占比	门户网站占比	垂直行业网站占比	电商网站占比	独立视频网站占比	网络社区占比	其他
2008	100	29.6	27.9	25.5	4.7	3.4	3.2	5.8
2009	100	33.6	23.4	21.5	7.2	5.8	3.7	4.8
2010	100	33.9	19.8	19.8	10.8	5.4	3.1	5.8
2011	100	36.7	15.5	15.0	17.5	7.1	3.2	5.0
2012	100	36.7	12.6	13.1	19.3	10.0	3.3	5.0
2013	100	40.8	11.2	11.4	19.2	9.4	3.6	4.5
2014	100	44.3	9.9	10.0	19.2	8.5	3.7	4.3
2015	100	48.6	8.8	8.4	18.6	7.8	3.7	4.2

注：2011～2015 年数据为艾瑞统计预测模型核算及预估数据。
数据来源：艾瑞咨询发布的 2011 年中国互联网广告核心数据。

3. 网络视频

网络视频是视频网站提供的在线直播或点播服务。2008 年中国网络视频牌照发放制度的实行意味着国家对网络视频网站内容的监管更加规范化和严格化。但居民消费需求结构的多元化驱动中国网络视频市场规模逐渐扩大。根据艾瑞咨询发布的 2011 年度中国互联网经济核心数据，中国在线视频市场规模 2011 年度达 62.7 亿元，保持快速增长趋势。

表 5　2010～2014 年中国在线视频行业市场规模

年份	在线视频市场规模（亿元）	增长率（%）	年份	在线视频市场规模（亿元）	增长率（%）
2010	31.4	78.1	2013	179.1	41.8
2011	62.7	99.9	2014	225.0	25.6
2012	126.3	101.5			

注：2012～2014 年数据为艾瑞统计预测模型核算及预估数据。

数据来源：艾瑞咨询发布的 2011 年中国互联网广告核心数据。

表 6　2010～2014 年中国在线视频行业收入结构

单位：%

年份	在线视频行业市场份额	广告收入占比	版权分销收入占比	其他增值业务占比	视频增值服务占比
2010	100	68.4	6.4	21.4	3.8
2011	100	67.8	13.1	15.7	3.4
2012	100	72.3	14.3	10.8	2.7
2013	100	71.0	16.8	9.8	2.5
2014	100	72.0	16.4	9.2	2.3

注：2012～2014 年数据为艾瑞统计预测模型核算及预估数据。

数据来源：艾瑞咨询发布的 2011 年中国互联网广告核心数据。

4. 搜索引擎

搜索引擎是为用户提供检索服务并将检索结果展示给用户的系统。根据 2012 年 1 月 16 日中国互联网络信息中心（CNNIC）发布的《第 29 次中国互联网络发展状况统计报告》，搜索引擎是 2011 年仅次于即时通信的第二大网络应用。截至 2011 年 12 月，中国搜索引擎用户数为 40740 万人。据艾瑞咨询发布的 2011 年度中国互联网经济核心数据，预计中国搜索引擎市场规模[①] 2011 年度达 187.8 亿元，增长速度达 70.2%，高于 2011 年行业内预期。

① 搜索引擎市场规模为搜索引擎运营商营业收入总和，不包括搜索引擎渠道代理商营业收入。

表 7　2010 年 1 季度至 2011 年 4 季度中国搜索引擎市场规模

时间	市场营业收入(亿元)	环比增长率(%)	同比增长率(%)
2010 年 1 季度	19.1	3.2	46.6
2010 年 2 季度	26.9	40.9	55.9
2010 年 3 季度	31.0	15.4	57.6
2010 年 4 季度	33.4	7.6	69.5
2011 年 1 季度	32.6	-2.2	71.1
2011 年 2 季度	44.3	35.8	64.8
2011 年 3 季度	54.0	21.9	74.2
2011 年 4 季度	56.8	5.1	70.2

注：2011 年 1 ~ 4 季度数据为艾瑞统计预测模型核算及预估数据。
数据来源：艾瑞咨询发布的 2011 年中国互联网广告核心数据。

表 8　2006 ~ 2015 年中国搜索引擎市场规模

年份	搜索引擎营业收入规模(亿元)	增长率(%)	年份	搜索引擎营业收入规模(亿元)	增长率(%)
2006	13.9	47.9	2011	187.8	70.2
2007	29.0	108.6	2012	291.4	55.2
2008	50.3	73.4	2013	438.1	50.3
2009	69.6	38.5	2014	634.7	44.9
2010	110.4	58.5	2015	912.1	43.7

注：2011 ~ 2015 年数据为艾瑞统计预测模型核算及预估数据。
数据来源：艾瑞咨询发布的 2011 年中国互联网广告核心数据。

（二）主体消费

网络文化服务业的消费主体是网民，了解中国网民规模和结构特征是必要的。根据 2012 年 1 月 16 日中国互联网络信息中心（CNNIC）发布的《第 29 次中国互联网络发展状况统计报告》，中国互联网普及率达到 38.3%，截至 2011 年 12 月底，中国网民数量达到 5.13 亿，中国家庭电脑上网宽带网民规模为 3.92 亿，中国手机网民规模达 3.56 亿，全年新增网民 5580 万。总结过去五年中国网民增长情况，从 2006 年开始，中国网民规模进入快速增长阶段，平均每年普及率提升约6个百分点，尤其在2008年和2009年，网民增长量接近9000万人。但在2011年，网民规模增长势头出现减缓现象。

表9　2004～2011年中国网民规模与普及率

年份	网民数(万)	互联网普及率(%)	年份	网民数(万人)	互联网普及率(%)
2004	9400	7.2	2008	29800	22.6
2005	11100	8.5	2009	38400	28.9
2006	13700	10.5	2010	45730	34.3
2007	21000	16.0	2011	51310	38.3

数据来源：2012年《第29次中国互联网络发展状况统计报告》。

表10　家庭宽带和手机上网网民规模

指　标	截止时间	网民数(万人)
家庭宽带网民规模	2010年6月	30849
	2010年12月	38137
	2011年6月	38977
	2011年12月	39177
手机上网网民规模	2008年	11760
	2009年	23344
	2010年	30273
	2011年	35558

数据来源：2012年《第29次中国互联网络发展状况统计报告》。

网民消费网络文化产品和服务主要有四种用途：信息获取、商务交易、交流沟通、网络娱乐。信息获取类文化产品和服务主要有搜索引擎、网络新闻等。商务交易类文化产品和服务主要有网络购物、团购、网上支付、旅行预订。交流沟通类文化产品和服务主要有即时通信、博客、微博、社交网站。网络娱乐类文化产品和服务主要有网络游戏、网络文学、网络视频等。由于网络文化服务业产业具有产业形态多样化、科技与文化并重、创意和内容更加丰富的特征，各类网络文化产品和服务的用户规模呈稳定上升态势。

表 11　2010～2011 年各类网络应用使用率

年份	2011		2010		
应用	用户规模（万）	使用率（%）	用户规模（万）	使用率（%）	年增长率（%）
即时通信	41510	80.9	35258	77.1	17.7
搜索引擎	40740	79.4	37453	81.9	8.8
网络音乐	38585	75.2	36218	79.2	6.5
网络新闻	36687	71.5	35304	77.2	3.9
网络视频	32531	63.4	28398	62.1	14.6
网络游戏	32428	63.2	30410	66.5	6.6
博客/个人空间	31864	62.1	29450	64.4	8.2
微博	24988	48.7	6311	13.8	296
电子邮件	24577	47.9	24969	54.6	-1.6
社交网站	24424	47.6	23505	51.4	3.9
网络文学	20267	39.5	19481	42.6	4.0
网络购物	19395	37.8	16051	35.1	20.8
网上支付	16676	32.5	13719	30.0	21.6
网上银行	16624	32.4	13948	30.5	19.2
论坛/BBS	14469	28.2	14817	32.4	-2.3
团购	6465	12.6	1875	4.1	244.8
旅行预定	4207	8.2	3613	7.9	16.5
网络炒股	4002	7.8	7088	15.5	-43.5

数据来源：2012 年《第 29 次中国互联网络发展状况统计报告》。

（三）政府管理

党的十七届六中全会通过的《中共中央关于深化文化体制改革 推动社会主义文化大发展大繁荣若干重大问题的决定》中明确提出发展健康向上的网络文化，要“加强和改进网络文化建设和管理，实施网络内容建设工程，支持重点新闻网站加快发展，发展网络新技术新业态，广泛开展文明网站创建，加强网络法制建设，加强对社交网络和即时通信工具等的引导和管理，依法惩处传播有害信息行为，建立网络安全评估机制，维护公共利益和国家信息安全”。

网络文化服务产品和服务分为经营性和非经营性两类。经营性网络文化活动是指以营利为目的，通过向上网用户收费或以电子商务、广告、赞助等方式获取利益，提供网络文化产品及其服务的活动。非经营性网络文化活动是指不以营利为目的向上网用户提供网络文化产品及其服务的活动。无论是经营性网络文化产品和服务还是非经营性网络文化产品和服务，都具有强烈的外部性特征。外部性是指私人收益与社会收益或私人成本与社会成本之间的非一致性。发展具有正外部性的公益性网络文化产品和服务，有利于保障人民群众进行公共文化鉴赏、参与公共文化活动的基本文化权益，有利于社会主义核心价值体系和公共文化服务体系的传播与构建。具有负外部性的不良网络文化产品和服务则会影响公民文化心理健康，破坏网络环境和道德风尚，从而产生错误的社会价值导向。无论正外部性行为还是负外部性行为都不能将现有文化资源达到帕累托最优配置状态。在网络文化服务业发展过程中，政府应认真区分对待具有正外部性和负外部性的产品和服务，运用各种政策和手段加以调节和引导。国务院、文化部、工业和信息化部等都出台了一系列有关网络文化服务业的政策、法规和文件。

表12　我国网络文化服务业部分相关政策、法规、文件

名　称	颁布单位	颁布日期
《中华人民共和国计算机信息系统安全保护条例》	国务院	1994年2月
《信息网络传播广播电影电视类节目监督管理暂行办法》	国家广播电影电视总局	2000年4月
《互联网信息服务管理办法》	国务院	2000年9月
《互联网电子公告服务管理规定》	工业和信息化部	2000年11月

续表

名　　称	颁布单位	颁布日期
《互联网上网服务营业场所管理办法》	工业和信息化部、公安部、文化部、国家工商行政管理局	2001 年 4 月
《互联网出版管理暂行规定》	新闻出版总署、工业和信息化部	2002 年 6 月
《互联网上网服务营业场所管理条例》	国务院	2002 年 9 月
《互联网著作权行政保护办法》	国家版权局、工业和信息化部	2005 年 5 月
《互联网新闻信息服务管理规定》	国务院、工业和信息化部	2005 年 9 月
《互联网电子邮件服务管理办法》	工业和信息化部	2006 年 2 月
《信息网络传播权保护条例》	国务院	2006 年 5 月
《关于网络音乐发展和管理的若干意见》	文化部	2006 年 11 月
《互联网视听节目服务管理规定》	国家广播电影电视总局、工业和信息化部	2007 年 12 月
《互联网网络安全信息通报实施办法》	工业和信息化部	2009 年 4 月
《电信网络运行监督管理办法》	工业和信息化部	2009 年 4 月
《网络游戏管理暂行办法》	文化部	2010 年 6 月
《关于促进网络购物健康发展的指导意见》	商务部	2010 年 6 月
《互联网文化管理暂行规定》	文化部	2011 年 5 月 2003 年 5 月 10 日发布、2004 年 7 月 1 日修订的《互联网文化管理暂行规定》同时废止
《关于进一步加强公共数字文化建设的指导意见》	文化部、财政部	2011 年 11 月

资料来源：根据国务院及各部委政策法规库政策、法规和文件梳理。

（四）对经济社会发展的贡献

网络文化服务业是信息产业和文化产业跨越融合的产物，它的出现既推动了传统文化产业加速发展，又以其新的网络文化产品和服务丰富了文化产业的内容，越来越受到国家重视。随着网络文化服务业的发展，它在提供就业岗位、扩大消费需求、服务社会经济生活等方面对社会经济发展作出了巨大贡献。

首先，网络文化服务业的出现和发展催生了新的就业岗位。网络文化产品和服务主要包括网络游戏、网络动漫、网络音乐娱乐、网络演出和表演、网络文化信息服务、数字内容产品开发、手机游戏、手机音乐等。这些新文化产品和服务的出现为寻找新的创业和就业机会提供了契机，网络特别是互联网正逐渐成为集创业与就业于一身的新领地。依托网络诞生的职业也逐渐被国家认可，劳动和社会保障部作为新职业发布的唯一渠道，近些年来在对外公布的新职业中，出现了网络课件设计师、动画绘制员、数字视频策划制作师、网络编辑员等新职业。此外，有些新职业虽未经政府官方发布，但在网络文化服务业内已有一定的市场需求，如网络秘书、网络音乐制作人、网络写手、短信写手、网络保安、网上店长、网络编辑、网站 CEO 等新职业。这些新职业的出现对于提高中国就业率有较大贡献。

其次，网络文化服务业给公众带来了新的消费市场，更好地满足了居民的文化需求。国家在“十二五”规划纲要文件中和 2011 年中央经济工作会议上均明确提出着力扩大内需特别是居民消费需求的方针，实现内需和外需有效互补，把增加居民消费需求作为扩大内需的重点，发挥消费对经济增长的拉动作用，进一步增强经济增长的内生动力和抗风险能力。近年来，中国居民消费结构正逐渐由传统生存型消费结构向享受型和发展型消费结构转型，服务消费正成为居民新的消费热点，扩大居民服务消费应是当前和今后国家扩大居民消费需求的重点和主要着力点。网络游戏、网络动漫、网络视频、网络教育、搜索引擎等网络文化服务业态的出现给公众带来了新的消费市场。《2011 年中国电子商务行业研究报告》数据显示，中国互联网用户规模网络消费总量 2010 年首次突破 1 万亿元，网络购物是网络消费最重要的增长驱动力。这一结论也得到了中国互联网数据中心（DCCI）数据的支持。网络文化产品和服务的多样化很好地满足了居民不同层次的精神文化需要。

表 13　2007～2013 年中国互联网用户网络消费总规模及人均月度网络消费规模

年份	互联网网络消费总规模(亿元)	互联网人均月网络消费(元)	年份	互联网网络消费总规模(亿元)	互联网人均月网络消费(元)
2007	3988	182.6	2011	14869	225
2008	5815	200	2012	18503	243
2009	7793	170	2013	21407	249
2010	11594	206			

注：2010～2013 年数据为 DCCI 预测模型核算及预估数据。

数据来源：中国互联网数据中心（DCCI）2010 年上半年中国互联网调查数据。

表 14　中国互联网用户网络消费结构比例统计及预测

单位：%

年份	网络用户消费市场份额	网络购物消费支出占比	网络游戏消费支出占比	互联网基础接入费用支出占比	其他网络费用支出占比
2007	100	11.3	3.4	12.3	73.0
2008	100	17.3	4.4	11.8	66.5
2009	100	30.4	4.3	10.6	54.6
2010	100	47.4	3.5	8.5	40.6
2011	100	55.8	3.2	8.1	32.9
2012	100	62.4	3.0	7.6	27.0
2013	100	65.7	3.0	7.4	23.9

注：2010～2013 年数据为 DCCI 预测模型核算及预估数据。

数据来源：中国互联网数据中心（DCCI）2010 年上半年中国互联网调查数据。

最后，网络文化服务业有利于国民经济协调发展。网络文化服务业既包括经营性的网络文化企业也包括公益性的网络文化事业。公益性网络文化产品和服务是公共文化服务体系的重要构成部分，在经济层面，具有公共商品的属性，即效用的不可分割性、消费的非竞争性和受益的非排他性特征。完善公共文化服务网络，让群众广泛享有免费或优惠的基本公共文化服务，是实现人民基本文化权益的主要途径之一。不以营利为目的向上网用户提供网络文化产品及其服务的活动，如免费网络博物馆、图书馆、美术馆等，极大地满足了公众的文化需要。网络文化信息服务既可以使公众及时获取有效信息，也可以使民意得到有效沟通和表达。此外，随着乡镇、农村信息化工程的推进，城乡联系更加紧密，城乡“数字鸿沟”在逐渐缩小。可以说，发展公共网络文化服务业给外国经济协调发展带来了机遇。

三　中国网络文化服务业存在的主要问题

（一）财税政策问题

1. 网络文化服务业的财政支持体系不完善

首先，随着网络文化服务业增加值对社会经济贡献率的加大，财政对网络文化服务业的预算内拨款绝对规模也在不断增加，但财政对网络文化服务业的支持力度远远低于国外发达国家。其次，网络文化服务业支出结构不合理。网络文化服务业主要包括经营性网络文化产业和公益性网络文化事业，财政当前对公益性网络文化事业如网上图书馆、博物馆等支出力度不够大，对极具创意内容的新型网络文化产品如网络游戏、网络动漫等支出力度不够大。国家近些年设立的文化产业发展基金，对网络文化服务业倾斜力度较小。最后，财政投入管理方式单一，没有达到扶持网络文化服务业发展的目的。公共网络文化产品和服务项目、公益性网络文化活动还没有很好纳入公共财政经常性支出预算中来，贷款贴息、定向资助、项目补贴和政府采购等财政优惠措施还没得到很好运用和发挥。

2. 缺乏专门针对网络文化服务业发展的税收优惠政策体系

随着网络文化服务业重要地位的不断提升，国家出台了部分鼓励网络文化服务业发展的税收优惠政策。如《动漫企业进口动漫开发生产用品免征进口税收的暂行规定》（财关税〔2011〕27 号），又如《关于企业所得税若干优惠政策的通知》（财税〔2008〕1 号）中关于鼓励软件产业和集成电路产业发展的优惠政策规定。在地方层面，一些嗅觉敏锐的地方政府在为本地区网络文化服务业发展谋求更优越环境的同时，也相继出台了一些税收优惠措施，如北京市颁布实施的《关于支持网络游戏产业发展的实施办法（试行）》（京文创办发〔2009〕5 号）。但从整体来看，税收政策既无整体扶持网络文化服务业发展的倾向，也无结构性调整的取向，忽视了网络文化服务业发展中存在的一些具体问题。而各地方政府出台的税收政策则缺乏促进网络文化服务业整体发展的宏观视野，在各自抢占网络文化服务业发展制高点的同时，使得网络文化服务业税收优惠政策在区域间存在较大差距，可能会产生横向税收竞争的系列负面效应，不利于网络文化服务业产业集聚效应的形成。

3. 尚未确立促进网络文化服务业发展的税收优惠政策导向

随着网络技术、数字技术的不断发展，网络文化产品和服务逐渐成为人们学习和生活中的重要组成部分。网络文化服务业以其独特的优势逐渐成为国民经济中最具广阔前景的产业之一。但在数字内容产品开发、网络游戏、网络动漫、网络音乐娱乐等方面，目前税制中缺乏体现网络文化服务业特点的税收优惠政策。以营业税为例，其采用行业差别税率，对国家鼓励的文化体育业按3%的低税率征税，而对其他相关产业按5%或5%～20%浮动税率征税，较好地体现了国家的产业扶持导向。但现行的行业扶持税收优惠政策已不适应新形势下产业结构优化升级的需要，营业税差别税率设计中亟须融入扶持网络文化服务业发展的理念。在网络时代背景下衍生的网络文化产品和服务，在现行营业税税目和税率中规定不清，经营性文化产品及服务和公益性文化产品及服务也应区分对待，对此现行营业税较难实现更为细致的产业扶持策略。

4. 网络文化服务业行业税负相对较重

首先，网络文化服务业属于文化产业，从大范围上说，文化产业整体税负偏重。尽管我国已出台了一些文化产业税收优惠政策，但大多都是针对文化体制改革中的文化企业，多数文化企业仍属于“事业体制、企业化运作”的运作模式，文化产业市场体系还不健全，税收优惠政策与国外市场经济国家相比，带有明显的过渡性质。很多税收优惠政策的优惠期限很短，且部分税收优惠政策主要适用于文化企业成立初期，尚未建立长效机制。目前与文化产业相关的税收优惠政策主要集中在《关于支持文化企业发展若干税收政策问题的通知》（财税〔2009〕31 号）和《关于文化体制改革中经营性文化事业单位转制为企业的若干税收优惠政策的通知》（财税〔2009〕34 号）两个文件中，优惠政策执行期限为 2009 年 1 月 1 日至 2013 年 12 月 31 日。其次，与加工制造业相比，从整体上看网络文化服务业的产品和服务税负偏重。一般加工制造业主要适用增值税，自 2009 年增值税转型之后制造业企业成本普遍降低，利润增加，税负下降。目前增值税一般纳税人主要采用 17% 的基本税率，对符合条件的进项税金可以从销项税金中抵扣；对符合条件的货物和劳务，一般纳税人可采用 13% 的低税率（2012 年 1 月 1 日起在上海交通运输业和部分现代服务业等开展增值税改革扩围试点，在 13% 低税率的基础上，新增 11% 和 6% 两档税率）；小规模纳税人适用税率 3%。网络文化服务业一般适用营业税，主要税率为 3%，主要对营业额全额征税，多半不能抵扣。即使适用增值税的网络文化产品，也仅有很少部分能享受到增值税的优惠政策，如符合条件的网络动漫产品可享受 13% 的低税率等。

（二）投融资问题

1. 投融资渠道单一

网络文化企业的融资渠道主要包括内部融资和外部融资两类。内部融资主要来自于企业留存收益、企业未分配利润、企业自有资金等，它主要是企业从内部进行筹集资金的一种方式。外部融资主要来自于外资、非金融机构资金、银行贷款、民间资金和其他企业资金等，是企业从外部获取资金支持的方式。当前中国网络文化企业投融资模式相对单一，在财政网络文化支出资金有限的情况下，网络文化投资仍以政府投资为主，市场化、多元化的投融资体系尚未形成，激励社会力量投资网络文化产业、网络文化事业的政策倾斜较少，这不利于当前中国网络文化企业的发展。

2. 投融资规模小

中小网络文化企业在网络文化企业中占据比重大，除了面临网络文化企业共有的融资困境外，还有其自身特殊性。由于网络文化企业的信用缺乏合理的量化评估机制，一般中小网络文化企业均以信用担保作为评估标准。这使得中小网络文化企业较之大规模网络文化企业具有资信较低、经营风险较大的特点，其投融资更加困难。即使是投融资成功的网络文化企业，其投融资规模也较小。

3. 投融资成本高

网络文化企业无形资产比重大，信用度低，经营风险高，很难为贷款提供担保和抵押。它除了具有评估难的特点外，还往往具有投融资成本高的特点。若投资机构对某一网络文化企业进行融资，融资活动中人力、物力、财力投入多，融资担保过程中担保、评估流程也十分复杂，这无形中增加了网络文化企业投融资的成本。

4. 投融资风险大

消费者对网络文化产品和服务的需求存在不确定性，投资者和经营者会存在较大的市场风险，网络文化企业的预期收益或回报率波动很大。在网络文化企业融资初期，内部融资可以满足其基本发展要求。随着企业经营规模的扩大，必然寻求外部融资渠道。受到投融资渠道单一、投融资规模小、投融资成本高的影响，网络企业外部融资会遭遇大量瓶颈，企业投融资风险相对较大。

（三）网络基础设施建设问题

1. 财政资金投入明显不足

与国外发达国家相比，数字鸿沟的存在是影响中国成为网络文化服务业强国的重要因素。以日本为例，早在20世纪90年代初就提出了光纤到户的构想。在竞争的市场和政府政策的极力支持下，日本光纤到户的建设处于全球领先地位。数字鸿沟不仅会制约网络文化产业的发展，还会影响经济文化的发展，成为制约我国成为网络文化产业强国的因素。中国政府当前在网络基础设施上存在明显财政资金投入不足的问题，网络基础设施的落后直接影响了网络文化服务产品的开发、建设和应用。

2. 网络基础设施建设仍然相对落后

一方面，互联网基础设施建设不断加强。2010 年国务院新闻办公室发布的《中国互联网状况》白皮书指出，中国 1997～2009 年共完成互联网基础设施建设投资共 4.3 万亿元，中国 99.3% 的乡镇和 91.5% 的行政村接通了互联网，96% 的乡镇接通了宽带；2010 年 1 月，国务院常务会议决定加快推进三网融合。中国网络基础设施建设不断加强，推动了网络文化服务业的发展。另一方面，在新技术推动下，世界互联网出现了一些新特点。物联网和云计算技术将得到广泛运用，传统互联网向移动互联网延伸。信息传播形式将从以文字为主向视频、音频、图片等多媒体形态转变，网络文化产品和服务将更加多元化。虽然中国互联网基础设施建设在不断加强，但跟国外发达国家比仍然处于落后状态，这不利于中国网络文化服务业的发展。

（四）网络信息安全和法律法规问题

1. 网络信息安全问题

网络的迅速发展是一把双刃剑，在促进中国社会经济发展进步、提高信息化水平的同时，网络安全问题也日益突出。黑客、网络病毒通过对用户信息进行整理收集、传播出售，侵犯公民隐私权等；网络淫秽色情等有害信息严重污染网络环境；信息垄断、网上间谍现象屡见不鲜；虚假网络广告、网络诈骗、网络洗钱、网络盗窃等违法犯罪活动严重危害公共安全。

2. 知识产权保护问题

网络文化服务业的发展与知识产权保护问题紧密相关，但网络文化产业资产的无形性特点使得网络文化产品和服务的知识产权保护异常艰难。网络上的网络文学作品、动漫作品、域名、网页商标等都会涉及著作权、商标权、专利权等知识产权问题。以网络动漫产业为例，网络动漫原创者上传的动漫作品因网络平台的易传播性和易复制性容易被复制和剽窃。网络游戏产业中出现的网络游戏“外挂”和“私服”也是知识产权的侵犯行为。

3. 消费者权益保护问题

中国近些年来网络消费规模呈逐渐上升趋势，但在消费网络文化产品和服务的过程中，存在收费不公、发布虚假消费广告、无法获取税务发票等问题，消费者权益受到严重侵害。在网络文化产品和服务消费中，一旦出现消费者权益受到侵害问题，消费者维权也存在困难。如网购产品和服务一旦出现问题，有些商家前期没有开具具有法律效力的发票，消费者很难通过取证进行维权。

（五）网络文化人才培养问题

1. 网络文化人才流失严重，人才培养滞后

网络文化企业往往不能为网络文化产业人才提供一个良好的继续教育和培养深造的机会，没有形成科学的人力资源管理机制。网络文化企业也往往无法提供一个具有激励机制的薪酬标准和晋升空间，这使得网络文化人才流失现象比较严重。网络文化服务业是信息产业和文化产业跨越融合的产物，同时懂网络、文化和管理的复合型人才少。很多院校对网络文化服务业性质界定不清，导致在课程设置上不能很好适应社会的发展需要。

2. 创意性专业人才和高级管理人才缺乏

网络文化服务业具有信息化、网络化特性，不仅给网络的应用与服务带来了巨大挑战，也给网络文化服务业发展理念与管理实践带来了挑战。网络人才缺乏和创意性内容不强是制约网络文化服务业发展的首要问题。一方面，高端的网络文化产业经营管理人才、高素质的网络文化创意人才和国际性的网络文化人才匮乏；另一方面，复合型的网络文化专业人才缺乏。以网络游戏、网络动漫为例，近些年这两种产业形态呈迅猛发展势头，对各类专业人才需求量增加，特别是网游和动漫设计制作人员严重短缺，缺乏创意团队。随着网吧行业的发展，网吧行业高级管理人才也出现短缺现象。

四 政策建议

（一）明晰支持网络文化服务业发展的重点内容

网络文化服务业涉及的内容很广泛，必须选择其重点领域实施政策倾斜措施。一是要加强文化内容与高新数字技术结合，鼓励研发具有自主知识产权及中华民族特色的网络文化产品，提高网络文化产品原创能力和文化品位，形成一批有影响力的网络文化品牌。二是要扶持动漫游戏出版产品、民族原创网络出版产品的创作和研发，鼓励海量数字内容资源平台建设，完善网络出版发行流通网络。

（二）完善网络文化服务业的财税政策

1. 完善网络文化服务业财政政策支持体系

一是加大财政对网络文化服务业的投入力度，提高网络文化支出占财政支出比例，合理增加政府非税收入用于网络文化的投入。在农村和乡镇，重点加强网络文化基础设施项目和网络信息化工程建设投入力度；在城市和社区，重点加强网上图书馆、博物馆、文化馆的投入力度。二是创新财政网络文化投入管理方式，优化财政文化支出结构。积极探索创新网络文化财政管理方式，寻求带动金融资本和其他社会资本投入网络文化服务业的路径、方法与机制，提高财政资金用于网络文化服务业的使用效益。我国近几年已经建立了一系列支持文化发展的财政专项资金，但对网络文化产品和服务特别是公益性的网络文化产品和服务支持力度不大。优化财政文化支出结构，支持公益性的网络文化服务体系建设，有利于满足公众日益增长的精神文化需要。三是支持文化体制改革创新，建立健全新型国有文化资产管理体制。科学界定网络文化单位的性质和功能，支撑文化体制改革在重点领域取得新进展。继续推进经营性网络文化资产管理体制的改革，巩固和完善公益性国有网络文化资产管理体制改革。

2. 优化网络文化服务业发展的税收政策

（1）优化增值税。以国务院增值税改革试点为契机，逐步扩大网络文化服务业增值税的征税优惠范围。在确定优惠范围时，应充分考虑重点区域和重点行业的网络文化产品和服务的研究创意成本，尤其是高附加值、高新技术的研究开发成本，对进项税额实行增值税抵扣政策，以便增强网络文化服务企业的自主创新能力。允许对文化生产企业购入的专利技术等高端生产性服务投入进行抵扣，鼓励这些服务项目从生产企业中分离出去，促进网络文化服务业快速发展。为鼓励网络文化产品和服务出口，可考虑扩大出口退税的产品及服务适用范围；除符合条件的动漫企业进口网络动漫产品免征进口环节增值税外，应扩大享受进口环节减免增值税的网络文化服务产品和服务的范围。

（2）调整营业税。调整和细化文化服务业营业税税目，调整文化服务业营业税征税方式。在网络技术、数字技术、网络文化迅速发展的背景下，出现了很多网络文化产品和服务，应将这些新文化业态在现行营业税税目中进行细化。为了鼓励网络文化服务业发展，在区分经营性网络文化服务业和公益性网络文化服务业的基础上，可调整计税依据，实行差额征收营业税。针对不同网络文化产品和服务的特性，可考虑制定差别税率。对国家鼓励重点发展的公益性网络文化产品和服务，如网络博物馆、网络图书馆、网络美术馆等可实行免税，对其他经营性网络文化产品和服务应区分其性质实行差别税率。

（3）完善所得税。完善既有的所得税优惠体系，建立科学的网络文化服务业税收优惠评价制度体系。目前在网络文化事业捐赠领域，并没有很明确的优惠措施，也没有很清晰的捐赠机制。公益性捐赠税前扣除是世界各国鼓励文化产业发展的普遍做法，大多数国家的公益性捐赠扣除比例介于10%～30%，可考虑适当提高针对文化产业捐赠的扣除比例，鼓励社会捐赠和兴办公益性网络文化事业。为支持网络文化产品的研发和生产，应细化新产品、新技术、新工艺的认定标准，建立研发项目在主管税务部门备案制度，对网络文化服务业的研发费用准予在核算企业所得税时作为生产成本在税前全额列支。积极落实网络服务业现有的各项科技创新优惠政策，对加快创新成果转化给予政策扶持。对适用于转制文化企业的所得税优惠政策应适当扩大范围，鼓励社会资本投资网络文化企业，对新办的网络文化服务企业从获利年度起第一年和第二年免征企业所得税、第三年至第五年减半征收企业所得税。对网络文化产品和服务研发创新所获的奖金，可免征或减征个人所得税；对个人在网络文化服务企业因技术入股而获得的股权收益，也可适当免征个人所得税。

（4）规范关税等其他税种。目前针对网络文化产品和服务的进口关税优惠政策仅散见于个别文件中，除符合条件的动漫企业进口网络动漫产品免征进口环节关税外，应扩大享受进口环节免征关税的网络文化服务产品和服务的范围。对网络文化服务业在企业改制中涉及的税收政策也应认真研究和规范。财政部、国家税务总局应在转制方案中明确网络文化服务业的具体目录，对经营性网络文化事业单位转制中资产划转或转让涉及的城建税等给予适当的优惠政策。

（三）健全网络文化服务业的投融资政策

1. 积极拓展多元化的投融资渠道

资本多元化的投融资是网络文化发展的重要动力，发展网络文化服务业必须要在寻找多元化的投融资渠道上下工夫。首先要引导不同投资主体投资网络文化产业，通过税收优惠、降低经营风险、贷款贴息、直接投资等方式，降低网络文化企业生产经营产生的损失和风险。此外，应通过制定各种优惠政策吸引外资投向网络文化企业。其次应积极组建网络文化产业专业投资公司，发展合作型的网络文化产业投资机构，引导鼓励有实力的企业进入网络文化产业投资领域。产业投资、经营管理和资金运作方面有优势的企业集团在政府引导、鼓励的基础上可涉足网络文化产业领域，这既有利于企业集团保值增值闲置资金、延伸产品链，也有利于网络文化企业扩大融资来源。再次要鼓励和引导网络文化产业投资基金的设立和发展。2011 年 7 月 6 日由财政部、中银国际控股有限公司、中国国际电视总公司和深圳国际文化产业博览交易会有限公司共同发起设立的首只国家级文化产业基金即中国文化产业投资基金成立，这为更好地调动大型国有企业和金融机构等社会资金投入、搭建文化产业投融资平台发挥了重要作用。随着网络文化服务业的快速发展，可以设立和发展专门针对网络游戏、网络动漫、网络出版发行、网络信息传媒等极具创意内容的网络文化发展基金。

2. 健全网络文化企业项目投融资评价机制

由于网络文化企业资产多具有无形性特征，在进行网络文化企业无形资产抵押时，由于回报率等不确定性因素的存在，导致投资者不愿轻易涉足。政府应健全网络文化产业评估机制，成立专门的网络文化产业资产评估机构，解决网络文化企业资产评估不一致的问题。针对网络游戏、网络动漫、网络视频、网络教育等产品和服务，可成立网络文化产权交易所，为网络文化产业利用知识产权进行融资创造条件。政府还应搭建网络文化产业投融资服务平台，定期组织网络文化企业投融资项目推介会，加强与文化部门、金融机构的联系。

3. 健全网络文化企业信用担保体系

无论是采取第三方连带责任担保方式还是抵押融资方式，从金融机构获取融资对企业的信用都有很高要求。网络文化企业资产多半是无形的，投融资更加困难。国家可设立专门针对网络文化服务业的信用担保体系，制定网络文化服务业信用评价标准，健全网络文化服务业信用制度。通过信用担保，使金融机构的风险实现转移，资金收益率得到保证，为网络文化企业融资的积极性有所提高。

4. 健全网络文化服务业投融资支撑体系

一是完善与网络文化投融资相关的法律法规，切实保障风险投资者的合法权益。二是简化网络文化产业投融资行政审批环节和手续，建立快速审批机制。三是搭建网络文化产业投融资专家服务平台。可由政府牵头搭建由政府官员、网络文化服务业专家等组成的投融资服务平台，为投融资主体提供决策咨询服务。

（四）加强网络文化服务业发展的网络基础设施建设

1. 加大互联网产业政策支持和资金投入

产业的发展离不开政府的政策支持和资金投入，在密切关注世界信息技术发展趋势的前提下，大力推进技术业务创新，提升自主创新能力。联网的发展与普及离不开带宽的保障。目前，我国互联网网速平均速率仅1.774M，排名全球第71位，可以说仍处于“低速宽带”阶段。[①] 中国互联网产业亟须发展，应充分利用互联网完善农村地区电子信息服务体系，推动电子政务网络平台、业务应用平台和公共网络文化服务体系的建设。

2. 加快推动网络基础设施建设

“以宽带技术、移动技术、IPv6技术、网络架构优化技术等为基础，努力打造宽带化、融合化、泛在化和安全可信的信息通信网络基础设施。以光纤宽带为重点，加快信息网络的宽带化发展，着力提升宽带网络覆盖范围和接入能力。”[②] 这应是未来一段时间中国网络基础设施建设的主要发展方向。中国网络基础设施建设的改进将给中国的网络文化服务业带来一定的契机：可以试图构建中国艺术作品、文物、图书、旅游等文化资源的可视数字资源库；可以整合信息网络、广播电视等传播渠道，建设中华文化和中外文化交流的信息平台；可以发挥信息技术优势，建设文化资源的数字化和网络共享。

（五）构建网络文化服务业的法律法规体系

（1）健全法律法规，提高依法管理水平。积极推进网络文化产业立法，提高立法质量。应规范网络文化行政行为市场管理法，合理界定政府行使网络文化管理职能的权力和责任；维护网络文化市场秩序方面的法律法规，规范网络文化市场经营交易行为。及时跟踪网络文化服务业的最新动态，加快立法进程。

（2）完善网络信息安全立法。中国自1996年以来，颁布实施了一系列涉及信息内容安全、保密及密码管理、犯罪制裁、网络与信息系统安全、计算机病毒与危害性程序防治的有关互联网的规范性文件，如《电

① 引自中国联通国家工程实验室副总工唐雄燕在2010年中国通信产业发展形势报告会上的发言。

② 引自中国工业和信息化部副部长刘利华在2011年中国互联网大会上的主旨报告发言。

子出版物管理规定》、《计算机信息系统国际联网保密管理规定》等。中国目前还没有《网络信息安全法》，可尝试在制定《网络信息安全法》的基础上，逐步建立完善网络文化信息安全法律规范体系。

（3）加强版权和消费者权益的法律保护。2007年6月9日，中国加入“互联网条约”[①]。“互联网条约”的加入对打击网络盗版、改善网络环境、推动互联网产业健康发展具有积极意义。为与“互联网条约”保持一致，中国相关管理部门应进一步加大对网络侵权盗版的打击力度。要从根本上保护网络消费者权益，应尽快制定《网络消费者权益保护法》，规范网络经营者行为。此外，对中国电子商务交易进行立法规范，也可以在一定程度上减少网络消费者侵害行为的发生。

（六）打造网络文化服务业发展的人才高地

（1）制订与完善吸引网络文化人才的激励机制。从政策、环境等方面为网络文化人才发展提供良好条件。一方面，网络文化企业可以通过制订具有吸引力的薪酬标准、项目奖金和股票期权激励制度、多渠道晋升制度、合理的培训体系、和谐的网络团队文化等措施留住本土优秀网络文化人才；另一方面，对网络文化企业亟须人才和海外高级网络文化人才，应给予适度政策倾斜，如提供一定的购房补贴等等。

（2）建立政府、企业、社会联合培养网络文化服务业人才的机制。积极引导和扶持网络文化服务业研究基地和研究中心的设立，鼓励高校设置有利于网络文化人才培养的课程体系；鼓励高校、企业联合网络文化人才培养机制，加大网络文化产业职业技能培训，设立的网络文化产业研究项目应侧重于亟须网络文化人才的培养。

（3）着力培养高素质的网络文化创意人才、网络文化产业经营管理人才、国际性的网络文化人才、复合型的网络文化专业人才。网络文化服务业发展的基础和前提是网络人才的培养，网络文化队伍既包括网络文化

---

① 互联网条约是指由世界知识产权组织（WIPO）管理的《世界知识产权组织版权条约》（WCT）及《世界知识产权组织表演和录音制品条约》（WPPT）。

的管理人才，也包括网络文化的建设人才。除了着重中低端网络人才的培养之外，更应着重于高端稀缺网络文化人才的培养。

参考文献

李会丽：《陕西文化产业投融资机制研究》，西安工业大学硕士论文，2011。

高凌霁：《文化产业投融资模式研究》，中南大学硕士论文，2010。

迟树功：《将文化产业培育成支柱性产业的政策体系研究》，《理论学刊》2011年第1期。

依文臣：《中国网络文化产业发展潜力分析与对策》，湖南大学硕士论文，2008。

孔丽华：《中国网络文化产业发展状况与对策浅析》，山东大学硕士论文，2007。

马应超、李永强：《新时期推动我国文化产业发展的税收政策研究》，《商业时代》2010年第25期。

姚凤民：《促进高端服务业发展的税收政策建议》，《税务研究》2010年第9期。

丛明：《研究和完善促进文化产业发展的税收政策》，在北京大学文化产业研究院新年国际论坛上的发言稿，2008年。

杨玉英、郭丽岩：《文化服务业的经济分析》，中国社会科学出版社，2010。

李建盛、陈华、马春玲：《首都网络文化发展报告2009~2010》，人民出版社，2010。

中国互联网络信息中心（CNNIC）：《第29次中国互联网络发展状况调查统计报告》，2012。

夏杰长：《促进文化产业与资本和科技对接》，在中国文化产业论坛（张家港）上的发言稿，2010。

中国邮轮旅游业发展现状、趋势与政策建议

马聪玲*

摘　要： 邮轮旅游业作为一个新兴的综合性产业，具有产业链长、经济影响广泛的特点，在空间布局上，是围绕重点区域和重点港口而进行全球布局的网络节点经济。邮轮旅游业往往是少数几个大型邮轮公司垄断市场。网络化节点经济、产业集中度高、国际产业布局是邮轮旅游业的典型特征。邮轮产业发展同区域经济一体化程度、区域综合竞争力、区域旅行便利化程度密切相关。我国要通过邮轮港口建设推动产业集群式发展，带动城市群旅游发展；加强同港台、东南亚和东北亚的合作与联系，形成相对成熟的邮轮经济区；积极培育邮轮产业核心环节，提升综合服务竞争力。

关键词： 邮轮旅游　邮轮母港　邮轮产业

一　邮轮旅游业的概念与特征

邮轮原指海上定线、定期航行的大型客运轮船。从19世纪末到20世

* 马聪玲，女，经济学博士，中国社会科学院财经战略研究院副研究员，主要研究方向为旅游经济。

纪上半叶，很多社会名流乘坐豪华邮轮往来于大西洋两岸。20世纪50年代，随着民用航空的大发展，飞机成为长途客运的主力军。在此发展态势下，邮轮旅游从原来海上客运业的淡季补充业务成长为规模庞大的现代专业旅游活动，邮轮逐渐转变为专指那些航行于海洋及大型江河湖泊上的豪华船舶，通常配备有齐全的生活、娱乐等服务设施，提供旅游、休闲、文化、娱乐、教育、健身等多种服务的庞大的综合体。邮轮旅游就演变为以大型豪华游船为载体，结合船上活动和岸上旅游休闲活动的高端旅游休闲活动。[①]

以这种高端旅游休闲需求为基点，大型邮轮在多个港口目的地之间的巡游，可以带动邮轮旅游产业链的延伸，形成上下游多个关联产业的共同发展，为目的地带来巨大的经济效益。邮轮旅游业则居于整个产业链的核心环节，旅游经济也是邮轮经济的核心内容。

旅游业是凭借旅游资源与设施，专门或主要从事招徕、接待游客、为其提供交通、游览、住宿、餐饮、购物、文娱等六个环节的综合性产业。狭义的旅游业包括旅行社业、旅游饭店、旅游车船公司以及专门从事旅游商品买卖的旅游商业等行业。邮轮公司是旅游业的核心行业。邮轮业涉及船舶制造、维修、机械、计算机与电子设备、食品加工、石油、化工与塑料、印刷、物流、交通运输、批发零售贸易、旅游、咨询、专业技术服务、娱乐、演出、金融、保险、房地产与租赁、港口代理、教育培训及政府服务等几十个行业。邮轮旅游业是在工业和服务业整体高度发达的基础上，旅游业同邮轮业融合发展的结果。

邮轮旅游业是指邮轮抵达之前、抵达、停靠、离开邮轮码头所引发的一系列产品与服务的交易，是海上运输业、休闲业、旅游业等产业融合而产生的新兴产业[②]。邮轮旅游业是国际旅游业休闲化、高端化、集约化发展趋势的集中体现。

---

① “邮轮”概念多特指在海上豪华巡游船舶，本文中的邮轮旅游概念未包括江河湖泊上旅行活动。

② Wild, P. &Dearing, J. “Development of and prospects for cruising in Europe”. *Maritime Policy and Management*, 2000, 27 (4): 315 ~337.

邮轮旅游业作为一个新兴的综合性产业，具有产业链长，经济影响广泛的特点，在空间布局上，是围绕重点区域和重点港口而进行全球布局的网络节点经济，产业集中度高，少数几个大型邮轮公司垄断市场。网络化节点经济和国际产业布局是邮轮旅游业的典型特征。也有学者将邮轮旅游产业的特点概括为聚集性特征、显著的规模经济、寡头垄断、区域不均衡等特征①。根据北美邮轮业对经济影响的一项研究，受邮轮业影响最大的产业依次是：航空运输、旅行社业、广告业、食品加工、船只维护和修理、石油精炼、商业服务、批发贸易等，其次还不同程度地影响到仓储、保险、电信、零售贸易等多个行业②。

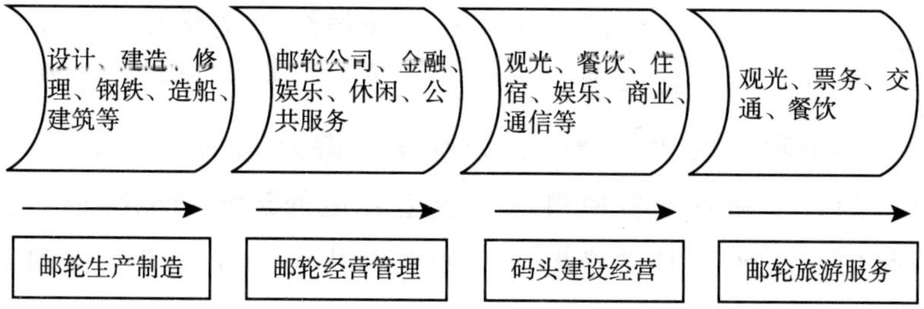

图 1　邮轮旅游产业链示意

二　邮轮旅游业发展的基本格局

（一）邮轮旅游业发展的背景

邮轮旅游业兴起于北美和欧洲地区。1969 年，美国政府在迈阿密耗资 500 万美元建立邮轮母港，推动了美国邮轮旅游业的繁荣。欧洲久经海洋文明的浸染，造船技术和经营管理技术优良，在邮轮旅游发展中也处于

① 张言庆、马波、范英杰：《邮轮旅游产业经济特征、发展趋势及对中国的启示》，《北京第二外国语学院学报》2010 年第 11 期。

② "The Contribution of the North American Cruise Industry to the U. S. Economy in 2010", Business Research &Economic Advisor.

领先地位。自1980年以来，邮轮旅游业年均增长超过7.6%，1980~2010年，超过1.91亿人次参加了邮轮旅游（两天以上），其中，近十年内参与邮轮旅游的乘客占67%，近5年内参与邮轮旅游的乘客占到39%，近年来有加速发展的趋势①。

纵观欧美邮轮旅游业发展的背景，可以看出，邮轮旅游业是旅游业发展到一定阶段的产物，和特定的社会经济条件密不可分。①大量有钱、悠闲的社会阶层出现。根据有旅游业内的经验数据，通常认为人均GDP超过3000美元，会迎来大众旅游大发展，达到8000美元，才可能产生邮轮旅游的需求。可以看出邮轮旅游活动的兴盛是大众旅游时代市场进一步细分的结果，是以人们生活水平提高、享有更多闲暇时间为基础的。②海洋文明和休闲文化。欧美久经海洋文化和休闲文化的浸染，海滨、海上度假旅游受到追捧，第二次世界大战后，工作时间进一步降低，闲暇时间大大增加，为邮轮旅游方式的兴起提供了条件。民航技术的普及和发展更使得海上长途客运的运输功能减退，使其成为具有怀旧意味的“时尚慢生活”的典型代表。③技术条件和工业基础。邮轮旅游业的发展有赖于社会文化潮流的转变，更是交通运输技术进步的结果。新的造船技术、维修技术、管理技术、计算机技术的应用，对邮轮业发展起到了巨大的推动作用。邮轮旅游业是典型的资金、技术和人员密集型产业，每个邮轮造价高达十几亿美元。至今，邮轮制造技术集中在几个主要的欧洲国家，邮轮管理和服务人员需求巨大。

（二）欧美邮轮旅游业发展格局

据全球第二大邮轮集团皇家加勒比邮轮有限公司（ROYAL CARIBBEAN CRUISES LTD.）估计，2010年接待1870万邮轮游客，收入约为240.1亿美元，共有281艘邮轮运营，床位数达到40万个，预计在2011~2014年还将增加20艘邮轮，增加约53000个床位。

---

① 根据CLIA相关数据整理而得。

1. 全球邮轮旅游消费市场主要集中在欧美地区

从邮轮客源市场来看，主要来源于北美和欧洲等地。近年来，美国市场增长速度放缓，欧洲和其他市场增长明显。在受 2008 年金融危机短暂影响之后，2009 年全球邮轮旅游市场仍然恢复到了 7.9% 的高速增长，已经成为旅游休闲业中最具成长性的行业之一。

表 1　全球邮轮旅游客源市场情况（2005～2009 年）

乘客	2005 年（十亿美元）	2006 年（十亿美元）	2007 年（十亿美元）	2008 年（十亿美元）	2009 年（十亿美元）	2009 年份额（%）
北美地区	9.96	10.38	10.45	10.29	10.40	59
欧洲地区	3.16	3.46	4.08	4.50	5.00	29
其他地区	1.21	1.29	1.37	1.45	2.10	12
总　计	14.33	15.13	15.90	16.24	17.50	100
年均增长（%）	9.7	5.6	5.1	2.1	7.8	—

资料来源：欧洲邮轮旅游理事会（ECC）年度报告。

根据国际邮轮协会（CLIA）的统计，1990～2010 年，全球邮轮旅游业总体呈快速增长态势，年均增长 7.8%，20 世纪 90 年代以来，北美游客在国际邮轮旅游市场中占绝对比例，近十年来，北美客源市场有逐渐放缓的趋势，特别是 2004～2005 年之后，外国游客比例显著增加，北美市场增幅趋于平缓，特别是 2008 年金融危机对北美邮轮旅游市场构成不小冲击，而欧洲、亚太等其他市场则保持平稳上升趋势。

从邮轮游客所占的市场份额来看，北美邮轮游客市场份额从 2001 年的 90% 下降到 2010 年的 73%，而其他地区的国际游客市场份额从 10% 上升为 27%，新兴市场呈现显著的成长性。这种市场变动的趋势说明了邮轮旅游正在从国际旅游市场中的一项区域热点产品成长为全球普遍接受的新兴旅游方式。这种市场需求的悄然变化，也为未来邮轮产业的全球布局产生了影响。

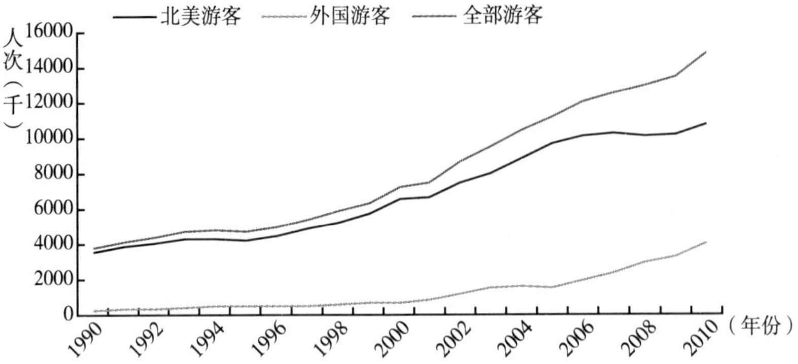

图 2　1990～2010 年邮轮游客增长情况

数据来源：根据国际邮轮协会（CLIA）2011 年度报告相关数据，这里的游客接待量根据 2010 年末 CLIA 会员公司载客量统计而得，大致可以代表全球邮轮业的整体趋势。另据全球第二大邮轮集团皇家加勒比邮轮有限公司（ROYAL CARIBBEAN CRUISES LTD.）估计，2010 年全球共接待 1870 万邮轮游客。

表 2　北美邮轮游客的市场份额（2001～2010 年）

年份	北美游客（千人次）	市场份额（%）	国际游客（千人次）	市场份额（%）
2001	6637	90	862	10
2002	7472	86	1176	14
2003	7990	84	1536	16
2004	8870	85	1590	15
2005	9671	87	1509	13
2006	10078	84	1928	16
2007	10247	82	2316	18
2008	10093	78	2912	22
2009	10198	76	3244	24
2010	10781	73	4038	27

资料来源：国际邮轮协会（CLIA）年度报告相关数据。

尽管 2009 年全球经济仍深陷金融危机之中，欧洲仍然有 490 万游客参与邮轮旅游，比 2008 年上升了 12%。2010 年欧洲邮轮旅游市场创新高，选择邮轮观光度假的游客超过500万人次，在过去的7年内，邮轮游客量增加了一倍。2006～2010年，欧洲邮轮游客年均增长12.4%。

表3　欧洲邮轮旅游客源市场情况

国　家（地区）	2005年（千人次）	2006年（千人次）	2007年（千人次）	2008年（千人次）	2009年（千人次）	2010年（千人次）	2009/2008年（%）
英　国	1071	1204	1335	1477	1533	1600	4
德　国	639	705	763	907	1027	1200	13
意大利	514	517	640	682	799	900	17
西班牙	379	391	518	497	587	650	18
法　国	233	242	280	310	347	400	12
斯堪的纳维亚	42	62	94	123	173	—	41
比荷卢*	42	64	82	92	110	—	20
瑞　士	51	56	64	65	76	—	17
奥地利	39	44	52	59	80	—	36
葡萄牙	15	18	20	28	30	—	8

*包括比利时（Belgium）、荷兰（Netherlands）和卢森堡（Luxemburg），Benelux。
数据来源：欧洲邮轮理事会（ECC）。

2. 全球邮轮旅游产业集中度高，三大邮轮公司占据绝大部分市场份额

嘉年华邮轮集团、皇家加勒比邮轮公司、丽星邮轮①是三家最主要的邮轮旅游企业。前两家分别成立于20世纪60～70年代，总部位于世界邮轮经济最为发达的迈阿密，丽星邮轮有限公司成立于1993年，总部位于香港。目前全球邮轮旅游市场基本由嘉年华邮轮集团、皇家加勒比邮轮集团、丽星邮轮集团垄断经营，占据近80%的市场份额。

截至2010年末，嘉年华邮轮集团拥有邮轮98艘，皇家加勒比邮轮公司拥有40艘，丽星邮轮拥有邮轮18艘，三大集团所属邮轮数占全球邮轮总数的55.5%；2010年嘉年华邮轮集团接待乘客914.7万人次，

① 已于2011年更名为云顶香港有限公司。

皇家加勒比邮轮公司接待游客458.6万人次，两大公司占邮轮接待总量73.4%，嘉年华邮轮、皇家加勒比和丽星邮轮2010年邮轮旅游收入分别达到144.7亿美元、67.5亿美元和3.89亿美元，占全球总收入的90%。

三大邮轮公司拥有几十家子公司，航线遍及世界各地重要港口城市和旅游目的地，以皇家加勒比邮轮公司为例，拥有六大系列22艘现代邮轮，已经开辟200多条线路，覆盖加勒比海、阿拉斯加、加拿大、欧洲、中东、亚洲、澳大利亚、新西兰等70个国家和地区的300多个旅游目的地。该公司2008年进入中国，以上海和香港为母港运营。

表4　三大邮轮公司及其子公司一览

母公司	邮轮数量	子公司
嘉年华邮轮(Carnival corporation)	98	嘉年华邮轮公司(carnival cruise lines)、荷美邮轮(Holland American)、风之颂邮轮(Windstar)、歌诗达邮轮(Costa cruise line)、冠达邮轮(Cunard line)、世邦邮轮(Seabourn cruise line)、P&O邮轮(P&O)、嘉年华澳大利亚邮轮(P&O Australia)、公主邮轮(Princess cruises)、希腊天鹅邮轮(Swan Hellenic)、爱达邮轮(Aida Cruises)
皇家加勒比邮轮(Royal Caribbean)	40	皇家加勒比国际邮轮(Royal Caribbean international)、精英邮轮(celebrity cruises)、精钻会邮轮(Azamara Club Cruises)、普尔曼邮轮(Pullmantur)、CDF(Croisieres de France)、途易邮轮(TUI Cruise)
丽星邮轮(Star cruises)	18	丽星邮轮(Star Cruises)、挪威邮轮(Norwegian cruise line)、美国NCL邮轮(NCL America)、东方邮轮(Orient lines)

数据来源：澳大利亚邮轮旅游发展报告；根据国家旅游局旅游促进与国际合作司《旅游市场》相关数据以及各邮轮公司网站资料整理。

3. 传统邮轮目的地区内航线密集，新邮轮目的地悄然兴起

世界主要邮轮航线分布在阿拉斯加、加勒比海、地中海等区域，这些地区位于世界邮轮旅游主要客源市场周边，区内邮轮航线密集，邮轮旅游产业发达。根据国际邮轮协会（CLIA）2011年度报告数据，2011年游客

想选择的十大邮轮度假目的地依次为：加勒比海地区、阿拉斯加、巴哈马群岛、夏威夷、百慕大、地中海、希腊诸岛、欧洲、巴拿马运河、加拿大、新西兰、墨西哥等地①。

表 5　北美游客的邮轮旅游目的地

单位：%

地区＼年份	2005	2006	2007	2008	2009	2010
加勒比海/巴哈马	46.4	46.7	42.2	37.3	37.0	40.5
地中海	12.6	12.9	16.5	17.7	18.2	17.8
欧洲/斯堪的纳维亚	7.1	8.4	7.6	8.3	9.1	8.7
阿拉斯加	8.3	7.8	7.7	7.6	7.1	5.7
墨西哥湾	7.5	6.4	6.6	7.0	5.7	4.8
南美/南极洲	2.0	2.0	2.7	3.2	3.7	2.5
巴拿马运河	3.5	3.4	3.0	2.9	3.6	3.0
亚洲	0.9	0.9	1.6	1.4	2.5	2.5
加拿大/新英格兰	1.5	1.5	1.8	2.2	1.9	1.8
夏威夷	3.7	3.5	4.3	3.3	1.9	1.7
百慕大	1.7	1.7	1.4	1.4	1.3	1.4
其他	4.6	4.7	4.7	7.8	7.8	9.6
总　计	100.0	100.0	100.0	100.0	100.0	100.0
总床天数(千)	77231	81454	89707	91990	96274	104109

数据来源：国际邮轮协会（CLIA）。

北美游客的邮轮目的地中，加勒比海、阿拉斯加、墨西哥湾、巴拿马运河、夏威夷等传统邮轮旅游目的地从 2005 年到 2010 年接待量有明显下降，而欧洲的地中海、斯堪的纳维亚、南美/南极洲、亚洲等新兴邮轮旅游目的地近六年来却有显著的上升趋势。

① 所有数据来源于 Cruise lines international Association（CLIA）的 2011 年市场研究报告（2011 Market Profile Study）。

表6　欧洲游客的主要邮轮市场的主要目的地

目的地	2005年（千人次）	2006年（千人次）	2007年（千人次）	2008年（千人次）	2009年（千人次）	2009/2008年（%）
地中海/大西洋岛屿	1847	1981	2397	2649	2823	7
北欧	500	595	651	737	884	20
加勒比海及其他	779	832	957	1036	1235	19

数据来源：欧洲邮轮理事会（ECC）。

北欧是欧洲最受欢迎的旅游目的地，但北欧由于季节性原因导致邮轮旅游产生的直接效益有限，邮轮旅游一直不是港口首要考虑的问题。

4. 邮轮母港分布集中，邮轮经济区域不平衡

邮轮母港是能够给邮轮以休整和补充的港口，通常邮轮停靠时间长，游客和工作人员得以上岸进行观光、购物、娱乐等活动，庞大需求会带动港口城市多个产业发展。邮轮母港的经济效应一般是挂靠港的10~14倍。从世界邮轮母港选址的规律来看，邮轮母港通常自身条件优越，适宜停靠大型豪华邮轮，具有现代化的码头设施、水深和航道条件良好；区位条件良好，接近城市中心、周边旅游资源丰富、陆路交通便利；邮轮业相关产业基础好、政策壁垒较低，出入关口岸管理便捷高效并与国际接轨；本地商贸、物流、旅游休闲、邮轮维修、金融等多个产业发展能够符合邮轮补给和游客消费的要求。

世界邮轮母港集中在北美、欧洲和东南亚地区。美国的波士顿、纽约、迈阿密、洛杉矶、旧金山、西雅图，加拿大的温哥华、英国的伦敦、丹麦的哥本哈根、荷兰的阿姆斯特丹、西班牙的巴塞罗那、亚洲的新加坡、香港、吉隆坡等都是邮轮母港所在地。特别是美国佛罗里达州邮轮母港分布密集，该州接待邮轮游客数量占全美的50%以上，迈阿密素有“世界邮轮之都”的美誉，有12个超级邮轮码头、泊位水深12米，岸线达2000米，可同时停泊20艘邮轮。欧洲邮轮母港的代表是西班牙的巴塞罗那，设有6个客运码头、可同时停泊9艘邮轮。新加坡和香港是亚洲邮轮母港的典型代表。

表 7　北美邮轮港口接待情况

单位：万人

港口\年份	2007	2008	2009	2010
迈阿密	1893000	2109000	2055000	2166000
卡纳维拉尔港	1298000	1226000	1195000	1289000
埃佛格莱兹港	1289000	1293000	1422000	1758000
洛杉矶	581000	599000	400000	366000
纽约	537000	524000	420000	553000
圣地亚哥	341000	397000	401000	243000
加尔维斯顿	523000	377000	395000	435000
西雅图	386000	435000	418000	464000
檀香山	382000	157000	121000	123000
长滩	370000	365000	412000	414000
全美总数	9184000	8958000	8904000	9694000
十大港口比例(%)	82.8	83.5	81.1	80.6

围绕邮轮母港，邮轮经济在区域分布上并不平衡。世界范围内，邮轮经济主要集中在北美和欧洲。在北美，佛罗里达州和加利福尼亚州是邮轮经济重镇。根据 2007～2010 年美国十大港口接待游客数量排名，十大港口接待邮轮乘客占到全美总接待量的 80% 以上，其中佛罗里达州、加利福尼亚州等都是邮轮旅游接待重镇，邮轮经济影响巨大。2010 年，佛罗里达州三大港口迈阿密、卡纳维拉尔港和埃佛格莱兹港共计接待 521.3 万人次，占到全美邮轮游客总接待量的 53.8%。

5. 邮轮旅游产品不断细分，产业发展前景广阔

针对大众休闲趋势以及邮轮产业东移这一全球产业布局的调整，各个邮轮公司开始推出不同系列的产品，也在邮轮旅游品牌上进行了高、中、低的区分，从而推动了邮轮旅游业定位由高端度假方式向大众度假方式转变，使得邮轮产业具有更广阔的市场空间。

根据国际邮轮协会（CLIA）2011 年的市场调查显示：3600 万美国人准备在 3 年之内选择邮轮旅游；邮轮旅游的满意度达到 94% 以上，77%

的邮轮旅游游客计划在三年之内还会选择邮轮。美国有7300万人曾经参与邮轮旅游，在核心目标市场（25岁以上，家庭收入在四万美元以上）的1.33亿人中，有3610万可能在未来的三年内搭乘邮轮旅游。

表8 邮轮游客占人口的比重

国家/地区	总人口(百万)	邮轮乘客(千)	所占比例(%)
英 国	61	1533	2.5
德 国	82	1027	1.3
意大利	58	799	1.4
西班牙	40	587	1.5
法 国	62	347	0.6
斯堪的纳维亚	19	173	0.9
美 国	308	10459	3.4
加拿大	33	775	2.4
澳大利亚	22	331	1.5
日 本	127	200	0.2

数据来源：A. R. Peisley Ltd 和 ECC。

（三）亚洲邮轮旅游业发展格局

亚洲邮轮业发端于20世纪80年代，20世纪90年代之后，亚洲邮轮业进入快速发展期。1992年，新加坡投入3500万美元兴建邮轮港口并推出优惠措施吸引国际邮轮公司发展业务，1993年马来西亚丽星邮轮成立，推动亚洲邮轮业快速发展。进入新世纪之后，国际邮轮巨头嘉年华邮轮集团和皇家加勒比邮轮公司等纷纷拓展亚洲业务，开辟了很多航线。而亚洲区内邮轮集团丽星邮轮也已经成长为世界三大邮轮集团之一。据PATA相关数据，2008~2009年，亚洲接待约93万邮轮游客，比2007~2008年度增加了约67%。其中，远东和东南亚市场具有很高的成长速度。

表 9　亚太邮轮旅游客源市场*

航　季	东南亚(人次)	远东地区(人次)	南太平洋(人次)	亚太市场
2007～2008 年	210536	112382	232512	555430
2008～2009 年	386891	313880	228961	929732
增长率(%)	83.8	179	-1.5	67

*南太平洋包括澳大利亚、新西兰、印度尼西亚、巴布亚新几内亚等，东南亚包括马来西亚、菲律宾、新加坡、印度、越南，远东地区包括中国、朝鲜、日本、韩国等。

从区内格局来看，新加坡和香港业已成为亚洲邮轮经济重镇，近年来呈现向东北亚和中东拓展推进的格局。新加坡每年约接待 1200 艘国际邮轮，是亚太地区重要的中转站和门户。香港是区内重要的邮轮母港，亚洲邮轮旅游的必经之站。2009 年，中国实施“容许内地旅行团乘坐以香港为母港的邮轮经香港岛台湾旅游”的新举措，进一步推动了香港作为亚太地区邮轮母港的中心地位。中国的上海、天津、三亚、厦门、韩国的釜山、日本的那霸、冲绳、印尼的巴厘岛、马来西亚的槟城等地邮轮码头建立起来，区内基础设施不断改善，为邮轮旅游业的进一步发展提供了基础。

日本是亚洲邮轮游客的主体，其次有韩国、中国台湾、中国香港、新加坡等地也是亚洲邮轮的主要客源地，随着上海、天津等邮轮母港投入使用，大陆客源也呈快速增长态势。

尽管亚洲邮轮业占世界份额仍然较低，在 5% 左右，但业内普遍看好亚洲良好的发展前景，对未来预测乐观。亚太旅游协会（PATA）相关分析认为：除了亚洲经济快速发展的先决条件之外，三大因素将推动邮轮旅游发展，一是亚洲国家不断壮大的中产阶层，二是不断改善的基础设施条件，三是亚洲国家纷纷扩展的港口设施。据亚洲邮轮协会（ACA）预测，到 2015 年，亚洲邮轮业每年接待量将达 700 万人次。

同时，也应该看到亚洲邮轮旅游发展也存在起步较晚、政局不稳、安全问题、基础设施不健全、签证手续烦琐、远离北美等主要客源市场、文化差异等制约因素。

纵观近20年亚洲邮轮旅游业发展历程，可以发现，亚洲邮轮业发展具有以下特点：①亚洲邮轮业仍然处于初级阶段，邮轮公司少、基础设施相对落后、邮轮经济效应尚不明显。②政府大力推动邮轮母港建设带动邮轮业快速发展，通过母港建设推动产业集群式发展。③在全球邮轮旅游业格局中的地位在逐步凸显，随着近年来北美邮轮市场趋缓，为亚洲邮轮旅游产业发展提供了良好契机。

三　中国邮轮产业发展态势及政策建议

（一）我国邮轮旅游业发展态势

邮轮旅游活动在中国还是个新事物，邮轮旅游业在国内也处于发展的初级阶段。虽然从20世纪80年代开始，就有邮轮停靠我国港口，但近十年邮轮旅游产业才真正受到各地政府的重视。尽管最近五年以来得到了快速的发展，但邮轮经济仍然处于起步阶段。主要表现为邮轮旅游出入境人次较少、邮轮航线只集中在个别几个区域、母港等基础设施正在规划建设之中、邮轮产业体系尚未形成、在全球邮轮产业链中处于低端、邮轮旅游发展仍存在一些政策壁垒，区域邮轮旅游圈初现雏形，邮轮旅游消费意识逐步形成。

从邮轮旅游接待人次来看，邮轮旅游接待人次绝对数量少，但增速很快。据中国交通运输协会邮轮游艇分会（CCYIA）的数据：2010年乘坐邮轮出境旅游的中国大陆游客达79万人次，比2009年同比增长20.1%，乘坐邮轮来华的国际游客达到46.2万人次，比2009年同比增长15.5%。相对于我国2010年公民出境旅游5738万人次、入境过夜旅游者5566万人次的规模，还是非常小的一部分。

从邮轮母港建设来看，我国邮轮母港建设初具规模。我国已建成邮轮母港四个，分别是上海、天津、三亚和厦门，大连、舟山、广州、深圳等地都提出或正在建设邮轮母港。中国邮轮游客主要从香港、上海和天津这三个母港登船，还有一少部分从新加坡登船。目前从区域母港布局来看，围绕母港已经形成了沿海的三大港口群，即东北亚邮轮港口群，以天津、上海、仁川、横滨为区域邮轮母港，以大连、青岛、济州岛、仁川、釜山、鹿儿岛等为停靠港的横跨中日韩三国的东北亚邮轮旅游线路；以厦门、基隆为区域邮轮母港，以福州、高雄、花莲、那霸等为停靠港的海峡两岸邮轮旅游线路；东南亚邮轮港口群，以香港、三亚、新加坡为母港，以广州、深圳、北海、岘港等为停靠港的东南亚邮轮旅游群。

从邮轮公司航线布局看，我国邮轮航线多集中在中日韩和东南亚地区。近年随着北美市场增速放缓，世界邮轮业巨头歌诗达和皇家加勒比都更关注中国市场，歌诗达 2008 年在中国共开 28 个航次，2009 年 36 个，2010 年 68 个。从 2010 年 1 月开始，歌诗达邮轮有 16 次香港到台湾的定期航次。2011 年嘉年华集团开辟青岛—济州—上海—首尔—青岛航线。根据中国交通运输协会邮轮游艇分会统计，自 2009 年，以中国港口为邮轮母港开出的邮轮航线共 43 条，全年 76 个航班。这些航线主要集中在东北亚的中日韩三国，中国香港、中国台湾地区，以及越南、新加坡等东南亚国家之间。

从邮轮公司针对的主要市场来看，截至 2010 年，歌诗达邮轮公司、皇家加勒比国际邮轮公司、丽星邮轮公司、地中海邮轮公司、公主邮轮公司等均在中国开展业务。这些公司纷纷在中国开辟航线、设立代表处，积极推介邮轮旅游产品。相对于邮轮入境游客来说，各邮轮公司最为看重的还是中国公民出境旅游这一潜力巨大的市场。国家旅游局《2010 年中国旅游业统计公报》显示：2010 年，中国公民出境人数达到 5738.65 万人次，比上年增长 20.4%。因为邮轮经济是规模经济，对客源的要求高于一般的大众旅游市场，目前我国邮轮客源市场主要集中在三大沿海经济发达地区。这一地区内的中产阶层比例较高、国际化程度高、思维新潮开放，是中国邮轮旅游的消费群体。

（二）全球邮轮业发展格局对我国的主要启示

综合全球邮轮业发展的总体格局和未来走势，对中国邮轮业发展有以下主要启示。

第一，邮轮业是国际化程度很高的产业，对经济的开放程度要求较高。全球范围内的网络型布局是邮轮产业的典型空间组织特征。邮轮航线遍及世界各地，邮轮公司总部集中在美国、英国，邮轮制造业主要集中在挪威、芬兰、意大利、德国等国家，注册则多在巴哈马、巴拿马、利比里亚。正因如此，邮轮产业发展对经济的开放程度、旅行的便利化程度要求高。从世界范围来看，邮轮旅游发达的北美、欧洲以及东南亚地区，都是区域经济一体化程度较高的地区。

第二，亚太目前仍然是世界邮轮业的新兴区域，区域内市场广阔，但产业发展基础相对较弱，中国邮轮产业短期内很难超越这一阶段，完成跨越式的发展。亚太地区在世界邮轮业发展中处于边缘地位，这既和该地区的自然禀赋、政治背景、产业基础有关，也和该地区的消费习惯、文化传统有关，很难在短期内实现跨越式发展。

第三，世界母港密集的地区都具有较强的综合竞争力。邮轮产业是典型的高端旅游业，不仅表现在邮轮旅游推崇的高端时尚消费特征，对市场群体要求较高，高收入、高教育背景的人群，更重要的是，对相关产业、基础设施和公共服务的要求较高，例如产业链的每一个环节都需要高效配合、协调发展，对经营管理能力、公共服务能力要求较高。从世界范围来看，高端消费市场和高度的服务业发展水平，对邮轮业发展都有决定作用。

（三）我国邮轮业发展的有利因素和不利因素

我国邮轮业发展的有利因素从外部条件看，正经历全球旅游业板块中亚太板块崛起、邮轮业逐渐东移的良好历史机遇。从内部条件看，我国邮轮业面临以下主要有利条件：①旅游资源丰富、邮轮母港腹地支撑庞大；②政府主导推动，发展热情高涨；③旅游休闲需求庞大，消费能力强；④城市产业升级，新兴服务业发展。这些有利条件将助推邮轮旅游的进一步发展。

我国邮轮业发展的不利因素主要存在于以下两个方面。

第一，相关产业发展基础相对薄弱。邮轮业是带动作用大的综合性产业，邮轮业发展水平受到多个产业的制约。邮轮目的地的竞争力是综合竞争力，包括旅游、物流、商贸、金融、保险等服务业发展水平的制约。目前国内港口城市重视邮轮母港设施建设，尚未特别关注邮轮业相关产业基础的培育和软环境的改善，这必然会限制邮轮母港的竞争力，限制了邮轮产业链的形成和发展。长远看使得中国很难参与国际邮轮产业的主要环节，进而也难以获得较高利润回报。在邮轮产业链中，邮轮设计制造是获益较高的环节，居于产业链核心地位的邮轮公司也具有制定航线、组织客源等重要权利，主导着世界邮轮经济发展的方向。

第二，政策等软件因素制约。虽然国家层面及各港口城市都将邮轮旅游纳入新兴服务业而加以扶持，但仍缺乏国家层面的整体产业发展规划，也缺乏航运、旅游、边防、检疫等多个相关部门的统一部署，现行一些政策对邮轮旅游还存在不同程度的限制。此外，区域内的手续便利化，是促进邮轮旅游发展的主要政策因素，例如申根签证，1985 年由欧洲五国发起，在成员国之间简化入关手续，实行免签政策，实现了无障碍旅游区，现在申根地区已经包括欧洲 25 个国家，申根国家取消边境检查点，成员国之间境内自由流动。与此相对比，根据 2011 年国际亨氏旅行自由度指数①（Henley Visa Restrictions Index）全球主要国家的排名显示，中国旅行自由度得分为 40，位列 90。持丹麦、德国、日本、比利时、英国、美国、奥地利、瑞士、新加坡、韩国、马来西亚等主要国家护照可获得全球 150 多个国家免签。中国香港、以色列、巴西等国家和地区可获得 120 个以上的国家免签。而截至 2011 年 10 月，全世界共有 41 个国家和地区给予中国护照持有者免签或者落地签证的待遇，这些国家主要集中在东南亚、东非和中东地区。

（四）促进我国邮轮旅游业的发展的政策建议

随着亚太地区旅游休闲业的整体崛起，世界邮轮产业重心也在向亚太地区转移。中国作为全球最活跃的经济体，具有庞大的旅游市场需求，同

① 国际亨氏旅行自由度指数，https：//www. henleyglobal. com/citizenship/visa-restrictions/。

时也初步具备了发展邮轮产业的基础条件，在把握全球发展格局，立足自身优势的基础上，有条件发展邮轮产业，参与国际竞争。基于以上分析，建议着力于以下三点。

1. 通过母港建设推动产业集群式发展，以港口带动区域城市群旅游发展

现阶段，通过邮轮城建设扩大港口经济、发展城市新区、促进产业升级，从而实现邮轮经济效应最大化和在区域内的扩散，是中国港口参与全球邮轮产业链条，并从中获益的最现实选择。亚太地区包括中国邮轮业虽起步较晚，但充分体现了现代服务业集群化发展和产业融合的趋势。集群化发展是当前国际产业空间组织结构的主要特征。产业集群是 20 世纪 90 年代以来一个重要的经济现象和组织形态。哈佛大学教授迈克尔·波特认为：产业集群是在某一特定领域内（通常以一个主导产业为核心），大量产业联系密切的、在地理位置上集中的公司和机构的集合。目前中国邮轮母港建设基本采取的邮轮城建设模式，是集中了邮轮、旅游、休闲、娱乐、会展、商贸、邮政、商业等多个产业集群式发展的大型“旅游综合体”。在此基础上，要更进一步探索陆上交通体系的无缝化衔接，才能以邮轮母港城市为龙头，带动邮轮经济效应向腹地的扩散，实现城市群旅游的发展。

2. 加强同港台、东南亚和东北亚的合作与联系，形成相对成熟的邮轮经济区

从国际经验来看，无论北美还是欧洲，邮轮旅游主要依赖区内市场，区内旅游流动的便利化对邮轮旅游发展至关重要。从市场消费习惯看，亚洲人更喜欢娱乐、休闲、购物等丰富多彩的目的地，由于休假制度和休闲文化的影响，亚洲人更倾向于 4 天左右的短期邮轮产品。从现实条件看，东南亚、东北亚的组合，可以在较近距离内提供风格迥异的多元文化体验。例如马来西亚、新加坡、韩国、日本、中国台湾等。因此，加强同港台、东南亚和东北亚的合作与联系，对形成区域内相对成熟的邮轮经济区至关重要。事实上，2008 年，香港已经致力于发展成为区域内的邮轮中心，也已经与内地沿海省份福建、广东、广西、海南建立起了策略伙伴合作关系，推广一程多站旅游行程。2009 年，中日韩三国的天津、大连、青岛、烟台、釜山、仁川、福冈等城市也达成协议，进一步扩大邮轮旅游规模，实施无障碍海上旅游，应在此基础上，实现更高层面、更广泛的邮轮旅游合作。

3. 积极培育产业核心环节，提升综合服务竞争力

目前国内港口城市纷纷争夺邮轮母港地位，邮轮港口建设投资大，建设周期长，投资中长期才能获得回报。不应仅着眼于邮轮旅游接待，凭借邮轮停靠接待服务、旅游服务和邮轮供应服务赚取利润，而应通过邮轮业发展带动我国旅游企业国际化管理水平，促进中国企业投资旅游业，向邮轮补给、修理、人才培训、经营管理等高附加值的环节拓展，促进邮轮产业体系建设。《上海市邮轮产业“十二五”发展规划》称：到“十二五”末期，要拥有豪华邮轮的关键技术储备、并初步掌握豪华邮轮的自主设计及装备制造能力；上海本土母港邮轮与本土注册邮轮公司实现“零”的突破。要实现这一目标，就要积极培育邮轮的管理团队，实现分销渠道体系、物流供应体系、金融服务体系等多个关键环节的突破。

参考文献

The Contribution of the North American Cruise Industry to the U. S. Economy in 2010, Cruise Lines International Association, June 2011.

The Contribution of the North American Cruise Industry to the U. S. Economy in 2010, Business Research & Economic Advisor.

张言庆、马波、范英杰：《邮轮旅游产业经济特征、发展趋势及对中国的启示》，《北京第二外国语学院学报》2010 年第 11 期。

程爵浩：《中国邮轮业发展：现状、问题与趋势》，《2011 年中国休闲发展报告》，社会科学文献出版社，2011。

徐虹、高林：《基于供应链视角的邮轮旅游刍议》，《北京第二外国语学院学报》2010 年第 1 期。

余科辉、刘志强：《世界邮轮旅游目的地与邮轮母港研究》，《商业经济》2007 年第 7 期。

中国健康服务业发展现状、重点领域与政策建议

瞿华　夏杰长*

摘　要： 健康服务产业是以生命技术和生物技术为先导，以健康至上理念为指导，涵盖健康检查、疾病预防、医疗卫生、营养健康、身体养护、健身娱乐、康复治疗与休养、身心与精神疗治等多个领域多产业集合。实证研究结果表明，健康服务业与经济增长、居民收入关系之间存在着较稳定的关系。我国健康服务业有着广阔的发展前景，但总体看，还处于起步阶段，供求矛盾仍然突出，健康服务业产业体系不完整，产业链偏短。我国健康服务业发展要把握药膳餐饮业、养生旅游、亚健康调理与维护服务业、健康文化与教育服务业、健康会员服务与增值服务、运动健康服务业等重点领域。要从战略高度重视发展健康服务业，建立健全多层次、多元化、国际化的健康服务业产业体系，努力将其培育成新兴支柱产业。

关键词： 健康服务业　产业链　城乡康体卫生公共设施　政策建议

* 瞿华，男，经济学博士，中国社会科学院财经战略研究院博士后、副研究员，华南师范大学副教授。主要研究方向为服务经济、旅游管理。夏杰长，男，经济学博士，中国社会科学院财经战略研究院研究员。主要研究方向为服务经济与产业政策。

一 相关概念

近年来，与健康相关的产业概念主要有“健康产业”、“健康服务产业”、“健康管理服务产业”等。

对于健康产业，一份有关中国健康服务业的战略规划报告指出，中国的健康产业应该说是由医疗性健康服务和非医疗性健康服务两部分构成，并形成了四大基本产业群体，即：①以医疗服务机构为主体的医疗产业；②以药品、医疗器械以及其他医疗耗材产销为主体的医药产业；③以保健食品、健康产品产销为主体的传统保健品产业；④以个性化健康检测评估、咨询服务、调理康复、保障促进等为主体的健康管理服务产业[①]。

也有学者认为，在构成中国的健康产业的医疗产业、医药产业、传统保健品产业、健康服务产业这四大基本产业群体中，健康服务产业是以个性化健康检测评估、咨询服务、调理康复、保障促进等为主体，涵盖了以健康体检为核心的个人疾病检查与预测产业、以祖国传统医学为主要手段的健康调理、康复与健康维护产业，以各类休闲度假、健康运动为核心的健康促进产业，以健康评估为核心的健康咨询服务产业以及寄生并服务于各产业之间的健康数据信息通信服务产业。其服务对象包括健康人群、亚健康人群和疾病人群[②]。

健康产业是指与人类健康相关的产业的统称，主要包括和健康相关产品的制造业及和健康相关的服务业。前者涉及医药、医疗器械制造等行业，后者包括医疗卫生、康复疗养等。美国的产业划分中，健康服务业主要包括流动健康服务、医院、物理设施及健康管理等[③]。

总的来说，关于健康服务业的定义，目前，学术界还没有形成统一的看法。大多学者认为健康服务业本质上就是医疗卫生业，或者基本从卫生

① 明星：《健康服务业 演绎“财富第五波”》，《中关村》2011 年第 2 期。

② 聂聆、李斌：《基于钻石模型的广东健康服务业竞争力分析》，《现代商业》2009 年第 32 期。

③ 沈玉良、景瑞琴：《借鉴国外先进经验推动上海健康服务业发展》，《科学发展》2011 年第 5 期。

服务、健康经济等角度去研究健康服务产业（舍曼·富兰德、艾伦·C.古德曼，2004；樊明，2002；龚幼龙，2002；胡善联，2003；杜乐勋等，2006）。在《国民经济行业分类》（GB/T 4754—2002）里也没有独立的健康服务。世界贸易与信息系统局（SISD）的分类法将全世界的服务部门分为11类，其中有健康与社会服务类。从上述两种分类看，大多是把健康服务含在医疗服务之中，但没有把健康服务业作为一个独立的行业加以归类，因此，很难对健康服务业下一个严格的定义。

我们认为，作为新兴的服务业，健康服务业要比医疗卫生业的范围广泛得多。健康服务产业是以生命技术和生物技术为先导，以健康至上理念为指导，涵盖健康检查、疾病预防、医疗卫生、营养健康、身体养护、健身娱乐、康复治疗与休养、身心与精神疗治等多个领域多产业集合，具有较强的综合性。它提供的核心或主要产品是健康服务产品。凡是围绕和服务于人的生理和心理健康的服务部门的集合均可纳入广义的健康服务业的范畴。

二 健康服务产品的属性

从产品的性质来看，经济学上一般把社会产品分为公共产品和私人产品两大类。私人产品是指在消费上具有竞争性和排他性的产品。竞争性是指若某人已消费了某产品则其他人就不能再消费该产品。排他性是指某个人消费某产品时能够不让他人同时消费该产品。公共产品是指那些在消费上具有非竞争性与非排他性的产品。非竞争性是指一个人消费某产品并不妨碍其他人同时消费同一产品。非排他性是指只要社会存在某一公共产品，就不能排斥该社会上的任何人消费该产品，即任何一个消费者都可以免费消费公共产品。严格地说，只有同时具备非竞争性和非排他性两种特征的产品才是真正的公共产品。根据非竞争性与非排他性的程度，公共物品又分成纯公共产品与准公共产品。纯公共产品是指具有完全的非竞争性和完全的非排他性的产品，如国防、灯塔。准公共产品是指具有有限的非竞争性和非排他性的产品。准公共物品又分为自然垄断型准公共产品

（即与规模经济相联系的产品）和优效型准公共产品（即那些不论人们的收入水平如何都应该消费或得到的公共产品）。①

总的来看，健康服务产品具有准公共产品和私人产品双重属性。一方面，作为准公共产品的基本医疗服务，即满足人的身心疾病诊治和救护与生命安全的健康医疗服务，政府和医院担当着提供服务的不可推卸的责任和义务，其中政府在提供基本医疗服务中起着主导角色。另一方面，由于经济资源相对于广大消费需求而言具有稀缺性以及相关生产组织某种程度上的垄断性，健康服务产品特别是高端的健康服务产品在一定程度上必须通过市场手段将其作为产业来发展，因而具有私人产品属性。基于健康服务产品双重属性，政府既要在基本医疗服务等纯公共性或准公共性健康服务产品方面尽力以免费或象征性地收取远低于成本价的方式让其委托生产的部门提供同时监管好这些部门，确保基本健康服务产品在质量和数量上都能满足广大公民的需求，又要积极引导市场和发挥调控的作用，促进那些适合推向市场的中高端健康服务产品的生产部门规范化、健康化发展。

三　发展健康服务业的意义重大

在践行科学发展观、建设和谐中国、建设幸福中国的历史背景和产业转型升级的历史条件下，大力发展健康服务业具有重要的社会意义和经济意义。

（一）有利于增强我国科学防治各种疾病的能力，提高国家公共卫生水平

身体是革命的本钱。只有拥有健康的身心，才能更好地学习、生活和工作。然而，随着经济社会的发展和人们生活习惯的改变，人们受到来自外部环境对身心侵扰乃至伤害的程度越来越高。大气污染引发呼吸道各种疾病。诸如恶性肿瘤、心脑血管疾病等不少危害人类生命的重大慢性器质

① 余永定、张宇燕、郑秉文主编《西方经济学》，经济科学出版社，1999，第258～260页。

性疾病至今未能有效防治。食品的卫生安全、细菌和病毒耐药性、生物安全防范措施不全等问题层出不穷。日益突出的“人口老龄化”问题急需与之相适应的健康服务供给。至今让人心有余悸的“非典”、禽流感等事件时刻警示政府和社会必须强化公共卫生安全。通过大力发展健康服务业，加强基础医学研究，创新发展医学科技，完善预防医学、诊疗技术、公共卫生、食品安全保障体系，强化环境或职业性疾病机理和防治研究，积极寻求重大疾病的早期诊断、早期治疗和早期预防，提供新技术、新方法和新途径，建立高效、有力的公共卫生体系，保障人民群众的生命安全，最终实现人人享有健康。

（二）引导科学生活，增强国民的身心素质和幸福感，促进和谐发展

随着经济社会的发展，人们的生活、工作压力不断加大，生活水平不断提高的同时生活方式也在发生较大变化。生活欠规律、饮食不正常、膳食结构不合理、睡眠不足、过度吸烟饮酒、沉迷于电游等问题严重影响了个人身心健康。心理疾病、亚健康状态、休闲健身、整形美容、减肥瘦身和齿科等已成为社会普遍关注的焦点。大力发展健康服务业，广泛宣传健康生活知识，推广和普及科学的健康观念和健康的生活方式，大力开展全民运动和科学健身方式，积极组织公益性的健康讲座和康体活动，营造全民健身的科技文化环境；加强心理精神卫生体系建设，引导广大居民用科学和理性的思维塑造科学合理的消费方式，避免和消除与之冲突的思维习惯和行为活动，尽可能减少健康服务消费中因观念、技术、质量等引致的各种纠纷，促进和谐社会建设。

（三）促进产业结构升级优化，助推经济增长

产业结构升级是国家重要的战略目标。由于人口压力以及资源、能源和环保的约束，大力发展第三产业，实现从以制造业为重点向以服务业为重点的产业转型是我国产业结构调整升级的必然选择。服务业的发展是衡量一个国家或地区经济发达程度的重要标志。建设现代服务业已成为我国

和各个地区既定的发展目标。健康服务业是整个服务产业中的重要内容。基于健康服务产品具有双重属性，作为基本医疗服务之外的补充，高端健康服务业的存在和发展更多的是市场机制在起作用。它对促进健康服务消费，增进健康服务提供，扩大健康服务就业，推动国民经济增长起着重要作用。据悉中等以上发达国家的健康服务消费总量约为 GDP 的 5% ~10%，美国超过 15%（加拿大、日本等国超过 10%，我国为 4% ~5%），其中医疗性健康消费支出与非医疗性健康消费支出约各占 50%[①]。作为服务业最发达国家之一的美国健康服务业为健康管理服务产业（分为制药与药品、医疗器械和健康服务业三部分）之首（约占 65%），其发展在美国仅次于 IT 业，健康服务行业拥有 70% 的增长速度[②]，其健康服务业在 2006 年所占到国民生产总值的比重达 14%，2007 年达 17%，健康管理服务业中的巨头公司对国会的影响力不亚于军火商[③]。因此，在保证基本健康服务（医疗服务）的前提下，积极发展其他健康服务业（高端健康服务业），极有可能带来与现有基本健康服务经济量至少持平的高端健康服务经济量，将健康服务对经济增长的贡献至少扩大一倍。

四　健康服务业与经济增长、居民收入关系的实证分析：基于 1985 ~2009 年数据

由于《中国统计年鉴》中尚无健康服务业独立的分类和相应的数据，故本文以卫生总支出的数据来替代，以卫生总支出作为健康服务业发展的衡量指标，以 GDP 作为经济增长发展的衡量指标，并将居民收入分为城镇和农村两块。由此根据数据的可获得性、连续性、可靠性、稳定性和权威性，本文基于协整理论，选用 1985 ~2009 年我国人均卫生总支出（用 M 表示）、人均 GDP（用 G 表示）及城镇居民人均可支配收入（用 U 表

① 聂聆、李斌：《基于钻石模型的广东健康服务业竞争力分析》，《现代商业》2009 年第 32 期。
② 明星：《健康服务业 演绎“财富第五波”》，《中关村》2011 年第 2 期。
③ 袁浩：《健康服务业谁主沉浮》，2008 年 9 月 18 日《蛇口消息报》。

示)、农村居民人均纯收入（用 R 表示）这几个人均值数据和 EViews6.0 软件进行实证研究。各指标的原始数据均来自《中国统计年鉴》（1996～2011)，其中2009年卫生支出数据为最新数据。从这四个指标数据的名义值来看，均呈现上升趋势（见图1)。为消除物价因素的影响，本文使用以1985年为基期的价格指数对上述变量进行平减。考虑到在几个价格指数中，GDP平减指数（deflator）能够全面反映物价走势，而居民消费价格指数（CPI)、生产者物价指数（PPI）等只能反映一方面的物价变动情况，故用GDP平减指数作为通胀率对上述数据进行处理以得到它们的实际值。但各年《中国统计年鉴》中没有GDP平减指数。本文采用公式(1）推算出1985～2009年各年的GDP平减指数（1985年GDP指数为100)。

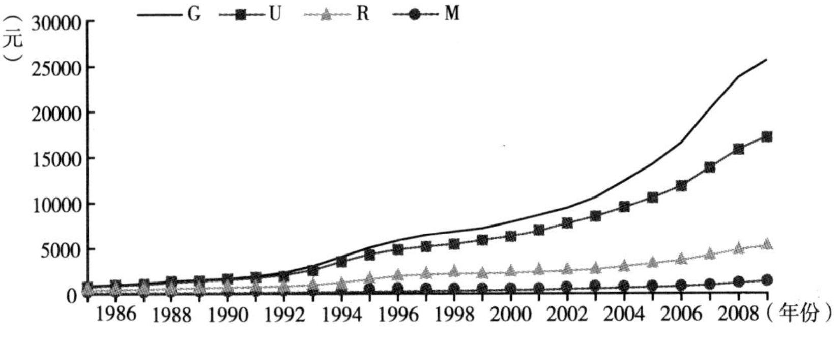

图1　人均卫生总支出、GDP和居民收入变化

$$GDP_{di} = (GDP_i/GDP_{ini}) \times (GDP_{in1985}/GDP_{1985}) \qquad (1)$$

公式（1）中i是指1985～2009年各个年份，GDP_{di}表示各年GDP平减指数，GDP_i 表示各年名义GDP，GDP_{in1985}表示基期GDP指数，GDP_{ini}表示以1985年为基期的各年GDP指数，GDP_{1985}表示基期的名义GDP。然后用各年的M、G、U、R名义值除以相应年份的GDP平减指数得到各年的实际值，分别用MC、GDP、UR、RR表示。在此基础上考虑到对各序列数据选取对数并不改变其动态关系及消除时间序列中的异方差，再对上述四个变量的实际值进行对数处理得到LNMC、LNGDP、LNUR、LNRR，并记一阶、二阶差分为 DLN、DDLN。这四个指标数据的实际值及其对数值的变化也均呈现上升趋势（见图 2、图 3）。

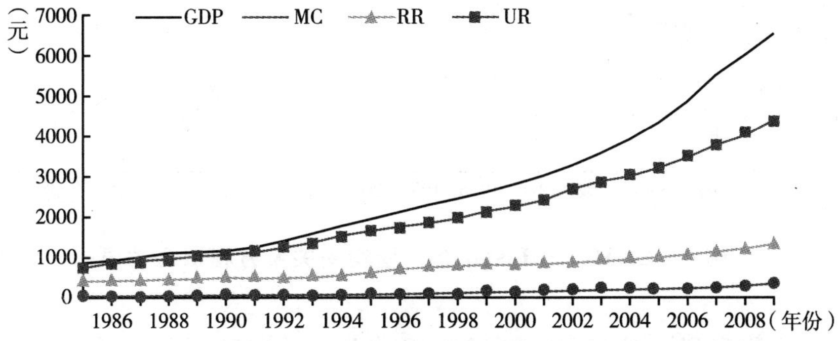

图 2　人均卫生总支出、GDP 和居民收入实际值变化

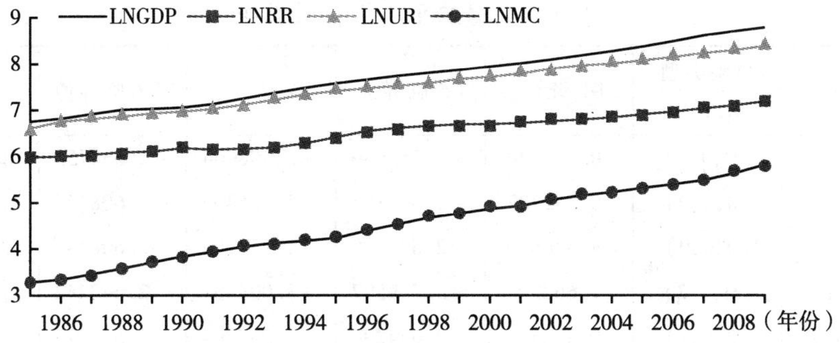

图 3　时序

以下运用协整理论，分析人均卫生总支出与人均 GDP 的关系、人均卫生总支出与城镇居民人均可支配收入的关系、人均卫生总支出与农村居民人均纯收入的关系。

（一）人均卫生总支出与人均 GDP 关系的协整分析

从 LNMC 和 LNGDP 的时序图（图 3）来看，二者的变化趋势基本一致，但是否平稳？对它们的时间序列及一阶差分变量做 ADF 检验的结果（表 1）显示为非平稳序列，对它们进行二阶差分并继续做单位根检验后

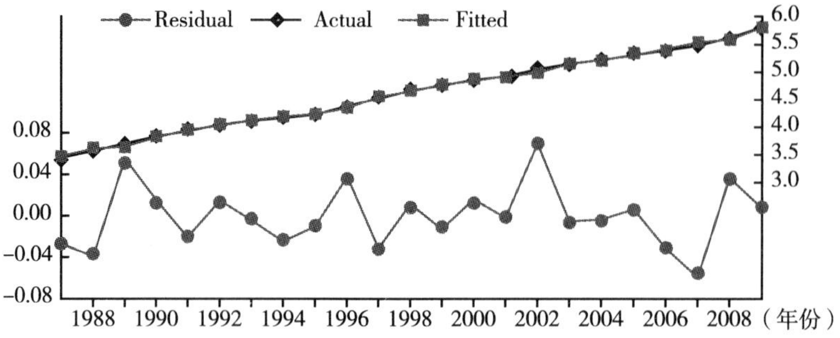

图 4　LNMC 与 LNGDP 长期均衡关系方程拟合效果

显示为平稳序列，即 LNMC 和 LNGDP 均为二阶单整序列，可以进一步做协整分析。

表 1　变量的平稳性检验结果

变量	检验类型 (C,T,K)	ADF 统计值	1% 临界值	5% 临界值	10% 临界值	结论
LNMC	(C,0,1)	0.166128	-3.752946	-2.998064	-2.638752	非平稳
DLNMC	(0,0,0)	0.042387	-2.669359	-1.956406	-1.608495	非平稳
DDLNMC	(0,0,0)	-4.840639	-2.674290	-1.957204	-1.608175	平　稳
LNGDP	(C,0,2)	1.662208	-3.769597	-3.004861	-2.642242	非平稳
DLNGDP	(0,0,1)	-0.890567	-2.674290	-1.957204	-1.608175	非平稳
DDLNGDP	(0,0,0)	-3.754587	-2.674290	-1.957204	-1.608175	平　稳

基于 LNMC 和 LNGDP 为同阶单整及样本空间较大，本文选用 E-G 两步法对 LNMC 和 LNGDP 进行协整回归，初步估计两序列的长期均衡关系方程式为：

$$LNMC = 1.213444LNGDP - 4.850687$$
$$t = (46.43432) \quad (-23.97793) \qquad (2)$$
$$R^2 = 0.989445 \quad DW = 0.466066$$

显然，由 Durbin-Watson 检验表可知 DW 值偏小（$0.466066 < d_L = 1.29$）。由 B-G 检验可知 LM（2）=20.58578（相伴概率 p=0.0000），故

方程（2）存在一、二阶自相关。因而用迭代估计法以消除自相关，得到以下方程：

$$LNMC = 1.2174 * LNGDP - 4.8679 + [AR(1) = 1.3670, AR(2) = -0.8232]$$
$$t = (43.95417)(-22.63072)(9.431142)(-5.607633) \quad (3)$$
$$R^2 = 0.9981 \quad adj-R^2 = 0.9978 \quad F = 3256.271(p = 0.00000) \quad DW = 2.3135$$

由 t 检验可知，在 1% 显著性水平下单个回归系数显著地不为零；由 B-G 检验可知 LM（1）=1.155576，相伴概率为 0.2824，LM（2）=3.927865，相伴概率为 0.1403，方程的自相关已被消除；由怀特检验（不含交叉项）可知 $nR^2=0.3782$，相伴概率为 0.9447，方程也不存在异方差。方程（3）通过各项检验。方程（3）的实际值与拟合值的拟合效果如图 4 所示，表明拟合效果较好。再对方程（3）残差项进行单位根检验，得统计量 ADF = -4.315486（对应的 P 值为 0.0001），因其小于 1%、5%、10% 显著性水平下对应的三个临界值 -2.664853、-1.955681、-1.608793，故残差序列为平稳序列，即表明卫生支出与经济增长存在着协整关系也就是长期均衡稳定关系。但这种关系是否是一种因果关系，需进一步做格兰杰因果检验。选取滞后期为 2 进行格兰杰（Granger）因果检验，结果表明在 5% 显著性水平下，LNMC 和 LNGDP 存在双向因果关系，即经济增长是卫生支出的格兰杰原因，同时卫生支出也是经济增长的格兰杰原因，从而揭示了二者之间的反馈因果关系。

表 2　格兰杰因果检验

原假设	观测值	F-Statistic	Prob.
LNMC does not Granger Cause LNGDP	3	3.85767	0.0403
LNGDP does not Granger Cause LNMC		9.87562	0.0013

（二）人均卫生总支出与城镇居民人均可支配收入关系的协整分析

从 LNMC 和 LNUR 的时序图（图 3）来看，二者的变化趋势基本一致，但是否平稳？对它们的时间序列及一阶差分变量做 ADF 检验的结果（表 3）

显示为非平稳序列，对它们进行二阶差分并继续做单位根检验后显示为平稳序列，即 LNMC 和 LNUR 均为二阶单整序列，可以进一步做协整分析。

表 3　变量的平稳性检验结果

变量	检验类型 (C,T,K)	ADF 统计值	1% 临界值	5% 临界值	10% 临界值	结论
LNMC	(C,0,1)	0.166128	-3.752946	-2.998064	-2.638752	非平稳
DLNMC	(0,0,0)	0.042387	-2.669359	-1.956406	-1.608495	非平稳
DDLNMC	(0,0,0)	-4.840639	-2.674290	-1.957204	-1.608175	平　稳
LNUR	(C,0,0)	-0.541373	-3.737853	-2.991878	-2.635542	非平稳
DLNUR	(0,0,0)	-1.635227	-2.669359	-1.956406	-1.608495	非平稳
DDLNUR	(0,0,0)	-6.259185	-2.674290	-1.957204	-1.608175	平　稳

基于 LNMC 和 LNUR 为同阶单整及样本空间较大，本文选用 E-G 两步法对 LNMC 和 LNUR 进行协整回归，初步估计两序列的长期均衡关系方程式为：

$$
\begin{aligned}
&LNMC = 1.4215LNUR - 6.163628 \\
&t = (57.0285)(-32.8414) \\
&R^2 = 0.9930 \qquad DW = 0.8288
\end{aligned}
\tag{4}
$$

查 Durbin-Watson 检验表可知 $DW = 0.8288 < d_L = 1.29$。由 B-G 检验可知 LM（2） = 12.43070（相伴概率 p = 0.0020），故方程（4）存在一、二阶自相关。因而用迭代估计法以消除自相关，得到以下方程：

$$
\begin{aligned}
&LNMC = 1.4007 * LNUR - 5.9967 + [AR(1) = 1.0066, \\
&\qquad AR(2) = -0.5917] \\
&t = (53.48125)(-30.13357)(6.953944)(-4.148280) \\
&R^2 = 0.9978 \quad adj - R^2 = 0.9975 \\
&F = 2879.365(p = 0.00000) \quad DW = 1.8727
\end{aligned}
\tag{5}
$$

由 t 检验可知，在 1% 显著性水平下单个回归系数显著地不为零；由 B-G 检验可知 LM（1） = 0.00022，相伴概率为 0.9882，LM（2） = 0.43798，相伴概率为 0.8033，方程的自相关已被消除；由怀特检验（不含交叉项）可知 $nR^2 = 1.6688$，相伴概率为 0.6439，方程也不存在异方差。方程（5）通过各项检验。方程（5）的实际值与拟合值的拟合效果如图 5 所示，表明拟合效果较好。再对方程（5）残差项进行单位根检验，得统计量 ADF = -5.859571（对应的 P 值为 0.0000），因其小于 1%、5%、10% 显著性水平下对应的三个临界值 -2.664853、-1.955681、-1.608793，故残差序列为平稳序列，即表明卫生支出与城镇居民人均可支配收入存在着协整关系也就是长期均衡稳定关系。但这种关系是否是一种因果关系，需进一步做格兰杰因果检验。选取滞后期为 2 进行格兰杰因果检验，结果表明在 5% 显著性水平下，LNMC 和 LNUR 存在双向因果关系，即城镇居民人均可支配收入是人均卫生支出的格兰杰原因，同时卫生支出也是城镇居民人均可支配收入的格兰杰原因，从而揭示了二者之间的反馈因果关系。

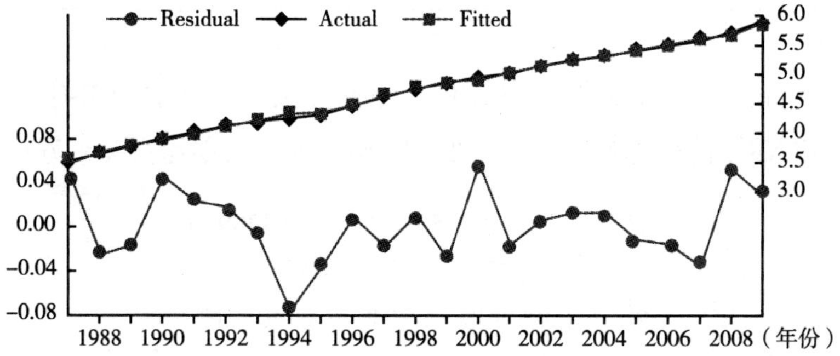

图 5　LNMC 与 LNUR 长期均衡关系方程拟合效果

表 4　格兰杰因果检验

原假设	观测值	F-Statistic	Prob.
LNMC does not Granger Cause LNUR	3	3.77169	0.0428
LNUR does not Granger Cause LNMC		4.33772	0.0290

（三）人均卫生总支出与农村居民人均纯收入关系的协整分析

从 LNMC 和 LNRR 的时序图（图 3）来看，二者的变化趋势也基本一致，但是否平稳？对它们的时间序列及一阶差分变量做ADF检验的结果（表5）显示为非平稳序列，对它们进行二阶差分并继续做单位根检验后显示为平稳序列，即LNMC和LNRR均为二阶单整序列，可以进一步做协整分析。

表5 变量的平稳性检验结果

变量	检验类型 (C,T,K)	ADF统计值	1%临界值	5%临界值	10%临界值	结论
LNMC	(C,0,1)	0.166128	-3.752946	-2.998064	-2.638752	非平稳
DLNMC	(0,0,0)	0.042387	-2.669359	-1.956406	-1.608495	非平稳
DDLNMC	(0,0,0)	-4.840639	-2.674290	-1.957204	-1.608175	平　稳
LNRR	(C,0,3)	0.576079	-3.788030	-3.012363	-2.646119	非平稳
DLNRR	(C,T,2)	-3.014200	-4.467895	-3.644963	-3.261452	非平稳
DDLNRR	(0,0,0)	-6.388974	-2.674290	-1.957204	-1.608175	平　稳

LNMC和LNRR为同阶单整及样本空间较大，本文选用E-G两步法对LNMC和LNRR进行协整回归，初步估计两序列的长期均衡关系方程式为：

$$
\begin{aligned}
&LNMC = 1.985456LNRR - 8.438936 \\
&t = (29.63438)(-19.27655) \\
&R^2 = 0.974478 \qquad DW = 0.403215
\end{aligned}
\tag{6}
$$

查Durbin-Watson检验表可知，$DW = 0.403215 < d_L = 1.29$。由B-G检验可知LM（2）$= 17.45118$（相伴概率 $p = 0.0002$），故方程（6）存在一、二阶自相关。因而用迭代估计法以消除自相关，得到以下方程：

$$
\begin{aligned}
&LNMC = 1.8154 * LNRR - 7.2966 + [AR(1) = 1.2477, \\
&\qquad AR(2) = -0.5232] \\
&t = (12.22759)(-7.356837)(6.633198)(-2.843211) \\
&R^2 = 0.993618 \quad adj\text{-}R^2 = 0.992611 \\
&F = 986.0902(p = 0.00000) \quad DW = 2.268749
\end{aligned}
\tag{7}
$$

由t检验可知，在5%显著性水平下单个回归系数显著地不为零；由

B-G 检验可知 LM（1）=2.194451，相伴概率为 0.1385，LM（2）=2.258811，相伴概率为 0.3232，方程的自相关已被消除；由怀特检验（不含交叉项）可知 $nR^2=9.0510$，相伴概率为 0.0286，表明在 5% 显著性水平下，方程存在异方差。于是采用加权最小二乘法（WLS）进行参数估计，得：

$$\begin{aligned}&LNMC = 1.9842 * LNRR - 8.4348\\&t = (1621.393)(-1085.072)\\&R^2 = 0.99999 \quad adj\text{-}R^2 = 0.99999\\&F = 2628914(p = 0.00000) \quad DW = 1.58673\end{aligned} \tag{8}$$

由 t 检验可知，在 1% 显著性水平下单个回归系数显著地不为零；$d_U=1.45<DW=1.58673<4-d_U$，故方程不存在自相关，再对方程 8 进行怀特检验（不含交叉项），得 $nR^2=0.152107$，相伴概率为 0.9268，表明方程（8）已不存在异方差。方程（8）通过各项检验。方程（8）的实际值与拟合值的拟合效果如图 6 所示，表明拟合效果较好。最后对方程（8）残差项进行单位根检验，得统计量 ADF = -4.067050（对应的 P 值为 0.0003），因其小于 1%、5%、10% 显著性水平下对应的三个临界值 -2.674290、-1.957204、-1.608175，故残差序列为平稳序列，即表明卫生支出与农村居民人均可支配收入存在着协整关系也就是长期均衡稳定关系。但这种关系是否是一种因果关系，需进一步做格兰杰因果检验。选取滞后期为 2 进行格兰杰因果检验，结果表明在 10% 显著性水平下，LNMC 和 LNRR 存在双向因果关系，即农村居民人均可支配收入是人均卫生支出的格兰杰原因，同时卫生支出也是农村居民人均可支配收入的格兰杰原因，从而揭示了二者之间的反馈因果关系。

表 6　格兰杰因果检验

原假设	观测值	F-Statistic	Prob.
LNMC does not Granger Cause LNRR	3	3.09375	0.0700
LNRR does not Granger Cause LNMC		4.54775	0.0252

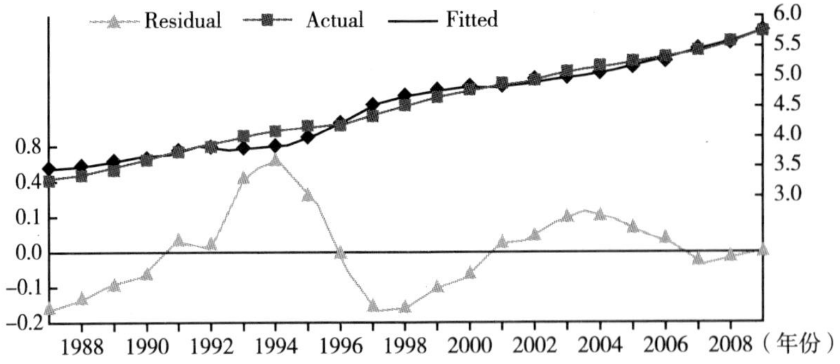

图 6　LNMC 与 LNRR 长期均衡关系方程拟合效果

五　中国健康服务业发展现状与问题

（一）健康卫生事业不断发展，医疗服务条件总体上不断改善

从医疗机构数量来看，1978～2010 年特别是 2002 年以来，我国医院、社区卫生服务中心、妇幼保健所（站）、疾病预防控制中心、卫生监督所（中心）的数量总体上均呈逐年增加趋势（见图 7、图 8）。

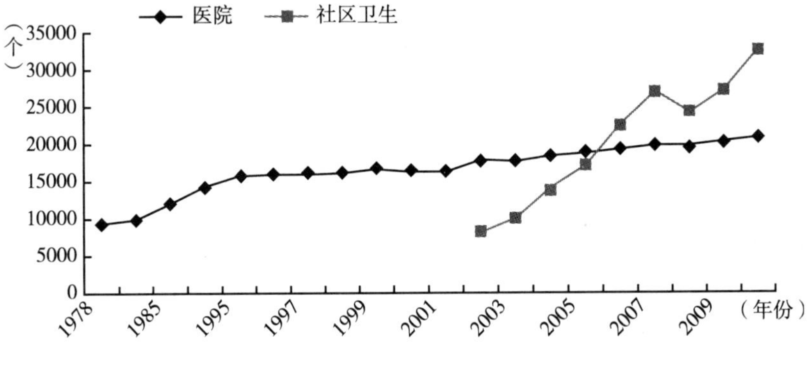

图 7　医院、社区卫生服务中心数量变化

从每千人口拥有卫生技术人员数来看，1978～2010 年我国卫生技术人员、执业（助理）医师、注册护士人数总体上均呈逐年增加趋势（见图 9）。

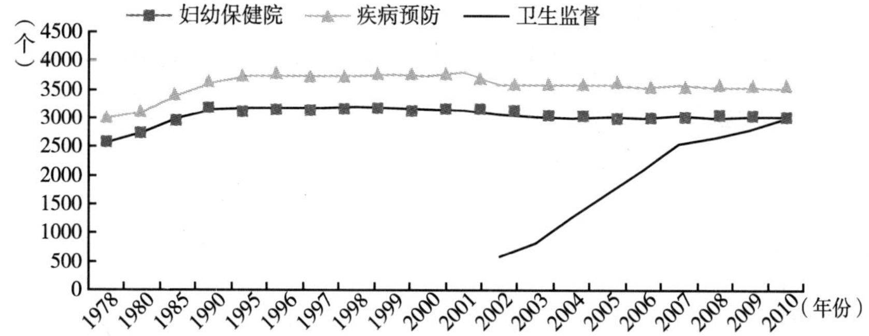

图 8　妇幼保健所（站）、疾病预防控制中心、卫生监督所（中心）数量变化

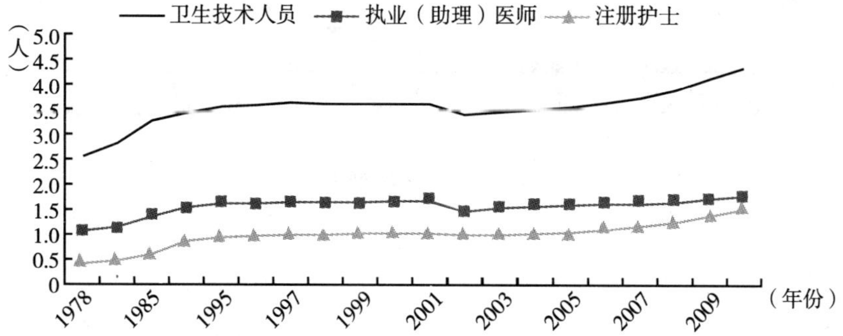

图 9　每千人口卫生技术人员数

从卫生机构床位数来看，1978～2010 年我国医院（含综合医院、中医医院、专科医院）、卫生院（含乡镇卫生院）的床位数以及卫生机构床位总数总体上均呈上升趋势（见图 10）。

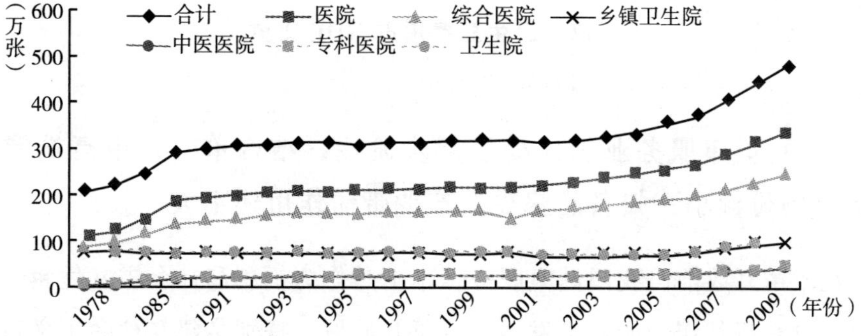

图 10　卫生机构床位数

从卫生总费用及其所占 GDP 比重来看，1978～2010 年二者总体上也均呈逐年增加趋势。卫生总费用从 1978 年的 110.21 亿元稳步上升到 2009 年的 17541.9 亿元（见图 11）；卫生总费用占 GDP 比重从 1978 年的 3.02% 上升到 2009 年的 5.15%（见图 12）。

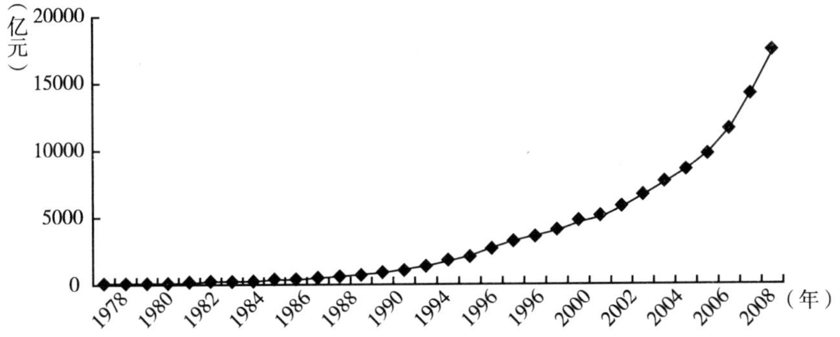

图 11　卫生总费用

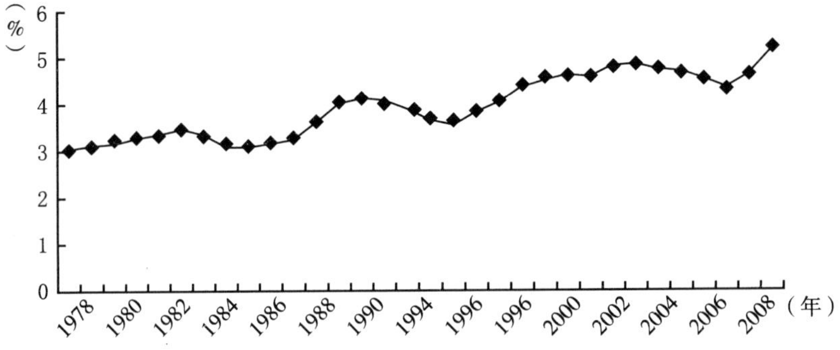

图 12　卫生总费用占 GDP 比重

（二）健康服务业总体处于起步阶段，结构单一，中高端健康服务市场份额小、知名品牌少、产业带动作用还不大

在改革开放前，我国健康服务基本上是作为福利和社会主义优越性的体现，没有将其作为产业来发展。改革开放后，特别是建立社会主义市场经济体制后，才逐渐意识到健康服务的市场潜力和巨大商机。但与国外相

比，我国健康服务业这一新兴产业总的来说仍处在起步阶段。健康服务业尚未形成一个以人的“个性化健康需求”为目标，能够针对性地系统、周全、终身解决个人健康问题的服务体系。我国健康服务既有公立医疗机构供给也有民办医疗机构供给，但公立医疗机构供给比重较大。凭借体制、人才、技术、资金等优势，公立医疗机构除了供给基本健康服务外还提供高端健康服务。因欠缺上述优势，我国民办或外资健康服务生产部门的健康服务特别是高端业务规模拓展艰难。而国外高端健康服务基本上都是由民营医疗机构提供的。从健康服务市场品种类型来看，主要集中在足浴保健、健康体检、中医医疗旅游。现有健康服务特别是养生市场主要以单一的旅游观光、品尝药膳和消费中医服务为主，并没有真正满足游客和消费者对放松身心和追求精神需求的高层次需要。能叫得响的牌子也只有五指生、良子健身、富侨足道、慈铭体检等为数不多的企业。

（三）健康服务业资源分布不平衡，供求矛盾仍然突出

我国健康服务业资源分布不平衡，主要表现在：一是城乡分布失衡。医疗与健康服务业资源过度集中在大中城市。城市因有人才、信息、资金、交通等优势，在医疗或健康服务设施设备、技术、药品等方面远比农村具有优质资源的集聚效应。二是区域分布失衡。一般认为，东部地区健康服务业资源总体上优于中部地区，中部地区则优于西部地区。如2010年，北京、上海每千人口卫生技术人员分别是13.58人和9.71人，而贵州、云南则分别为2.48人和3.16人[①]。上海拥有一批在生命科学领域全国著名的医科院校和研究机构。以复旦大学医学院、上海交大医学院、第二军医大学和中国科学院上海生命科学研究院为代表，上海在某些领域居于世界先进水平（如肝癌临床、手外科研究、耳颅底显微外科、角膜保存、神经病诊疗等），且在若干学科确立了全国领先的优势，仅各大医院就集中了17名院士。可以说，上海在健康服务领域积淀和集聚了世界水

① 国家统计局：《中国统计年鉴2011》，中国统计出版社，2011。

平的高等级技术资源和人力资源[①]。但是相对于人们对医疗和健康服务需求而言，这些供给远远不够。即便是医疗和健康服务资源丰富的城市乃至上海这样的大城市也不例外。“看病难”、“看病贵”问题可见一斑。这主要是因为：长期以来，医疗机构和卫生专业技术人员等资源的增长远落后于人口的增长，服务理念、经营管理理念以及服务态度和服务水平与消费者的需求也脱节甚远。

（四）健康服务业产业体系不完整，产业链偏短

健康服务业的相关产业和支持产业主要有医药业、健康体检业、健康调理、康复与维护产业、健康促进产业、健康咨询服务产业、健康数据信息通信服务产业、健康保险业等。它是一个典型的复合产业，一个综合性和关联性较强的产业。但目前，我国健康服务业与医疗机构、旅游业、保险业、教育业、信息和通信技术产业等相关产业还缺乏互动合作与资源共享。例如，保险公司和健康管理机构之间还没有建立良性的合作机制，开展专业健康险业务的保险公司为数甚少，而且业务总体发展水平距离居民的需求还相差甚远。国际经验表明，高端健康服务的发展需要商业健康保险的支持。但目前我国商业健康保险面临着一些发展障碍，如国家相关政策和制度未能给予商业健康保险宽松的发展空间，商业保险公司与医疗机构之间存在合作屏障[②]。总之，由于体制和机制原因以及该行业的产业深度挖掘意识不强，缺乏统一规划和通盘考虑，健康服务业应有的产业链条没有很好地拓展开来，应有的产业关联和产业波及效应没有很好地释放。

（五）健康服务教育体系不健全，从业人员素质不高，相关人才较欠缺

健康服务业对从业人员有较高的要求——既要懂相关医学理论和技

① 吴晓隽、高汝熹：《发展健康服务业——新时期上海支柱产业营造的必然选择》，《城市》2008年第12期。

② 罗力：《特大型城市发展高端健康服务业的政策分析》，《中国卫生政策研究》2009年第11期。

术，又要懂中医药文化和外语，还要懂得旅游服务相关技能。如为外国旅游者提供的医疗健康休闲游，需要服务人员具备中医养生等多种专业知识和技能，需要较高的综合素质。但由于健康服务业处于起步阶段，市场欠缺规范，市场上推出的不少项目“有名无实”。从业人员不专业的现象较为普遍。长期以来，我国对医学理论和医学技术非常重视，培养了大量卫生技术人才，但对健康教育特别是健康旅游服务相关的教育重视不够，有关健康服务管理方面的学科与人才体系尚未建立健全。健康服务专业性人才培养方面薄弱。目前从业人员不少为专科以下学历，且不少是非专业人员，也缺乏正规的专业培训。虽然社会上已有一些相关培训机构或某些高校开设了相关的课程，但健康服务专业性人力资源无论在数量和质量上均难以满足健康服务业发展的需要。

六　健康服务业发展的国际经验

（一）打破垄断，形式多样，鼓励竞争

世界上不少国家或地区的健康服务业不是“一公独大”，而是公立与私立并举，健康服务组织的形式也呈现明显的多元化趋势，包括医疗集团、健康促进中心、社区服务组织、健康管理中心、医学健身中心、医学健身学会等。这些健康医疗服务生产机构中不乏私有性质的，甚至私营健康服务机构比重更大。许多医生办公室、家庭和社区健康服务机构在数量上已经与医院不相上下，在容纳就业方面甚至超过了公立医院。例如，新加坡的健康服务提供者按其所有制主要分为公有和私有。在初级健康服务阶段，80%由私人开业者提供，20%由政府综合医院提供。日本的医疗服务也主要由私营医院与医师提供，大约95%的诊所（医师办公室）、80%的医院是私营；而享有盛誉的大型医院则主要为公共教学型医院。私人诊所与私营医院门诊部实施初级医疗服务，其间竞争相当激烈。竞争带来的好处是服务态度、服务质量大大改善，服务技术、服务技能不断提高。

（二）加强健康服务业与其他相关产业的融合

国外经验表明，医疗保险在控制医疗费用方面起着相当大的作用。健康管理与健康保险业务的结合是健康服务业发展的重要一环。在美国，健康管理公司是伴随着保险业的发展应运而生的，健康管理公司的服务对象是大众，而直接客户是健康保险公司。最典型的代表是美国健康维护组织（HMO），为 17 个州的 800 万国民提供健康和疾病管理服务，包括系统的健康保险业务[①]。从国际健康产业发展的历程来看，健康保险公司要实现业绩和利润的提升，必将要进入健康管理领域。据美国霍普金斯医学会的统计，由于健康管理公司的出现，健康保险公司的直接医疗开支降低了 30%[②]。另一方面，兼营健康保险业务对健康产业自身来说也有重要作用，将解决健康管理服务消费支付的“瓶颈”问题，推动健康管理服务产业快速发展[③]。健康服务业与旅游业融合形成医疗保健旅游、体育旅游、温泉旅游等。新加坡以健康服务为中心，打造了一条完整的医疗旅游产业链。据新加坡旅游局 2006 年对海外游客的调查，在每 1000 万个到访新加坡的人中，大约有 410000 名，即 4% 的游客的到访是为了健康医疗。发展医疗旅游，除了能获取医疗服务费，还会派生出从基本的食宿消费到观光、购物、娱乐、通信等多项需求，因而拉动其他相关产业发展。

（三）健康服务机构集聚化发展

产业集聚是指相同或相关行业的企业和机构在特定地理位置高度集中的现象。通过集聚，企业可以实现个体之间资源和信息的互补，增加企业的适应性，减少不确定性，使各企业具有更好的生存能力。与其他一些产业在发展过程中类似，国外健康服务业也呈集聚化发展的趋势。以美国为例，波士顿地区是美国生命科学领域顶尖研究机构的集聚之地，

---

① 张瑞利：《健康管理产业的供给现状及趋势发展》，《卫生经济研究》2007 年第 5 期。

② 关键：《中国健康管理市场前瞻和价值分析》，《中国卫生产业》2005 年第 11 期。

③ 戴云云、何国平：《健康管理在中国的发展现状趋势及挑战》，《中国预防医学杂志》2011 年第 5 期。

是美国生物技术创新集群的著名代表。在这里出现了许多推动生物技术产业大力发展的技术突破，包括5位因为在生物技术方面的重大发现而获得诺贝尔奖的科学家。正是因为哈佛、MIT等著名大学、医学院、研究型医院及其他研究机构的集聚，波士顿成为全美获得NIH（National Institutes of Health）资助最多的城市，排名其后的依次为纽约、圣·迭也戈、费城、巴尔的摩。纽约市共拥有26家教学医院，其中不乏全美著名的纽约Presbyterian医院、纽约大学医学中心、纽约州立大学医学中心、Beth Israel医学中心等，同时，还聚集了纽约大学、纽约州立大学、哥伦比亚大学内外科学院、康乃尔大学Weill医学院等世界顶尖大学研究机构[①]。这些在全美乃至世界上高水平的医疗研究和服务机构的集聚，为纽约、波士顿地区乃至全美的健康服务业发展吸引了诸多高素质的顶尖人才，形成了巨大的健康服务技术力量，成为健康服务业发展的重要驱动力。

（四）信息及通信技术在健康服务业中广泛运用

人类已进入信息社会。国外特别是发达国家，在国民经济各个行业中都非常重视并积极应用信息技术。美国健康服务业以信息及通信技术（Information Communication Technology，ICT）开展个性化、以病人为中心的保健以及家庭保健等健康服务。ICT应用于健康服务业的新型业态主要有三种：电子病历、远程医疗、整合支付手段。电子病历是要将医疗机构内部以病人为中心的医疗信息的集成扩展到医疗机构之间，包括医疗机构之间以个人为中心的信息集成。远程急诊、远程专家会诊等新健康服务业务模式通过ICT的应用，使生活在边远和医疗资源不足地区的人可以获得以往无法获得的卫生服务和专业术，尤其是在那些医师、护士和卫生技师分布不均匀或长期短缺，或者需要长途旅行才能使用卫生设施和获得专家支持的国家。整合支付手段是指健康服务消费者、健康医疗机构、保险公司之间货币流通的电子化、快捷化。美国健康服务业电子信息化在价值产业

① 廖喆：《上海健康服务业发展战略研究》，上海交通大学硕士学位论文，2008。

链模式上的最主要特点是健康服务提供环节的新流程。病人可以通过将个人电子病历录入医疗信息管理系统，在线获得医疗服务指导，而不必入院或者重复聘请医生。此外，第三方健康信息使用者，以医疗保险公司及研究机构为主，也可以通过对健康系统数据的购买使用而获得所需信息①。美国健康服务业的信息化不仅增加了健康服务的供给，而且加强了竞争，提高了效率。

七　中国健康服务业发展的主要任务和重要领域

（一）主要任务

1. 加快健全健康服务业相关政策、法律法规和体制机制

在我国，健康服务业属于新兴产业，但根据国外经验和对国内外健康服务业发展广阔前景的预测，我国健康服务业极具未来支柱产业的潜力。为将其培育成未来的支柱产业，急需政府出台相关的人才、资金、土地、税收等方面的扶持与倾斜政策，以及人才流动、投资融资等相对灵活的体制机制，并加强政策调控，引导企业规避市场风险。由于我国健康服务业处于起步阶段，市场很不成熟，也急需制定和完善健康服务业相关的法律法规，规范经营行为，加强质量监督，打击“有名无实”，促进专业化和规范化。

2. 不断完善公共卫生体系建设

通过实施国家基本公共卫生服务项目和重大公共卫生服务项目（主要包括：建立居民健康档案，健康教育，预防接种，传染病防治，高血压、糖尿病等慢性病和重性精神疾病管理，儿童健康，孕产妇健康，老年人健康等），建立丰富的城乡居民健康问题排解方案体系，加强疾病控制机构硬件和人才建设，减少主要健康危险因素，有效预防和控制主

---

① 沈玉良、景瑞琴：《借鉴国外先进经验推动上海健康服务业发展》，《科学发展》2011 年第 5 期。

要传染病及慢性病，提高公共卫生服务和突发公共卫生事件应急处置能力，到2020年，力争实现城乡居民基本公共卫生服务均等化，重大疾病和主要健康危险因素得到有效控制，城乡居民健康水平得到进一步提高。

3. 积极推进社区卫生服务综合改革

社区医疗在常见病、慢性病的首诊和公共健康宣传、预防方面起着基础性作用。加强社区卫生中心（站）和门诊部建设，有利于减轻公立医疗机构的压力。目前，应加大对社区医疗软硬件的投入力度，建设社区“自助式健康检测室”和社区居民健康信息与社区卫生服务信息平台，宣传普及自我健康管理知识，推动社区居民健康自我管理，提高社区卫生服务人员的待遇，完善社区卫生服务财政补助政策，加强社区卫生服务人才的队伍建设，加快全科医生的培训，鼓励优秀的医疗服务人员下社区，为社区卫生服务人员在大型医疗机构的短期业务学习提供便利。

4. 进一步完善新型农村合作医疗制度

我国新型农村合作医疗制度自实施以来成绩斐然，如参加新农合人数从2004年的0.8亿增加到2010年的9.36亿，相应的，参合率从75.2%上升到96%，补偿受益人次从0.76亿人次上升到10.87亿人次等。但筹资水平还不高，与城镇差距较大。农村医疗软硬件薄弱，农村医疗服务水平仍较低，农民的医疗费用负担仍较重，尚未建立起稳定、长效的筹资机制。这需要政府进一步增加农村医疗卫生财政支出，提高筹资标准和筹资能力，改善乡镇卫生院和村卫生室的医疗条件，鼓励“医疗下乡”，提高乡村医疗服务人员的技术水平。

5. 积极实施城乡康体卫生公共设施建设工程

政府相关部门牵头，统一或因地制宜制定城乡康体卫生公共设施布局规划，增加康体卫生公共设施设备的投入，建立和培育一支体育健身指导员队伍，搭建网络化、全覆盖的城乡体育指导机构和体育配送服务平台，加强康体卫生公共设施管理，让城乡居民实实在在地享受到体育健身服务。

6. 大力营造重视健康和重视发展健康服务业的氛围

各种媒体以及各类医疗服务机构，均应通过专题节目、专题讲座、公益广告等方式，加大对卫生健康知识和发展健康服务业重要意义的宣传力度。大力宣传科学健身方式，倡导健康生活方式，全面普及合理营养知识和推广支持性工具，积极发展各类群众性体育健身团体，重视引导人们认识基本健康服务业和高端健康服务业并举对国民经济发展和人们幸福感提升的重要意义，使全国上下形成重视健康和积极参与健康服务业发展的共识。

（二）重要领域

1. 药膳餐饮业

药膳餐饮业是基于我国传统的饮食和中医食疗文化，以中医学、烹饪学、营养学理论和现代经营管理理念为指导，生产提供按药膳配方将中药与某些具有药用价值的食物配合并用我国独特的饮食配调技术和现代科学方法做成的具有色、香、味的食品的新兴服务业，其产品既有较高的营养价值，又可防病治病、保健强身、延年益寿。

2. 养生旅游

养生分为有机养生、生态养生、人文养生、温泉养生、茶饮养生、理疗养生、文化养生等。伴随都市人越来越重视顺应时节调养身心，旅游企业挖掘相关旅游资源，适时推出“养生旅游”线路，在线路中加入了食药膳、听讲座、请名医问诊把脉的食饵养生、中医推拿、拔罐服务的行程；或开发生态养生资源，带领游客游览负氧离子丰富的景点，或到长寿乡探秘，或往佛教圣地听禅、道家灵山悟道，练太极武术，赏灵山秀水，达到内外兼修的目的。

3. 亚健康调理与维护服务业

世界卫生组织研究成果显示，世界 60 多亿人口中亚健康者占 75%。以发展亚健康服务业增强民众心理和身体健康水平，成为中长期健康服务业规划的重点领域之一。亚健康服务业是指调整亚健康人群身体和心理状态和恢复身体正常机能的服务业。常用亚健康调理方法有温刮温灸、中医推拿、按摩、中药调理等；项目有颈腰椎亚健康调理、肠胃调理、全身十二经络疏理、雷火神灸、纤体减肥、蒸浴、蒸脚、泡浴、水疗、亲子及婚姻关系心理咨询等。

4. 健康文化与教育服务业

发展健康服务业需要丰富的高素质的人力资源。健康文化与教育服务业就是对健康产业进行传播，对健康产业从业人员进行技能培训的服务业。在教育方面，有亚健康教材推广、亚健康教育、亚健康管理师培养等；在基础研究方面，有亚健康理论研究、亚健康中医辨证研究等；在传媒业方面有亚健康网站、书籍刊物、音像制品等。

5. 健康会员服务与增值服务

健康服务企业在实施会员制度时要不断创新会员服务，如会员的恳谈会、健康游、健康讲座、健康体检、健康电影专场等，且长期坚持，通过丰富多彩的会员活动、全方位的贴心健康体检服务、顾问式的健康计划制定、与健康相关的信息与渠道共享、及时传递汇集全面资讯的内部刊物和定期举办各种形式的交流活动，为会员提供多样化的增值服务，使会员获得更多利益。

6. 运动健康服务业

运动健康服务业是指对个人运动健身方式进行指导、传输运动知识和增强身体素质的服务业。随着经济社会发展，人们心理压力、闲暇时间和收入的增加，未来城市居民对健身运动需求将逐步增强，这为运动健康服务业发展提供了巨大的商机，急需正确规划运动健康服务业。

7. 建设完整的健康产业链

健康服务业是一个典型的复合行业，有较强的产业关联性，理应有一条互为依存、休戚与共的产业链。为此，需大力推动医疗、保险、旅游、饮食、教育、文化和健康服务业的互动合作。要在健康数据信息及通信技术管理与服务平台上探索一种资源整合与共享的发展模式，推动健康服务业与医疗、保险、旅游、饮食、教育、文化等相关行业的合作和资源共享，形成一条完整的、厚利的、高效的健康服务产业链。

八 加快中国健康服务业发展的政策建议

（一）从战略高度重视发展健康服务业，努力将其培育成新兴支柱产业

要将健康服务业放在挖掘中华医学精髓、弘扬中华医学文化，改善民生、提高居民幸福指数，作为新的经济增长点的高度来发展。要积极开拓健康服务业发展视野和领域，要以科学发展观为指导，以“大健康产业”发展理念为引领，以“服务人的身心健康发展”为落着点，从医学卫生、经济、社会、文化、体育、教育、科技等多角度多领域围绕健康服务广思考、深挖掘、出效益、保增长、促和谐。《国际统计年鉴2011》最新数据显示，2008年我国享有卫生设施人口占总人口的比重为55%，低于南非（77%）、缅甸（81%）、墨西哥（85%）、俄罗斯（87%）、埃及（94%）等发展中国家，远低于日本（100%）、韩国（100%）、加拿大（100%）、英国（100%）、美国（100%）等发达国家。因此，必须加大健康服务业相关投入力度，改善医疗卫生设施和设备条件，进一步扩大健康服务供给，缩小居民享受城乡健康服务的差距，尽快实现基本公共医疗服务均衡化；加强生命科学、生物技术以及临床医学领域的研发，以科技集群推动健康服务产业的发展；实施基本医疗健康服务和高端健康服务发展并举，促进高端健康服务市场化、国际化、规模化和品牌化经营，创设健康服务业法制化发展环境；以一批重大项目和倾斜政策建设“高增值、强辐射、广就业”的健康服务业体系，在改革开放和国际竞争中抢占商机和市场高地，使我国成为亚洲健康服务中心及全球海外华人的健康服务中心，最终将健康服务业培育为支柱产业。

（二）加强政府引导，制定和完善相关政策和法律法规

由于我国健康服务业尚处于起步阶段，市场很不成熟，政府应着重发挥舆论引导、政策引导、资金引导、政策机制法律法规的配套等方面的作用。政府相关管理部门要会同有关企事业单位，制定一些具有引导性的健

康服务业发展规划或建议方案，引导相关媒体加大宣传力度；可以为老少边穷地区设立“健康服务业发展引导资金”；在人才流动方面，可以实行灵活的机制，鼓励医疗人员下乡下社区；为需要贷款的中小型健康服务企业和需要更大发展空间的大型健康服务企业提供优惠政策；出台《健康产业促进法》及其他相关和配套的法律法规，使我国健康服务业在不断利好政策下有序、规范化、法制化发展。

（三）建立健全多层次、多元化、国际化的健康服务业产业体系

在市场经济和国际化大环境下，健康服务业应实施多层次、多元化、国际化发展战略。既要加大投入发展好城乡医疗服务机构（医院、社区卫生服务中心、乡镇和街道卫生院、村卫生室等），建立和完善基本医疗服务信息化、网络化体系，以满足公民基本医疗健康服务需求，又要普及多种业态（如牙齿健康、心理咨询、美容整形、老年护理等）。发展多种所有制形式的小型诊所、事务所、医生办公室等以满足个性化需求，着重做大做强高端健康服务市场以满足居民更高层次的需求，创造条件着力打造若干个（家）健康服务业品牌（企业）。打破目前公立医院一统天下的局面，打造一个多种所有制并存、大中小企业共存、高中低产业层次兼顾与共生的健康服务产业生态。大中型城市根据本地市场需求和服务半径发展有特色的健康服务项目，如可培育生态环境好，文化、温泉、茶叶、药材等资源丰富地区成为区域性健康服务中心。特大型城市要集中优势健康服务资源，以打造国际医疗健康服务中心为目标，力争在亚太市场和全球华人市场上占有更多的市场份额。

（四）建立健康服务学科专业体系，加强人才队伍建设

健康服务从业人员需要具备医学、药学、旅游学、外语、服务管理等多方面的知识。构建一个适应专业化、规范化、国际化的健康服务新学科需把握“一个突出”、“三个结合”，即中医特色要突出，基础与临床相结合、理论与技能相结合、传统与现代相结合。要在坚持“培养与培训相结合”、“走出去与引进来相结合”的原则上多途径、多层次造

就人才队伍：专业培养即在相关高校或职业技术学校开设健康服务专业，既要培养从事理论研究和研发的高级人才，又要培养能在一线进行专业化服务的实操人员；岗位培训即对医务人员进行专业知识与理论、专业技能和服务礼仪等方面的定期培训；在职进修即选派基层或有发展潜力从业人员赴国内外高级医疗（教育）机构学习。开展职业认证，继续坚持和推行从业人员职业培训资格证书制度，逐步规范市场准则和从业人员的资质管理。考虑到我国人口老龄化形势严峻，坚持实行专业化、职业化和志愿者相结合的原则加大老年健康服务队伍建设力度，建设一支专兼结合、结构合理、素质优良的人才队伍，为提高养老健康服务水平提供人才支撑。推行养老机构院长岗前培训和养老护理员准入管理与持证上岗制度，可在高等院校和中等职业技术学校增设养老健康服务相关专业和课程，加快培养老年医学、护理、营养和心理等方面的专业人员。

（五）制定和完善服务标准，保障服务质量和安全

制定服务标准既要有大一统的服务规范，又要提供针对性的个性化服务。在统一服务规范的前提下，针对不同的消费者，服务提供也不尽相同。因此，政府应该出台相应的产品标准，加强执法监督，保障服务质量。要特别关注制定和完善老年健康服务标准的建设。在老年人产品的设计上应该符合老年人的生理特征，针对老年人在视觉、听觉、行动等方面的具体特征。政府对相关行业的企业资质等条件也应做出明确的要求，实行市场准入制度。例如在国家旅游局颁布的《全国旅游标准化发展规划（2009～2015）》中，对旅行社组织接待老年旅游活动所应具备的产品和质量提出相应的要求，并把老年旅游服务规范等标准纳入了新修订的《全国旅游业标准体系表》。对于老年旅游产品，应围绕饮食、住宿、交通、游览、购物、娱乐等六个方面设计标准。要加强食品卫生安全监督，努力做到住宿环境幽静，乘坐交通工具舒适、游览节奏放缓，娱乐时间和强度适中，确保消费者的健康与安全。

（六）探索健康服务业发展的连锁经营模式，推动健康服务业规模化发展

连锁经营是指企业以直营连锁、特许经营和自由连锁三种形式组成一个联合体，在整体规划下进行专业化分工，并在分工基础上实施集中化管理，把独立的经营活动组合成整体的规模经营，从而实现规模效益。直营连锁 RC（Regular Chain）就是指总公司直接经营的连锁店，即由公司本部直接经营投资管理各个零售点的经营形态。自愿加盟 VC（Voluntary Chain）即自愿加入连锁体系的商店。特许加盟 FC（Franchise Chain）即由拥有技术和管理经验的总部，指导传授加盟店各项经营的技术经验，并收取一定比例的权利金及指导费，此种契约关系即为特许加盟。目前我国广东“黄振龙”凉茶、“平安堂”凉茶等知名品牌茶饮养生服务业已成功实施连锁经营模式，有望做得更大更强。

（七）建立健康服务行业协会

行业协会是指介于政府、企业之间，商品生产业与经营者之间，并为其服务、咨询、沟通、监督、公正、自律、协调的社会中介组织。健康服务业行业协会作为第三方组织，在协助政府制定行业发展规范，监督本行业的企业经营行为和质量、维护消费者权益、促进企业规范、诚信经营等方面发挥积极的桥梁和沟通渠道作用。要借鉴国外有关经验，建立真正发挥作用的独立于政府之外的健康服务行业协会。

（八）加强健康服务业的载体建设，促进健康服务业集聚发展

产业集聚发展有利于经济要素的集约和优化配置，有利于企业、行业间的相互协作、融合和提高，有利于资源的共享和循环利用。借鉴美、英等国健康服务业集聚发展的成功经验，整合我国的中医大专院校、医院和研究所，形成一个资源流动、互相促进的科技集群，并以科技集群促进我国健康服务业的集群式发展。

（九）加快养生产业体系和产业研发基地建设，拓展中华传统养生产业

人类正迎来休闲经济和体验经济时代。要加快建立休闲养生产业体系，包括旅游餐饮与食品加工、药材种植与加工、茶叶种植与加工、休闲养生会议与展览等。加快药膳养生产业研发基地建设，要建立相对固定的科研基地，建立档案资料库，定期通过举办国际性的学术讨论会，举办中药和药膳养生的科学讲座，开展国内外学术交流。增加研究与开发经费，创新药膳养生产品的技术水平，提高专业人才的待遇，防止高级研发人才流失。

（十）鼓励民间资本和国外资本进入健康服务业，支持有实力的健康服务企业走出去

2000 年，卫生部和对外贸易经济合作部联合发布了《中外合资、合作医疗机构管理暂行办法》，2008 年卫生部和商务部再次联合颁布了《〈中外合资、合作医疗机构管理暂行办法〉的补充规定》。暂行办法及其补充规定明确了外国医疗机构、公司和企业和其他经济组织，经过中国政府主管部门批准，可以在中国境内与中国的医疗机构、公司和企业及其他经济组织以合资或合作的形式设立医疗机构。鼓励民间资本和国外资本投向健康服务业，可以促进投资主体多元化，丰富健康服务业的经营业态和层次。要加强国内外健康服务企业的交流与合作，引进健康国际服务业的先进理念、先进技术和管理经验，促进我国健康服务业现代化。也要支持有实力的健康服务企业走出去拓展国际市场，并充分利用 WTO 每个协议的“例外”和保障条款对我国健康服务业发展进行必要的保护。

参考文献

余永定、张宇燕、郑秉文主编《西方经济学》，经济科学出版社，1999。
樊明：《健康经济学：健康对劳动力市场表现的影响》，社会科学文献出版社，2002。

胡善联主编《卫生经济学》，复旦大学出版社，2003。

龚幼龙主编《卫生服务研究》，复旦大学出版社，2002。

杜乐勋等主编《中国医疗卫生发展报告 No. 2》，社会科学文献出版社，2002。

明星：《健康服务业 演绎“财富第五波”》，《中关村》2011 年第 2 期。

聂聆、李斌：《基于钻石模型的广东健康服务业竞争力分析》，《现代商业》2009 年第 32 期。

沈玉良、景瑞琴：《借鉴国外先进经验推动上海健康服务业发展》，《科学发展》2011 年第 5 期。

袁浩：《健康服务业谁主沉浮》，2008 年 9 月 18 日《蛇口消息报》。

吴晓隽、高汝熹：《发展健康服务业——新时期上海支柱产业营造的必然选择》，《城市》2008 年第 12 期。

罗力：《特大型城市发展高端健康服务业的政策分析》，《中国卫生政策研究》2009 年第 11 期。

张瑞利：《健康管理产业的供给现状及趋势发展》，《卫生经济研究》2007 年第 5 期。

关键：《中国健康管理市场前瞻和价值分析》，《中国卫生产业》2005 年第 11 期。

戴云云、何国平：《健康管理在中国的发展现状趋势及挑战》，《中国预防医学杂志》2011 年第 5 期。

廖喆：《上海健康服务业发展战略研究》，上海交通大学硕士学位论文，2008 年。

沈玉良、景瑞琴：《借鉴国外先进经验推动上海健康服务业发展》，《科学发展》2011 年第 5 期。

中国家庭服务业发展现状、趋势与政策建议

雷 雄*

摘 要： 家庭服务业作为新兴服务业之一，其发展对于促进就业、扩大内需、改善民生、缩小收入差距、提升妇女地位及缓解社会矛盾等方面有着重要的作用。近年来，随着居民收入的不断提高、生活方式的转变、观念的进步，以及家庭结构小型化、人口结构老龄化进程的推进，我国家庭服务业呈现快速发展的态势，居民的家庭服务消费需求大幅上升，并将在中长期成为我国居民消费的重点领域之一。加快我国家庭服务业发展需要有效的政策支持体系，比如：加强行业标准化建设、完善税费优惠体系、改革培训体系、注重培训效果、充分发挥行业协会、公共服务平台的积极作用等。

关键词： 家庭服务业　人口老龄化　劳动就业　行业协会

家庭服务业是以家庭为服务对象，向家庭提供各类劳务，满足家庭生活需求的服务行业。家庭服务的外部提供在中国有着几千年的历史，为什么说家庭服务业是新兴服务业呢？这主要是因为在过去，家庭服务的需求

* 雷雄，男，中国社会科学院研究生院产业经济学专业硕士生。主要研究方向服务经济与产业政策。

者主要集中于官僚、地主阶层，而由于老百姓收入不高，难以负担外包家庭服务的开销。家庭服务的这种“奢侈性”导致了在经济不发达时期规模有限，难以大规模兴起。改革开放30多年来，中国经济取得了飞速发展，随着工业化、城市化进程的不断发展，居民收入的不断提高，以及生活节奏的加快、家庭结构的变化等因素，我国居民的家庭服务需求迅速提高。据调查，在沈阳、青岛、长沙和成都，高达40%的家庭对家庭服务有需求。仅全国现有的1.9亿户城镇家庭中，就有平均15%的家庭具有家庭服务的消费需求，可提供大约2900万个就业岗位，按照现有的1500万人从业规模，家庭服务业至少能提供1400万个新增就业。① 经济发展导致了收入的增长，这种收入的增长使原本具有某种奢侈品性质的家庭服务能够大规模普及，居民服务消费的高端化使新兴服务业的范围得以扩大，从而包含了家庭服务业。

一 大力发展家庭服务业意义重大

大力培育家庭服务业的发展具有重要的战略意义。家庭服务业的发展不仅有助于后危机时代扩大内需，有助于提高第三产业份额、优化产业结构，更重要的是，家庭服务业将是我国服务消费的重要领域之一，蕴涵了大量的就业机会，且具有较强的正外部性。

（一）家庭服务业的发展是促进劳动就业的重要途径

随着居民对家庭服务需求的日益增加，数以千万计的家庭服务业就业岗位亟待开发。这些工作岗位普遍具有技能要求偏低、工作非正式、时间上灵活性较强的特点，非常适合技能和经验相对缺乏的下岗女工和进城务工人员。同时，工作的非正式性使得家庭服务员可以同时获得免税的劳动收入以及公共福利，例如居民最低生活保障，且家庭服务员可以在工作和从事自身家庭劳务中较为自由地分配时间，这种灵活性使得从事

① 白天亮：《家庭服务业蕴含2900万岗位》，2010年9月3日《人民日报》。

家庭服务对于她们而言是个可行和简便的选择（Cox&Watt，2002）。从劳动力的供给上看，尽管有学者认为中国的人口红利已经式微、刘易斯拐点到来（蔡昉，2010），劳动力供给的压力缓解，但在总量上劳动力供大于求的状况依然没有变，就业的结构性问题仍然严峻，广大的农村地区也依然存在大量劳动力需要转移，而家庭服务业的发展给劳动力的转移提供了一个很好的途径。就业是民生之本，考虑到家庭服务业从业人员中大多数是农村进城务工人员和城镇下岗职工等低收入群体，解决他们的就业问题对于调整收入分配、维持社会公平正义发挥着最直接有效的作用。

家庭服务业的发展有助于促进家庭服务消费者的就业，或者有助于提高其工作效率、增加其工作时间。通过将家庭服务外包给市场，消费者能够从繁重的家庭劳务中解放出来，从而将更多的时间和精力投入到工作中。这种类似企业将非核心业务外包以专注于核心业务的行为使得家庭服务消费者增加了就业，并且在大部分的情况下提高了收入。全国城镇25～34岁有6岁以下孩子的母亲在业率为62%，比同龄组没有年幼子女的女性低10.9个百分点[①]。这表明照看年幼子女的家庭劳务在很大程度上束缚了以妇女为主的家庭成员的工作意愿，从一个侧面体现了发展家庭服务业的必要性。

（二）家庭服务业是填补部分公共服务的盲区、改善民生的重要方式

与发达国家相比而言，目前我国的社会福利制度还很落后，无论是覆盖面还是保障力度都相差甚远，公共服务体系也相当不完善，这使得一些家庭服务业的社会化、市场化供给成为主要途径。

以养老服务业为例，老龄化时代的来临给养老服务等家庭服务业发展带来新的契机。我国已经步入了老龄化时代。截至2010年11月1日，全

① 国务院新闻办公室新闻发布会材料：《第三期中国妇女调查主要数据报告》，2011年10月21日。

国60岁以上老年人达到1.78亿，占总人口的13.26%，其中65岁以上老年人为1.19亿，占总人口的8.87%[①]。据“国家应对人口老龄化战略研究”课题组预测，2014年我国老年人口将超过2亿，2025年达到3亿。2042年老年人口比例将超过30%。而《中华人民共和国2010年国民经济和社会发展统计报告》显示，年末全国仅有各类提供住宿的收养性社会服务机构4.0万个，床位312.3万张，收养各类人员236.5万人。现阶段完全依赖政府提供的养老保障难以解决人口老龄化带来的养老问题，必须探索多样化的养老模式，必须引进市场机制，发展养老产业，从而带动家庭服务业需求的井喷式增长。

（三）家庭服务业的存在与发展认可了家庭劳务的价值，提升了妇女地位

受传统观念的影响，尽管同男性一样参加工作，女性仍然是家庭劳务的主要承担者，而家庭劳务的价值长期以来并不被赋予其应有的价值。家庭服务业的存在和发展使家庭劳务的价值得到认可，妇女的家庭地位得以提高；更重要的是，因为家庭服务业的发展从沉重家庭劳务中解脱的女性有更多时间和更大精力投入工作，使得自身就业机会增加，职业拓展，也提高了社会对她们的期待，最终提高了女性的社会地位。

（四）发展家庭服务业有助于缩小收入差距，缓解社会矛盾

从国内外的经验来看，家庭服务的消费者在收入、学历、社会地位等方面明显高于服务的供给者。高收入的消费者以工资或佣金的形式支付给低收入的家庭服务员，一定程度上缩小了两者的贫富差距。不同阶层的人们在家庭这一特殊的环境里，通过家庭服务这一特殊的工作联系在一起，可以加深对彼此的认识、增进相互理解，这对于缓解社会矛盾和促进社会稳定和谐具有积极作用。

---

① 数据来源自第六次全国人口普查。

二 中国家庭服务业迅速发展的动因

（一）居民收入增长迅速，对家庭服务的需求持续旺盛

改革开放以来，我国居民的收入不断提高，2010 年全国城镇居民人均可支配收入达到 19109 元，相比于 1978 年的 343.4 元全国城镇居民人均可支配收入年均增长 7% 以上①。收入水平的持续提高极大地增加了包括家庭服务在内的众多服务消费需求，因为对于最终需求性服务业而言，需求的收入弹性往往大于 1，即是富有弹性的（Fogel，1999），这意味着随着居民收入的提高，更大比重的收入会因为人们的偏好而花费在家庭服务消费上。

（二）收入分配不公，大量低收入者构成家庭服务业潜在的供给力量

国外的研究指出，随着经济社会的发展，在一些发达国家的大城市服务业就业呈现两极分化的趋势：服务业就业的高端化和低端化并存（Sassen，1991）。Sassen 同时指出，构成服务业低端就业的工人主要来自于移民者，他们通过从事诸如清洁工、保安等工作来养家糊口，并支持着高收入阶层的生活。

目前我国收入分配的不公平、社会两极分化严重已经成为不争的事实。2010 年我国的基尼系数达到 0.48②，远超国际公认的 0.4 的临界值，比美国、俄罗斯、印度等国还高。同时地区差距、城乡差距依然巨大，但从另一方面讲，这些以城镇下岗职工和农民工为主的数量庞大的低收入群体通常缺乏专业技能和工作经验，就业压力大，特别是对于女性来说，从事家庭服务业是她们为数不多的职业选择之一。目前西方发达国家从事家

① 数据来源：国家统计局网站。

② 数据来源：世界银行。

庭服务业的人中有相当多来自亚洲和南美洲移民，而我国的家庭服务业显然有更广大更便捷的劳动力“蓄水池”。全世界普遍存在着家庭服务业供不应求的问题，巨大的潜在劳动力供给为家庭服务业未来的发展提供了宽广的空间。

（三）家庭、人口结构的巨大变化引发家庭服务业井喷式发展

近几十年来，中国的家庭结构随着人口结构和经济社会的巨大变革出现了显著的变化，传统“四世同堂”式的大家庭逐渐演变成三口之家为代表的家庭模式。这种家庭小型化的趋势必然引发对家庭服务业的需求急剧上升（Croll，1986）。一方面，由于子女在外地成家工作，或不愿意同子女同住等原因，空巢老人越来越多，2006 年我国城市地区的“空巢户”占 49.7%，农村地区占 38.3%[①]。要实现这些空巢老人的老有所养，在现阶段政府提供的社会保障和公共服务有限的情况下就必须依赖于家庭服务业的发展。另一方面，家庭结构小型化往往使得照顾年幼子女的负担压在年轻的父母身上，工作与照看子女的矛盾是家庭服务外包需求的另一大来源，而在以前的大家庭中，照顾幼童的任务可以由退休的祖辈，或者靠大家互帮互助来完成。

随着女性的教育水平的提高和社会观念的进步，尽管仍低于男性劳动参与率，我国女性的劳动参与率在世界范围来看是较高的。但是，同全世界其他国家的妇女一样，中国女性是家庭劳务的主要承担者[②]。国外的调查研究也表明，女性在家庭劳务活动中平均花费的时间是男性的两倍（Bittman & Pixley，1997）。在男性仍然没有明显改变其对家庭劳务贡献程度、家庭劳务活动仍然在相当程度上是劳动密集型的背景下[③]，这种由妇

---

① 数据来自全国老龄工作委员会：《中国城乡老龄人口追踪调查》。

② 第二期中国妇女地位抽样调查报告的数据显示，2000 年全国男性平均每天参与家务劳动时间为 93.1 分钟，女性为 254.1 分钟。

③ 尽管一些家庭劳务随着洗衣机、吸尘器等电器的使用减少了所需时间，且餐馆、速冻食品、干洗店的普及在一定程度上减轻了家庭劳务的负担，但这种效果是有限的。有些家庭劳务例如幼童照看，很难有机器能提高劳动效率；去餐馆吃饭、去商店买速冻食品、去干洗店取送衣物也不一定节约时间。

女参加工作从而家庭双收入者模式取代单一收入者模式的变化，被广泛认为是西方国家家庭服务业发展最重要的原因（Gregson&Lowe，1994）。实证研究也表明，如果工作需要家庭成员们付出更多的时间，从而留给家庭劳务的时间减少，那么他们会增加家庭服务的消费（Ruijter&Lippe，2007）。Ruijter（2004）通过分析荷兰的数据，得出了家庭结构的变化——尤其是双收入者和单身家庭的增多——能够解释过去几十年以来家庭服务外包化的趋势。相比国外而言，我国女性承受的工作家庭双重压力更重，外包家庭服务的意愿更强烈，蕴涵的家庭服务需求也更大。

除了家庭结构的变化，人口结构的变化也对家庭服务业的发展有拉动作用（Croll，1986）。自2001年起，我国已正式进入快速老龄化的阶段，未来20年，老龄人口的年均增长速度将超过3%，到2050年，我国的老龄人口总量将超过4亿人，老龄化水平将达到30%以上[①]。庞大且迅速增加的老龄人口给包括居家养老服务、病患护理服务在内的家庭服务业提供了巨大的发展空间。

（四）社会观念、价值、行为的转变推进了家庭服务业向前发展

受社会进步、教育水平提高等因素的影响，社会大众对家庭劳务应由女性承担的传统观念正逐渐改变。越来越多的女性不再视家庭劳务为自己的本职工作：她们有新的生活方式，对家庭劳务中的男女不平等更加不满，对职业发展有更高的期待和抱负，对闲暇、兴趣爱好有更高的需求，更有动力将家庭服务外包出去。

家庭观念、价值观的转变也影响着家庭服务业的发展。许多年轻人倾向于过相对独立的生活，不愿意把老人留在身边，而是通过寄生活费等方式尽孝；很多年轻的母亲为了晋升、加薪等原因不得不放弃照看幼童；甚至一些本可以照顾小孩的退休老人，宁愿出钱聘请保姆也不愿意自己帮忙照看，仅仅是因为他们对社区文体活动更感兴趣（Croll，1986）。因此，人们生活观念、态度的转变催生了对家庭服务业更多的需求。

---

① 数据来源自全国老龄办：《中国人口老龄化发展趋势研究报告》。

社会对于家庭服务员的正面评价也有利于行业的发展。随着劳动光荣的观点深入人心，越来越多的人觉得家庭服务员靠自身劳动挣得收入的同时给许多家庭排忧解难，家庭服务业从业人员的价值逐渐被认可。同时，随着家庭服务价格的提高，家庭服务业就业呈现高端化趋势，“金牌月嫂”、“大学生保姆”等现象提升了家庭服务业及从业人员的形象，有助于吸纳更多的人参与家庭服务就业。

理论界对于家庭服务业的前景不是没有争论。格舒尼（1983）认为，服务业同制造业相比生产力差距的不断扩大，导致了服务的相对价格高于耐用品。价格的差异促使人们减少对包括家庭服务在内的服务消费的投入，转而采取购买耐用品或自我服务的方式。这种关于家庭服务“内包”（Insourcing）的推断并没有被国内外的事实所证明，相反，家庭服务的“外包”（Outsourcing）趋势在最近几十年内被广泛认可。Ruthven（1997）认为人类的历史即是一部“外包”史，最开始人类将农作物种植外包，然后将工业品的制造外包，现在人们逐渐将服务外包，他断言家庭服务的外包可以吸收来自制造业和传统服务业的失业人口。同西方国家相比，我国在经济发展水平、福利制度、公共服务水平、收入分配、城乡差距和传统观念上有很大的差异，因此我国家庭服务业发展的动因有所不同，各因素影响大小也有区别。家庭服务业供不应求的难题在全世界都存在（Cancedda，2001），但笔者总的判断是，我国在家庭服务需求方面，引致需求的来源更广泛，需求的数量更巨大，需求的增长更加迅速；在家庭服务供给方面，劳动力的数量更加庞大，劳动力的可得性更强。推动家庭服务业发展的因素多、程度大，家庭服务业将成为我国重要的战略性新兴产业之一。

三　中国家庭服务业的发展现状

随着经济增长和人民生活水平的提高，我国居民家庭服务业呈现蓬勃发展的良好态势，规模迅速扩大的同时内容也不断创新，家庭服务业主体表现出多元化，同时一批龙头企业开始崛起，行业规范也得到加强。此外，政府的重视更是给家庭服务业的发展提供了宽广的平台。

（一）我国家庭服务业规模迅速扩大

家庭服务业以家庭为服务对象、向家庭提供劳务、满足家庭需求。据全国发展家庭服务业促进就业工作座谈会的资料显示，目前全国家庭服务企业已有50多万家，各类从业人员1500多万人，年营业额达到1600亿元，家庭服务业成为扩大内需、促进就业的主力军。据有关部门研究预测，未来几年，我国家庭服务业增长速度将超过20%，达到中等发达国家水平，其产值可达国内总产值的10%以上[①]。家庭服务业正在成为我国大中城市居民消费的重要部分。例如，到2009年底，天津市家庭服务业协会入会企业数已由9800多家增加到21863家，从业人员已由11万多人增加到32.3万人；全市家庭服务业共实现服务收入42亿元，年均递增25%以上；再如，到2012年，洛阳市将培育“优秀家庭服务企业”30~50家，创造就业岗位15000个以上；家庭服务业年产值达到3亿元以上。[②]

（二）家庭服务内容不断创新，新型业态涌现，内部结构高端化

目前，家庭服务业大致包含20多个门类，200多种服务项目，涉及家务劳动、家庭护理、维修服务、物业管理、社区导购、生活百事等人们日常生活的各个方面。家庭服务的内容不断创新，不仅体现在范畴上囊括了家庭教育、家务管理、家庭理财、医疗保健、营养配餐、配送和居家养老等新兴服务业态，还体现在服务对象不断拓宽，涵盖了不同年龄阶段、不同收入水平的居民群体。应该说，家庭服务业的领域逐步扩展，服务分工更加细化。在经济发达地区，一些人力资本密集型、知识技术密集型家庭服务业成为新的增长点。家庭教师、家庭医生、育婴师、月嫂等工作成为家庭服务业中的“白领”。以月嫂为例，月嫂是专业护理产妇与新生儿的一种新兴职业，属于高级家政人员。她们的主要工作内容是孕产妇及新

---

① 张颖洁：《国家五大举措发展家庭服务业 IT业探寻信息市场蓝海》，2010年9月8日《通信信息报》。

② 数据来自各地家庭服务业协会。

生儿的临床医学护理及保健。从事专业月护的员工具备一定的临床护理经验及能力；专业化的临床护理，使孕、产妇在产前、产期、产后，从心理到生理上得到全面的呵护，以此保证小孩健康顺产并指导新妈妈运用科学的方法哺育新生儿。因其提供专业化服务，月嫂的收入也较普通保姆千元左右的月薪高出许多，金牌月嫂甚至月薪过万仍供不应求。

（三）不同制度家庭服务企业成为家庭服务业主体

随着家庭服务业的市场化、产业化、社会化的推进，众多的家庭服务企业成为家庭服务市场的主体。许多之前由政府相关部门开办的公益性或半公益性家庭服务机构逐步向企业化转型。目前市场上的家庭服务企业主要包括两种形式，一种是中介制，另一种是员工制。中介制家庭服务企业主要充当供需双方的联系人，成功配对之后再收取双方一次性介绍费，至此中介制家庭服务企业的任务完成，消费者同服务员自行签订雇用合同。员工制的家庭服务企业经营模式则不同，员工制家庭服务企业根据劳动合同法与员工签订劳动合同，招聘家庭服务员作为正式员工并参加社会保险，通常对其进行岗前培训后派遣到消费者家庭从事家庭服务。员工制家庭服务企业与消费者签订合同，向消费者提供服务员的健康证明，规定服务收费和质量标准，并对服务业提供的服务质量进行监督，商讨纠纷解决方案，处理来自消费者和服务员的投诉，企业收取服务费后按规定提取管理费并支付家庭服务员的工资。现阶段家庭服务企业从总体上来看主要仍是中介制的管理模式，但在不同行业往往存在较大差别。在家庭保姆、钟点保洁等家政服务业中中介制是绝大多数企业采用的模式。

据上海市家庭服务行业协会的统计，上海市家政企业99%以上属于中介管理模式。类似的情况还发生在深圳，早在几年前深圳就有家政服务企业试水员工制，后来又陆续放弃了这种管理模式，据调查，迄今为止，该市99%以上的家政公司仍是中介制管理。但在社区信息化服务、社区物业管理服务、社区保安服务、搬家配送服务、家庭开荒保洁服务、社会化养老助残服务等行业中，员工制企业已经成为主体。现阶段员工制家政服务企业尽管成本较高，风险较大，但由于其能提供可靠的服务质量，适应未来家政服务业市场化、产业化、社会化的发展方向而逐渐成为趋势。

（四）龙头企业崛起引领行业品牌化、连锁化、标准化、高端化发展

在家庭服务业大发展的背景下，一批市场份额高、服务信誉好、经营管理规范的龙头企业迅速崛起，在促进行业规模扩张的同时带动了行业发展方式转变。以全国“三八”红旗集体济南阳光大姐服务有限责任公司为例，自 2010 年 10 月成立以来，安置就业 35 万余人次，为 22 万户家庭提供了服务。阳光大姐以其管理规范化、培训系列化、服务标准化、组织网络化，成为济南市民首选家庭服务品牌、全国百家诚信服务优秀单位等荣誉称号，被确定为全国唯一的中介类服务标准化试点单位、全国巾帼家政培训示范基地。另一家著名企业杭州三替服务集团创立于 1992 年，如今已成为全国性家政服务业龙头企业，集团现有在职人员 10000 余人，获得全国首届服务业创新型企业、中国商业服务名牌企业等多项荣誉称号。据统计，杭州 80% 的家庭都不同程度的接受过三替公司的各项服务。杭州三替目前已经迈向全国连锁经营的发展道路，将会以全资或控股形式在全国范围内开设连锁经营分公司，将三替成熟的服务理念、服务技能、服务标准等核心体系向全国连锁分公司进行推广，为全国的消费者服务。与此同时，不少家庭服务龙头企业效仿“英国管家”、“菲佣”等世界级家庭服务品牌，开拓高端市场。“金钥匙管家”是杭州三替集团推出的一款高端家政服务品牌，所录用的家政服务员均具有高中以上学历，年龄在 50 岁以下，通过一系列的职业技能、职业道德、法律意识等培训项目后方可上岗。“金钥匙管家”主要服务于企业家、高级白领、涉外家庭等精英阶层，比如桑兰在“保姆门”事件后便是在“金钥匙管家”里找到了合适的家政服务员。

（五）各种形式的家庭服务职业培训、职业技能鉴定工作加强

为适应消费者对家庭服务质量日益增长的要求，并推动服务标准化、规范化、品牌化建设，不同形式、不同层次的职业培训在有关各方的大力

支持下得以加强。作为市场主体，众多家庭服务企业特别是龙头企业重视并开展了职业培训活动。众多中小型家庭服务企业仅提供简单的岗前技能培训，而龙头企业组织的培训活动在内容上细分程度较高，在层次上涵盖不同水平。如济南阳光大姐把技能培训与职业道德教育相结合，建立完善教育培训体系，推动从业人员职业化，万余名家庭服务员通过职业技能鉴定，三千余人被评为济南市高技能人才，累计培训共 7 万余人。与此同时，地方政府和工会、妇联、共青团、行业协会以及劳动和社会保障局等部门结合自身工作积极参与家庭服务业培训，这种职业培训以下岗职工和失业人员为主要培训对象，以基本的家庭服务理论知识和技能为主要培训内容，以使得培训人员较快胜任一般家庭的服务工作、实现创业就业为主要目的。作为为中国家庭服务业协会中西部地区家庭服务员培训基地的洛阳市，至 2009 年已累计培训家庭服务员 5700 多人，经过培训后，仅向北京和沿海发达地区输送的家庭服务员就达 4000 多人。到 2012 年洛阳将建设 5～10 个家庭服务业培训基地，年培训家庭服务人员 1 万人以上，对从业人员职业技能进行鉴定，实现家庭服务专业技术人员全部持证上岗。另外，社会化培训机构也开办了一些家庭服务培训班，通过向家庭服务员提供培训来达到赢利目的；一些职业培训学校、技工学校、再就业培训基地也开展了家庭服务培训课程。除了对服务员进行职业培训外，针对创业人员及经营管理者也加大了培训力度。

（六）法律法规日趋完善，行业规范、行业自律加强

为了满足家庭服务消费需求，维护家庭服务消费者、家庭服务人员和家庭服务机构的合法权益，规范家庭服务经营行为，促进家庭服务业发展，商务部于 2011 年 4 月就其拟定的《家庭服务业管理暂行办法（征求意见稿）》向社会公开征求意见。征求意见稿明确了家庭服务机构的经营规范、行为规范和消费者的权利义务，从此家庭服务业将有法可依。而此前由于不在《劳动合同法》的覆盖范畴之列，数以千万计的家庭服务员和消费者、企业之间的权利和义务不明晰。在国家法规的引导下，各地积极完善行业管理，例如郑州市在 2009 年出台地方家庭服务业管理办法，

促进了行业规范。

在各级政府大力支持下，各地家庭服务业行业协会纷纷成立。行业协会对行业管理、行业自律、行业协调、行业服务以及行业标准设定等发挥了重要作用。上海市在2009年成立了上海市家庭服务业行业协会，旨在协助政府参与行业管理，建立并负责管理家庭服务诚信管理平台。为了实现家庭服务业的规范管理，上海市家庭服务业行业协会首先要建立行业准入制度和准入标准，协助政府对有关家庭服务业机构进行资格认定，建立基本的行业规范和服务标准，引导规范家庭服务行业市场秩序；其次要组织评定示范性家庭服务机构，推进树立家庭服务机构良好的社会形象；最后还要组织开展不同层次和多种形式的家庭服务业管理、法规、标准、认证、技术、职业资格等方面的教育培训。

（七）政府重视，优惠政策出台，公共服务平台建设加强

2009年7月，家庭服务业促进就业部际联席会议制度被国务院批复同意建立。家庭服务业促进就业部际联席会议由人力资源和社会保障部牵头，由国家发改委、财政部、民政部、商务部、全国总工会、共青团中央、全国妇联等8个部门共同组建，人力资源和社会保障部部长尹蔚民同志为召集人。家庭服务业促进就业部际联席会议的建立标志着促进行业发展的领导组织机制初步建立。两年来，全国大多数省、市也纷纷建立了家庭服务业促进就业部门联席会议制度，有的地方还将税务、统计、工商、老龄办等部门纳入联席会议成员中，贯彻部际联席会议精神并根据自身实际情况协调处理家庭服务业促进就业的重大问题。

2010年9月，温家宝总理主持召开国务院常务会议，制定了统筹规划、规范市场秩序、加强就业服务和职业技能培训、维护从业人员合法权益、加大财税等政策扶持力度等5个方面的政策措施，以促进家庭服务业发展。同年九月《国务院办公厅关于发展家庭服务业的指导意见》正式出台，强调重点发展家政服务、养老服务、社区照料服务和病患陪护服务4个业态。2009年4月，《商务部、财政部关于推进家政服务体系网络建设的通知》正式发布，要求从2009年开始，用2~3年的时间，推动全国

各地级以上城市建设“家政服务网络中心”。目前不少城市家政服务网络中心开通运营，武汉市于2010年正式开通家政服务网络中心，市民可通过互联网、电话、短信等方式从上百家家政服务企业中挑选保姆、钟点工、月嫂等多种家政服务项目。2011年10月，财政部和国家税务总局联合发布《员工制家庭服务营业税政策的通知》，对于符合一定条件的员工制家庭服务企业给予三年免征营业税的优惠政策。

四 中国家庭服务业发展中的问题与原因

（一）我国家庭服务业发展面临的主要问题

1. 供求矛盾突出

供不应求问题是家庭服务业存在的最主要问题。家庭服务行业的供求矛盾主要表现为以下三个方面：总体上的供不应求、服务质量上的供不应求以及季节性供不应求。

总体上供不应求体现在指家庭服务员从业人数不能满足巨大的市场需求。例如，沈阳市现有248万个家庭，而从事家庭服务行业人员仅7.1万人，平均每35个家庭才有一个家庭服务员，远远不能满足居民对家庭服务的需求。从市场供求比例看，10名客户中至少有7个找不到家政服务人员。而养老护理员的缺口最大，在10个客户中至少有8个找不到服务人员[①]。据广州人力资源部门反映，2011年春节后仅家政服务员缺口就达到15万人左右。中国家庭服务业协会表示，2009年全国家政服务员缺口规模达到1000万人以上。

服务质量上的供不应求是指服务员的综合素质、职业技能、职业道德等方面不能满足消费者的要求。从家庭服务业从业人员的结构来看，大部分属于农村进城务工人员和下岗职工、无业人员。他们教育水平偏低、年龄偏大，往往只能凭借生活经验从事简单的家务劳动，有的还不会操作现

① 沈阳市家庭服务业协会：《沈阳市家庭服务行业调查报告》。

代化生活用品，缺乏对家庭服务业理论知识的掌握。能够从事家庭园艺、西餐烹饪、营养搭配，甚至能使用外语的服务员更是少之又少。因为服务质量不达标而引起的顾客投诉、退单事件越来越多。另外，职业培训的缺失也导致了从业人员在技能上难以获得提高；由于大部分中介制企业在成功配对之后不对服务进行监督，也使得家庭服务的质量没有保证。服务质量上的供不应求还体现在家庭服务业中高技能、高职称专门人才的缺乏。高级月嫂、高级育婴师等职业人才匮乏，难以满足消费者日益扩张的高端化需求。据统计，在长春，具有成熟经验的高级月嫂供求比高达1∶100。在北京、上海等城市，一些月子会所每月收费高达数万元但供求关系依然紧张。

由于从业人员以外地农村妇女和下岗职工、无业人员为主体，在春节、农忙等时间大量家庭服务员回家劳动、休息，加上节假日期间需求量增加，因此家庭服务的季节性供不应求现象明显。天津市家庭服务业协会的数据显示，随着家庭服务员的回家过年加剧了本就严重的保姆荒，2010年春节全市家政从业人员缺口高达7万人。

2. 市场管理不规范、监督机制缺失

家庭服务实体没有统一明确的主管部门，十分不利于市场管理的规范化，容易造成行业混乱。民政、人力资源和社会保障、工商、妇联等部门均不同程度地参与市场管理但又分工不明。由于行业有效监督制约机制的缺失，涉及各方的争议纠纷频发且纠纷协调难度大，家庭服务机构、从业人员、消费者三方权益在不同程度上未能得到有效维护。家庭服务员被雇主要求延长服务时间、增加服务内容甚至被无端克扣工资的现象大量存在；也有许多消费者提出达不到约定的服务质量、存在财产损失风险等。

3. 家庭服务企业以中介制为主体，难以品牌化、规模化、规范化、连锁化经营

由于中介管理模式服务过程简单，企业门槛低，手续简便，企业成本低、经营风险小、纠纷风险小，有时甚至只需要一张桌子，一把椅子，一个牌子，一部电话，一个人就可以开门营业等优势，这种模式成为家庭服务企业，尤其是家政服务业中的主体。但这种低水平的发展方式显然并不适应品牌化、规模化、规范化、连锁化的发展方向。在这种以小、散、杂为特点的企业管理模式下，家庭服务员的个人信息不完备，无法给家政服务员办理社会保险，从业人员健康状况不透明，人员综合素质难以保证，基本不经过培训直接上岗，服务质量难以得到有效监督。为数众多的小企业不仅给市场管理带来了不小的难度，还给服务安全、纠纷处理埋下了隐患。

4. 员工制企业发展遇阻，企业生存、赢利以及抗风险能力不强

家庭服务企业员工制虽然被广泛视作趋势，但目前这种模式发展过程中还面临着诸多困难。员工制企业同从业人员签订正式劳动合同，为其发放工资并提供培训、支付社会保险等费用。首先，由于成本的大幅增加，企业必须相应提高收费标准以保持利润水平，但雇主并不会因为家庭服务员是正式员工而开出高价，从而企业生存、赢利压力陡增；其次，员工制家庭服务企业需承担家庭服务过程中的风险，这些风险既包括家庭服务员的人身安全风险，也包括雇主的人身安全、财产安全等风险。2007 年北京一家政公司保姆在照顾一名 2 岁女童时不慎造成其意外死亡，北京市东城区人民法院一审认定，由于该家政公司为保姆雇主，判决其为女童死亡负责，承担 53 万元的赔偿。这样的高风险对于本就是微利行业的家政企业而言难以承担，可以说是“遇到一例，倒闭一家”。

5. 培训体系不完善

目前提供家庭服务业培训的主要分为政府主导型、市场主导型以及企业主导型三种。对于市场和企业主导型来说，往往面临着费用、成本难以解决的问题。首先，政府对于市场和企业主导型培训的支持力度不够，政府补贴的门槛高；其次，由于服务员流动性大，家庭服务企业和消费者出于自身考虑没有为其出钱培训的意愿；再次，由于家庭服务已经是卖方市场，从业人员很容易找到工作，而且他们收入不高，囊中羞涩，不愿意自掏腰包参加培训。

政府主导型培训是由妇联、人力资源和社会保障等部门组织，以下岗职工和无业人员为培训免费对象，以简单家政劳动为主要培训内容的行为。这种形式的培训活动往往存在着完成任务式的计划经济色彩，并不强调对接市场需求，并不看重培训效果，并不提供专业化的高端培训，容易造成培训资源的浪费。

（二）我国家庭服务业发展不足的原因

1. 思想观念陈旧，年轻人职业观念转变不够，舆论引导不足

受几千年来传统思想的影响，家庭服务业往往被视作低贱、下等的工作，这种陈旧观念抑制了行业供给。尽管近年来供求关系的紧张抬高了保姆、钟点工等服务人员的薪金水平，但许多人仍不愿意选择从事这一职业，认为自己在亲朋好友面前抬不起头来。同时，由于社会地位低下和生活层次的差异她们难以融入雇主家庭，自卑情绪浓厚。少数消费者存在不顾及家庭服务员的尊严，不尊重她们的劳动，苛刻地要求她们延长工作时间、增加服务内容等不良行为，对从业人员心理造成了伤害。另外，相比“50、60”后的从业人员而言，“80、90”后的年轻人对职业发展要求高、缺乏奉献精神，她们通常要求“体面”地工作，而不是做家庭服务这种“伺候人的事情”。

社会媒体对家庭服务业缺少正面引导，加剧了职业歧视，抑制了家庭服务业的供给与需求。许多媒体为了吸引眼球，对家庭服务业的报道以负面新闻为主。诸如服务员坐地起价、不良健康状况、雇主财产损失、性骚扰、虐童等新闻经常见诸报刊，而对于雇主与服务员和谐相处的事例则着墨不多。

2. 家庭服务业的行业特性

家庭服务作为服务活动的一种，兼具服务业的共性和自身的特性。首先，家庭服务具有无形、异质、不可储存等特性；其次，由于家庭服务业以家庭为服务对象，以家庭内为主要服务场所，接近消费者的家庭隐私，潜在的生命财产安全隐患较大，因此建立消费者对家庭服务员和家庭服务企业的信任显得尤为重要。除少数高端人才外，大部分从业人员文化水平、综合素质不高，流动性较强，难以赢得顾客的充分信任。许多消费者选择通过亲戚朋友介绍、求助于社区服务中心等方式寻找合适的保姆，也正是基于对家政服务公司的不信任。从国内外经验来看，家庭服务业从业人员总体上存在教育水平偏低，职业技能不强，服务质量较差的特点，因此许多从业人员的工资仅略高于最低工资水平，这也对企业的赢利能力产

生了负面影响。

3. 当前经济形势、宏观政策的影响

近年来各地经济建设取得巨大成绩，农民工、下岗职工、无业人员的就业机会越来越多，同时国家大力推进中部崛起、西部大开发和新农村建设，农民工就近就业大幅增加。在长三角、珠三角等地愈演愈烈的民工荒现象也包含了保姆荒，许多家庭服务员节后返岗率低，即使雇主涨价也难留人。保姆返乡虽然加剧了家庭服务业的供求紧张，但从另一方面看，保姆荒对于保姆是件好事，反映了劳动力市场对于自身需求增加了；对于返乡农民而言，虽然工资可能少了，但在家乡生活成本低，可以跟亲人团聚还能在农忙时候从事农业生产，从而加剧了行业供给的紧张。

4. 法律法规不完善，行业制度、标准不健全

行业相关法律法规不完善。迄今为止，全国尚无一部针对家庭服务业的法律法规，直到2011年4月商务部才发布《家庭服务业管理暂行办法（征求意见稿）》，公开征求意见。除了少数员工制企业以外，中介制企业及劳务派遣制企业不同从业人员签订正式劳动合同，这导致劳动合同法的失效。由于法律法规的空白，家庭服务过程中企业、消费者、服务人员三方的权利与义务不明确；各方的行为缺乏监督和约束；各方的权益均得不到应有保障。一个行业没有法律的保障，便不能吸引更多的从业者尤其是高端从业者参与进来，不能释放巨大的潜在需求，不能规范市场主体的行为。

行业制度化建设有待完善，行业准入制度、资质认定制度、监管制度均建设不足。以家政服务机构的准入制度为例，不同类型的家政服务机构需要由工商、民政、人力资源和社会保障等不同部门审批。行业标准化建设不足，缺乏统一的服务质量、服务流程、服务收费等标准。标准的建立是行业健康有序发展的前提。家庭服务业包含20多个种类，200多种服务项目，且服务内容不断创新。标准的设立应该充分发挥家庭服务业协会的作用。目前主要由各企业自行规定的服务标准难以规范化，且企业没有能力针对每种项目都建立一套服务标准。工资待遇、服务质量问题是家庭服务纠纷中争议的焦点，而如果能够建立起针对各类别家庭服务业的收费指导标准和服务质量标准将可大大减少此类纠纷。

5. 政府优惠政策不到位

政策优惠的制定与落实还有不足之处。鉴于家庭服务业在促进就业、扩大消费中的巨大潜力和行业微利的特点，政府需要加大对家庭服务企业的财税优惠力度。例如解决家政服务员参保问题就需要政策补贴，因为微利经营的家政企业没有能力承担高额的费用；从业人员既没有参保能力，也没有参保意愿；消费者更是不愿为家政人员的社保买单。员工制企业作为发展方向却面临着高额的培训费用和员工管理费用而步履维艰，也应该得到国家财税等政策的倾斜。

五 中国家庭服务业发展的新趋势

（一）家庭服务业具有广阔的需求空间和巨大的发展潜力

居民收入的持续提高，城镇化、工业化进程的推进以及家庭结构小型化、生活方式现代化给家庭服务业的需求提供了坚实基础，居民消费能力和消费意愿迅速提高，我国居民家庭服务业将迎来快速发展时期。家庭服务需求迅速提高，需求内容多样化、需求结构高端化趋势日益明显。改革开放以来，我国居民收入水平和消费水平不断提高，带动了家庭服务消费需求的快速扩张。

根据国家统计局的数据显示，我国城镇居民家庭人均可支配收入从1990年的1510.2元稳步提高到2010年的19109元。收入水平的提高直接影响到消费结构的变化，发展和享受型消费比重明显上升。城镇居民家庭恩格尔系数由1990年的54.2%下降到2010年的35.7%，这标志着城镇居民消费水平的明显提高。服务型消费占比明显增加，并成为我国消费结构优化的发展方向。据有关部门对沈阳、青岛、长沙、成都四个城市的调查，有40%的家庭需要社会提供家庭服务，而实际聘请比率仅为10%～15%。作为服务消费重要增长点之一的家庭服务业具有广阔的需求空间和巨大的发展潜力。

（二）家庭服务业需求内容多样化、需求质量高端化、消费结构高级化

居民的家庭服务需求呈现需求内容多样化、需求质量高端化、消费结构高级化的趋势。随着居民收入水平的提高以及生活方式的转变，尽管一些传统家庭服务业，如钟点保洁、家庭保姆、养老服务、病患陪护、小孩看护等仍是居民家庭服务需求的主体，家庭园艺、家庭管家、家庭烹饪、庆典服务、家庭秘书、家庭护理、宠物饲养、家庭开荒保洁、社区物业管理、社区综合服务体系、废旧物资回收利用服务、社区安保服务、社区绿化等新兴家庭服务需求不断涌现。如今，家庭服务消费者对于服务质量的要求也越来越高，他们希望家庭服务员不仅能从事简单的体力劳动，还要具备较好的综合技能和素质，懂得操作现代化的生活用品，掌握例如病残陪护、园艺、育婴、西餐烹饪、营养搭配，甚至外语等技能，理解消费者心理和生活习惯并具备一定的情感沟通能力。例如，调查显示，长沙市的消费者对于家政服务市场最担心的两点是服务人员素质低占57.9%和服务质量不到位占41.7%。另外，市场对于某些需要专门知识、技能或专业经验的家庭专业服务业需求旺盛，如家政咨询师、月嫂、家庭医生、家庭教师、家庭顾问等。这些家庭专业服务业往往要求从业人员具有较高学历、收入和丰富的经验，是某一领域的专门人才，并给消费者提供技术或智力密集型的服务活动。据不完全统计，重庆每年新增的婴儿均超过10万，其中至少10%的家庭希望能请专业的护理人员回家当月嫂。而据天津市就业训练中心不完全统计，2010年天津市月嫂缺口已达2万人，特优月嫂月薪高达5000元但仍须提前半年预定。

六　加快中国家庭服务业发展的政策建议

家庭服务需求的迅速扩张以及多样化、高端化的趋势对行业供给提出了严峻的挑战。为了在“十二五”期间扩大家庭服务消费、促进家庭服

务业的大发展，充分发挥家庭服务业在促进就业、改善民生和扩大内需、调整经济结构的作用，在此提出以下政策建议。

（一）加大宣传力度，支持舆论正面引导

职业有高端低端之分，人无高低贵贱之别。各级政府要引导社会各界正确认识家庭服务员这一职业，将其从传统的“奴婢”、“下人”的思想桎梏中解放出来。培养家庭服务员的职业认同感和归属感，举办家庭服务职业风采大赛，职业技能大比拼等活动，展现家庭服务员积极向上的精神面貌和娴熟的职业技能。树立家庭服务业中的优良员工、诚信企业等行业形象代表。对于消费者与服务员和谐相处的事例加大宣传力度，引导全社会改变对家庭服务职业的传统歧视。

（二）建立健全法律法规，加强行业标准化建设

尽快出台针对家庭服务业的全国性法律法规，保障行业健康发展。为了规范市场行为，维护各方特别是从业人员的权益不受损害，必须加强立法工作，填补行业法律空白。

加强企业准入、企业资质分级认定以及信息披露等机制和制度的建设。各地可根据当地家庭服务业发展水平，由家庭服务业协会组织建立企业准入标准，在不大幅提高企业准入门槛的前提下要求家庭服务机构须达到相应标准才能正式申请审批。各地家庭服务业协会根据企业营业额、从业人员数量、管理模式、服务质量、社会声誉等因素评定企业资质。参考餐饮业卫生分级制度，建立信息披露机制，将企业资质分级认定结果、顾客满意度、市场占有率等相关信息披露，减少消费者信息搜集成本，还有助于建立消费者信心。

可由中国家庭服务业协会牵头，会同行业专家和龙头企业制订全国性分类别、分等级的职业技能标准。各地可根据自身实际对标准作出修改，并在此标准基础上积极开展分类别、分层次的职业技能鉴定工作，引导从业人员提高职业技能，持证上岗。推动家庭服务行业各类别的服务质量、

服务流程、服务收费标准化建设，促进行业有序发展。

需要指出的是，法律法规的完善对于家庭服务业的发展是存在两面性的。从国内外经验来看，家庭服务业就业非正式的特点在一定程度上促进了供求的增加，例如，非正式的家庭服务就业允许雇主和雇员都不用交税，还让从业人员在不损失相关社会福利保障的基础上实现就业。这就要求我们在制订和完善家庭服务业法律法规的时候考虑出台相应的优惠政策，从而不至于打击家庭服务供求的积极性。

（三）加大财政支持力度，完善税费优惠体系

加大发展家庭服务业的财政支持力度，首先要确保资金来源。在增加服务业发展专项基金、服务业发展引导基金的基础上，加大对家庭服务业的资金支持力度，保持家庭服务业的支持比重逐年增加。扩大中央和省级财政对家庭服务业的支持力度，将家庭服务业纳入中央和地方用于社会事业和民生工程的扶持范围。在确保资金来源的前提下，重点加强各级财政对重点行业、职业培训、社保补贴、龙头企业、公共服务信息平台建设、家政服务体系建设试点、家庭服务业协会建设与运转的支持力度。家政服务、社区服务、养老服务以及病患陪护服务对于改善民生和增加就业具有突出的意义，是家庭服务业发展的重点领域，同时也应该是财政支持的重点领域。加大对企业开展职业培训的补贴力度，采取向服务员发放培训券等形式鼓励从业人员选择市场化培训机构培训。对员工制企业的社会保险费用由中央和省级财政予以一定程度的补贴。扶持家庭服务业龙头企业，鼓励其规模化、连锁化、品牌化经营；对符合条件的企业纳入中小企业发展专项资金，鼓励其做大做强。各级财政进一步加大对家政服务信息平台、家政服务体系建设的支持，解决供求对接中的信息不对称问题，优化市场环境，促进家庭服务业健康发展。

完善家庭服务业相关的税费优惠体系，家庭服务业总体上属于微利行业，企业生存压力较大。对符合条件的中小家庭服务企业可酌情减免城市维护建设税、城镇土地使用税、行政事业性收费和企业所得税。为鼓励员

工制发展，可在已有的 3 年免征营业税的政策基础上适当放宽条件，给予更多员工制企业一定期限内的营业税减免政策，并对其在培训中产生的费用从所得税纳税基数中扣除。

（四）改革培训体系，注重培训效果考核

建立健全多层次、分工协作的家庭服务业培训体系。鼓励家庭服务企业和市场化培训机构提供多样化、多层次的家庭服务业培训，降低培训门槛，提高对企业培训的补贴标准。在培训内容上除了职业技能培训以外，还应该加入职业心理、职业道德等培训，提高从业人员的综合素质。支持市场化培训机构开展针对中高级从业人员、家庭服务业企业管理人员以及创业人员的培训。加大对政府主导型职业培训的支持力度，建立以市场需求为导向，以简单的家庭服务为主要培训内容的普惠式培训。鼓励各类家庭服务员定向培训工程，开展订单式培训，支持有条件的企业和地方建设家庭服务业培训基地。

注重培训效果的考核，建立培训质量的监督体系。开展对各类培训机构资质认定工作，对其提供的培训质量予以考核，加强对从业人员参与培训后职业技能的抽查，鼓励从业人员进行家庭服务分类别、分等级的职业评定，以实质性地提高服务质量和持证上岗比例。

（五）充分发挥行业协会、公共服务平台的作用

建议继续推进家庭服务业协会建设，推动家庭服务业协会在加强行业自律、规范市场秩序、协助政府工作、建立行业标准以及维护行业利益等方面发挥重要作用。家庭服务业公共服务平台是解决家庭服务供需双方信息不对称问题和互信问题的重要手段，应该加快对家政服务信息平台的建设，减少各方信息搜寻成本，促进行业快速发展。据悉，我国将在 300 个以上地级城市建立起家庭服务业公益性信息服务平台，初步形成比较便利、规范的家庭服务网络[①]。

---

① 王炜：《300 城市将建家服信息平台》，2011 年 10 月 20 日《人民日报》。

（六）健全相关配套政策措施

要完善价格政策，建议各类家庭服务机构特别是家政、养老、助残等服务机构参照居民用电、用水、用气、用热价格，其他服务机构用电、用水、用气、用热价格不高于工业标准。在城镇土地使用规划和城市总体规划中充分照顾家庭服务业发展需要，在供地安排、新建小区规划上要考虑家庭服务机构站点的设置。加强行业统计等基础工作的建设，为科学决策、政策执行及效果考察提供准确依据。

参考文献

Elisabeth J. Croll, "Domestic Service in China". *Economic and Political Weekly*, Vol. 21, No. 6, Feb. 8, 1986, pp. 256 – 260.

Esther de Ruijter, "Trends in the Outsourcing of Domestic Work and Childcare in the Netherlands: Compositional or Behavioral Change?". *Acta Sociologica*, Vol. 47, No. 3, Sep. 2004, pp. 219 – 234.

Cancedda, *Employment in Household Services*. Luxembourg: Office for Official Publications of the European Communities, 2001.

Rosie Cox and Paul Watt, "Globalization, polarization and the Informal Sector: The Case of Paid Domestic Workers in London". *Area*, Vol. 34, No. 1, Mar., 2002, pp. 39 – 47.

Sassen S, *The Global City, New york, London, Tokyo*. Princeton: Princeton University Press, 1991.

Bittman, M. and Pixley, J. *The Double Life of the Family: Myth, Hope and Experience*. Sydney: Allen & Unwin.

Michael Bittman, George Matheson and Gabrielle Meagher, "The Changing Boundary between Home and Market: Australian Trends in Outsourcing Domestic Labour". *Work Employment Society*. 1999, 13: 249.

Esther De Ruijter and Tanja Van der Lippe, "Effects of Job Features on Domestic Outsourcing as a Strategy for Combining Paid and Domestic Work". *Work and Occupations*. Volume 34, Number 2, May 2007, pp. 205 – 230.

Gershuny, J. *After Industrial Society. The Emerging Self-Service Economy*. London: Macmillan, 1978.

Gershuny, J. *Social Innovation and the Division of Labour*. Oxford: Oxford University Press, 1983.

Robert W. Fogel, "Catching Up the Economy". *The American Economic Review*, Vol. 89,

No. 1, Mar. , 1999, pp. 1 – 21.

国务院办公厅：《关于发展家庭服务业的指导意见》，2010 年。

全国老龄工作委员会：《中国城乡老龄人口追踪调查》，2007 年。

商务部：《家庭服务业管理暂行办法（征求意见稿）》，2011 年 4 月。

蔡昉：《人口转变、人口红利与刘易斯转折点》，《经济研究》2010 年第 4 期。

夏杰长等：《迎接服务经济时代来临》，经济管理出版社，2010。

姜长云：《家庭服务业的产业特性》，《经济与管理研究》2011 年第 3 期。

姜长云：《第三产业发展中的现实维度：由家庭服务业观察》，《改革》2010 年第 7 期。

王瑞杰：《上海市家庭服务业现状分析与规范化建设》，《科学发展》2011 年第 5 期。

刘珺：《社区服务业发展：目标、路径与政策》，《经济与管理》2011 年第 8 期。

张颖洁：《国家五大举措发展家庭服务业 IT 业探寻信息市场》，2010 年 9 月 8 日《通信信息报》。

白天亮：《家庭服务业蕴含 2900 万岗位》，2010 年 9 月 3 日《人民日报》。

王炜：《300 城市将建家服信息平台》，2011 年 10 月 20 日《人民日报》。

王志刚：《论家庭服务业的重要作用及其规范化发展》，《商业时代》2010 年第 36 期。

中国房地产中介服务业发展现状、趋势与政策建议

吕风勇*

摘　要：房地产中介服务的范围较广，房地产咨询、房地产评估、房地产经纪是目前三种比较重要的形式，此外还包房地产投融资服务、房地产经营管理服务等形式。房地产中介是房地产开发或交易价值链中不可或缺的角色，对于促进房地产市场发展和降低房地产交易成本等都发挥着日益重要的作用。我国的房地产中介服务业虽然发展较为迅速，但由于发展时间相对较短，还存在着体制不顺、管理混乱、资质门槛不高、规模较小、经营秩序混乱等诸多的问题。促进我国房地产中介服务业发展需要从完善法律法规体系、推动行业组织建设、培养行业职业道德、建立信用保障机制、严格市场准入制度、鼓励品牌连锁经营、倡导公平竞争等多方面着手。

关键词：房地产中介服务　房地产交易成本　信用保障机制　政策建议

---

* 吕风勇，男，经济学博士，中国社会科学院财经战略研究院助理研究员，主要研究方向为宏观经济与房地产市场。

一　房地产中介服务业的内涵和范围

（一）相关概念

在本研究报告中，主要涉及几个基本概念：房地产中介、房地产中介服务、房地产咨询、房地产评估、房地产经纪等。房地产中介是指在房地产市场中，为房地产投资、开发、销售和租赁等活动提供咨询、媒介、评估和代理服务，以促进房地产投资和交易形成的经济活动。房地产中介服务的范围较广，房地产咨询、房地产评估、房地产经纪是目前三种比较重要的形式，此外还包括房地产投融资服务、房地产经营管理服务等形式。房地产咨询是指为委托者提供房地产信息、专项研究、市场调查、项目策划和可行性研究等服务，并收取一定费用的中介活动。房地产价格评估是指房地产专业估价人员遵循一定的估价原则，按照适宜的估价方法和估价程序，对房地产在估价时点的合理价格进行测算和判定的中介活动。房地产经纪是为房地产买卖、交换、租赁、置换等提供居间、代理或媒介服务，并相应提取一定佣金的中介活动。

（二）房地产中介的范围

房地产市场按照房地产开发的不同阶段可以分为房地产一级市场、二级市场和三级市场。一级市场是土地使用权出让阶段的市场，二级市场是房地产开发商对房地产进行开发和经营的市场，三级市场是房产在投入使用后进行物业交易、抵押和租赁等二次交易的市场。房地产市场在房地产不同的开发阶段都有自己特定服务范围，涵盖了顾问、代理、经纪、估价以及物业管理等服务内容。房地产中介服务业的具体业务范围如下。

（1）在一级市场，即在土地供应阶段，房地产中介为地方政府或土地运营机构提供政策建议、土地规划建议、经济评价、土地出让策略等顾问服务。

（2）在二级市场，即在物业开发阶段，房地产中介为房地产开发商提供市场进入战略、土地竞投策略、物业项目开发策略等顾问服务。

（3）在三级市场，即在物业交易阶段，房地产中介为开发商提供营销策划、代理销售等专业服务，或者为机构或个人提供房屋租赁服务、二手房交易经纪服务。

二 房地产中介服务业在国民经济中的作用

房地产中介是房地产开发或交易价值链中不可或缺的角色，对于促进房地产市场发展和降低房地产交易成本等都发挥着日益重要的作用。

（一）房地产中介服务业有利于促进专业化分工，降低市场风险

房地产中介服务业的出现促进了房地产市场的分工深化。由于房地产开发和交易链条较长，房地产设计、规划、建筑和销售等环节的专业性都较强，混合职能的房地产企业很难在每一个环节都做得很出色，而房地产中介服务业的出现则有利于提高这些领域的专业化程度，从而提高房地产市场的资源配置效率。房地产项目投资巨大，开发商需要承担巨大的市场风险，房地产中介服务业通过信息优势和专业优势，可以帮助开发商开发出符合市场需求的房地产产品，促进市场的供需结构平衡，提高社会资源配置效率。

（二）房地产中介服务业有利于改善信息不完全的状况，提高市场效率

房地产中介服务业特别是房地产经纪企业可以有效改变信息不完全的状况。房地产市场存在着严重的信息不完全的情形，特别是在房地产产品的供需双方缺乏有效的连通渠道，致使交易不能有效完成，同时，由于房地产产品结构和环境的复杂性，买卖双方所拥有的信息也不对称，卖方要比买房拥有更多的信息，导致交易不公平。因此，基于房地产市场上各种不确定性带来的风险，房地产开发商和存量房销售者需要充分地获取市场信息，而消费者面对严重的信息不对称局面，也需要通过中介获得较多的

信息，从而比较公平和有效地完成房地产交易。房地产中介服务业是房地产市场发展的助推器和催化剂，其发展水平是衡量整个房地产市场的晴雨表。

（三）房地产中介服务业有利于促进经济增长，扩大社会就业

房地产业是国民经济的重要产业之一，房地产创造的增加值增长迅速，而房地产中介服业是价值增值的重要环节，房地产中介服务业的发展势必会在较大程度上推动经济增长。同时，房地产中介服务业由于包含房地产咨询、房地产评估、房地产经纪、房地产投融资服务和房地产经营管理服务等多种业态，属于新型朝阳服务业，是人才密集型产业，在人员扩张方面受其他生产要素的制约较少，在吸纳就业方面具有先天的优势以及巨大的潜力，房地产中介服务业的发展有利于扩大社会就业。

三　国外房地产中介服务业的发展状况

1. 房地产中介服务业较为发达

国外房地产中介发展历史悠久，增量房和存量房基本上都是通过中介渠道交易。在美国，大约85%的房地产交易都是通过房地产中介完成的；国外房地产中介从业人员社会地位很高，特别是在佣金方面，也比较高，在美国房地产买卖双方要各支付3%的佣金，但由于服务质量也较高，所以该价格也乐于为买卖双方所接受；国外房地产中介服务业涌现出大批品牌企业，并在全球范围内进行扩张。如美国的世邦魏理仕、21世纪不动产等，这些企业不仅在本土为顾客提供优质的品牌服务，也在全球内进行了较快的扩展，特别是在中国，影响力和市场份额都与日俱增。

2. 中介行业法律法规较为健全

国外房地产中介服务业法律法规比较健全。美国的房地产法规对中介机构以及中介从业人员规定了一定的资格和条件，同时为了兼顾地域差异，美国的房地产中介监管主要由各州对房地产经纪资格取得的条件与方式、执照更新、不动产复原基金等制度进行规定。美国从1917年就

相继颁布了《州执照法》、《一般代理法规》、《契约法规》、《专业理论法则》等。日本的房地产经纪监管是通过对整个不动产交易进行规范而实现的，日本于1952年制定的《不动产交易业法》是房地产经纪监管的主要法律依据。我国香港地区采取英美法系传统，于1997年颁布的《地产代理条例》，建立了地产代理监管制度，规定地产代理人牌照制度、注册制度、佣金制度，并且设立了专门的监管机关“地产代理监管局”负责具体制度的执行。这些法规是规范市场秩序、维护相关者利益的保证。

3. 中介行业从业人员执业资格管理严格

美国和中国香港对房地产中介人员申请执业牌照比较严格，但是对于资格考试则比较宽松。美国和中国香港经纪人考试或销售员考试基本是开放的，符合基本条件的都可以参加。美国也重视对参加考试人员的职业道德审查，但是最关键之处还是放在申请牌照的资格审查方面。美国申请销售员牌照需要提供经纪人担保，而申请经纪人牌照也有一套严格的工作经验量化评分机制。香港发放牌照则要求申请人提供财务状况和诚信刑事记录，而且针对现职从业人员和新入行人员分别制定不同的申请发牌条件，新人除了要满足现职从业人员的申请条件之外，香港地产代理监管局规定必须在通过考试后12个月内申请牌照。总的来说，美国和香港等地区对中介行业从业人员的资格实行宽进严出的方式，机会均等，但是审查严格，发放牌照后有一套完整的法律法规对从业人员严格监督，对违规人员严厉处罚，直至吊销执照。

4. 中介机构准入市场化，竞争较为充分

在许多国家和地区，房地产中介市场在中介机构准入方面还是比较宽松的。尽管很多国家和地区房地产中介市场也曾经历了相当长一段时期的混乱，但是并没有因此就严格限制中介机构市场进入和退出，而是通过建立健全法规体系、加强对从业人员资格管理等方式规范行业发展秩序。如美国，虽然严格从业人员执业资格管理，但是中介机构进入和退出市场还是比较自由的，这种自由一定程度导致了房地产中介企业数目巨大和规模较小，但却促进了就业，激发了市场的活力，并形成了一批规模较大、连锁经营的品牌企业。房地产中介市场进出宽松，对人员和业务管理严格，是美国房地产中介服务业发展的一个特点。

四　中国房地产中介服务业的发展历程

中国房地产中介服务业随着房地产行业快速发展而经历了较快的发展。总体来说，中国房地产中介服务业经历了三个阶段，即1988～1995年的萌芽阶段，1996～1999年的起步阶段和2000年至今的快速发展阶段。

1. 1988～1995年的萌芽阶段

20世纪80年代末期和90年代前期，尽管我国房地产业的市场化程度较低，但由于城市化的推进，房地产业增长仍然保持了较快的速度。由于房地产行业市场化程度低，房地产行业的专业化分工也较低，开发商基本处于垄断地位，基本依靠自身力量进行房屋的规划、开发和销售，房地产中介服务业发展也相对滞后。针对当时经济过热和房地产市场过度投机的情况，政府在1993年前后对房地产行业进行严格的宏观调控，导致全国出现大量的楼盘积压，房地产开发商面对供过于求的严峻情况，为了促进新开发房地产项目的销售，开始求助于专业化房地产中介机构的力量，房地产顾问策划、代理销售业务也就相应发展起来。而且，随着房地产存量市场规模的迅速扩大，二手房交易规模也随之扩大，房地产的经纪业务也发展起来。

1988年12月深圳成立了国际房地产咨询股份有限公司，成为我国第一家房地产中介服务企业。1991年，深圳的房地产经纪公司发展到11家，上海也出现了少量房地产经纪企业。1993年，深圳房地产经纪机构达到了近70家，来自港台的达利行和九鼎轩等代理商也开始入驻北京。

2. 1996～1999年的起步阶段

1998年7月3日，国务院下发了《关于进一步深化城镇住房制度改革、加快住房建设的通知》，明确指出从1998年下半年开始停止住房实物分配，逐步实行住房分配货币化；新建住房原则上只售不租，同时全面推行住房公积金制度。1999年8月建设部发布了《关于进一步推进现有公有住房改革的通知》，要求各市、县人民政府认真研究，明确辖区内可出售公有住房和不宜出售公有住房的范围并向社会公布，城镇成套现有住房除按规定不宜出售的以外，均应向符合条件、有购房意愿的现住户出售。这些房地产市场化的措施促进了房地产市场发展，中国房地产行业进入新一轮发展周期。但是各个区域房地产市场发展不平衡，沿海地区发达城市如深圳、广州、上海等城市的房地产业启动较早，复苏较快。随着中国房地产市场化的推进和房地产行业的复苏，相应的房地产中介服务业也进入局部发展阶段，发达城市的房地产中介公司业务发展较快。这一时期的房地产顾问代理业务从单纯的后期代理销售转变为房地产项目的全程顾问策划和代理销售。

3. 2000 年至今的快速发展阶段

从 2002 年开始，政府开始推行土地招牌挂制度，这一制度提高了土地供应的市场化程度，促进了房地产行业的发展。由于土地招牌挂导致的成本压力，房地产开发商也逐渐重视项目开发的理性决策，为了尽可能减少开发风险，房地产开发商对房地产顾问策划和代理销售的需求增加，特别是在深圳、北京和上海等发达城市，房地产中介公司逐步在市场中起着越来越重要的作用。房地产增量市场的发展和住房消费的启动也促进了存量房地产市场的发展，于是伴随着房地产二级市场代理和顾问等业务的开展，房地产经纪业务也逐渐发展起来，而且交易规范性日益提高。

从 2005 年开始，随着全国房地产开发热潮的到来和大型房地产开发商全国战略的实施，房地产顾问策划和代理销售的需求也越来越大，房地产开发各环节专业分工越来越细化，而且部分房地产中介服务公司也开始实施跨区域发展战略，逐步布局和进入二线城市以实现规模化发展，房地产中介服务业规模化、系统化和专业化程度提高，市场竞争也愈激烈。

从 2008 年金融危机以来，房地产中介服务业也经历了大起大落。先是金融危机导致我国房地产市场开发和销售活动在 2008 年急剧萎缩，房地产中介服务业也受到极大冲击而业务缩减严重；2009 年、2010 年的房地产价格的狂涨，又极大地激发了房地产开发和销售，房地产中介机构也从中获益匪浅；但自2010年开始的新一轮严厉的房地产调控，使房地产业特别是市场化的商品房开发和销售活动受到极大打击，从而房地产中介业务也一落千丈，特别是房地产价格的趋降也导致二手房交易大幅减少，许多从事经纪业务的门店倒闭，至今尚无明显转机。

五　中国房地产中介服务业的发展状况

（一）房地产中介服务业的总体状况

1. 房地产中介服务业企业单位数增长较快，区域分布不平衡

2008年末，全国房地产中介服务业企业单位数为33890个，比2004年末增加13850个，增长了69.1%，而同期房地产开发企业单位数只增长了48.3%。从地域结构来看，广东、上海、江苏、浙江、山东、北京、辽宁、湖北和四川房地产中介服务业企业单位数最多，占全国房地产中介服务业企业单位总数的比重达到68.9%，而这9个省市房地产开发企业单位数占全国房地产开发企业单位总数的比重只有50.8%，可见房地产中介服务业在发达经济省份较之房地产开发企业更为活跃。2008年各省市房地产中介服务业企业单位数地区分布情况见图1（不包括西藏）。

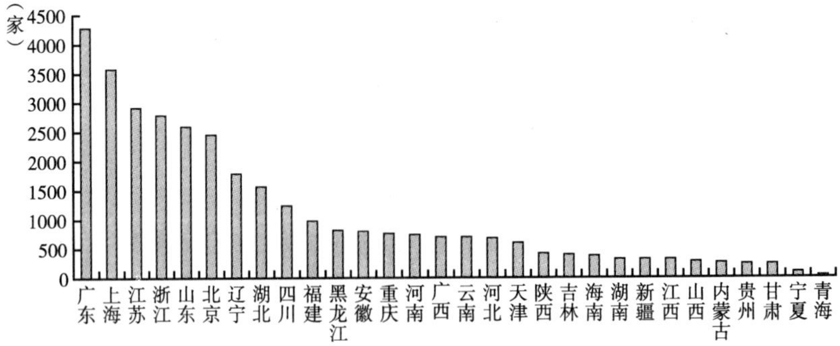

图1　房地产中介服务业企业单位数地区分布情况

资料来源：第二次全国经济普查数据。

2. 房地产中介服务业从业人员数增加较快，但单个企业规模有所变小

2008 年末，我国房地产中介服务业从业人员数为 37.4 万人，比 2004 年增加了 13.9 万人，增长了 59.1%，而同期房地产开发企业从业人员数只增长了 31.0%。不过，由于房地产中介服务业从业人员数增长速度低于企业单位数，房地产中介服务业企业的单位规模有所变小，单个企业平均规模只有 11 人。2008 年各省市房地产中介服务业从业人员数地区分布情况见图 2（不包括西藏），2008 年各省市房地产中介服务业企业平均规模地区分布情况见图 3（不包括西藏）。

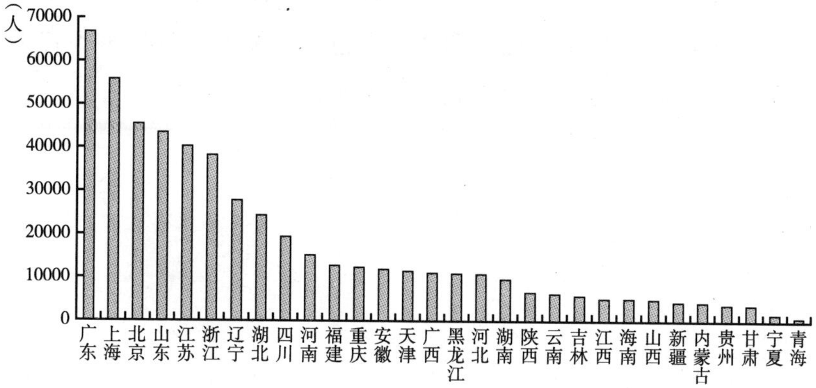

图 2　房地产中介服务业企业从业人员数地区分布情况

资料来源：第二次全国经济普查数据。

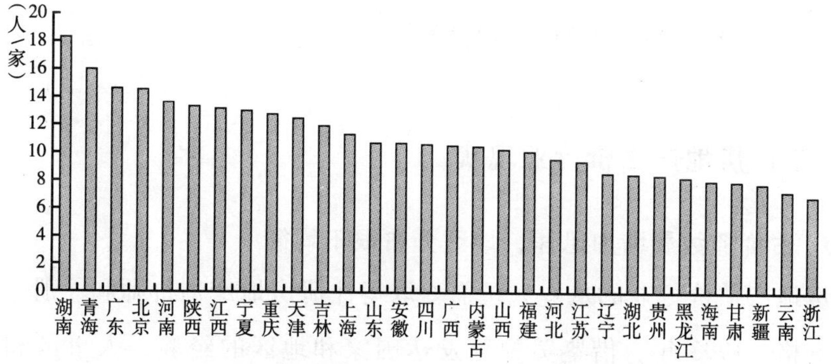

图 3　房地产中介服务业企业平均规模地区比较情况

资料来源：第二次全国经济普查数据。

3. **房地产中介服务业收入增长迅速，上海高居榜首**

2008 年末，我国房地产中介服务业主营业务收入为 572.4 亿元，比 2004 年增长 171.2%，高于房地产开发企业 100.5% 的增速。其中，上海房地产中介服务业主营业务收入最多，达 179.7%，占总数的 31.4%，其次是广东、北京、山东、江苏、浙江、辽宁、湖北和四川，包括上海在内的 9 个省市房地产中介服务业主营业务收入占总数的 80.9%。从企业平均主营业务收入来看，30 个省市中，上海房地产中介服务业企业平均主营业务收入最多，达到 499.6 万元，最低的是甘肃，房地产中介服务业企业平均主营业务收入只有 31.6 万元。2008 年各省市房地产中介服务业企业主营业务收入地区分布情况见图 4（不包括西藏），2008 年各省市房地产中介服务业企业平均主营业务收入情况见图 5。

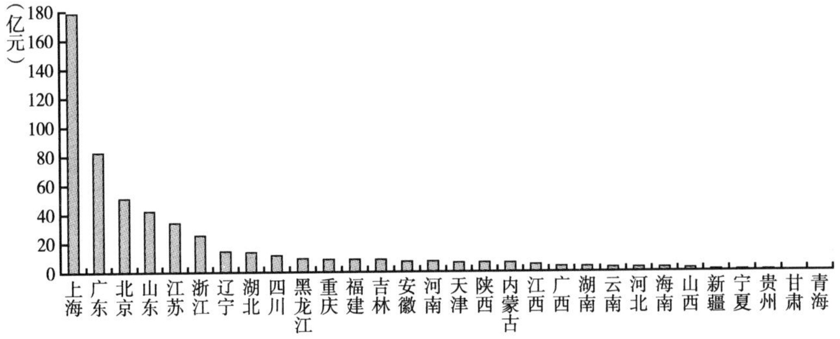

图 4　房地产中介服务业企业主营业务收入地区分布情况

数据来源：第二次全国经济普查数据。

（二）房地产估价行业现状

1. **估价师数量增加迅速，地区分布很不均衡**

房地产估价行业的从业人员需要取得注册房地产估价师和注册土地估价师资格。1993 年，借鉴美国等发达国家和地区的经验，人事部和建设部共同建立了房地产估价师执业资格制度，经严格审核，认定了首批 140 名房地产估价师，1994 年认定了第二批 206 名房地产估价师。1995 年房

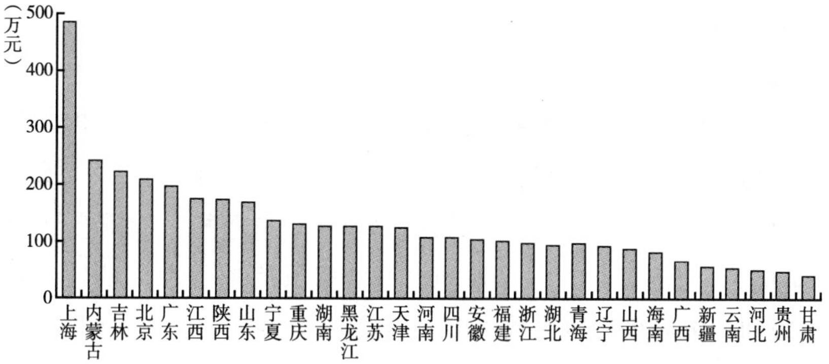

图 5　房地产中介服务业企业平均主营业务收入地区比较情况

数据来源：第二次全国经济普查数据。

地产估价师执业资格实行全国统一考试。随着房地产行业的快速发展，报名参加考试的房地产从业人员数量也总体呈逐年攀升趋势，截至 2010 年底，取得房地产估价师执业资格的人数达到 41408 名，其中 38936 注册执业。1993 年国家土地管理局根据我国有关法律法规定，开始推行土地估价师资格考试。截至 2010 年底，取得土地估价师执业资格的有 30361 名，其中执业土地估价师 15776 名，占目前具有土地估价师资格人数的 52%。

随着中国的房地产估价行业的发展，具有执业资格的房地产估价师和土地估价师数量不断增加，并扩展到全国各地。但是，各地区房地产估价师和土地估价师的地区分布却很不平均，多数的房地产估价师主要集中在北京、上海等大城市，以及江苏、浙江、广东等经济发达的省份，而像西藏、青海、甘肃、宁夏这些西部偏远地区，房地产估价师和土地估价师的数量则很少。北京、上海、深圳和广州房地产估价师数量占全国的比例甚至达到了 1/3，远远高于西部各省市。

2. 估价机构发展迅速，地区差别较大

2000 年后，根据有关文件精神，房地产估价机构从以前行政部门下的附属机构变为合伙制、有限责任制的组织形式，真正成为独立核算、自负盈亏、自我发展、自我约束、享有民事权利、承担民事责任的市场主体。同时，根据估价机构注册资本、人员构成、执业经验及业务规模等条件，估价机构分为三个资质等级。

据统计，2010 年底，全国房地产估价机构已经达到近六千家，其中一级资质的估价机构有 239 家。像估价师的分布一样，估价机构尤其是一级资质机构的分布同样存在着东多西少的现象。北京市的一级资质机构已经达到36 家，占所有一级机构比例的15.1%，上海和广东都是31 家，比例为12.6%；而西藏和青海等地却没有一级资质的房地产估价机构，即使是二级和三级的机构也为数不多。

目前，全国土地估价机构有3000 余家。根据国土资源部关于土地评估机构实行向土地估价行业自律组织注册制度的规定，2010 年在中国土地估价师协会注册的全国范围执业的土地评估机构有451 家。

（三）房地产经纪业现状

随着新建住房的增加，存量住房也水涨船高。2009 年，北京、上海、广州、深圳等城市的存量房交易量已超过了新建商品房交易量，标志着我国房地产市场格局开始转型。在北京房屋出租市场上，有近50% 的业主委托经纪公司代为出租房屋，上海市有80% 以上的二手房买卖是通过房地产中介机构实现的。但与发达国家相比，我国房地产经纪行业发展水平还有较大差距，在发达国家和地区大约有85% 以上的房地产交易是通过房地产经纪机构完成的。

为了规范房地产中介服务业发展，建设部于2002 年10 月11 日发布了《关于举行首次全国房地产经纪人执业资格考试有关问题的通知》，中国房地产经纪人开始实行资格认证制度，截止到2010 年底，全国有36723 人通过了房地产经纪人执业资格考试，其中共有2 万余人获准初始注册。全国共有房地产经纪机构3 万余家，从业人员超过百万人，已经成长起一批门店过百、人员上千的房地产经纪机构，甚至也有一批门店过千、人员上万的大型品牌房地产经纪机构。

（四）房地产咨询业现状

我国房地产咨询业总体发展还较落后。尽管房地产咨询业务并不缺乏，但通常要依附于其他业务，作为一个独立而纯粹的服务门类尚显不足。例如，我国许多房地产估价机构不仅仅从事单一估价业务，它们经常会为委托单位或是个人提供咨询信息，诠释相关法律法规，以协助委托人进行种种决策。这也由于近几年房地产市场过于火暴，房地产开发商项目开发风险较小，从而较少诉诸房地产咨询机构，导致房地产咨询机构作为独立的机构盈利能力不足。

伴随着2010年政府对房地产行业的新一轮严厉调控，房地产市场开始出现紧缩的态势。许多房地产开发商在不景气的房地产市场环境中，开始感到了开发和经营的压力，从而就迫切需要房地产咨询等专业机构为其提供项目前期市场定位及后期销售定价策略等咨询，以减少经营风险，房地产咨询机构也逐渐为房地产开发商所重视。目前，房地产咨询业并没有实行行政许可，房地产咨询业的行业自律体系也没有形成，但随着房地产业对各类专业咨询人员的需求越来越大，行业分工也会越来越细，投资分析师、权案策划师、工程咨询师的行业自律体系将会渐渐呈现。

六　房地产中介服务业的新特点

随着市场的发展和中介服务行业的竞争的加剧，房地产中介服务业也逐渐呈现许多新的特点。

1. 品牌化经营成为发展方向

随着政府对土地市场的规范和对房地产市场的严格监管，房地产市场信息日趋透明，消费者日趋理性，对房地产中介企业在诚信、规范、专业服务方面的要求越来越高。房地产中介服务行业的一些优秀企业开始重视品牌经营，房地产中介服务行业的市场份额也逐步向优秀品牌企业集中。特别是随着市场的调整，具有全国品牌知名度和专业实力的房地产中介公司优势进一步显现，市场份额进一步提高。

2. 行业竞争推动了专业化

房地产中介公司原来缺乏自身的产品，随着行业的发展和竞争的加剧，特别是部分优秀企业的快速发展，房地产中介公司的从业人员无论是学历和专业知识素质都明显提高，也获得了越来越多消费者的信任。专业化程度的高低成为房地产中介公司能否在激烈的市场中赢得一席之地的关键。

3. 行业逐渐走向规范化

行业管理组织提出了建立房地产中介服务行业诚信的有效办法，采取了鼓励品牌企业发展连锁经营、建立房地产经纪诚信档案、与政府部门联手加强房地产经纪人资格认证以及房地产经纪机构的市场准入和清退机制、加强房地产经纪人员的职业培训等一系列举措，逐步建立房地产中介服务行业的诚信制度，促进了行业的健康发展。

4. 从业人员素质趋向综合化

房地产中介服务工作涉及面广，具有综合性、广泛性的特点，是多学科知识的综合能力体现。我国房地产中介服务业的发展迫切需要素质综合化的房地产中介人才，这种人才具有较高学历、较深的专业知识、较强的业务能力和较高的道德水准。随着市场经济的发展，房地产市场的不断完善，将会有越来越多的既懂专业知识，又有营销经验的房地产经纪人进入中介行业。

5. 房地产二、三级市场联动性增强

房地产产品的更新换代和市场流通，在很大程度上需要通过房地产中介服务业来实现，房地产中介服务业可以说在很大程度上起到了调节市场供需平衡的作用。随着存量房数量的逐渐增加，存量房市场的地位也逐渐变得举足轻重，在许多城市二手房交易逐渐赶上甚至超过了新建房的交易，房产中介公司也在房地产行业里扮演着日益重要的角色。

6. 中介行业整合上下游资源的能力不断加强

房地产中介服务业逐渐得到开发公司的认同。随着房地产市场竞争的加剧和风险的增加，以及房地产中介公司专业化程度的不断提升，许多房地产开发商逐渐开始重视房地产中介公司的专业能力，越来越乐意购买房地产中介公司的咨询和代理服务，以减少开发风险，提高运营效率。同时，随着房地产中介业务的深入，房地产中介公司与银行的合作也更为深入，房地产行业金融化程度逐渐提升，房地产中介服务业整合银行、房地产开发商、物业管理公司等上下游的资源能力不断增强。

七　中国房地产中介服务业存在的问题

我国的房地产中介服务业虽然发展较为迅速，但由于发展时间相对较短，还存在着较多的问题。

（一）体制不顺，管理混乱

房地产中介服务业是国民经济中一个重要的服务行业，涉及诸多企业和个人的切身利益，并且房地产中介本身难以管理，容易滋生欺诈和不正当竞争等问题，其规范发展只能建立在顺畅的管理体制基础上，明确界定主管部门和协管部门，以及彼此的职责，避免交叉和缺位，使其职责明确，各安其职，共同努力促进房地产中介服务业的发展。但是，在目前，受利益驱动，房地产中介服务业的管理分属多个部门，房产、土地、工商、物价和金融部门都对房地产中介业务的开展施加影响，各施其政，在政策上各行其是，这导致从业者无所适从，从而造成管理不到位，职能交叉，管理脱节的现象时有发生，影响了房地产中介服务业的发展。同时，有一些房地产中介还依附于某一行政机关或社会团体，带有明显的官方色彩，导致权力寻租现象的出现，这些都进一步导致了房地产中介服务业管理方面的混乱。

（二）依据仍显不足，监管执行不力

房地产中介服务业是一个需要严加监管的行业，否则，很容易出现欺诈的问题。但是，目前我国房地产中介服务业的有关监管的法律法规还很不健全，虽然已经制定了《中华人民共和国城市房地产管理法》、《城市房地产中介服务管理规定》、《房地产估价师注册管理办法》、《关于房地产评估机构资质等级若干规定》、《房地产估价规范》、《房地产经纪人执业制度》等一系列法律、法规，一定程度上对规范房地产中介服务业发展提供了法律制度保障，但由于房地产中介服务涉及的业务广泛，而已有的法律、法规主要是作了一些原则性的规定，对房地产中介服务业的业务

操作缺乏完善的法律、法规和管理制约机制，难以对房地产中介服务业中各个环节进行约束，即使有监管方法和法规，由于执行不力，处罚偏轻，对违规者根本起不到震慑和打击作用，导致一些法规形同虚设，起不到应有的监督作用。

（三）经营规模偏小，整体业务能力较低

企业规模化不仅意味着企业生产要素（如资金、人才）的集约化，也意味着经营规模（如销售收入、市场份额）的大型化，只有企业经营规模达到一定层次，风险承担意识和能力才会越来越强，人才素质和业务质量才能有大的提升。但是，尽管近几年房地产中介随着房地产市场的发展有了较大发展，也出现了一批品牌企业和规模企业，但是由于进入门槛低，行业缺乏有效监管，使得房地产中介整体仍然呈现经营规模偏小的情况，而经营规模偏小则将限制企业的业务拓展和业务素质的提高，导致整体业务能力偏低。房地产中介在服务上基本上是“小、散、乱”，服务项目单一，业务员流动性强，待遇不高，缺乏定期培训和技术指导，导致估价、咨询和经济业务都偏低，不能有效满足顾客的需要，反过来也抑制了房地产中介服务业整体的发展。

（四）诚信不高，经营秩序混乱

由于监管的缺乏，人员素质较低，机构过分重视短期利益，导致房地产中介缺乏诚信和违规经营的现象屡见不鲜，极大地损害了房地产中介在人们心中的形象和地位，造成了行业信用危机，不仅不利于社会的和谐和效率的提高，也阻碍了自身的顺利发展。估价机构为了承揽业务，不惜违背“独立、公平、公正”原则，“高估价、低收费”、“给回扣”迎合委托方。有的中介利用买卖双方信息不对称，故意压低卖价，抬高买价，从中赚取不合理差价。有的中介则订立霸王合同，混乱收费，利用自己的优势地位，采用事先打印好的固定格式合同，并对一些条款做出不合理、不公正的规定。有一些中介则违规操作，恶劣竞争，无照经营，无资质经营，超范围经营，转让、转借、出租资质证书和执业证章。

有的中介服务组织则低价拉拢，抢夺同行客户，严重干扰了市场秩序，影响了行业发展。

（五）资质门槛不高，竞争无序

由于房地产中介机构进入行业的资质门槛较低，导致大量低素质和无经济实力的人进场开店，同时，由于执业资格没有被真正落实，大量低素质的雇员也进入中介行业，加之监管不力，处罚不重，房地产市场出现了严重的无序竞争的局面。例如有的房地产中介人员印发房源单，有时还是虚假的房源单，到其他中介门前“揽客”，或者跟踪其他中介看房人尾随“挖”房源，或者为了揽户而虚报信息或者彼此竞相压低收费标准，有的则为了获得银行的较高“返点”，诱使客户失去了对房贷产品的选择权，对灵活还款或账户连接来节省利息支出的购房者来说，无形中增加了支出。这些无序竞争的行为要么给顾客造成了损失，要么会引起同行之间的无谓的纷争，要么会压低行业利润，从而挤压行业生存发展空间，对房地产中介服务业的健康发展都极为有害。

（六）国际机构进入，高端物业乍现垄断

WTO 的加入和市场开放程度的加大，以及我国房地产市场的兴起，吸引了一批外资房地产中介机构进入一线城市。部分外资房地产中介机构快速向二线城市扩张，垄断我国房地产中介高端市场的大部分业务，对楼市走势的影响力逐渐增强。在 20 世纪 90 年代，来自香港的戴德梁行、中原地产代理集团、美国的 21 世纪不动产等国际知名房地产中介机构先后进入我国，知名外资房地产中介机构市场布局面广，交易额巨大。戴德梁行、中原地产代理集团等在我国所有一线城市的高端物业占有垄断地位，为其所服务的海内外投资者提供市场咨询。我国还没有产生具备国际竞争力的房地产中介组织，这使得市场竞争显然更有利于外资中介机构。在我国房地产的高端物业市场，本土中介机构相对于外资没有优势，外资房地产中介机构对高端业务的垄断，也一定程度上抑制了我国具有国际竞争力的房地产中介组织的产生。

八 中国房地产中介服务业发展的趋势

（一）房地产终端消费市场的不断扩大将促进房地产中介服务业的发展

经济的快速增长、城镇化的推进和人口红利促使社会财富迅速积累，导致有支付能力的住房需求日益扩大。我国城镇化率只是刚刚超过50%，与发达国家和一些发展中国家相比还相差甚远，而持久稳定的经济增长将保证我国城镇化率在未来继续推进，同时我国目前的人口年龄结构正处于人口红利期，劳动人口比例高，社会保障支付负担轻，社会财富积累速度快，适龄劳动人口的住房有效需求旺盛，保障了房地产终端消费市场的不断扩大，从而促进房地产市场的发展，继而推动房地产中介服务业的发展。

（二）房地产消费的需求层次特征明显，将拓宽房地产中介服务业业务范围

由于经济的快速发展，以及东西部差别、地域差别、城乡差别和购买力差别的存在，人们对房地产消费的需求层次呈现明显的梯度消费的特征，为我国房地产业的长期发展提供着成长性的消费需求和不断拓展的市场空间，同时也促进了房地产中介服务业的服务范围和区域不断拓宽。目前，人们对居住物业的舒适性、享受性要求不断提高，对白领人士公寓、老龄公寓、学生公寓、外商用商品房等住房形态的需求逐步加大，房地产中介服务商为了适应消费者的不同需求，不得不挖掘各细分市场消费者的潜在需求，提供更加专业更加优质的服务，在这种服务过程中不断促进房地产中介服务业的发展。

（三）房地产市场价值链专业分工程度的加深，为房地产中介服务业带来新的更大机遇

随着房地产行业的快速发展、行业竞争程度的加剧，房地产开发企业

为了更好地适应市场发展的需要，减少经营风险，提高供给效率，将更多地从自产自销的模式转为更加注重核心业务的经营，而将非核心业务外包给房地产中介服务企业。特别是当前，房地产调控增加了房地产开发企业的经营风险，使其正在积极向集约化、规模化经营方向转变，合作开发、并购重组与业务外包成为经营模式转型的主要途径，精细分工和社会化整合成为一种趋势，大型综合开发商、专业制造企业、金融企业、配套服务企业同时并存、相互促进的新格局正在形成，房地产中介服务企业为了应对这种趋势和把握这些机遇，也更加注重自身效率和专业能力的提升，从而不断将房地产价值链专业化分工推向纵深。

（四）存量房交易数量的增加为房地产中介带来广阔的发展空间

随着房地产开发市场的发展和新增住房的入市，存量房的数量也水涨船高，特别是存量房由于开发时间较早而占据了较好的地段，更加受消费者青睐，导致二手房在整个市场中的交易数量和占据的比例也持续攀升。房产市场租售并举，存量崛起，最终存量和增量并重，直至未来将最终以存量房交易为主，这种趋势将为房地产中介服务业持续地拓展发展空间。存量房交易为主意味着中介行业“四代服务”，即代别人租、代别人买、代别人卖、代别人跑腿办事，将更加发展，从而促进房地产中介企业的业务持续扩大。存量房市场起主导作用，也会导致资产运作在房地产业的主导作用更加突出，银行的金融服务和中介服务有效地结合将成为房地产行业的发展趋势，从而不断为房地产中介服务业拓展新的发展空间。

九　促进中国房地产中介服务业健康发展的政策建议

（一）完善法律法规体系，加强执法力度

我国房地产中介服务业在制度建设方面已经到了一个关键时期，原

有的一些法律法规更多地对房地产中介机构、人员和活动进行了原则性规定，而且执行也很不到位，导致目前的房地产中介服务业发展呈现一种混乱不堪的局面，必须制定更为详尽的法律法规，重新审定和设计长效房地产中介法律法规，适应社会经济发展的需要。这要求制度制定者要不断对现实生活中出现的新问题和新现象进行思考和总结，进一步建立、健全法律法规，同时各地方也要学习和借鉴国际国内的丰富经验，结合本地区的实际情况制定出更加详尽的具有可操作性的符合房地产中介服务业发展需要的法律法规。并且在建立健全法律法规的基础上，努力营造执法守法的环境，加强对房地产中介机构组织相关政策和法律法规的培训，加大法制法规的宣传力度，并且依法办事，严格执法，对一些违反法律法规损害行业利益和消费者利益的机构和人员严加惩处，坚定地将法律法规的约束作用落到实处，促进房地产中介服务业的健康发展。

（二）推动行业组织建设，发挥管理功能

行业自律是市场经济高度发展的要求，而行业组织是实现行业自律的核心力量。我国目前存在的一批房地产中介协会、学会和商会在维持房地产中介服务业管理和市场秩序方面起着重要作用，但是这些有很多带有旧的体制的痕迹，它们与政府关系密切，体制僵化，受政府干预的强度较大，而且有的地方政府办会的随意性很大，存在重复建设的情况，缺少统一规划和管理。最为关键的是，这些行业组织的权威性和市场代表性不足，缺乏管理整个行业发展秩序的能力，起不到敦促行业自律的应有作用。为了更好地发挥行业组织在促进行业自律中的作用，需要加快房地产中介行政职能的转变，强化行业组织的独立性，同时相关部门的部分行政审批权限应转移到行业组织，为行业组织提供必要的权力空间，增强其权威性和威慑力，而且也要重新整顿和统一规范行业组织，避免力量和机构过于分散，丧失市场代表性和权威性。除此之外，完善行业组织相关法律法规，加强行业组织机构改革，提升行业组织人员素质，对于行业组织管理能力的提高也是非常有必要的。

（三）培养行业职业道德，强化服务意识

我国房地产中介服务业发展迅速，专业人员数量也迅速增长，只是遗憾的是，许多房地产中介从业人员接受培训较少，行业监管不到位，导致职业道德缺失，服务意识淡薄，严重损害了房地产中介在人们心目中的形象。为了彻底扭转房地产中介在人们心目中的不良形象和规范房地产中介服务业的发展，在建立健全法律法规、加强行业组织建设的同时，还要加强从业人员的职业道德和服务意识。这就要求加大对房地产中介人员的培训，使其认识到职业道德对于个人人格和行业发展的重要性，强化其服务社会、服务消费者的思想意识，同时也要加大职业道德宣传，使遵守职业道德成为一种行业习惯甚至行业纪律。更为关键的是，政府管理部门和行业管理部门可以接受消费者投诉，或者不定期派员到中介从业人员办公室检查业务记录，只要从业人员有一次违反职业道德行为就暂停或吊销其执照，并通过行业刊物进行广告，违法违规者则移交司法机关审理。其中，行业组织应该承担对从业人员职业道德管理的重任，并对职业道德有明确、实效的内容规定及监管，把职业道德和服务水平作为企业等级评定的重要标准，逐渐推动整个行业都遵守职业道德，提高服务意识。

（四）建立信用保障机制，推动诚信经营

针对我国许多房地产中介机构和人员存在不守信用、欺诈顾客的现象，主管部门应采用行政和技术手段建立信用保障机制，主要途径和方法有：一是建立健全房地产中介机构和从业人员信用评价系统，实行星级认定制度，完善信用档案，通过网络定期向社会公布各类投诉情况，公示信用记录，任何单位和个人发现房地产中介服务机构及房地产中介服务人员在业务活动中存在良好或不良信用行为的，可以向广州市房地产中介协会反映；二是建立保证金制度，要求中介机构在设立之初就在指定银行存交与其业务规模相当的保证金，当消费者利益受到损害时，从保证金中支付赔偿款项，这样不仅可以切实维护消费者利益，也可以起到对中介机构的威慑作用，避免欺诈行为的发生；三是建立以银行为主体的“托管”机

制，即中介机构负责提供信息和代办过户等服务，而将房产证和预付的房款在双方合同未履行完前由银行托管，银行收取居间担保和保管费，这样将增加买卖双方的信任度，有利于中介业务的拓展；四是建立“违规曝光”制度，有关管理部门和行业协会可以利用网络、电视等媒体对违规企业和从业人员给予曝光，并对职业操守较好、诚信无欺的企业和从业人员予以公开表扬。

（五）严格市场准入制度，净化经营环境

提高房地产中介服务业市场准入标准，将有利于中介行业优化资源配置，扩大企业经营规模，获取规模效益，提高企业服务质量，打造品牌企业，也将提升投机者的进入成本，避免投机者扰乱市场。近几年，我国虽然也实行中介机构资质及执业人员资格管理制度，但由于标准及条件规定偏宽，且监管机构把关不严，导致大量的低素质机构及执业人员进入市场。为严格市场准入制度，要求落实房地产中介人员执业资格管理和进入规模管理，规定从事房地产中介的机构必须具备相应执业资格人员的数量和资金规模，同时查处无资质中介企业，只有持有相关部门颁发的房地产中介机构资格证书的中介企业才能开展业务经营。在设计市场准入制度时，要采取措施提高中介机构的抗风险能力和服务质量，对中介机构的注册资金、营业场所和从业人员的设定具体化，并根据注册资金、从业人员和经营业绩等情况划分不同等级的资质，根据资质从事相应的业务范围。

（六）鼓励品牌连锁经营，提高服务质量

品牌是房地产中介代理公司获取竞争优势最为有利的法宝，而连锁则是迅速扩大规模打造中介品牌的有效途径，鼓励房地产中介品牌连锁经营将有利于房地产中介服务业服务质量的提高，更好地为社会提供满意的服务。实行品牌经营战略，可以最大限度地促进从业人员提高专业知识，业务能力和职业道德水准，促使企业自身在企业理念、服务项目、专业水准、文化建设等方面取得更大的进步；而连锁经营战略则可以促使企业在竞争环境下，提高经济实力，获取规模收益，最终提高整个行业的资源优

化配置能力。要鼓励中介企业实施品牌连锁经营，可以通过门店保证金共享、简化统一办理手续、加强广告宣传等方式增加企业实行品牌连锁的动力，为更多的中介企业实行品牌连锁经营创造有利条件，有效避免过多的单店占据市场，提高管理方便度并杜绝经营欺诈，提高行业业务经营能力和服务质量。

（七）改善市场竞争环境，倡导公平竞争

房地产中介市场竞争机制环境尚缺乏秩序，不仅体现在许多中小中介企业的无序恶劣竞争，更突出地体现在市场中有许多机构与政府存在千丝万缕的联系，还体现在国际外资中介机构对高端房地产中介业务的垄断等方面。我国很多房地产中介是社会转型过程中政府职能转化、权力下移的产物，尽管机构改革要求房地产中介企业与行政脱钩，但我国许多房地产中介企业仍然与政府部门有很多联系，导致这些房地产中介企业凭借政府管理部门的关照而得以优先获得经营业务，抑制了其他房地产中介企业的发展空间。同时，知名外资房地产中介机构进入内地后，市场布局面广，交易额巨大，在我国一线城市的高端物业占有垄断地位，也进一步恶化了市场竞争环境。改善市场竞争环境要求进一步规范房地产中介企业与政府的关系，切断二者之间任何的权属和资金联系，对所有企业一视同仁，严格限制政府指定企业代办相关业务；对于国际房地产中介企业，严格监督其经营行为，杜绝任何带有垄断性质的行为发生，同时积极培育本土品牌企业，避免高端物业垄断趋势的继续蔓延，形成公平的市场竞争环境。

（八）促进企业资源共享，整合业务链条

我国房地产中介市场尽管已经初具规模，分工不断深化，但仍存在着业务割裂和质量较低的情况，各机构业务交流、资源共享都做得不足，反而导致相互之间的恶劣竞争，不利于行业整体服务能力的转型提高。促进企业资源共享，整合业务链条的任务十分迫切。为了促进资源共享和业务整合，中介企业应充分发现各自的资源优势、业务长处，优势互补，相互进行经验交流，提高自身的业务能力，政府则通过政策优惠、信息提供等

方式引导中小企业资源共享和优势互补，有条件的则促使其联合或合并，促进企业由较单一的业务经营向多种业务经营转变，延长和丰富中介服务价值链条，这样不仅可以丰富服务品种和提高自身的竞争能力，而且可以避免企业之间的无序竞争，改善市场竞争环境。

参考文献

甘文成：《关于发展我国房地产中介服务业的几点思考》，《中国房地产金融》2002 年第 8 期。

何芳、魏静：《国外房地产中介行业的现状及特点》，《中国房地产信息》2001 年第 4 期。

宋晓琳、李志平：《房地产中介行业发展的战略性思考》，《上海经济研究》2005 年第 3 期。

王波：《房地产中介在房地产经济运行中的地位及作用》，《中国房地产金融》2000 年第 5 期。

燕翔环、杨和礼：《国内外房地产中介行业的比较》，《当代经济》2008 年第 5 期。

中国海洋服务业发展现状、重点领域与政策建议

霍景东*

摘　要： 海洋服务业是包括直接在海域上提供的各项生产、生活服务以及服务于各海洋领域经济部门、各类涉海企事业的所有服务集合。我国海洋经济和海洋服务业发展态势良好，2010 年我国海洋生产总值占国内生产总值的 9.7%。海洋服务业增加值占海洋生产总值比重高达 47.5%，占国内生产总值比重也超过了 4.6%。但总体看，我国海洋服务业发展比较落后、规模相对偏小、竞争力不强、区域布局不合理、创新能力不足。航运物流业、海洋科技服务业、海洋专业服务业是我国海洋服务业未来发展的重点领域。要坚持以陆地与海洋融合发展、军用和民用融合发展、一二三产业融合发展的战略思路推进我国海洋服务业跨越发展。

关键词： 海洋服务业　海洋经济　融合发展战略

为应对人类所面临的资源短缺与生态环境恶化等重大问题，世界上许多国家都确立了“大土地”理念，越来越多地向海洋国土、地下空间、太空等拓展自身新的生存与发展空间。而海洋占地球总面积的 70%，有

* 霍景东，男，经济学博士，中国社会科学院工业经济研究所博士后，主要研究方向为企业管理和服务经济。

着“蓝色动脉”的美称，拓展空间最为广阔。开发利用海洋、加快海洋经济发展已成为提升国际竞争力的关键。因此，美国、英国、日本等国都制定了海洋开发战略，尽管具体内容不同，但是核心目的却都是向海洋要资源、要发展。实际上，海洋的战略价值不仅仅体现在经济上，对于政治、军事等都具有重要意义，可以毫不夸张地说，谁控制了海洋，谁就掌握了未来战略的主动。海洋活动涉及海洋经济、海洋政治、海洋外交、海洋军事、海洋权益、海洋技术等方面，而海洋服务业是贯穿于整个海洋战略的核心产业，是海洋竞争力的主要体现。本报告将在界定海洋经济、海洋服务业内涵的基础上，分析我国海洋服务业发展的现状和问题，借鉴美国、日本海洋服务业发展经验，按照陆海融合、军民融合、产业融合的思路分析我国海洋服务业发展的重点领域、保障措施。

一　相关概念界定

（一）海洋经济

徐质斌、牛福增（2003）认为海洋经济是海洋活动场所、资源依托、销售或服务对象、区位选择和初级产品原料对海洋有特定依存关系的各种经济的总称，海洋经济是从一个或几个方面利用海洋经济功能的经济。这是国内学者较早对海洋经济下的定义。我们认为，现代海洋经济包括为开发海洋资源和依赖海洋空间而进行的生产、生活活动，以及直接或间接为这些活动提供相关服务的经济行为。

（二）海洋产业

相对于海洋经济，海洋产业则是更加具体的领域。陈可文（2003）则认为海洋产业是指人类开发利用海洋空间和海洋资源所形成的生产门类，海洋产业是海洋经济的构成主体和基础，是海洋经济得以存在和发展的基本前提条件。海洋产业是海洋经济的孵化器，海洋资源只有通过海洋产业这只孵化器才能转化并成为海洋经济。

国家海洋局《海洋经济统计公报》对海洋产业定义为“开发、利用和保护海洋所进行的生产和服务活动，包括海洋渔业、海洋油气业、海洋矿业、海洋盐业、海洋化工业、海洋生物医药业、海洋电力业、海水利用业、海洋船舶工业、海洋工程建筑业、海洋交通运输业、滨海旅游业等主要海洋产业，以及海洋科研教育管理服务业”。

（三）海洋服务业

海洋服务业是海洋产业的重要组成部分，按照中华人民共和国国家标准《国民经济行业分类》（GB/T4754－2002）和中华人民共和国海洋行业标准《海洋经济统计分类与代码》HY/T052－1999的规定，对海洋三次产业作如下划分：海洋第一产业包括海洋渔业；海洋第二产业包括海洋油气业、海滨砂矿业、海洋盐业、海洋化工业、海洋生物医药业、海洋电力和海水利用业、海洋船舶工业、海洋工程建筑业等；海洋第三产业包括海洋交通运输业、滨海旅游业、海洋科学研究、教育、社会服务业等。

显然，这是狭义的海洋服务业概念。随着海洋经济的崛起，海洋服务业越来越重要，范围也在不断扩大。本报告研究的海洋服务业是广义的海洋服务业，即包括直接在海域上提供的各项生产、生活服务以及服务于各海洋领域经济部门、各类涉海企事业的所有服务集合，海洋现代服务业系指利用现代海洋技术、电子技术、航天技术、信息技术等为各类涉海生产、生活活动提供的港口物流、海洋预报、环境监测与评价、海洋调查、海上搜救、环境修复、海洋保险金融等海洋生产性服务和社会生活服务，是海洋经济发展和海洋权益维护的重要保障。

具体来讲，海洋服务业包括：海洋科研教育管理服务业，即开发、利用和保护海洋过程中所进行的科研、教育、管理及服务等活动，包括海洋信息服务业、海洋环境监测预报服务、海洋保险与社会保障业、海洋科学研究、海洋技术服务业、海洋地质勘查业、海洋环境保护业、海洋教育、海洋管理、海洋社会团体与国际组织等；海洋交通运输业，即以船舶为主要工具从事海洋运输以及为海洋运输提供服务的活动，包括远洋旅客运输、沿海旅客运输、远洋货物运输、沿海货物运输、水上运输辅助活动、管道运输业、装卸搬运及其他运输服务活动；滨海旅游业，即以海岸带、海岛及海洋各种自然景观、人文景观为依托的旅游经营、服务活动，主要包括海洋观光游览、休闲娱乐、度假住宿、体育运动等活动；海洋相关服务业，是指以各种投入产出为联系纽带，与主要海洋产业构成技术经济联系的上下游产业的涉海服务业等。

二　海洋服务业的现状和问题

（一）全球海洋经济发展状况

20 世纪 70 年代初，世界海洋经济总产值大约为 1100 亿美元，20 世纪 90 年代以后，世界海洋经济总产值平均每年以 11% 的速度增长，2001 年达到 1.3 万亿美元，占全球 GDP 的 4%。[①] 据 Douglas-Westwood Ltd（2005）预计，到 2010 年全球海洋部门产值将达到 1 万亿欧元，见表 1。

表 1　全球海洋部门产值（2004 ~ 2010 年）

单位：百万欧元

年份	2004	2005	2006	2007	2008	2009	2010
运输	344368	287748	275466	274653	290885	307929	325826
海洋旅游	168189	173739	179487	185440	191606	197995	204614
离岸油气	91146	88237	93544	97132	98011	99119	99057
海产品加工	79563	75544	76083	76666	77294	77969	78644
海洋装备	64246	57474	58761	56949	55603	58001	60346
渔业	55688	50713	50259	49809	49362	48920	48478
造船业	37746	32744	33141	30835	28716	29582	30272
航海造船	28862	27358	28410	29443	30775	32507	34414
港口	25017	24827	26068	27111	28196	29324	30496
海水养殖	23876	24831	25824	26857	27931	29049	30166
游艇造船	12486	12109	13017	13993	15043	16171	17303

① 崔晓文：《世界海洋产业发展态势》，http：//www. istis. sh. cn.

续表

年份	2004	2005	2006	2007	2008	2009	2010
巡航	12090	12091	12909	13671	14363	14976	15501
研究和开发	10629	10346	10757	10803	11010	11404	11624
海洋服务	6840	5742	5497	5481	5805	6145	6502
再生能源	128	514	1365	2327	2857	5586	4704
安全	0	877	1822	3351	4577	2347	2320
海洋统计	2013	1925	1964	2022	2082	2144	2209
教育和培训	1537	1514	1546	1600	1655	1722	1790
水下技术	1342	1275	1323	2335	1363	1409	1438
潜水设备	479	479	506	523	537	544	545
合计	966245	890087	897749	911001	937671	972843	1006249

资料来源："World Marine Market", Douglas Westwood Ltd, 2005.

（二）我国海洋服务业的总体状况

2010 年我国海洋生产总值达到 38439 亿元，占国内生产总值的 9.7%。其中，海洋第三产业增加值 18258 亿元，占海洋生产总值比重高达 47.5%，占国内生产总值比重 4.6%（图 1）。在海洋服务业中，海洋交通运输业的产值达到 3816 亿元，比 2005 年的 1145 亿元，提高了 3 倍多，滨海旅游业从 2005 年的 2031 亿元增长到 2010 年的 4838 亿元，增长了 138%（表 2）。

表 2　我国主要海洋产业增加值情况

单位：亿元

年份	2010	2005
主要海洋产业	15531	—
海洋渔业	2813	2011
海洋油气业	1302	467
海洋矿业	49	8
海洋盐业	53	52

续表

年份	2010	2005
海洋化工业	565	79
海洋生物医药业	67	17
海洋电力业	28	606
海水利用业	10	113
海洋船舶工业	1182	176
海洋工程建筑业	808	103
海洋交通运输业	3816	1145
滨海旅游业	4838	2031
海洋科研教育管理服务业	6839	
海洋相关产业	16069	

资料来源：2005、2010 年《中国海洋经济统计公报》。

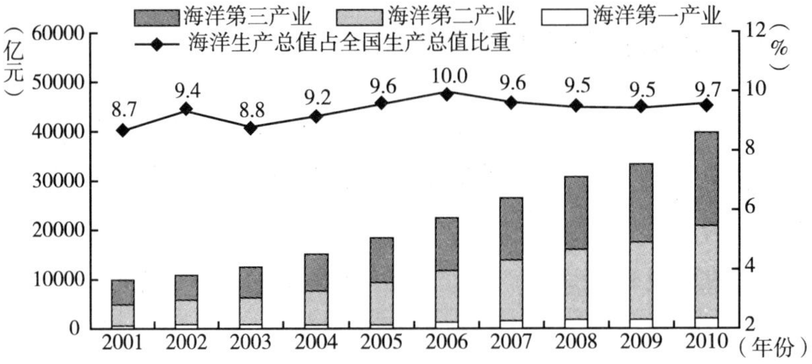

图 1　中国海洋经济基本概况（2001～2010）

资料来源：《2010 年中国海洋经济统计公报》。

（三）我国海洋服务业重点行业发展状况

1. 滨海旅游业

我国拥有 1.8 万公里的大陆海岸线和 6000 多个岛屿，海域跨越热带、亚热带和温带，海景各具特色，名胜众多，滨海旅游资源丰富。1992 年 8 月，国务院出台了《关于试办国家旅游度假区的意见》，并先后批准了 12

个国家级旅游度假区，辽宁大连金石滩、山东青岛石老人、上海横沙岛、福建莆田湄州岛、广西北海银滩、海南三亚亚龙湾等6个海洋海滨风景区赫然在列。目前，我国滨海旅游开发以沿海开放城市为中心，形成了5个具有不同特色的旅游开发带：山东半岛、辽东半岛、渤海湾旅游带，苏沪浙滨海旅游带，福建滨海旅游带，珠江三角洲沿海旅游带，海南岛旅游带。从产品体系看，目前我国滨海旅游的内容由单纯游览沿海风光、名胜古迹等拓展到综合海洋旅游，主要包括海洋文化游，体验渔家民俗、品尝海洋美食、欢度海洋文化节庆，海洋度假、休闲、康疗旅游，海洋运动娱乐旅游等。2010年滨海旅游实现增加值4838亿元，同比增长7.9%。

2. 海洋交通运输业

2009年我国远洋运输完成货运量达到5.17亿吨、货物周转量39524.12亿吨公里。2009年，货物吞吐量超过亿吨的港口达到20个，其中沿海亿吨港口为宁波—舟山港（5.77亿吨）、上海港（4.95亿吨）、天津港（3.81亿吨）、广州港（3.64亿吨）等。其中，上海港、深圳港、宁波—舟山港、广州港等集装箱吞吐量进入全球前20位（表3）。

表3 世界主要港口集装箱吞吐量

单位：标准箱

排名	港口	2008年	2007年	2006年	2005年	2004年
1	新加坡港	29918200	27932000	24792400	23192000	21329000
2	上海港	27980000	26168000	21710000	18084000	14557200
3	香港	24248000	23881000	23538580	22602000	21984000
4	深圳港	21413888	21099000	18468900	16197173	13655484
5	釜山港	13425000	13270000	12038786	11843151	11491968
6	迪拜港	11827299	10653026	8923465	7619222	6428883
7	宁波—舟山港	11226000	9349000	7068000	5191000	4005500
8	广州港	11001300	9200000	6600000	4684000	3308200
9	鹿特丹港	10783825	10790604	9654508	9286757	8280787
10	青岛港	10320000	9462000	7702000	6310000	5139700
11	汉堡港	9737110	9889792	8861804	8087545	7003479
12	高雄港	9676554	10256829	9774670	9471056	9714115

续表

排名	港口	2008 年	2007 年	2006 年	2005 年	2004 年
13	安特卫普港	8662890	8175951	7018899	6488029	6063746
14	天津港	8500000	7103000	5950000	4801000	3814000
15	巴生港	7970000	7120000	6326294	5543527	5243593
16	洛杉矶港	7849985	8355039	8469853	7484619	7321433
17	长滩港	6487816	7312465	7290365	6709818	5779852
18	丹戎帕拉帕斯港	5600000	5500000	4770000	4169177	4020421
19	不来梅哈芬港	5529159	4912177	4444389	3735574	3469253
20	纽约—新泽西港	5265053	5299105	5092806	4792922	4478480

资料来源：Container throughput in the world-wide most important container ports。

截至2009年底，我国拥有远洋运输船舶2079艘，净载重量4760.22万吨，集装箱箱位95.71万TEU，船舶功率1365.45万千瓦。同时，大型骨干航运企业的规模化、专业化、集约化水平不断提高，中型航运企业、民营航运企业迅速崛起，中远、中海集装箱船队运力进入世界十强（见表4）。

表4　世界前20位的中国（含香港、台湾）集装箱运输企业（2009年）

世界排名	班轮公司	总运力		自有运力		租赁运力	
		载箱量	艘数	载箱量	艘数	载箱量	艘数
4	长荣海运	551490	148	319263	87	232227	61
6	中远集运	474806	131	266627	87	208179	44
8	中海集运	437564	121	250099	71	187465	50
12	东方海外	337403	72	238642	40	98761	32
15	阳明航运	310149	76	187201	45	122948	31

资料来源：AXS-Alphaliner.

3. 海洋科研教育管理服务业

（1）海洋技术服务。截至2009年，中国有涉海科研机构186个、科研人员34078多人，初步形成覆盖9个学科领域的国家（重点）实验室网络，围绕海洋环境、海洋资源和生态及全球气候变化等问题，取得一系列具有世界水平的研究成果；围绕提高近海资源利用水平和深海战略性资源的储备，突破了一批重大技术和装备，促进了我国海洋技术从近浅海向深远海的战略性转移，应用新的海洋环境实时监测仪器和系统，形成了专属经济区及西太平洋海洋环境立体综合监测与监控的技术能力，海洋环境预报范围初步实现从近海、西北太平洋拓展到全球和重要海上通道。海洋调查范围已从海岸带、近海拓展到三大洋和南、北极海域，形成了“数字海洋”基础信息框架等。2009 年，全国海洋科技经费投入 1601610 万元，其中政府基本建设投资 112634 万元，见表 5。

表 5　中国海洋技术服务情况（2009 年）

指　标	机构数（个）	从业人员（人）	经费投入（万元）	政府基本建设投资（万元）
海洋基础科学研究	105	15961	801520	81277
海洋自然科学	56	11573	682441	71564
海洋社会科学	5	1087	31818	1652
海洋农业科学	40	3201	85951	8062
海洋生物医药	4	100	1310	0
海洋工程技术研究	68	16294	732355	30382
海洋化学工程技术	13	5464	238671	493
海洋生物工程技术	2	209	13627	0
海洋交通运输工程技术	16	3339	111137	111866
海洋能源开发技术	4	2594	1937220	1085
海洋环境工程技术	11	877	37770	13
河口水利工程技术	18	2934	109268	17606
其他海洋工程技术	4	877	28161	0
海洋信息服务业	10	1130	40873	948
海洋技术服务业	3	691	26862	30
海洋工程管理服务	1	119	5099	30
其他海洋专业技术服务	2	572	21763	0
合　计	186	34078	1601610	112637

资料来源：根据《中国海洋统计年鉴 2010》整理。

（2）海洋教育服务业。我国海洋人才遍及20多个涉海行业部门以及260多家科研院所和大专院校，已经发展成为一支涉及领域广、素质层次高、年龄结构轻、初具规模的人才队伍。2010年，我国海洋人才资源总量已达201万人，其中专业技术人才达137万人（见表6），中国科学院院士和中国工程院院士50多位。目前，开设海洋专业的高等学校有314所，教职工387857人，专任教师数为229988人。全国有普通高等专科、本科学校有590个海洋专业招生点数，在校生160717人，其中报关与国际货运招生点156个，在校生人数46642人为最多。[①]

表6　我国海洋人才资源现状

指　标	2010年
海洋人才资源总量	201.1万人
海洋专业技术人才	137.3万人
海洋技能人才	58.7万人
海洋管理人才	5.1万人
海洋人才占海洋产业就业人员的比例	20.3%
本科以上学历占海洋产业就业人员的比例	14.2%

资料来源：《全国海洋人才发展中长期规划纲要（2010～2020年）》。

（3）海洋信息服务业。全国有海洋信息服务业机构10个，从业人员1130人（见表5）。在我国海洋信息服务业中，海洋预报是主要业务，海洋预报情况见表7。

表7　我国海洋预报服务情况

预报项目	数值预报			
	预报服务次数	发布次数		
		广播电视	因特网	纸质
海　浪	3736	730	5030	836
海　温	177675	1095	5030	175930

① 资料来源：《中国海洋统计年鉴2010》。

续表

预报项目	数值预报			
	预报服务次数	发布次数		
		广播电视	因特网	纸质
潮　汐	368176206	730	2166	368174826
海　流	176610		4315	175215
盐　度	175200		1460	175200
其　他	351815		776	352100
合　计	369061242	2555	18777	369054107

资料来源：根据《中国海洋统计年鉴2010》整理。

（三）我国海洋服务业发展中存在的问题

1. 海洋服务业总体规模相对偏小

我国海洋服务业占GDP的比重已达到4%以上，但是规模与发达国家相比还是较小。同时，我国是人口大国，陆地资源优势并不明显，因此需要海洋经济提供发展空间和动力，海洋服务业的发展规模相对国家战略需求来讲仍然较小。

2. 海洋服务业竞争力不强

一是新兴海洋服务业培育发展不足，如缺少能对海洋新能源、海洋生物产业等新兴战略性产业形成有效支撑的产业。二是海洋服务业的现代化不足，竞争力不强，如旅游业中滨海旅游仍然是主体，深度海洋旅游发展不足；如海洋运输服务业发达，但是基于海洋运输发展起来的现代航贸业发展不足。

3. 区域布局不合理

目前，我国海洋服务业布局不合理，区域同构性强，没有形成差异化发展的格局。主要是海洋第一产业、第二产业同构性明显造成的，同时也有我国海洋服务业创新能力不足的原因。

三 海洋服务业发展的国际经验：以美国、日本为例

海洋服务业的发展是基于整个国家的海洋战略和海洋经济，而不同国家的海洋资源、陆地资源不同，其发展海洋经济的模式也会不同，海洋服务业发展的模式和重点也会产生差异。本部分在借鉴罗天昊、刘彦华（2011）部分研究成果的基础上，以美国和日本为例总结海洋服务业发展的国际经验。

（一）美国模式：大陆立国，海洋突破

美国既是陆地强国，也是海洋大国。尽管美国内陆地区在地理位置上远离海洋和海洋环境，但其经济却与海岸带的重要经济活动密切相关，美国近80%的进出口货物通过海港运输，全国80%以上的经济是由沿涉海州支持的［Report of National Ocean Economics Program（2009）］。尽管美国海洋经济总量领先全球，但是海洋经济本身所占的比重不高，2008年，整个海洋经济占美国GDP的比重仅为1.2%，参见表8。

表8 美国海洋和海岸带价值与政府海洋投资额的比较

单位：%

估计值	年度	占比
海洋经济占国家预算的比例	2004	7.4
海洋经济占美国GDP的比例	2004	1.2
联邦海洋支出占国家预算的比例	1990	0.6
联邦海洋支出占国家预算的比例	2004	0.3
联邦海洋支出占国家预算的比例	2006	0.3

资料来源：美国国家海洋经济项目，BLS，BEA，OMB。

1. 美国海洋服务业管理机构

美国联邦政府中管理海洋资源的主要部门是商务部下属的国家海洋与大气局（NOAA）。NOAA成立于1970年10月，它不仅负责海洋事务，同

时还管理大气事务，其主要职责有：全美的天气及气候预报；海洋及大气资料的监测及归档；海洋渔业及哺乳动物的管理；全美水域的测量绘图；海岸带管理以及上述领域的研究与发展工作。此外，它还负责管理：①美国气象和环境卫星的运行；②用于海洋测量、调查、渔业及研究目的的舰队和机群；③ 12 个环境研究实验室以及几个超级计算机。美国海事管理局（MARAD）的主要职责是维护和推动美国商业海运的发展，并能在战争时期有能力为海军服务。其主要计划、倡议和活动包括以下几个方面：海洋运输系统倡议（目的是确保建立一个安全的对海洋环境无害的世界级的运输系统）、国家安全方面的计划和活动（确保在战争时期或紧急时期运输货物的能力）、支持并推动造船能力的发展（确保美国在国际上的竞争力和国家安全）、海上劳务和培训工作、水域港口的建设和联运能力的建设、环境保护等。

2. 美国海洋科技服务基础设施

NOAA 的研究基础设施包括一系列的联邦实验室、科学中心、海船、飞行器以及其他观测系统和平台。海洋与大气研究局实验室，包括高层大气学实验室、空气资源实验室、大西洋海洋学与气象学实验室、气候诊断中心、气候监测和诊断实验室、环境技术实验室、预报系统实验室、地球物理流体力学实验室、大湖环境研究实验室、国家强风暴实验室、太平洋海洋环境实验室。国家海洋渔业局科学中心，包括阿拉斯加、东北、西北、东南、西南与太平洋岛屿 6 个渔业科学中心。国家环境卫星、数据和信息局中心，从事气象学、气候学和海洋环境特征方面卫星监测数据的应用研究。国家海洋局实验室和中心，包括海岸渔业和栖息地研究中心、海岸监测和评估中心、海岸环境健康和生物分子研究中心、海洋系统检测和评价计划、海岸带海洋研究发起中心、海岸调查开发实验室、霍林斯海洋实验室、国家大地测量调查局地球科学研究部、国家大地测量调查局遥感研究组。国家天气局实验室和中心，包括环境模拟中心、气象发展实验室、水文发展实验室、空间环境中心。

3. 美国海洋服务业的重点园区

美国最早在密西西比河口区和夏威夷开办了两个海洋科技园区。前者

（MOST）主要是从军事和空间领域的高技术向海洋空间和海洋资源开发的转移，加速密西西比河区域海洋产业的发展；后者以夏威夷自然能实验室（NELH）为核心，主要致力于海洋热能转换技术的开发和海洋生物、海洋矿产、海洋环境保护等领域的技术产品开发。同时，美国波士顿海洋产业园区形成以生物医药为主的产业特色。目前，美国初步建设成有大西洋海洋生物园区、三角海洋工业园区、佳瑞特海湾海洋产业园区等多个特色鲜明的海洋产业园区，涉及300多个海洋相关行业。

4. 21世纪美国海洋服务发展的取向

2004年底，美国海洋政策委员会向国会提交了名为《21世纪海洋蓝图》的海洋政策报告，对海洋管理政策进行了迄今为止最为彻底的评估，这标志着美国的海洋发展战略上升到了一个新高度。具体内容包括以下几点。

（1）成立国家海洋委员会、总统海洋政策咨询委员会和区域海洋委员会。加强联邦对区域工作的支持，满足区域研究和信息的需要，发展区域生态系统评估，促进地区工作和协调联邦水域管理的手段。

（2）强化民族的海洋意识，建立协作的海洋教育网，协调海洋教育，把研究和教育结合起来，在中小学教育中增加海洋教育，加强对高等教育和未来海洋工作力量的投资，满足未来对海洋队伍的需要；要对所有美国人都进行终身的海洋教育。

（3）建立可持续的综合海洋观测系统；加强海洋基础设施和科技发展。

（4）要建立海洋政策信托基金，加大资金投入力度。此外，在美国2010年制定的预算中，将致力于发展可再生能源的投资增加了一倍，而据美国电力研究机构预计，水动力的能力资源将会在未来满足10%的美国能源需求。

（二）日本模式：陆海联动，全面开发

日本是岛国，陆地资源匮乏，20世纪60年代日本政府把经济发展的重心从重工业、化工业逐步向开发海洋、发展海洋产业转移，形成了以海

洋生物资源开发、海洋交通运输、海洋工程等高新技术产业为支柱的现代海洋经济结构。日本发展海洋经济坚持陆海联动，即以大型港口为依托，拓宽经济腹地范围。日本已构筑起新型的海洋产业体系。其中，港口及海运业、沿海旅游业、海洋渔业、海洋油气业等四种产业，已经占日本海洋经济总产值的70%左右，土木工程、船舶工业、海底通信电缆制造与铺设、矿产资源勘探、海洋食品、海洋生物制药、海洋信息等，也都获得全面发展。日本的国际贸易主要取决于海上运输，国内贸易的40%也依靠海上运输，超过80%的工业基础材料，如水泥和钢铁产品依靠海洋运输。

1. 日本海洋技术创新体系

作为国家创新体系建设的重要组成部分，日本海洋科学研究由大学、政府部门及相关产业承担，其中政府部门科研主要集中于海洋科学技术中心，该中心承担着研究开发、设施配给、知识培训和信息处理的职责。国家海洋研究所（NMRI）凭借在专业知识、研究设施和技

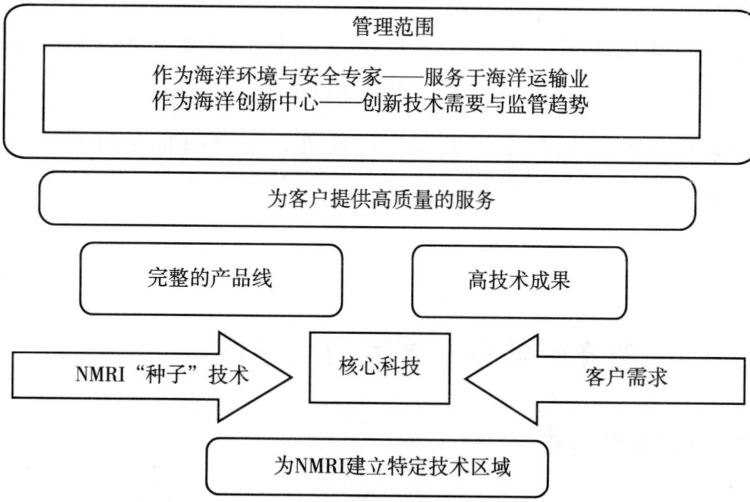

图2　NMRI战略业务示意

术能力上的优势，为政府和社会提供高质量的服务，包括拟定日本和国际的海洋技术标准、保护海洋环境、创新海洋技术、确保海洋运输安全等。为促进学术界与产业界的合作交流，日本政府在许多地区建立了“创新集群”（innovative clusters）。“创新集群”的设立旨在连接区域的创新参与者，这在很大程度上为当地经济发展和就业机会的增加作出了贡献。除了推动产学互动，“创新集群”也积极鼓励当地企业与分包商之间的合作。实践证明，这种创新模式的实施已经取得很好的效果。

2. 日本海洋服务业发展政策取向

2008 年，日本制定了《海洋基本计划》，重点是六个方面的内容，统筹海洋开发利用与海洋环境保护、确保海洋安全、增强海洋科学知识、健全发展海洋产业、海洋的综合管理、海洋问题的国际合作。在产业方面，《海洋基本计划》提出要巩固和发展传统国际航运服务业，改善基础设施，建设海上运输网络枢纽，如较大集装箱处理设施、简化港口程序等；要提高造船行业和船舶机械行业的产品质量来稳固市场，建立安全/环境标准，加强国际竞争力。更重要的是，利用丰富的海洋资源和日本周边广阔的海洋空间积极发展新的海洋产业，使科技发展在海洋各产业便利化以及海洋相关技术和信息的使用更容易。此外，对于有前景好新的资源，如深海底栖微生物资源，需要系统发展。

四　中国海洋服务业发展的重点领域

（一）航运物流业

海洋运输服务业是海洋服务基础性产业，也是海洋服务的传统产业，我国海洋运输服务业要加快转型，由海洋运输向现代航贸服务转变。现代航贸服务业一般是集群化发展，航贸服务包括海洋保险、海洋信息、船舶租赁等，如伦敦的海洋服务集群有 1300 多家企业，涉及十几种行业，见表 9。

表 9　伦敦海洋运输服务产业集群

企业种类	企业数	企业种类	企业数
船舶代理与转发	336	承租者	42
船舶运营和管理	206	信息技术服务	35
海洋保险	193	P&I 保险	26
船舶经纪	143	海洋教育与训练	12
海事机构或组织	105	海洋专业服务	9
海事法律服务	101	船级社	8
咨询和调查	98	媒体和出版	6
船舶金融及相关服务	62	总　计	1382

资料来源：Douglas-Westwood Ltd，“World Marine Market”，2005。

1. 促进航运服务攀升高端环节

现代航运服务主要包括：上游产业，特点是知识密集型、高附加值、提供航运高端服务，包括船舶登记、船舶买卖、航运融资、航运保险、海事仲裁与诉讼、评估公证、海损理赔、航运交易、航运咨询、航运组织、人才培养；中游产业，特点是资本密集型、规模经济和集约经营、附加值较高，包括邮轮运输、货物运输、船舶租赁、船舶管理；下游产业，特点是劳动密集型、企业规模较小、经营相对分散、附加值较低，包括码头服务、集装箱堆场、仓储服务、船舶代理、货运代理、报关服务、理货服务、内陆运输服务、船舶供应服务、船员劳务等。我国目前的码头服务、集装箱堆场、仓储服务等下游产业的海运服务比较发达，深圳港、上海港、广州港集装箱吞吐量进入全球前 20 位，货物运输、船舶管理和租赁等中游产业发展水平也较高，长荣海运、中远集运等企业进入全球 15 强，但是航运组织、航运咨询的产业发展水平较低，今后要加强航运服务高端化发展战略，重点是航运保险、航运融资、船舶登记以及涉海企业投资、涉海法律与公证、涉海财务及税务、涉海咨询、涉海知识产权等服务。

2. 推动航运服务向供应链管理转变

在现代供应链模式中，贸易商对客户的每一份订单均在全球范围内进行供应链的优化配置，从而创造出一条最有效的供应链，为客户提供最具成本竞争力的产品，并从中赚取最大的边际利润。贸易商向客户提供的服务领域，除了负责以产品生产为中心的工作，包括市场调查、产品设计与开发、原材料采购、选择供货商和生产监控，此外还监管一系列的进出口清关手续与物流的安排，并对有潜质的原材料供货商、工厂、批发进口商和零售商等在供应链中占有关键位置的企业进行融资，以便使供应链上所涉及的各企业都能够以最佳状态运作。中国要培育龙头企业，由单纯提供航运服务向供应链管理集成商转变。同时要在重要沿海城市，如广州、上海建设国际海运中心，大力培育航运集群，发展航运总部经济。

（二）海洋科技服务业

新兴技术在研发端很难受到广泛的关注，而需要科技经济机制等模式实现技术、资本、市场的有效对接。目前，普遍存在科研端和项目端脱节，项目端和产业端脱节，产业和基地脱节的现象，没有形成链条化发展。发展新兴产业要坚持“研发—项目—产业—基地”和“咨询—金融—商务服务”两条线贯通，因此发展海洋科技服务业要动态的、有规划的对某些产业的关键技术、关键环节进行支持，要对产业融合的节点、关键技术进行支持，要对产业链条的关键环节进行支持。

1. 完善海洋创新体系

坚持完善政产学研用一体化的创新体系。首先强化企业技术创新主体地位，促进创新要素向企业集聚，鼓励企业加大研发投入；其次，构建政产学研用协同创新网络，完善股权激励、技术转移等促进协同创新的体制机制，探索多种路径、多种方式的政产学研用合作模式，支持组建产学研创新联盟，推进各类科技条件平台、创新资源的开放和共享。加快科技园、孵化器、中试基地、产业化基地等创新载体建设，形成各类创新主体在“研发－孵化－中试－产业化”全链条合作方面的有力支撑。同时，要搭建国际交流合作平台，加强技术引进和交流，努力形成一批产业联盟、标准联盟以技术、标准为纽带，整合国内国际资源，构建面向全球的创新协作体系。

2. 突破一批关键技术

大力发展传统海洋油气服务业，重点是钻井船、物探船、铺管船、运输船以及钻井平台研究开发，重点是海洋油气高精度勘探技术、海上油田提高采收率新技术、海上油田钻完井新技术、海洋边际油气田开发技术、海洋油气开发安全保障技术、新型海洋平台设计及油气储运技术等。大力发展海洋新能源服务业，主要加强潮汐能、波浪能、海流能（潮流能）、海水温差能和海水盐差能技术研发、装备制造服务等。要加强海底天然气水合物新能源的勘探，据统计全球的“可燃冰”总能量是所有煤、石油、天然气总和的2倍以上，因此要深入开展海底“可燃冰”的物质性质、勘探技术、开发工艺、经济评价环境影响等服务。大力发展海水淡化服务业，要重点解决海水循环利用中的防腐、防生物附着、防盐雾飞溅、防盐沉积技术，完成海水循环技术系统试验；大力发展从海水中提取钾、溴、锂、铀等元素的技术等。重视海洋生物优良品种、海洋农牧、海水养殖、海洋生物制药等相关服务，重点开发海洋生物资源采集、保存和资源库建设，海洋活性天然产物和药物先导化合物的发现、优化以及候选新药研究，开发海洋水产品综合加工高新技术和海洋动植物资源高值化利用技术，新型海洋生物制品研究开发技术，海洋微生物分离、培养及其资源利用技术以及海洋生物重要功能基因研究开发技术。

（三）海洋专业服务业

1. 深化海洋金融产品创新

完善海洋科技保险体系，建立保险公司、科研机构、中介机构和科技企业共同参与的科技保险产品创新机制，包括信贷体系、保险体系、担保体系；完善出口信用保险、海洋运输保险等。积极拓展海域使用权抵押贷款业务，加大对以海域使用权为质押，发展适合海洋物流企业融资、结算特点的物流保理和联网结算等业务，积极推进汇率避险市场和避险产品的培育与创新，设计适合海洋产业经营特点和汇率变化趋势的避险产品，帮助涉海企业有效规避汇率风险。围绕大宗商品交易平台，加强有形市场与无形市场融合，逐步发展海洋产品指数开发与发布，掌握海洋产品定价权。大力发展离岸金融，适应国际中转、配送、采购、转口贸易、出口加工等两头或一头在外的贸易，大力发展离岸银行业务、期货保税交割和离岸再保险。

2. 发展涉海商贸服务

建设港口大宗物资的经销中心、价格中心和市场分销体系，促进港口物流向物流商贸综合方向发展；开展海洋油气设备、船舶工程博览会、交易中心，建立海洋相关产品标准，增强全球影响力。

3. 大力发展海洋信息服务

推进“数字海洋”工程，加大海洋经济监测与评估系统建设力度，重点发展海洋环境监测监视网络、防灾减灾预警预报系统、重大海洋污损事件应急处理、赤潮预报、海洋生态环境信息管理；推动物联网在海洋经济领域的应用。完善海上航行通信、呼救系统和定位导航系统服务。积极培育大型信息服务企业，促进海洋信息服务向集团化、网络化、品牌化发展。

五 中国海洋服务业发展的战略思路与政策建议

（一）战略思路

我国发展海洋服务业要坚持融合发展的思路，在更大空间、更多领域、更高层次推动海洋服务业的发展。

1. 坚持陆地与海洋融合发展

陆地与海洋相互依存、相互依赖的关系，发展海洋服务业是要坚持陆海统筹，把海洋经济纳入这个国民经济发展战略，促进海洋产业与临海产业的配套融合发展，提升海洋服务业对陆域先进制造业和现代服务业等相关产业的带动力，通过发展海洋经济延伸经济发展的广度和深度，提升产业整体竞争力。

2. 坚持军用和民用融合发展

坚持并完善军民结合机制，加强在海洋技术发展中的军民结合的统筹和协调，国防研究开发工作向民用科研机构和企业开放，建立军民结合、军民共用的科技基础条件平台，如英、美等发达国家非常重视发展军民两用技术，在实践中取得了非常好的效果，因此我国发展海洋服务业要坚持军用和民用相融合，提升海洋技术开发效力。

3. 坚持一、二、三产融合发展

坚持海洋服务业与海洋第二产业、第一产业融合发展，如海洋信息服务业和海洋运输服务、海洋设备制造等产业融合，打破各产业间的技术边界、业务边界、运营边界，实现海洋各产业、各环节的连通，创新新兴业态，扩大海洋经济规模，提升海洋经济质量。

（二）政策建议

1. 加大海洋服务业人才培养力度

海洋服务业，特别是高端海洋服务是智力密集型产业，其立业之本就是人才。因此，在海洋服务业的发展中要改变重视硬件投入、轻软件建设，特别是人才培育的传统模式，真正做到以人为本，树立人才优先战略。

一是完善人才吸引机制，在海洋重大工程、重大项目，加大人力资本支出的比例，让从事海洋服务业的高端人才能够过上物质上、精神上比较体面的生活，吸引更多的精英从事海洋服务业。

二是完善海洋服务人才培养机制，加大海洋教育投入，调整和优化海洋高等院校学科和专业设置、课程体系和教学内容，完善海洋继续教育培训制度，鼓励海洋相关专业毕业生到基层台站、远洋船舶和偏远海岛等一线地区和艰苦岗位实习与工作，在实践中培养人才。

三是明确海洋服务人才的培养重点，大力培养海洋技术研发、海洋资源勘探人才，海洋金融、商务等专业服务人才，海洋管理人才，海洋工程装备服务，海洋新能源，海洋国际化人才等。

2. 建立多元化的海洋服务业金融支持体系

建立多元化的海洋服务业金融支撑体系。一是增加各级财政对海洋服务业的投入，特别是对海洋教育、海洋科技投入的增长的幅度高于财政收入的增长幅度；重点支持公共实验平台、重大科技攻关项目、重大基础设施的建设。二是加大商业银行、政策性银行对于海洋服务业的授信额度，并给部分贷款贴息。三是大力发展天使投资、风险投资、创新基金，支持社会资本参与天使投资，建立健全天使基金的风险管理、项目组织、专家评审、盈利退出模式以及激励约束机制；政府出资设立的创业风险投资引导基金，与国内外实力雄厚和经验丰富的创业风险投资机构一起，发起设立创业风险投资基金，以引导投资、带动贷款，分担风险、分享收益为原则，引导社会资金对海洋科技型企业进行股权投资，带动商业银行贷款。建立中小企业信用担保体系，为海洋高新技术中小型企业提供融资担保服务。

3. 优化海洋服务业的区域布局

我国有1万多公里的海岸线，为海洋服务业发展提供了广阔的空间，但是海洋服务业的同质化、分散化现象也比较普遍。因此要制订合理的海洋服务业的准入标准，市场准入门槛过低，会导致过度竞争，无序经营；准入门槛过高，会导致垄断经营，效率低下，因此，确定合理的市场准入门槛，对于一个产业健康发展具有重要作用，根据不同的产业发展的特点，制订相应的市场准入门槛是一个产业顺利成长的保证，因此对于海洋服务业来讲，必须要制订合理的准入门槛，适度提高行业集中度，避免无序竞争。同时，要合理布局海洋服务业，打造海洋服务集群，在山东、广东、天津、浙江等海洋服务业发展基础较好的地区建立海洋服务集群，错位发展，形成独特优势。

4. 培育海洋龙头企业

企业是产业发展的主体，支持产业发展最终落脚点是培育一批有竞争力的企业。因此，政府要加大对领头企业的培育，多关注和培育本土成长性好的中型企业，而不是只关注龙头企业的引进与服务。但是由于领头企业的识别需要专业知识和前瞻性，需要建立一套科学的指标体系。同时，应该鼓励行业进行重组，通过竞争和整合来培育产业中的“明星”企业，从而提高行业应变能力。

参考文献

Douglas-Westwood Ltd，“World Marine Market”，2005 年。

中国科学院海洋领域战略研究组：《中国至 2050 年海洋科技发展路线图》，科学出版社，2009。

杨书臣：《日本海洋经济的新发展及其启示》，《港口经济》2006 年第 4 期。

韩立民、都晓岩：《泛黄海地区海洋产业布局研究》，经济科学出版社，2009。

韩立民等：《中国海洋服务业关联度分析及对策建议》，《中国海洋大学学报》（社科版）2010 年第 1 期。

吕惠明：《海洋服务业的区域定位探析》，《管理世界》2011 年第 11 期。

赵珍：《海洋产业结构演进规律分析》，《渔业经济研究》2008 年第 3 期。

徐质斌、牛福增：《海洋经济学教程》，经济科学出版社，2003。

陈可文：《中国海洋经济学》，海洋出版社，2003。

罗天昊、刘彦华：《全球海洋经济三大模式》，《小康》2011 年 3 月。

图书在版编目(CIP)数据

中国服务业发展报告.2012，新兴服务业发展战略研究/史丹，夏杰长主编.—北京：社会科学文献出版社，2012.3
(中国社会科学院财经战略研究院报告)
ISBN 978-7-5097-3211-3

Ⅰ.①中… Ⅱ.①史… ②夏… Ⅲ.①服务业-经济发展-研究报告-中国 Ⅳ.①F719

中国版本图书馆CIP数据核字(2012)第041061号

中国社会科学院财经战略研究院报告
中国服务业发展报告2012
——新兴服务业发展战略研究

主　　编/史　丹　夏杰长

出 版 人/谢寿光
出 版 者/社会科学文献出版社
地　　址/北京市西城区北三环中路甲29号院3号楼华龙大厦
邮政编码/100029

责任部门/皮书出版中心 (010) 59367127　　责任编辑/周映希
电子信箱/pishubu@ssap.cn　　责任校对/韩海超
项目统筹/邓泳红　　责任印制/岳　阳
总 经 销/社会科学文献出版社发行部 (010) 59367081　59367089
读者服务/读者服务中心 (010) 59367028

印　　装/北京季蜂印刷有限公司
开　　本/787mm×1092mm　1/16　　印　　张/25.25
版　　次/2012年3月第1版　　字　　数/386千字
印　　次/2012年3月第1次印刷
书　　号/ISBN 978-7-5097-3211-3
定　　价/69.00元